HSK 1타강사 **남미숙 선생님과**
중국어 교육을 선도하는 **다락원이 만든**
HSK 합격을 위한 완벽 솔루션

HSK 단어장

HSK 종합서

HSKK 교재

초밀착 순간 암기 코칭
HSK 5급 단어 한권으로 끝내기

★ HSK 5급 필수어휘 1300개 빠짐 없이 완벽 대비

빈출 핵심 어휘만 먼저 책으로

최신 경향 완벽 반영

보충 단어는 WEB단어장으로

체계적이고 효율적인 30DAY HSK 단어 집중 케어

데일리 테스트 PDF 다운로드
공부한 내용 복습하기

필수어휘 1300 단어장 PDF 다운로드
전체 어휘 외우기

표제어 리스트 PDF 다운로드
본서 표제어 외우기

다양한 복습 장치

HSK 5급 단어 한권으로 끝내기

다락원

저자 및 출판사의 허락 없이 이 책의 일부 또는 전부를 무단 복제·전재·발췌할 수 없습니다.
Copyright ⓒ 2025, 남미숙

정성껏 만든 이 책이 오랫동안 사랑받을 수 있도록 배려를 부탁드립니다. 함께 책 문화를 지켜 주세요. 감사합니다.

저자의 말

단어는 외국어 공부에 있어 가장 기본이 되는 요소이면서, 중국어 수준 향상을 위해서 반드시 넘어야 하는 관문이기도 합니다. 현장에서 20년 이상 중국어 강의를 하는 동안 중국어 공부와 HSK 준비를 하면서 단어의 벽에 부딪혀 어려워하시는 분들을 자주 만날 수 있었습니다.

이번에 출간하는 『HSK 5급 단어 한권으로 끝내기』는 단순 암기법의 한계를 쉽고 재밌게 극복하실 수 있도록 HSK 5급 어휘를 HSK에 자주 출제되고 실생활에도 자주 사용되는 주제별 테마 단어장으로 풀어냈습니다. 특히 HSK 최신 기출문제를 바탕으로 출제 빈도가 높은 표현을 반영해 모든 예문을 구성함으로써 단어 공부를 하면서 동시에 자연스럽게 HSK 실력도 향상될 수 있도록 구성하였습니다.

HSK 5급 빈출 핵심 어휘를 먼저! HSK 기출 표현이 반영된 예문으로 빈출 핵심 어휘를 먼저 공부하고, 추가적인 보충 어휘는 WEB단어장을 통해 예문과 함께 공부할 수 있어요.

체계적이고 효율적인 30DAY 단어장, HSK 빈출 주제별로 구성된 30개 DAY별 학습을 따라가면 자연스럽게 한 달에 HSK 5급 단어를 정복하실 수 있어요.

단어가 저절로 외워지는 암기 코칭 제공! 암기 코칭은 단어의 특성에 따라 위트 있는 암기 팁을 제시할 때도 있고, 단어를 실생활에서 사용할 수 있는 사용 환경이나 활용 형식에 대한 정보를 알려드릴 때도 있어요.

이 단어장을 통해 중국어 학습자와 HSK 수험생 여러분이 보다 쉽고 재미있게 HSK 5급을 정복하시길 기대합니다. 이 책을 펴내는 데 도움을 주신 남미숙 중국어연구소의 민순미 선생님, 모정 선생님, 시인혜 선생님, 최은영 선생님 그리고 김동준 님께 감사드립니다.

저자 **남미숙**

📅 목차 및 학습 플래너

단어는 반복 학습! 단어를 꼼꼼하게 암기한 후, 총 2번 이상 복습해 보세요.
3번 이상 반복하면 기억이 2배, 3배 더 오래 유지됩니다.

저자의 말 ··· 3
목차 및 학습 플래너 ··· 4
이 책의 활용법 ·· 6
HSK 출제 경향과 학습 전략 ································ 8

DAY	주제	페이지	학습일	복습 1회차	복습 2회차	복습 3회차
01	즐거운 쇼핑	10				
02	나도 패션피플	24				
03	신나는 여행	34				
04	너의 취미가 뭐니?	46				
05	오늘은 내가 요리사	60				
06	슬기로운 미디어 생활	68				
07	일상의 즐거움	80				
08	러브 스토리	92				
09	오늘의 수업	104				
10	오늘도 건강하게	114				
★단어 FAQ 유의어 비교하기 欣赏 VS 观赏		124				
11	날 따라해 봐요	126				
12	동식물을 사랑하자	136				
13	날씨 참 좋다	144				
14	아늑한 우리 집	156				
15	티끌 모아 태산	168				

DAY	주제	페이지	학습일	복습 1회차	복습 2회차	복습 3회차
16	업무 효율 UP	182				
17	회사 경영 노하우	194				
18	초고속 승진	208				
19	지금 이순간	222				
20	나도 예술가	236				
★단어 FAQ 유의어 비교하기 缺乏 VS 缺少		250				
21	네 성격은 어때?	252				
22	마인드 컨트롤	266				
23	네 생각을 말해 봐	278				
24	3분 토론	290				
25	중국어에 살 붙이기	302				
26	내 꿈은 과학자	314				
27	면접은 항상 떨려	328				
28	변화하는 사회	340				
29	법을 준수하자	352				
30	역사는 흐른다	364				
★단어 FAQ 유의어 비교하기 操心 VS 发愁		378				

데일리 테스트 정답 ·· 382

보충 단어 ·· 386

이 책의 활용법

QR코드로 음원 바로 듣기

HSK 5급 시험 빈출 테마 & 시험 경향에 대한 정보 습득하기

주제별 주요 단어를 그림으로 미리보기

주제별 주요 단어를 영상으로 암기하기

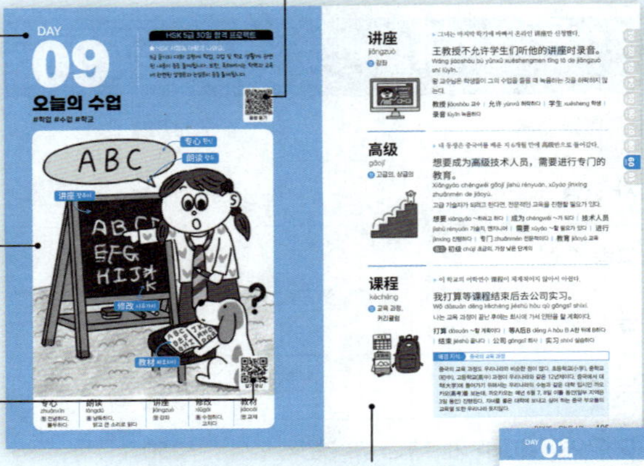

테마별로 빈출 핵심 어휘 들을 선별했어요.

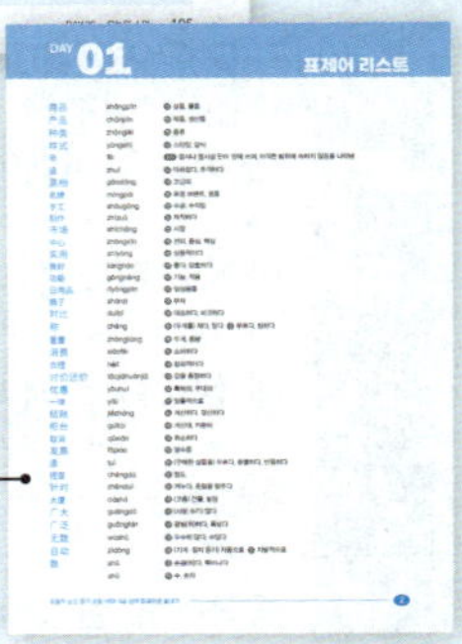

표제어 리스트 PDF로 간편하게 예습, 복습하세요.

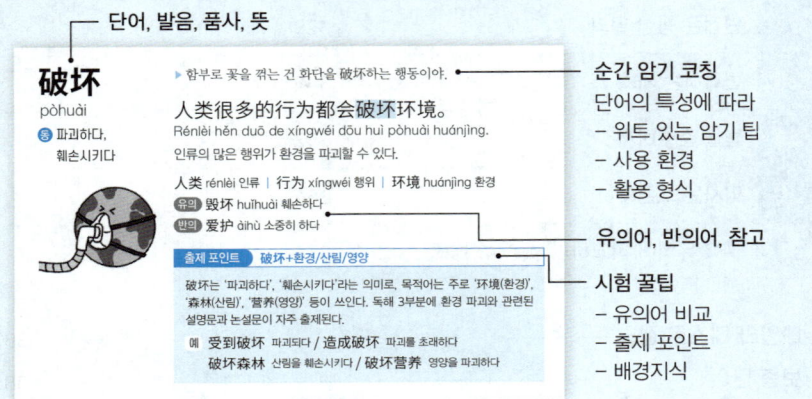

단어, 발음, 품사, 뜻

破坏
pòhuài
동 파괴하다, 훼손시키다

▸ 함부로 꽃을 꺾는 건 화단을 破坏하는 행동이야.

人类很多的行为都会破坏环境。
Rénlèi hěn duō de xíngwéi dōu huì pòhuài huánjìng.
인류의 많은 행위가 환경을 파괴할 수 있다.

人类 rénlèi 인류 | 行为 xíngwéi 행위 | 环境 huánjìng 환경

유의 毁坏 huǐhuài 훼손하다

반의 爱护 àihù 소중히 하다

출제 포인트 破坏+환경/산림/영양

破坏는 '파괴하다', '훼손시키다'라는 의미로, 목적어는 주로 '环境(환경)', '森林(산림)', '营养(영양)' 등이 쓰인다. 독해 3부분에 환경 파괴와 관련된 설명문과 논설문이 자주 출제된다.

예 受到破坏 파괴되다 / 造成破坏 파괴를 초래하다
破坏森林 산림을 훼손시키다 / 破坏营养 영양을 파괴하다

순간 암기 코칭
단어의 특성에 따라
– 위트 있는 암기 팁
– 사용 환경
– 활용 형식

유의어, 반의어, 참고

시험 꿀팁
– 유의어 비교
– 출제 포인트
– 배경지식

플러스 단어, 데일리 테스트

▶ 고득점 합격을 위한다면 플러스 단어까지 암기해 보세요.
▶ 데일리 테스트(PDF)를 통해 공부한 내용을 복습해 보세요.

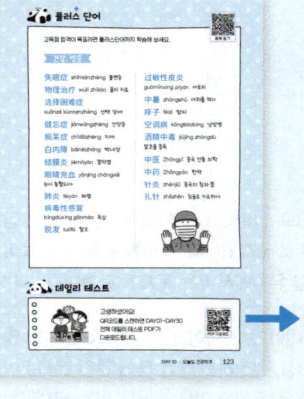

  QR코드를 스캔하면 데일리 테스트를 다운로드 받을 수 있어요.
데일리 테스트 정답: p382

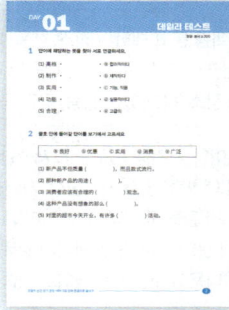 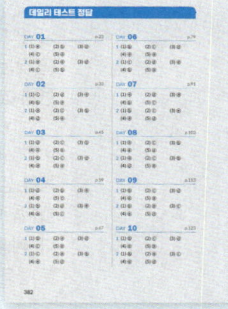

HSK 5급 필수어휘 1300 단어장

HSK 5급 필수어휘 1300개를 발음 순서로 정리했어요.

WEB 단어장

HSK 5급 단어 1300개 중 30일 커리큘럼 표제어로 다루지 않은 단어들을 품사별로 따로 정리했어요.

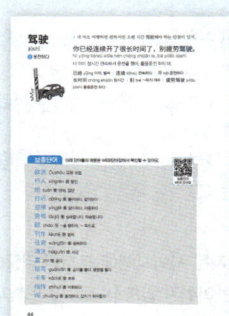 

WEB단어장에서 예문 공개

HSK 출제 경향

최근 몇 년간 5급 시험은 평이한 수준으로 출제되고 있으나, 영역별로 난이도가 다르게 출제되며, 독해 영역은 어려운 어휘들이 점점 많아지는 추세입니다. 그러나 중요한 핵심 내용과 어휘들은 여전히 5급 어휘이고 자주 출제되는 테마들이 꾸준히 번갈아 가며 출제되고 있으므로, 기본 문법을 토대로 5급 어휘를 잘 익히면 무리 없이 합격할 수 있습니다.

HSK 5급 파트별 최신 출제 경향

❶ 듣기 및 독해 영역

듣기 1·2부분 대화 유형	남녀의 대화를 듣고 대화의 장소, 행동, 태도, 인물 등을 파악하여 질문에 맞는 답을 찾는 문제로, 일상적인 대화 내용이 주로 출제됩니다. **대화를 통해 그 인물이 현재 있는 장소, 하고 있는 행동, 감정 등을 유추해서 푸는 문제들도 출제됩니다.**
듣기 2부분 단문 유형 &독해 2·3부분	어떤 사람이나 사건을 중심으로 서술한 이야기, 사물이나 특정한 장소, 사람 및 동물 등에 대한 설명문, 사회현상, 자연현상, 권장하는 행동 등에 관한 논설문이 출제되며, 긴 글을 듣거나 읽고 여러 개의 질문에 알맞은 정답을 찾는 문제입니다. 예술 및 문화 관련 소개, 과학기술 및 AI, 사회 발전, 인물에 관한 이야기, 환경 문제 등의 내용이 꾸준히 출제되고 있습니다. **듣기 단문 유형과 독해 2·3부분은 영역과 분량의 차이만 있을 뿐 듣기 지문이 독해 지문으로 출제될 정도로 내용이 비슷하고 영역의 구분 없이 출제됩니다.** 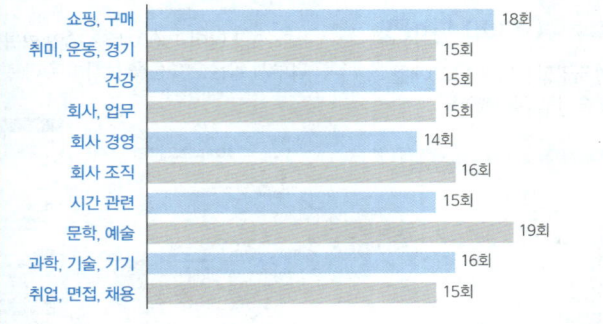 최근 3년간 듣기 및 독해 베스트 기출 테마 10 쇼핑, 구매 18회 취미, 운동, 경기 15회 건강 15회 회사, 업무 15회 회사 경영 14회 회사 조직 16회 시간 관련 15회 문학, 예술 19회 과학, 기술, 기기 16회 취업, 면접, 채용 15회
독해 1부분	한 단락의 지문 사이사이에 표시된 밑줄에 들어갈 단어나 문장을 고르는 문제로, **문장보다는 어휘가 압도적으로 많이 출제되고 있습니다.** 어휘의 품사와 의미, 활용을 정확하게 파악해야 문제를 잘 풀 수 있는데, 최근에는 동사와 부사가 자주 출제되는 추세로, 해당 단어들과 함께 쓰이는 짝꿍 어휘를 알고 있으면 정답을 더 빠르고 정확하게 찾을 수 있습니다.

독해 1부분	이 책에서는 시험에 자주 나오는 짝꿍 어휘들을 가장 잘 기억할 수 있도록 여러 가지 팁으로 설명하고 있습니다. 또한, 최근 독해 1부분에 유의어 문제가 꾸준히 출제되고 있는데, 이 책에 수록된 '유의어 비교'를 잘 익히면 고득점을 받을 수 있습니다.

유형별 출제 경향
- 문장 80%
- 어휘 20%

품사별 출제 경향
- 동사 19%
- 명사 16%
- 부사 16%
- 형용사 6%
- 개사 6%
- 접속사, 양사 37%

❷ 쓰기 영역

쓰기 1부분	순서가 뒤섞여 제시된 어휘들을 순서에 맞게 완전한 문장으로 배열하는 문제로, 가장 중요한 것은 순서를 결정짓는 문장 구조와 어휘의 쓰임, 특징을 파악하는 것입니다. 쓰기 1부분에는 동사 술어문이 가장 많이 나오며, 그 뒤를 이어 형용사 술어문이 많이 출제되고 있습니다. 그 다음 把자문, 被자문, 비교문, 정도보어, 고정격식, 존현문, 연동문, 겸어문 등이 출제되고 있습니다. 이 부분은 이 책의 기출 예문만 자주 듣고 익혀도 쉽게 풀 수 있습니다. 기출문제 분석을 통한 '출제 포인트'를 함께 익히면 많은 도움을 받을 수 있습니다.
쓰기 2부분	제시된 5개의 단어로 80자 작문하는 문제와 사진만 보고 80자 작문을 하는 문제가 출제됩니다. 최근에는 운동, 회사, 인터뷰, 취미, 여행, 결혼식 등과 관련된 테마의 어휘와 그림이 많이 출제되는 추세입니다. 고득점을 받을 수 있도록 5급 수준으로 작문하기 위해서는 제시어와 사진 상황에 맞는 어휘를 정확히 알고 있어야 하며, 각 테마별로 분류된 어휘들을 함께 익혀 두는 것이 좋습니다.

최근 3년간 듣기 및 독해 베스트 기출 테마 10

- 쇼핑, 구매: 2회
- 여행: 10회
- 운동, 경기: 8회
- 일상생활: 5회
- 만남, 연애: 5회
- 학업: 4회
- 건강: 4회
- 회사, 업무: 8회
- 태도, 감정: 3회
- 인터뷰, 토론: 5회

DAY 01

즐거운 쇼핑
#쇼핑 #계산

HSK 5급 30일 합격 프로젝트

★ HSK 시험에 이렇게 나와요.

물건 고르기, 계산하기, 반품하기 등과 같은 쇼핑과 관련된 주제가 HSK 5급 듣기 대화에 많이 등장합니다. 또한, 사람들의 구매 습관과 경제에 끼치는 영향 등이 듣기 3부분과 독해 2, 3부분 지문에 자주 출제됩니다.

음원 듣기

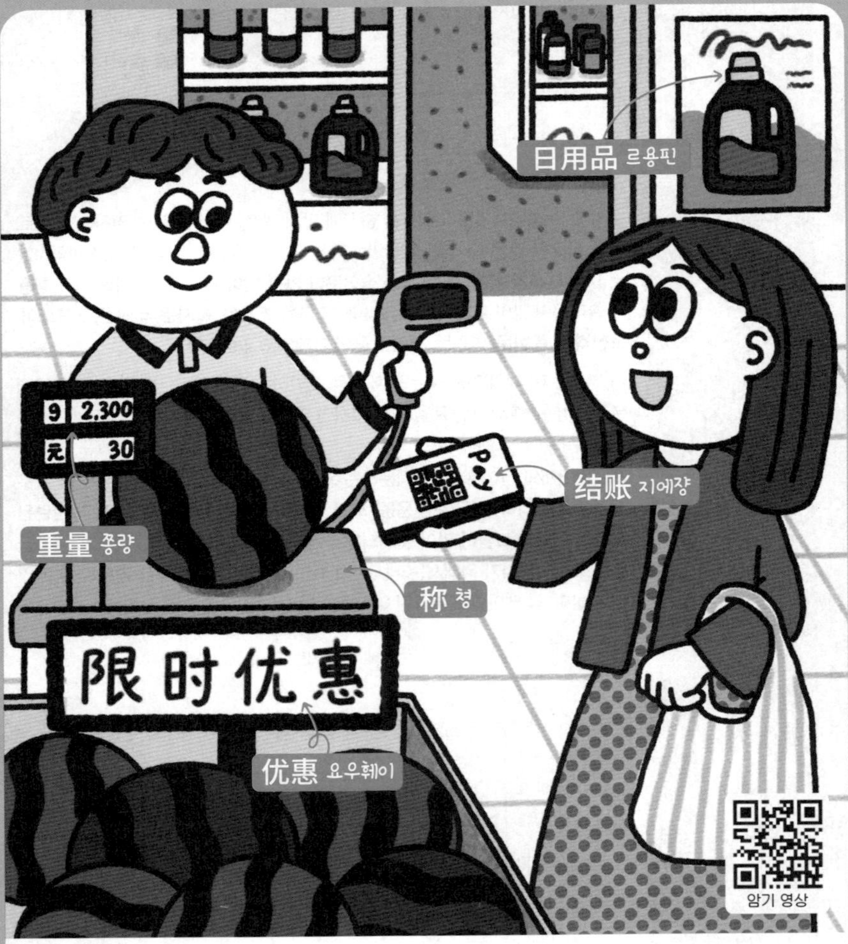

日用品 르용핀

结账 지에장

重量 쫑량

称 청

限时优惠

优惠 요우훼이

암기 영상

日用品
rìyòngpǐn
명 일상용품

结账
jiézhàng
동 계산하다

称
chēng
동 (무게를) 재다, 달다

重量
zhòngliàng
명 무게, 중량

优惠
yōuhuì
형 특혜의, 우대의

商品
shāngpǐn

명 상품, 물품

▶ 새로 나온 商品들은 맨 앞에 진열되어 있습니다.

大部分顾客的目标就是买到最低价的商品。
Dàbùfen gùkè de mùbiāo jiùshì mǎidào zuì dījià de shāngpǐn.
대부분 고객들의 목표는 바로 최저가 상품을 구입하는 것이다.

大部分 dàbùfen 대부분 | 顾客 gùkè 고객 | 目标 mùbiāo 목표 | 就 jiù 곧, 바로 | 买到 mǎidào 사다 | 最低价 zuì dījià 최저가

产品
chǎnpǐn

명 제품, 생산품

▶ 지금 찾으시는 产品은 지난주에 모두 품절되었어요.

您能给我推荐一下最受欢迎的数码产品吗?
Nín néng gěi wǒ tuījiàn yíxià zuì shòu huānyíng de shùmǎ chǎnpǐn ma?
저에게 제일 인기 있는 디지털 제품을 추천 좀 해 줄 수 있나요?

推荐 tuījiàn 추천하다 | 最 zuì 가장, 제일 | 受欢迎 shòu huānyíng 인기 있다, 환영을 받다 | 数码 shùmǎ 디지털

> **유의어 비교** 商品 vs 产品
> 商品은 제조 과정을 거쳐 만들어진 상품이고, 产品은 재배, 도축, 기계의 가공, 제조 등을 거친 제품이므로 商品보다 개념이 넓다.

种类
zhǒnglèi

명 종류

▶ 내 여자 친구가 쓰는 향수는 그 种类만 열 개가 넘어.

明洞的百货商店商品种类十分丰富。
Míngdòng de bǎihuò shāngdiàn shāngpǐn zhǒnglèi shífēn fēngfù.
명동의 백화점은 상품 종류가 매우 풍부하다.

明洞 Míngdòng 명동 | 百货商店 bǎihuò shāngdiàn 백화점 | 十分 shífēn 매우 | 丰富 fēngfù 풍부하다

참고 品种 pǐnzhǒng 품종

> **출제 포인트** 발음이 여러 개인 种
> 种은 발음이 여러 개인 다음자로, 쓰임에 따라 발음이 달라진다. '종류'라는 뜻일 때는 'zhǒng'으로 발음하므로, 种类는 'zhǒnglèi'로 읽는다. '(식물을) 심다'라는 뜻일 때는 'zhòng'으로 발음하고, [种+식물]의 형태로 쓴다.
> 예 种(zhòng)菜 채소를 심다
>   种(zhòng)草坪(cǎopíng) 잔디를 심다

样式
yàngshì

명 스타일, 양식

▶ 학교의 중식당은 대부분 중국 고전 样式로 인테리어를 했더라고요.

你说的那家店的窗帘样式很简单。
Nǐ shuō de nà jiā diàn de chuānglián yàngshì hěn jiǎndān.
네가 말한 그 상점의 커튼 스타일은 단순하다.

家 jiā 집, 곳(집·상점·회사 등을 세는 양사) | 店 diàn 상점 | 窗帘 chuānglián 커튼 | 简单 jiǎndān 단순하다

유의 款式 kuǎnshì 스타일

> **출제 포인트**　의복·인테리어 스타일
>
> 듣기 영역에서 样式는 의복 스타일이나 인테리어와 관련된 내용에 자주 등장한다. '服装(의복)', '装饰(장식)', '家具(가구)' 등의 어휘들과 함께 쓰이므로 같이 익히는 것이 좋다. 또한, 듣기 문제의 대화 부분에는 디자인에 관한 평가가 출제되기도 하며, 이를 표현하는 '好看(예쁘다)', '简单(간단하다)', '大方(세련되다)', '流行(유행하다)' 등의 단어가 자주 나온다.

非
fēi

접두 명사나 명사성 단어 앞에 쓰여, 어떠한 범위에 속하지 않음을 나타냄

▶ 죄송하지만 非회원은 이 헬스장을 이용하실 수 없습니다.

这是非卖品，只有本店会员才能领取。
Zhè shì fēimàipǐn, zhǐyǒu běn diàn huìyuán cái néng lǐngqǔ.
이것은 비매품이라, 본점 회원만 받을 수 있습니다.

非卖品 fēimàipǐn 비매품 | 只有A才B zhǐyǒu A cái B A해야만 비로소 B하다 | 本店 běn diàn 본점 | 会员 huìyuán 회원 | 领取 lǐngqǔ (발급한 것을) 받다

追
zhuī

동 따라잡다, 추격하다

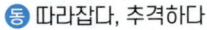

▶ 이 기업 상품들은 아이디어가 출중해서 다른 회사들이 追하기 힘들다.

苹果手机的销售量是其他手机很难追上的。
Píngguǒ shǒujī de xiāoshòuliàng shì qítā shǒujī hěn nán zhuīshàng de.
아이폰의 판매량은 다른 휴대폰이 따라잡기 어렵다.

苹果手机 Píngguǒ shǒujī 아이폰 | 销售量 xiāoshòuliàng 판매량 | 其他 qítā 다른, 기타 | 手机 shǒujī 휴대폰 | 难 nán 어렵다

반의 逃 táo 도망치다
참고 追求 zhuīqiú 추구하다

高档
gāodàng
형 고급의

▶ 나는 남동생의 취업 선물로 高档 넥타이를 준비했다.

一层的高档男装正在打折。
Yī céng de gāodàng nánzhuāng zhèngzài dǎzhé.
1층의 고급 남성복은 지금 세일하고 있다.

层 céng 층(건물의 층을 세는 양사) | 男装 nánzhuāng 남성복 | 正在 zhèngzài (지금) ~하고 있다 | 打折 dǎzhé 할인하다, 세일하다
반의 低档 dīdàng 저급의

名牌
míngpái
명 유명 브랜드, 명품

▶ 내 여자 친구는 名牌만 좋아해서 선물 사기가 부담스러워.

世界名牌的产品一直很受欢迎。
Shìjiè míngpái de chǎnpǐn yìzhí hěn shòu huānyíng.
세계 유명 브랜드의 제품은 계속 인기가 있다.

世界 shìjiè 세계 | 产品 chǎnpǐn 제품 | 一直 yìzhí 계속, 줄곧 | 受欢迎 shòu huānyíng 인기 있다

배경 지식 **名牌**(명품), **牌子**(브랜드)

名牌는 '유명한 브랜드'라는 뜻으로, 소위 '명품'을 말하며 명품이 아닌 일반 '브랜드'는 牌子라고 한다. 유명 브랜드 상품은 名牌商品이라고 하고, '명품 가방'은 名牌包라고 한다. 그러나 명품 시계와 명품 차는 각각 名表와 名车라고 하니 주의하자. 또한, 名牌는 회화에서 습관적으로 名牌儿이라 발음하므로, 듣기 영역에서 신경 써서 들어야 한다.

手工
shǒugōng
명 수공, 수작업

▶ 당연히 대량 생산 제품보다 手工 제품이 훨씬 비싸지!

对面的那家商店专卖手工艺品。
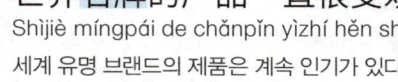
Duìmiàn de nà jiā shāngdiàn zhuānmài shǒugōngyìpǐn.
맞은편의 저 상점은 수공예품을 전문적으로 판매한다.

对面 duìmiàn 맞은편 | 家 jiā 집, 곳(집·상점·회사 등을 세는 양사) | 商店 shāngdiàn 상점 | 专卖 zhuānmài 전문적으로 판매하다 | 手工艺品 shǒugōngyìpǐn 수공예품

制作
zhìzuò
동 제작하다

▶ 크리스마스 기념으로 특별 制作된 한정판 케이크는 꼭 사야 해.

这些商品是纯手工制作的。
Zhèxiē shāngpǐn shì chúnshǒugōng zhìzuò de.
이 상품들은 순수하게 손으로 제작되었다.

商品 shāngpǐn 상품 | 纯 chún 순수하다

市场
shìchǎng
명 시장

▶ 후한 인심을 느끼고 싶다면 市场에 가서 장을 보렴.

这周末咱们去家具市场逛逛，怎么样？
Zhè zhōumò zánmen qù jiājù shìchǎng guàngguang, zěnmeyàng?
이번 주말에 우리 가구 시장에 가서 구경하는 게 어때?

周末 zhōumò 주말 | 咱们 zánmen 우리 | 家具 jiājù 가구 | 逛 guàng 구경하다

中心
zhōngxīn
명 센터, 중심, 핵심

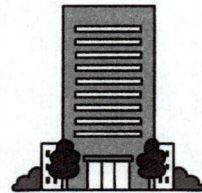

▶ 새학기를 맞이하여 엄마랑 쇼핑中心에 가서 이것저것 많이 샀어.

我想去那家新开的购物中心逛逛。
Wǒ xiǎng qù nà jiā xīn kāi de gòuwù zhōngxīn guàngguang.
나는 그 새로 개업한 쇼핑센터에 가서 구경하고 싶어.

家 jiā 집, 곳(집·상점·회사 등을 세는 양사) | 新开 xīn kāi 새로 개업하다 | 购物中心 gòuwù zhōngxīn (대형) 쇼핑센터 | 逛 guàng 구경하다
유의 核心 héxīn 핵심
반의 边缘 biānyuán 가장자리

实用
shíyòng
형 실용적이다

▶ 우리 엄마는 물건 하나를 사더라도 매우 实用적인 것을 구매하신다.

这种产品没有想象的那么实用。
Zhè zhǒng chǎnpǐn méiyǒu xiǎngxiàng de name shíyòng.
이 제품은 상상한 것처럼 그렇게 실용적이지 않다.

种 zhǒng 종(종류를 세는 양사) | 产品 chǎnpǐn 제품 | 想象 xiǎngxiàng 상상하다 | 那么 nàme 그렇게

良好 liánghǎo
형 좋다, 양호하다

▶ 이 카메라는 중고인데도 상태가 아주 良好해서 만족스럽다.

新产品不但质量良好，而且款式流行。
Xīn chǎnpǐn búdàn zhìliàng liánghǎo, érqiě kuǎnshì liúxíng.
신상품은 품질이 좋을 뿐만 아니라, 스타일도 유행한다.

新产品 xīn chǎnpǐn 신상품 | 不但A，而且B búdàn A, érqiě B A할 뿐만 아니라, 게다가 B하다 | 质量 zhìliàng 품질 | 款式 kuǎnshì 스타일 | 流行 liúxíng 유행하다
반의 恶劣 èliè 열악하다, 아주 나쁘다 / 低劣 dīliè (질이) 낮다, 저급하다

功能 gōngnéng
명 기능, 작용

▶ 요즘 휴대폰은 다양한 功能이 있어서 거의 컴퓨터나 다름없어.

哥哥想买一辆功能多的自行车。
Gēge xiǎng mǎi yí liàng gōngnéng duō de zìxíngchē.
형은 기능이 많은 자전거를 사고 싶어 한다.

哥哥 gēge 형, 오빠 | 买 mǎi 사다 | 辆 liàng 대(차량을 세는 양사) | 自行车 zìxíngchē 자전거
유의 功效 gōngxiào 효과

日用品 rìyòngpǐn
명 일상용품

▶ 엄마는 이사하고 나서 각종 日用品과 식기를 새로 다 사셨다.

商店一楼卖的是日用品，我们去二楼看。
Shāngdiàn yī lóu mài de shì rìyòngpǐn, wǒmen qù èr lóu kàn.
상점 1층에서 판매하는 것은 일상용품이야. 우리 2층에 가서 보자.

商店 shāngdiàn 상점 | 楼 lóu 층 | 卖 mài 팔다, 판매하다

扇子 shànzi
명 부채

▶ 중국 관광지에서 파는 동양화 扇子는 서양인들에게 인기가 많다.

这把扇子不但有特色，而且很实用。
Zhè bǎ shànzi búdàn yǒu tèsè, érqiě hěn shíyòng.
이 부채는 특색이 있을 뿐만 아니라, 게다가 실용적이다.

把 bǎ 자루(손잡이가 있는 물건을 세는 양사) | 特色 tèsè 특색

출제 포인트 손잡이가 있는 물건을 셀 때는 把

把는 손잡이가 있는 물건을 셀 때 쓰는 양사로, 扇子 외에 '雨伞(우산)'이나 '钥匙(열쇠)' 등을 셀 때도 사용한다.
예 这把扇子 이 부채 / 一把钥匙 열쇠 하나

对比
duìbǐ
동 대조하다, 비교하다

▶ 작년과 대비해서 올해 매출이 50% 증가했어.

叔叔习惯仔细对比几家店的价格再购买。
Shūshu xíguàn zǐxì duìbǐ jǐ jiā diàn de jiàgé zài gòumǎi.
삼촌은 몇 군데 상점의 가격을 꼼꼼히 비교하고 나서 구매하는 게 습관이 되었다.

叔叔 shūshu 삼촌 | 习惯 xíguàn 습관이 되다 | 仔细 zǐxì 꼼꼼하다, 세심하다 | 店 diàn 상점 | 价格 jiàgé 가격 | 再 zài ~하고 나서

称
chēng
동 (무게를) 재다, 달다
동 부르다, 칭하다

▶ 중국은 한국과 달리 과일의 무게를 称해서 판다.

请给我称一斤水果。
Qǐng gěi wǒ chēng yì jīn shuǐguǒ.
과일 한 근을 달아 주세요.

菠萝名字很多，还被称为凤梨。
Bōluó míngzi hěn duō, hái bèi chēngwéi fènglí.
파인애플은 이름이 많다. 펑리라고도 불린다.

斤 jīn 근(무게를 재는 양사) | 水果 shuǐguǒ 과일 | 菠萝 bōluó 파인애플 | 名字 míngzi 이름 | 被称为 bèi chēngwéi ~라고 불리다 | 凤梨 fènglí 펑리(파인애플의 다른 명칭) | 유의 约 yāo (저울로 무게를) 달다

> **출제 포인트** 称의 두 가지 용법
>
> 称은 '(무게를) 재다'라는 의미 외에 '~라고 부르다'라는 의미도 있다. 보통 [A被称为B(A는 B라고 불린다)] 또는 [把A称为B(A를 B라고 부른다)] 두 가지 패턴으로 자주 쓰이므로, 꼭 외우고 넘어가자.
>
> 예 **中国江南被称为"鱼米之乡"。**
> 중국 江南은 '물고기와 쌀의 고향'으로 불린다.
>
> **中国把北京称为帝都(dìdū)。**
> 중국은 베이징을 황제의 도시라고 부른다.

重量
zhòngliàng
명 무게, 중량

▶ 중국에서는 과일을 重量을 달아서 판대.

您能帮我称称这个西瓜的重量吗？
Nín néng bāng wǒ chēngcheng zhège xīguā de zhòngliàng ma?
저를 도와서 이 수박의 무게를 달아 주실 수 있나요?

帮 bāng 돕다 | 西瓜 xīguā 수박

消费
xiāofèi

동 소비하다

▶ 세상에 버는 사람 따로 있고, 消费하는 사람 따로 있니?

消费者应该有合理的消费观念。
Xiāofèizhě yīnggāi yǒu hélǐ de xiāofèi guānniàn.
소비자는 합리적인 소비 관념이 있어야 한다.

消费者 xiāofèizhě 소비자 | 应该 yīnggāi (마땅히) ~해야 한다 | 合理 hélǐ 합리적이다 | 观念 guānniàn 관념

> **출제 포인트** 독해 논설문에 자주 등장하는 消费
>
> 消费는 소비 관념, 소비 형태, 소비 습관에 관한 설명문 또는 논설문 형태로 독해 부분에 자주 출제된다. 자주 등장하는 관련 표현들을 함께 익히자.
>
> 예 消费者 소비자 / 高消费 고소비
> 消费习惯 소비 습관 / 消费观念 소비 관념
> 冲动消费 충동구매 / 合理消费 합리적 소비

合理
hélǐ

형 합리적이다

▶ 나는 나이 순서대로 나눠 주는 게 가장 合理적이라고 생각해.

那家商店的电子产品价格很合理。
Nà jiā shāngdiàn de diànzǐ chǎnpǐn jiàgé hěn hélǐ.
그 상점의 전자제품은 가격이 합리적이다.

家 jiā 집, 곳(집·상점·회사 등을 세는 양사) | 商店 shāngdiàn 상점 | 电子 diànzǐ 전자 | 产品 chǎnpǐn 제품 | 价格 jiàgé 가격

讨价还价
tǎojiàhuánjià

성 값을 흥정하다

▶ 재래시장에서는 상인과 물건 값을 讨价还价할 수 있어서 좋아.

我觉得买东西时不管价钱高低都应该讨价还价。
Wǒ juéde mǎi dōngxi shí bùguǎn jiàqián gāodī dōu yīnggāi tǎojiàhuánjià.
나는 물건을 살 때 가격의 높고 낮음을 막론하고 모두 값을 흥정해야 한다고 생각한다.

觉得 juéde ~라고 생각하다 | 不管A都B bùguǎn A dōu B A를 막론하고 모두 B하다 | 价钱 jiàqián 가격 | 高低 gāodī 높고 낮다

优惠
yōuhuì
형 특혜의, 우대의

▶ VIP가 받는 优惠에는 어떤 것들이 있나요?

对面的超市今天开业，有许多优惠活动。
Duìmiàn de chāoshì jīntiān kāiyè, yǒu xǔduō yōuhuì huódòng.
맞은편의 슈퍼마켓은 오늘 개업해서 많은 할인 행사를 한다.

对面 duìmiàn 맞은편 | 超市 chāoshì 슈퍼마켓 | 开业 kāiyè 개업하다 | 许多 xǔduō 매우 많다 | 优惠活动 yōuhuì huódòng 할인 행사

> **배경 지식**　할인을 나타내는 표현
>
> 할인 행사(优惠活动) 문구로 '买一送一(1+1)'나 '大减价(폭탄 세일)' 문구를 자주 볼 수 있다. 그리고 할인율은 우리나라와 다르게 기재하는데, '할인하다'라는 뜻의 이합동사 打折 사이에 숫자를 할인율과 반대로 적는다. 예를 들어, 10% 할인이면 打九折, 90% 할인이면 打一折라고 한다.

一律
yílǜ
부 일률적으로

▶ 겨울이 끝나 가면 거의 모든 상점이 一律적으로 시즌오프 세일을 해.

这个月本店的外套一律七折优惠。
Zhège yuè běn diàn de wàitào yílǜ qī zhé yōuhuì.
이번 달에 본점의 외투는 일률적으로 30% 세일합니다.

本店 běn diàn 본점 | 外套 wàitào 외투 | 七折 qī zhé 30% 할인

结账
jiézhàng
동 계산하다, 결산하다

▶ 지금 현금이 없는데, 카드로 结账해도 될까요?

请问，其他商品也可以在这里结账吗？
Qǐngwèn, qítā shāngpǐn yě kěyǐ zài zhèlǐ jiézhàng ma?
말씀 좀 여쭤볼게요, 다른 상품도 이곳에서 계산할 수 있나요?

请问 qǐngwèn 말씀 좀 여쭙겠습니다 | 其他 qítā 다른 (것)

柜台
guìtái
명 계산대, 카운터

▶ 대형 마트에는 柜台가 아주 많지만 그래도 줄을 서야 해.

您好，文具直接在那个柜台付款就行。
Nín hǎo, wénjù zhíjiē zài nàge guìtái fùkuǎn jiù xíng.
안녕하세요. 문구는 직접 저 계산대에서 계산하시면 됩니다.

文具 wénjù 문구 | 直接 zhíjiē 직접적인 | 付款 fùkuǎn 계산하다 | 就行 jiù xíng ~하면 된다

取消
qǔxiāo
동 취소하다

▶ 죄송하지만 오늘 저녁 7시 예약을 取消해 주세요.

请问，我预订的那台冰箱可以取消吗?
Qǐngwèn, wǒ yùdìng de nà tái bīngxiāng kěyǐ qǔxiāo ma?
말씀 좀 여쭤볼게요, 제가 예약한 그 냉장고 취소할 수 있을까요?

预订 yùdìng 예약하다 | 台 tái 대(기계, 설비 등을 세는 양사) | 冰箱 bīngxiāng 냉장고

출제 포인트 듣기 대화 유형 빈출 단어 **取消**

取消는 듣기 대화 유형에 자주 출제되며, '会议(회의)', '预定(예약)', '计划(계획)', '约会(약속)' 등을 목적어로 쓴다. 만약 피동의 의미를 강조할 경우에는 [A被B取消]의 패턴으로 'A가 B에 의해 취소되다'라는 뜻을 나타낸다.

예 [주동] 经理今天早上突然取消了下午的会议。
사장님은 오늘 아침에 갑자기 오후 회의를 취소하셨다.
[피동] 会议被经理取消了。 회의가 사장님에 의해 취소되었다.

发票
fāpiào
명 영수증

▶ 교환이나 환불을 하려면 发票를 꼭 챙겨야 돼.

请开一下发票，我以后保修要用。
Qǐng kāi yíxià fāpiào, wǒ yǐhòu bǎoxiū yào yòng.
영수증 좀 발급해 주세요. 나중에 애프터서비스 받을 때 쓰려고요.

开 kāi 발급하다 | 以后 yǐhòu 나중, 이후 | 保修 bǎoxiū 수리하다, 애프터서비스 받다

유의 收据 shōujù 영수증

退
tuì
동 (구매한 상품을) 무르다, 환불하다, 반품하다

▶ 하자가 있는 제품은 일주일 내에 무상으로 退해 드립니다.

您的票是网上购买的，钱会退到您的账户里的。
Nín de piào shì wǎngshàng gòumǎi de, qián huì tuì dào nín de zhànghù li de.
고객님의 표는 인터넷에서 구매한 거라서 돈은 고객님의 계좌로 환불될 것입니다.

票 piào 표 | 网上 wǎngshàng 인터넷 | 购买 gòumǎi 구매하다 | 钱 qián 돈 | 退到 tuìdào ~로 반환하다 | 账户 zhànghù 계좌

DAY 01 · 즐거운 쇼핑

程度
chéngdù
명 정도

▶ 유명 백화점의 서비스가 이 程度는 되어야지.

春节前后，各个商场的商品降价程度不同。
Chūnjié qiánhòu, gègè shāngchǎng de shāngpǐn jiàngjià chéngdù bùtóng.
설 전후에, 각각 쇼핑센터의 상품 가격은 인하 정도가 다르다.

春节 Chūnjié 설 | 前后 qiánhòu 전후 | 各个 gègè 각각 | 商场 shāngchǎng 쇼핑센터 | 降价 jiàngjià 가격을 인하하다 | 不同 bùtóng 다르다

针对
zhēnduì
동 겨누다, 초점을 맞추다

▶ 새로 출시된 냉장고는 젊은 신혼부부의 취향을 针对해서 만든 거야.

新出的这款化妆品是针对敏感皮肤研制的。
Xīn chū de zhè kuǎn huàzhuāngpǐn shì zhēnduì mǐngǎn pífū yánzhì de.
새로 출시한 이 화장품은 민감한 피부를 겨냥하여 연구 제작한 것이다.

新出 xīn chū 새로 출시하다 | 款 kuǎn 스타일, 타입을 세는 양사 | 化妆品 huàzhuāngpǐn 화장품 | 敏感 mǐngǎn 민감하다 | 皮肤 pífū 피부 | 研制 yánzhì 연구 제작하다

大厦
dàshà
명 (고층) 건물, 빌딩

▶ 홍콩은 고층 大厦가 가장 많은 도시라고 한다.

那座大厦地下有一个很大的商场。
Nà zuò dàshà dìxià yǒu yí ge hěn dà de shāngchǎng.
그 고층 건물 지하에 큰 쇼핑센터가 있다.

座 zuò 동, 채(건물을 세는 양사) | 地下 dìxià 지하 | 商场 shāngchǎng 쇼핑센터

广大
guǎngdà
형 (사람 수가) 많다

▶ 우리나라 화장품은 广大한 외국인 고객에게 사랑을 받고 있다.

无污染蔬菜受到了广大顾客的欢迎。
Wú wūrǎn shūcài shòudàole guǎngdà gùkè de huānyíng.
무공해 채소는 많은 고객의 환영을 받았다.

无污染 wú wūrǎn 무공해 | 蔬菜 shūcài 채소 | 受欢迎 shòu huānyíng 환영을 받다 | 顾客 gùkè 고객

广泛
guǎngfàn

형 광범(위)하다, 폭넓다

▶ 이벤트 품목이 너무 广泛해서 뭘 골라야 할지 모르겠어.

那种新产品的用途广泛。
Nà zhǒng xīn chǎnpǐn de yòngtú guǎngfàn.
저 신제품은 용도가 광범위하다.

种 zhǒng 종(종류를 세는 양사) | 新产品 xīn chǎnpǐn 신제품 | 用途 yòngtú 용도

유의어 비교   广大 vs 广泛

두 단어에 모두 '넓다'라는 뜻의 广이 있어 헷갈릴 수 있다. 그러나 广大는 숫자가 많음을 나타내고, 广泛은 범위가 넓음을 나타낸다. 그러므로 广大는 종종 사람을 나타내는 단어 앞에 쓰여 '많은 ~'의 뜻을 나타내고, 广泛은 술어로 쓰이거나 동사 앞에서 '광범위하게'라는 뜻을 나타낸다.

예 广大顾客 많은 고객 / 广大消费者 많은 소비자
    用途广泛 용도가 광범위하다 / 广泛使用 광범위하게 사용하다

无数
wúshù

형 무수히 많다, 수많다

▶ 명동에는 쇼핑하러 온 외국인이 无数하다.

那家购物中心吸引了无数外国游客来购物。
Nà jiā gòuwù zhōngxīn xīyǐnle wúshù wàiguó yóukè lái gòuwù.
그 쇼핑센터는 수많은 외국 여행객을 끌어들여 물건을 구매하도록 했다.

家 jiā 집, 곳(집·상점·회사 등을 세는 양사) | 购物中心 gòuwù zhōngxīn (대형) 쇼핑센터 | 吸引 xīyǐn 끌어당기다 | 外国 wàiguó 외국 | 游客 yóukè 여행객 | 购物 gòuwù 물품을 구입하다

自动
zìdòng

형 (기계·장치 등이) 자동으로
부 자발적으로

▶ 요즘에는 자동 주문기로 주문하는 식당이 많아졌어.

咱们去前面的自动售货机买瓶饮料吧。
Zánmen qù qiánmiàn de zìdòng shòuhuòjī mǎi píng yǐnliào ba.
우리 앞쪽의 자동판매기에서 음료 한 병 사자.

老师买了很多东西, 同学们自动来帮忙。
Lǎoshī mǎile hěn duō dōngxi, tóngxuémen zìdòng lái bāngmáng.
선생님이 많은 물건을 구입하셨는데, 학생들이 자발적으로 와서 도와주었다.

前面 qiánmiàn 앞(쪽) | 售货机 shòuhuòjī 판매기 | 瓶 píng 병(병을 세는 양사) | 饮料 yǐnliào 음료 | 东西 dōngxi 물건 | 同学 tóngxué 학생 | 帮忙 bāngmáng 돕다

数
shǔ
- 동 손꼽(히)다, 뛰어나다

shù
- 명 수, 숫자

▶ 이 식당은 유명한 맛집이라서 항상 대기하는 사람 数가 많아.

那家免税店在韩国是数一数二的。
Nà jiā miǎnshuìdiàn zài Hánguó shì shǔ yī shǔ èr de.
저 면세점은 한국에서 손꼽히는 곳이다.

这个月办理退货的人数增多了。
Zhège yuè bànlǐ tuìhuò de rén shù zēngduō le.
이번 달에 반품 처리하는 사람 수가 늘어났다.

免税店 miǎnshuìdiàn 면세점 | 韩国 Hánguó 한국 | 数一数二 shǔ yī shǔ èr 손꼽히다 | 办理 bànlǐ 처리하다 | 退货 tuìhuò 반품하다 | 人数 rén shù 사람 수 | 增多 zēngduō 늘어나다, 많아지다

> **출제 포인트**　'세다'라는 뜻으로도 쓰이는 数
>
> 동사 '数 shǔ'는 '손꼽(히)다'라는 뜻 외에, '세다'라는 의미도 있다.
> '大多数(대다수)'와 '数量(수량)'처럼 명사로 쓰일 때는 'shù'라고 발음한다.
> 예　数(shǔ)钱 돈을 세다 / 不可胜数(shǔ) 셀 수 없이 많다

★ 보충단어
아래 단어들의 예문은 WEB단어장에서 확인할 수 있어요.

布　bù 명 천
肥皂　féizào 명 비누
总共　zǒnggòng 부 모두, 전부
收据　shōujù 명 영수증
统一　tǒngyī 동 통일하다
光临　guānglín 동 광림하다

보충단어
WEB 단어장

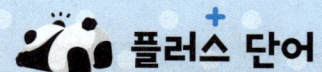 **플러스 단어**

고득점 합격이 목표라면 플러스단어까지 학습해 보세요.

쇼핑, 경제

客服 kèfú 고객 서비스
消费者 xiāofèizhě 소비자
批发市场 pīfā shìchǎng 도매 시장
零售市场 língshòu shìchǎng 소매 시장
二手市场 èrshǒu shìchǎng 중고 시장
冲动购买 chōngdòng gòumǎi 충동구매
团购 tuángòu 공동구매
买一送一 mǎi yī sòng yī 1+1 (원 플러스 원)
购货券 gòuhuòquàn 상품권
借条 jiètiáo 차용증
拍卖 pāimài 경매

网店 wǎngdiàn 인터넷 쇼핑몰
阿里巴巴 Ālǐbābā 알리바바 (중국 전자 상거래 플랫폼)
淘宝 Táobǎo 타오바오 (중국 전자 상거래 플랫폼)
一次性付款 yícìxìng fùkuǎn 일시불
新品 xīnpǐn 신상품
物价 wùjià 물가
海淘 hǎitáo 해외 직구
退税 tuì shuì 세금을 환급하다
月光族 yuèguāngzú 월광족 (한 달 월급을 모두 써 버리는 중국의 새로운 소비 계층)

 **데일리 테스트**

고생하셨어요!
QR코드를 스캔하면 DAY01~DAY30 전체 데일리 테스트 PDF가 다운로드됩니다.

DAY 02

나도 패션피플
#외모 #패션

> **HSK 5급 30일 합격 프로젝트**
>
> ★ HSK 시험에 이렇게 나와요.
> 5급 듣기 문제에는 옷이나 장식 등 패션에 대해 평가하는 내용이 자주 등장하며, 독해에도 의복과 외모에 관한 설명문이나 논설문이 자주 출제됩니다.

응원 듣기

系领带 찌 링따이
牛仔裤 니우쟈이쿠
身材 션차이
苗条 먀오탸오

암기 영상

系领带	牛仔裤	身材	苗条
jì lǐngdài	niúzǎikù	shēncái	miáotiao
넥타이를 매다	몡 청바지	몡 몸매, 체격	톙 (몸매가) 호리호리하다

身材
shēncái

형 몸매, 체격

▶ 오빠는 근육질 身材를 만들겠다고 삼시 세 끼 닭가슴살만 먹어.

妹妹的身材很苗条，但总是说要减肥。
Mèimei de shēncái hěn miáotiao, dàn zǒngshì shuō yào jiǎnféi.
여동생은 몸매가 날씬한데, 늘 다이어트해야 한다고 말한다.

妹妹 mèimei 여동생 | 苗条 miáotiao 늘씬하다 | 但 dàn 그러나 | 总是 zǒngshì 늘 | 减肥 jiǎnféi 다이어트하다, 살을 빼다

참고 身体 shēntǐ 몸, 신체

유의어 비교 身体 vs 身材

일반적으로 몸과 건강에 관련된 표현에는 身体를 쓰고, 체격이나 몸매가 마르거나 뚱뚱한 것을 표현할 때는 身材를 많이 쓴다. 말하거나 작문할 때 헷갈릴 수 있으니 확실히 구분해서 기억하자.

예 身材高大 체격이 크다 / 身材苗条 몸매가 날씬하다

苗条
miáotiao

형 (몸매가) 날씬하다, 호리호리하다

▶ 내 친구는 아이돌 여자 가수처럼 몸매가 苗条하다.

运动可以让人保持苗条的身材。
Yùndòng kěyǐ ràng rén bǎochí miáotiao de shēncái.
운동은 사람들에게 날씬한 몸매를 유지할 수 있게 한다.

运动 yùndòng 운동 | 让 ràng ~에게 ~하게 하다 | 保持 bǎochí 유지하다

显得
xiǎnde

동 ~하게 보이다, ~인 것 같다

▶ 显得(~하게 보이다)+很精神(활기차다) = 활기차게 보인다

她的男朋友穿衬衫时显得很精神。
Tā de nánpéngyou chuān chènshān shí xiǎnde hěn jīngshen.
그녀의 남자 친구는 셔츠를 입으면 활기차게 보인다.

男朋友 nánpéngyou 남자 친구 | 穿 chuān 입다 | 衬衫 chènshān 셔츠 | 精神 jīngshen 활기차다

表情
biǎoqíng
명 표정

▶ 난 그녀의 表情만 봐도 그녀의 기분을 알 수 있다.

那个演员的表情特别丰富。
Nàge yǎnyuán de biǎoqíng tèbié fēngfù.
그 배우의 표정은 매우 풍부하다.

演员 yǎnyuán 배우 | 特别 tèbié 특히, 매우 | 丰富 fēngfù 풍부하다

출제 포인트　듣기·독해 빈출 어휘 **表情**

表情은 듣기와 독해에 자주 출제되는데, 함께 쓰는 어휘들이 비교적 어렵기 때문에 기출 표현을 익혀 두는 것이 좋다.

예　表情丰富　표정이 풍부하다
　　读懂表情　표정을 읽다
　　模仿(mófǎng)表情　표정을 따라 하다
　　观察(guānchá)表情　표정을 관찰하다

微笑
wēixiào
동 미소 짓다
명 미소

▶ 그녀의 微笑는 뭇 남성들의 마음을 사로잡았다.

老师总是微笑着回答学生们的问题。
Lǎoshī zǒngshì wēixiàozhe huídá xuéshengmen de wèntí.
선생님은 항상 미소 지으며 학생들의 질문에 대답해 준다.

妈妈的微笑在我心中是最美丽的。
Māma de wēixiào zài wǒ xīnzhōng shì zuì měilì de.
엄마의 미소는 내 마음속에서 가장 아름답다.

老师 lǎoshī 선생님 | 总是 zǒngshì 항상, 늘 | 回答 huídá 대답하다 | 学生们 xuéshengmen 학생들 | 问题 wèntí 문제 | 妈妈 māma 엄마 | 心中 xīnzhōng 마음속 | 美丽 měilì 아름답다

魅力
mèilì
명 매력

▶ 내 막냇동생은 보면 볼수록 魅力가 넘친다.

那个明星不但很有魅力，而且演得很好。
Nàge míngxīng búdàn hěn yǒu mèilì, érqiě yǎn de hěn hǎo.
저 스타는 매력이 있을 뿐 아니라, 게다가 연기도 잘한다.

明星 míngxīng 스타 | 不但A，而且B búdàn A, érqiě B A할 뿐 아니라, 게다가 B하다 | 演 yǎn 연기하다

优美
yōuměi

형 우아하고 아름답다

▶ 나는 그 발레리나의 섬세한 동작이 정말 优美하다고 생각해.

舞蹈演员跳舞时的姿势太优美了。
Wǔdǎo yǎnyuán tiàowǔ shí de zīshì tài yōuměi le.
댄서가 춤을 출 때의 자세가 너무 우아하고 아름답다.

舞蹈演员 wǔdǎo yǎnyuán 댄서 | **跳舞** tiàowǔ 춤을 추다 | **姿势** zīshì 자세　유의 **美丽** měilì 아름답다

출제 포인트　풍경·자세·동작 등을 형용하는 优美

优美는 '우아하고 아름답다'라는 뜻으로, 풍경·자세·동작 등을 형용할 때 쓰인다. 독해 부분에서 걷는 자세, 악기의 음색, 자연의 풍경 등에 관한 내용이 보통 설명문에 출제된다. 작문 시험에도 풍경과 관련된 사진과 함께 출제된 적이 있으므로, 관련 어휘를 함께 익히자.

예　**姿势优美** 자세가 우아하고 아름답다
　　风景优美 풍경이 우아하고 아름답다

服装
fúzhuāng

명 의상, 의류, 복장

▶ 사극을 볼 때는 시대별로 달라지는 服装을 보는 재미도 쏠쏠하다.

有些服装设计师的打扮总是很特别。
Yǒuxiē fúzhuāng shèjìshī de dǎban zǒngshì hěn tèbié.
어떤 의상 디자이너의 차림새는 항상 특이하다.

有些 yǒuxiē 어떤 | **设计师** shèjìshī 디자이너 | **打扮** dǎban 차림새 | **总是** zǒngshì 항상, 늘 | **特别** tèbié 특이하다

배경 지식　중국의 전통 복장, 치파오(旗袍)

중국의 전통 복장인 치파오(旗袍)는 원래 만주족의 복식이었다. 만주족이 베이징에 들어와 청나라를 세우고 중국을 지배하면서 한족에게도 치파오를 입혔고, 지금까지도 많은 사랑을 받고 있다. 원래는 굴곡 없는 박스 형태였으나, 많은 변화를 거쳐 오늘날 다양하고 실용적인 모습으로 재탄생되었다.

牛仔裤
niúzǎikù

명 청바지

▶ 난 누가 뭐래도 牛仔裤가 가장 편해.

许多公司不允许员工穿牛仔裤。
Xǔduō gōngsī bù yǔnxǔ yuángōng chuān niúzǎikù.
많은 회사에서 직원들이 청바지 입는 것을 허용하지 않는다.

许多 xǔduō 매우 많다 | **公司** gōngsī 회사 | **允许** yǔnxǔ 허가하다, 허용하다 | **员工** yuángōng 직원 | **穿** chuān 입다

围巾
wéijīn
명 목도리, 머플러

▶ 겨울에는 围巾을 목에 두르기만 해도 훨씬 따뜻해.

天气很冷，出去时戴条围巾吧。
Tiānqì hěn lěng, chūqù shí dài tiáo wéijīn ba.
날씨가 추워. 나갈 때 목도리 해.

天气 tiānqì 날씨 | 冷 lěng 춥다 | 出去 chūqù 나가다 | 戴 dài 착용하다 | 条 tiáo 개(긴 것을 세는 양사)

手套
shǒutào
명 장갑

▶ 눈썰매 타기로 했는데 手套를 깜빡 잊었지 뭐야. 손이 얼겠어!

近几年，玩儿手机时可以戴的手套非常流行。
Jìn jǐ nián, wánr shǒujī shí kěyǐ dài de shǒutào fēicháng liúxíng.
최근 몇 년간, 휴대폰을 할 때 착용할 수 있는 장갑이 매우 유행한다.

近几年 jìn jǐ nián 최근 몇 년 | 玩儿手机 wánr shǒujī 휴대폰을 하다 | 流行 liúxíng 유행하다

装饰
zhuāngshì
명 장식
동 장식하다

▶ 우리 엄마는 새로 이사 간 집을 북유럽 스타일의 装饰로 꾸미셨어.

他桌子上的装饰造型很独特。
Tā zhuōzi shang de zhuāngshì zàoxíng hěn dútè.
그 사람 책상 위의 장식 이미지가 매우 독특하다.

有时装饰一下家里，会改变家里的气氛。
Yǒushí zhuāngshì yíxià jiā li, huì gǎibiàn jiā li de qìfēn.
때로는 집을 장식하면, 집안 분위기를 바꿀 수 있다.

桌子 zhuōzi 책상 | 造型 zàoxíng 이미지, 형상 | 独特 dútè 독특하다 | 有时 yǒushí 때로는 | 改变 gǎibiàn 바꾸다 | 气氛 qìfēn 분위기

项链
xiàngliàn
명 목걸이

▶ 엄마가 내게 물려 주신 项链은 아빠가 엄마에게 선물하신 거래.

这条项链是朋友从欧洲带回来的。
Zhè tiáo xiàngliàn shì péngyou cóng Ōuzhōu dài huílai de.
이 목걸이는 친구가 유럽에서 가지고 돌아온 것이다.

条 tiáo 개(긴 것을 세는 양사) | 朋友 péngyou 친구 | 欧洲 Ōuzhōu 유럽 | 带回来 dài huílai 가지고 돌아오다

戒指 jièzhi
명 반지

▶ 결혼 戒指를 네 번째 손가락에 끼는 이유가 뭘까?

她手上戴着戒指，应该已经结婚了。
Tā shǒu shang dàizhe jièzhi, yīnggāi yǐjīng jiéhūn le.
그녀는 손에 반지를 끼고 있으니, 이미 결혼을 했을 것이다.

手 shǒu 손 | 应该 yīnggāi 반드시 ~할 것이다 | 已经 yǐjīng 이미 | 结婚 jiéhūn 결혼하다

系领带 jì lǐngdài
넥타이를 매다

▶ 우리 회사는 정장에 系领带해야 하는 복장 규정이 있다.

弟弟穿西服、系领带的样子特别帅。
Dìdi chuān xīfú, jì lǐngdài de yàngzi tèbié shuài.
남동생이 정장을 입고 넥타이를 맨 모습은 특히 멋있다.

弟弟 dìdi 남동생 | 穿 chuān 입다 | 西服 xīfú 정장 | 样子 yàngzi 모습 | 特别 tèbié 특히, 매우 | 帅 shuài 멋있다

时髦 shímáo
형 유행이다, 최신식이다, 현대적이다

▶ 우리 언니는 时髦한 스타일의 옷을 즐겨 입어.

那位女士穿的衣服款式很时髦。
Nà wèi nǚshì chuān de yīfu kuǎnshì hěn shímáo.
저 여성분이 입은 옷 스타일이 현대적이다.

位 wèi 분, 명(공경의 뜻을 내포함) | 女士 nǚshì 여성, 여사 | 穿 chuān 입다 | 款式 kuǎnshì 스타일
유의 流行 liúxíng 유행하다
유의 时尚 shíshàng 유행에 맞다

光滑 guānghuá
형 반들반들하다, 매끌매끌하다

▶ 요즘 1일 1팩 했더니, 피부가 진짜 光滑해졌다.

因为空气很湿润，我的皮肤变光滑了。
Yīnwèi kōngqì hěn shīrùn, wǒ de pífū biàn guānghuá le.
공기가 습해서 내 피부가 반들반들해졌다.

空气 kōngqì 공기 | 湿润 shīrùn 습윤하다 | 皮肤 pífū 피부
반의 粗糙 cūcāo 까칠까칠하다, 거칠다

时尚
shíshàng

- 명 최신 유행
- 형 유행에 맞다, 트렌드에 맞다

▶ 연예인들은 항상 가장 时尚하는 옷을 입고 TV에 나오지.

看时尚杂志可以了解最近流行什么。
Kàn shíshàng zázhì kěyǐ liǎojiě zuìjìn liúxíng shénme.
패션 잡지를 보면 최근 무엇이 유행하는지 알 수 있다.

朋友家的沙发很时尚。
Péngyou jiā de shāfā hěn shíshàng.
친구 집에 있는 소파는 매우 트렌디하다.

杂志 zázhì 잡지 | 了解 liǎojiě 자세하게 알다, 이해하다 | 最近 zuìjìn 최근 | 沙发 shāfā 소파

유의 流行 liúxíng 유행하다 | 유의 时髦 shímáo 유행이다, 최신식이다

유의어 비교 时尚 vs 流行 vs 时髦

이 세 단어는 서로 바꿔 쓸 수 있지만, 그 뜻에 미묘한 차이가 있다.

时尚	패션이나 스타일의 최신 유행을 나타냄 时尚杂志 패션 잡지 / 追求时尚 트렌드를 쫓다
流行	짧은 기간에 많은 사람이 쫓는 유행을 나타냄 流行音乐 유행 음악 / 最近流行 최근에 유행하다
时髦	새롭고 시대에 걸맞는다는 의미로, 최근 성행하는 풍조와 패션을 표현할 때 사용함 赶时髦 유행을 쫓다 / 穿着(chuānzhuó)时髦 옷차림이 현대적이다

鲜艳
xiānyàn

- 형 (색이) 화려하다

▶ 배우들이 시상식에 입고 온 鲜艳한 드레스는 늘 이슈가 돼.

这条裤子颜色很鲜艳，挺好看的。
Zhè tiáo kùzi yánsè hěn xiānyàn, tǐng hǎokàn de.
이 바지는 색이 매우 화려해서, 정말 예쁘다.

条 tiáo 벌(바지와 치마를 세는 양사) | 裤子 kùzi 바지 | 颜色 yánsè 색 | 挺 tǐng 매우 | 好看 hǎokàn 예쁘다, 보기 좋다

출제 포인트 색상의 화려함을 나타내는 鲜艳

鲜艳은 색이 분명하고 아름다운 화려함을 뜻하므로, 보통 '颜色(색깔)', '色彩(색상)' 등의 단어와 함께 쓰인다. 독해 부분에 옷, 장식, 그림, 동식물 등의 색상에 관련된 내용이 자주 등장하므로, 鲜艳과 함께 쓰는 짝꿍 어휘는 꼭 외우고 넘어가자.

예 颜色鲜艳 색깔이 화려하다 / 色彩鲜艳 색채가 화려하다

色彩
sècǎi

명 색깔, 색채

▶ 공식적인 자리에 갈 때는 色彩가 화려한 옷을 피하는 게 좋아.

这款手机的色彩比较鲜艳。
Zhè kuǎn shǒujī de sècǎi bǐjiào xiānyàn.
이 휴대폰 색깔은 비교적 화려하다.

款 kuǎn 스타일, 타입을 세는 양사 | 手机 shǒujī 휴대폰 | 比较 bǐjiào 비교적 | 鲜艳 xiānyàn (색이) 화려하다
유의 颜色 yánsè 색, 색깔

배경 지식 　 중국에서 붉은색과 흰색의 상징

중국에서 붉은색은 상서로움과 생명력을 상징하여 궁전의 벽 색깔은 모두 붉은색이다. 또한 붉은색은 '번창하다', '인기가 있다'라는 의미도 있어, 결혼식의 장식이나 축의금 봉투도 모두 붉은색이다. 반면 흰색(白色)은 죽음을 상징하여, 중국인들은 부의금을 낼 때만 흰색 봉투를 사용한다.

独特
dútè

형 독특하다, 특이하다

▶ 머리를 초록색으로 염색하다니, 정말 独特하다!

有些艺术家的打扮风格十分独特。
Yǒuxiē yìshùjiā de dǎban fēnggé shífēn dútè.
어떤 예술가는 꾸미는 스타일이 매우 독특하다.

有些 yǒuxiē 어떤 | 艺术家 yìshùjiā 예술가 | 打扮 dǎban 꾸미다 | 风格 fēnggé 스타일 | 十分 shífēn 매우
유의 特别 tèbié 특별하다, 특이하다

表面
biǎomiàn

명 표면, 겉

▶ 이 코트의 表面은 거칠지만, 내피는 부드럽고 좋아!

这条裙子的表面很粗糙，里面却相当柔软。
Zhè tiáo qúnzi de biǎomiàn hěn cūcāo, lǐmiàn què xiāngdāng róuruǎn.
이 치마는 표면이 거칠고, 안쪽은 오히려 상당히 부드럽다.

条 tiáo 벌(바지와 치마를 세는 양사) | 裙子 qúnzi 치마 | 粗糙 cūcāo 거칠다 | 里面 lǐmiàn 안 | 却 què 오히려 | 相当 xiāngdāng 상당히, 무척 | 柔软 róuruǎn 부드럽다
유의 外面 wàimiàn 밖, 겉면

颗
kē

양 알(둥글고 작은 알맹이를 세는 양사)

▶ 그 반지의 다이아몬드 한 颗가 얼마인지 알아?

那条项链上有一颗非常贵的宝石。
Nà tiáo xiàngliàn shang yǒu yì kē fēicháng guì de bǎoshí.
그 목걸이에는 매우 비싼 보석이 있다.

条 tiáo 개(긴 것을 세는 양사) | 项链 xiàngliàn 목걸이 | 贵 guì 비싸다 | 宝石 bǎoshí 보석

유의어 비교   颗 vs 棵

두 단어는 발음이 같고, 한자가 비슷하여 많이 헷갈리는 양사이다. 하지만 결합하는 단어가 다르니, 헷갈리지 않도록 쓰임의 차이와 함께 쓰는 명사를 분명히 외워 두자.

颗(kē) 작은 알갱이를 세는 양사이다. 목적어로 '宝石(보석)', '钻石(zuànshí, 다이아몬드)', '星星(별)', '珍珠(zhēnzhū, 진주)' 등이 쓰인다.

棵(kē) 나무처럼 줄기가 있는 식물을 세는 양사이다. 목적어로 '树(나무)', '老树(오래된 나무)', '松树(소나무)' 등이 쓰인다.

★ 보충단어
아래 단어들의 예문은 WEB단어장에서 확인할 수 있어요.

보충단어 WEB 단어장

个性 gèxìng 명 개성
眉毛 méimao 명 눈썹
方 fāng 형 각지다, 네모나다
圆 yuán 형 둥글다
粗糙 cūcāo 형 까칠까칠하다, 거칠다
英俊 yīngjùn 형 잘생기다, 핸섬하다
丑 chǒu 형 못생기다, 추하다
薄 báo 형 얇다, 엷다
耳环 ěrhuán 명 귀고리
梳子 shūzi 명 빗
顶 dǐng 양 개, 채(꼭대기가 있는 물건을 세는 양사)

披 pī 동 걸치다, 쓰다
烫 tàng 동 (머리를) 파마하다 / 형 몹시 뜨겁다
浅 qiǎn 형 (색깔이) 연하다, 옅다
浓 nóng 형 (색깔이) 진하다, 짙다 / (정도가) 깊다, 심하다
单调 dāndiào 형 단조롭다
灰 huī 형 회색의, 잿빛의
紫 zǐ 형 보라색의
青 qīng 형 푸르다, 진녹색의
银 yín 형 은색의 명 은

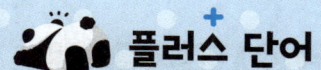 **플러스 단어**

 음원 듣기

고득점 합격이 목표라면 플러스단어까지 학습해 보세요.

외모

素颜 sùyán 민낯, 쌩얼
大众脸 dàzhòng liǎn
평범한 얼굴
美眉 měiméi 예쁜 여자, 젊은 여자
萌妹子 méng mèizi
청순하고 귀여운 여자
天然美女 tiānrán měinǚ
자연 미인
人造美女 rénzào měinǚ
성형 미인
花美男 huāměinán 꽃미남
洋气 yángqì 서구적이다
九头身 jiǔtóushēn 9등신
小麦色皮肤 xiǎomàisè pífū
구릿빛의 건강한 피부

패션

正装 zhèngzhuāng 정장
登山服 dēngshānfú 등산복
情侣装 qínglǚzhuāng 커플룩
休闲服装 xiūxián fúzhuāng
캐주얼룩
冬衣 dōngyī 겨울 옷
高跟鞋 gāogēnxié 하이힐
运动鞋 yùndòngxié 운동화
套鞋 tàoxié 장화
拖鞋 tuōxié 슬리퍼
鞋垫儿 xiédiànr 신발 깔창

데일리 테스트

고생하셨어요!
QR코드를 스캔하면 DAY01~DAY30
전체 데일리 테스트 PDF가
다운로드됩니다.

 PDF 다운로드

DAY 03

신나는 여행
#여행 #교통수단

HSK 5급 30일 합격 프로젝트

★ HSK 시험에 이렇게 나와요.
듣기 부분에는 여행 주제가 많이 등장하는데, 특히 비행기 탑승 수속, 표 예매, 여행 계획 등의 상황 대화가 빈번하게 출제됩니다. 관련 어휘로 '登机(탑승하다)', '手续(수속)', '到达(도착하다)' 등이 자주 출제됩니다.

음원 듣기

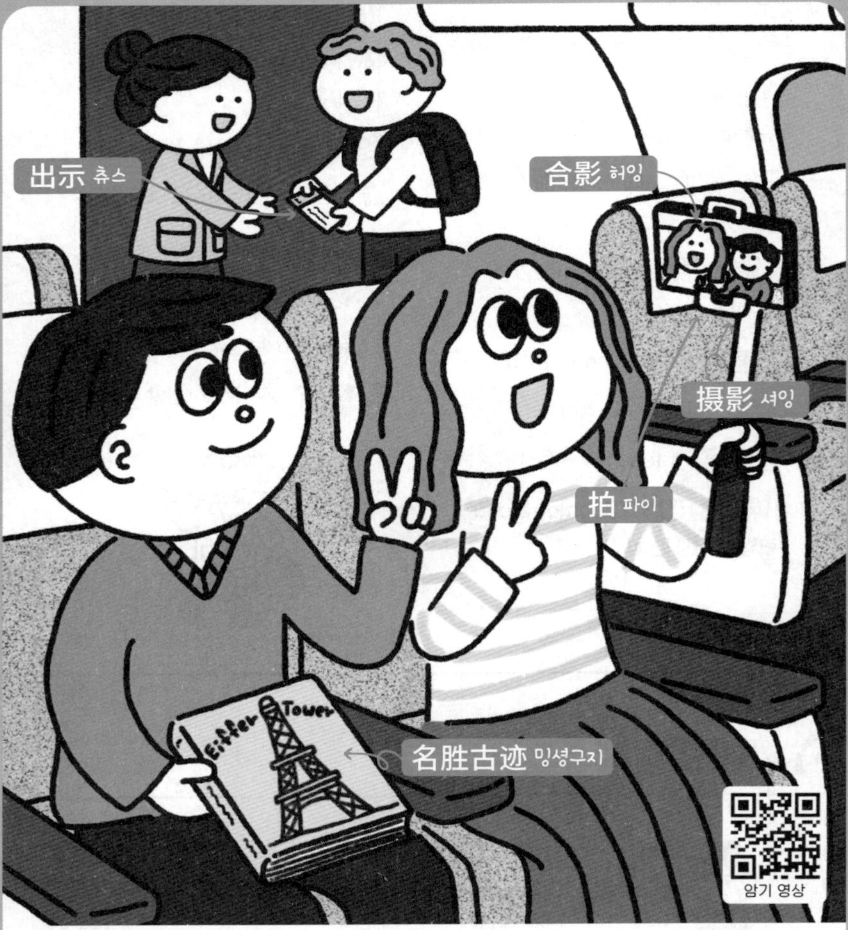

出示 츄스
合影 허잉
摄影 셔잉
拍 파이
名胜古迹 밍셩구지

암기 영상

出示	名胜古迹	拍	摄影	合影
chūshì	míngshèng gǔjì	pāi	shèyǐng	héyǐng
동 제시하다, 내보이다	명 명승고적	동 촬영하다	동 촬영하다	동 함께 사진을 찍다 명 단체 사진

名胜古迹
míngshèng gǔjì

명 명승고적

▶ 서울의 대표적인 名胜古迹는 경복궁과 덕수궁이라고 생각해.

北京有很多名胜古迹，比如故宫、长城、天安门等等。
Běijīng yǒu hěn duō míngshèng gǔjì, bǐrú Gùgōng, Chángchéng, Tiān'ānmén děngděng.
베이징에는 명승고적이 매우 많다. 예를 들면 고궁, 만리장성, 천안문 등이다.

北京 Běijīng 베이징 | 比如 bǐrú 예를 들면 | 故宫 Gùgōng 고궁 | 长城 Chángchéng 만리장성 | 天安门 Tiān'ānmén 천안문 | 等等 děngděng 등등, 기타

游览
yóulǎn

동 유람하다

▶ 우리는 이번 방학 때 시안의 명승고적을 游览하기로 했어.

去北京时我一定要游览很多名胜古迹。
Qù Běijīng shí wǒ yídìng yào yóulǎn hěn duō míngshèng gǔjì.
베이징에 갈 때 나는 반드시 많은 명승고적을 구경할 것이다.

一定 yídìng 반드시

참고 旅游 lǚyóu 여행하다, 관광하다 / 观光 guānguāng 관광하다

유의어 비교 游览 vs 旅行, 旅游

游览은 명승고적이나 풍경을 유유히 지나가며 구경하는 것을 의미하고, '名胜古迹(명승고적)', '风景(풍경)', '景色(경치)', '风光(풍경)' 등을 목적어로 취한다. 이와 비교하여 '여행하다'라는 뜻을 나타내는 旅行과 旅游는 유람하는 동작이 아닌 여행하는 전체 과정을 나타낸다. 또한 목적어를 바로 취하지 않으므로, 여행 가는 장소를 나타낼 때는 [去+장소+旅游/旅行]의 패턴을 쓴다.

예 游览长城 만리장성을 유람하다 / 游览名山 명산을 유람하다
游览名胜古迹 명승고적을 유람하다
游览当地自然风光 현지 자연경관을 유람하다

广场
guǎngchǎng

명 광장

▶ 베이징의 천안문 广场은 세계에서 가장 넓은 광장이다.

广场上怎么那么多孩子，好热闹啊。
Guǎngchǎng shang zěnme nàme duō háizi, hǎo rènao a.
광장에 어째서 저렇게 아이들이 많지. 정말 시끌벅적하구나.

孩子 háizi 아이 | 好 hǎo 정말, 엄청(감탄의 어기) | 热闹 rènao 시끌벅적하다

胡同 hútòng
명 골목

▶ 베이징 胡同에 가면 중국의 전통적인 모습을 엿볼 수 있어.

北京的胡同儿历史悠久，值得一看。
Běijīng de hútòngr lìshǐ yōujiǔ, zhídé yí kàn.
베이징의 골목은 역사가 깊어서, 한 번 볼 만하다.

北京 Běijīng 베이징 | 历史 lìshǐ 역사 | 悠久 yōujiǔ 유구하다 | 值得 zhídé ~할 만하다

陌生 mòshēng
형 낯설다, 생소하다

▶ 陌生한 곳으로의 여행은 생소하지만 항상 설렌다.

我虽然是第一次来这里，但一点儿也不觉得陌生。
Wǒ suīrán shì dì yī cì lái zhèlǐ, dàn yìdiǎnr yě bù juéde mòshēng.
나는 비록 이곳에 처음 왔지만, 낯설다는 생각이 조금도 들지 않는다.

虽然A，但B suīrán A, dàn B 비록 A하지만, 그러나 B하다 | 第一次 dì yī cì 맨 처음 | 一点儿也不 yìdiǎnr yě bù 조금도 ~하지 않다 | 觉得 juéde 생각하다

반의 熟悉 shúxī 잘 알다, 익숙하다

冒险 màoxiǎn
동 모험하다, 위험을 무릅쓰다

▶ 우리 할머니는 그 연세에도 冒险하는 걸 두려워하지 않으셔.

年轻人喜欢冒险的运动。
Niánqīngrén xǐhuan màoxiǎn de yùndòng.
젊은 사람들은 익스트림 스포츠를 좋아한다.

年轻人 niánqīngrén 젊은 사람 | 喜欢 xǐhuan 좋아하다 | 运动 yùndòng 운동, 스포츠

반의 保守 bǎoshǒu 고수하다, 지키다

撞 zhuàng
동 부딪치다

▶ 유명 관광지에는 사람이 많아 서로 撞하기 쉬우니 조심해!

姐姐开车开得很慢，是担心撞到别人。
Jiějie kāichē kāi de hěn màn, shì dānxīn zhuàngdào biéren.
누나는 운전을 하는 게 느려서, 다른 사람을 칠까 봐 걱정된다.

姐姐 jiějie 누나, 언니 | 开车 kāichē 운전하다 | 慢 màn 느리다 | 担心 dānxīn 걱정하다 | 别人 biéren 다른 사람

体会
tǐhuì

- 동 경험하다, 느끼다
- 명 (체험에서 얻은) 경험, 느낌

▶ 그 나라의 문화를 体会하고 싶으면 직접 가 보는 게 최고야.

你体会过近距离接触大自然的感觉吗？
Nǐ tǐhuìguo jìn jùlí jiēchù dàzìrán de gǎnjué ma?
너는 가까운 거리에서 대자연을 접하는 느낌을 느껴 본 적 있니?

不同的人体会也不同。
Bùtóng de rén tǐhuì yě bùtóng.
서로 다른 사람은 느낌도 다르다.

近距离 jìn jùlí 가까운 거리 | 接触 jiēchù 접하다, 접촉하다 | 大自然 dàzìrán 대자연 | 感觉 gǎnjué 느낌 | 不同 bùtóng 다르다

유의 体验 tǐyàn 체험(하다)
유의 领会 lǐnghuì 깨닫다, 이해하다

体验
tǐyàn

- 동 체험하다

▶ 아이들은 다양한 직업을 体验할 수 있는 곳을 아주 좋아해.

去海南旅行可以体验当地的文化和生活。
Qù Hǎinán lǚxíng kěyǐ tǐyàn dāngdì de wénhuà hé shēnghuó.
하이난으로 여행 가면 현지의 문화와 생활을 체험할 수 있다.

海南 Hǎinán 하이난 | 旅行 lǚxíng 여행하다 | 当地 dāngdì 현지 | 文化 wénhuà 문화 | 生活 shēnghuó 생활

유의 体会 tǐhuì 경험하다, 체득하다
유의 领会 lǐnghuì 깨닫다, 이해하다

유의어 비교 体会 vs 体验

이 두 단어는 서로 바꿔 쓸 수 있지만, 그 뜻에 미묘한 차이가 있다.

体会 '경험하다, 느끼다'라는 뜻으로, 체험과 이성적인 사고를 통해 다른 사람의 마음, 사물의 도리 등을 이해하는 것을 강조한다.

예 体会人民的感情 국민의 감정을 느끼다
个人的体会 개인의 경험
留学的体会 유학의 경험

体验 '체험하다'라는 뜻으로, 실질적인 행동을 통해 사물이나 생활을 알게되는 것을 강조한다.

예 体验农村生活 농촌 생활을 체험하다
体验到生活中的酸甜苦辣
생활에서의 온갖 고초를 체험하다

亲自
qīnzì
부 직접, 손수

▶ 중국에 亲自 가서 중국의 문화를 체험해 보고 싶어.

销售部经理亲自领我们到大厦各处参观。
Xiāoshòubù jīnglǐ qīnzì lǐng wǒmen dào dàshà gè chù cānguān.
영업부 팀장은 직접 우리를 데리고 건물의 여러 곳을 시찰했다.

销售部 xiāoshòubù 영업부 | **经理** jīnglǐ 팀장, 사장 | **领** lǐng 인도하다 | **大厦** dàshà 빌딩, 건물 | **各处** gè chù 여러 곳 | **参观** cānguān 시찰하다, 견학하다

位于
wèiyú
동 ~에 위치하다

▶ 하얼빈은 중국의 동북쪽에 位于해 있어.

江南位于韩国首尔的中心地区。
Jiāngnán wèiyú Hánguó Shǒu'ěr de zhōngxīn dìqū.
강남은 한국 서울의 중심지에 위치해 있다.

江南 Jiāngnán 강남 | **韩国** Hánguó 한국 | **首尔** Shǒu'ěr 서울 | **中心** zhōngxīn 중심 | **地区** dìqū 지역

유의 **在于** zàiyú ~에 달려 있다

> **유의어 비교 位于 vs 在于**
>
> 두 단어 모두 '~에 있다'라는 뜻이지만, 그 쓰임이 다르다.
>
> **位于** 독해에서 지역을 설명할 때 자주 쓰는 어휘이다. 어떤 장소가 위치한 곳을 나타내므로, [位于+장소] 패턴으로 쓰인다.
> 예 **位于河边** 강가에 위치해 있다
> **位于北京南部** 베이징 남부에 위치해 있다
>
> **在于** 보통 추상적인 사물의 본질을 나타내며, 관건이 되는 것을 나타낸다.
> 예 **去不去在于你自己。**
> 가고 안 가고는 너 자신에게 달려 있다.

信号
xìnhào
명 신호, 사인

▶ 화장실이 급하신 분들은 손을 들어 信号를 보내 주세요.

因为在山里，手机没有信号。
Yīnwèi zài shān li, shǒujī méiyǒu xìnhào.
산속에 있어서 휴대폰에 신호가 안 잡힌다.

因为 yīnwèi 왜냐하면 | **手机** shǒujī 휴대폰

纪念
jìniàn
- 동 기념하다
- 명 기념

▶ 나는 여행지를 纪念하기 위해 가는 곳마다 기념 엽서를 샀어.

为了纪念这一美好的时刻，我们一起照张相吧！
Wèile jìniàn zhè yì měihǎo de shíkè, wǒmen yìqǐ zhào zhāng xiàng ba!
이 아름다운 순간을 기념하기 위해, 우리 같이 사진 한 장 찍자!

这张老照片具有很高的纪念价值。
Zhè zhāng lǎo zhàopiàn jùyǒu hěn gāo de jìniàn jiàzhí.
이 오래된 사진은 높은 기념 가치가 있다.

为了 wèile ~하기 위해 | 美好 měihǎo 아름답다 | 时刻 shíkè 순간 | 照相 zhàoxiàng 사진을 찍다 | 张 zhāng 장(종이나 가죽 등을 세는 양사) | 老 lǎo 오래된 | 照片 zhàopiàn 사진 | 具有 jùyǒu 가지다 | 价值 jiàzhí 가치

참고 纪念品 jìniànpǐn 기념품

记忆
jìyì
- 명 기억

▶ 어렸을 때 파리에 가 봤다는데, 나는 하나도 记忆가 안 나.

一起交通事故让他失去了记忆。
Yì qǐ jiāotōng shìgù ràng tā shīqùle jìyì.
한 건의 교통사고로 그는 기억을 잃었다.

起 qǐ 건, 가지(사건, 안건 등을 세는 양사) | 交通事故 jiāotōng shìgù 교통사고 | 让 ràng ~에게 ~하게 하다 | 失去 shīqù 잃다

유의 回忆 huíyì 회상하다, 추억하다
유의 回想 huíxiǎng 회상하다

风景
fēngjǐng
- 명 풍경, 경치

▶ 이번 주말에 물 좋고 风景 좋은 곳으로 소풍 가자!

这里不仅风景优美，而且空气新鲜。
Zhèlǐ bùjǐn fēngjǐng yōuměi, érqiě kōngqì xīnxiān.
이곳은 풍경이 우아하고 아름다울 뿐만 아니라, 게다가 공기도 신선하다.

不仅A，而且B bùjǐn A, érqiě B A뿐만 아니라, 게다가 B하다 | 优美 yōuměi 우아하고 아름답다 | 空气 kōngqì 공기 | 新鲜 xīnxiān 신선하다

유의 风光 fēngguāng 풍경

到达
dàodá
동 도착하다, 이르다

▶ 그는 10시간이 넘는 비행을 마치고 드디어 한국에 到达했다.

到达上海后，我们先去酒店放行李。
Dàodá Shànghǎi hòu, wǒmen xiān qù jiǔdiàn fàng xíngli.
상하이에 도착한 후, 우리 먼저 호텔에 가서 짐을 두자.

上海 Shànghǎi 상하이 | 先 xiān 먼저 | 酒店 jiǔdiàn 호텔 | 放 fàng 두다 | 行李 xíngli 짐
유의 抵达 dǐdá 도착하다

欣赏
xīnshǎng
동 감상하다

▶ 소녀는 오랜 시간 동안 멋진 야경을 欣赏했다.

秋季乘坐这趟列车可以欣赏美丽的风景。
Qiūjì chéngzuò zhè tàng lièchē kěyǐ xīnshǎng měilì de fēngjǐng.
가을철에 이 열차를 타면 아름다운 풍경을 감상할 수 있다.

秋季 qiūjì 가을철 | 乘坐 chéngzuò (자동차·배·비행기 등을) 타다 | 趟 tàng 편, 번(정기적인 교통수단의 운행 횟수를 세는 양사) | 列车 lièchē 열차 | 美丽 měilì 아름답다 | 风景 fēngjǐng 풍경
유의 观赏 guānshǎng 감상하다

赞美
zànměi
동 찬미하다, 찬양하다

▶ 중국 구이린에 가 본 사람은 누구나 그 아름다움을 赞美하게 돼.

人们常用"上有天堂，下有苏杭"来赞美苏州的风景。
Rénmen cháng yòng "Shàng yǒu tiāntáng, xià yǒu Sū Háng" lái zànměi Sūzhōu de fēngjǐng.
사람들은 자주 "하늘엔 천당이 있고, 하늘 아래에 쑤저우와 항저우가 있다."라는 말로 쑤저우의 풍경을 찬미한다.

常 cháng 자주 | 用A来B yòng A lái B A로 B하다 | 天堂 tiāntáng 천당 | 苏杭 Sū Háng 쑤저우와 항저우 | 苏州 Sūzhōu 쑤저우
유의 赞赏 zànshǎng 칭찬하며 높이 평가하다
유의 赞扬 zànyáng 찬양하다

出示
chūshì
동 제시하다, 내보이다

▶ 공항에서 체크인을 할 때 여권을 出示해야 한다.

请您出示一下您的护照。
Qǐng nín chūshì yíxià nín de hùzhào.
여권을 한 번 제시해 주세요.

护照 hùzhào 여권

拍
pāi
동 (사진, 영상 등을) 찍다, 촬영하다

▶ 휴대폰 카메라로 拍한 사진 좀 보내줘.

我觉得用相机拍照片，不如用手机方便。
Wǒ juéde yòng xiàngjī pāi zhàopiàn, bùrú yòng shǒujī fāngbiàn.
나는 카메라로 사진 찍는 건, 휴대폰을 쓰는 것만큼 편리하지 않다고 생각한다.

觉得 juéde ~라고 생각하다 | 用 yòng ~으로 | 相机 xiàngjī 사진기 |
照片 zhàopiàn 사진 | 不如 bùrú ~만 못하다 | 手机 shǒujī 휴대폰 |
方便 fāngbiàn 편리하다
유의 摄影 shèyǐng (사진, 영상 등을) 찍다

출제 포인트　듣기·독해 빈출 어휘 **拍**

'사진을 찍다'라는 표현은 듣기와 독해에 자주 출제되는데, 비슷한 표현이 많으므로 함께 익히는 것이 좋다. 拍는 '영상을 찍다'라는 뜻으로, 拍摄 역시 사진과 영상 찍는 것을 모두 나타내며, 특히 기술적이고 전문적인 곳에 쓰인다.

예　拍照片 / 照照片 / 拍照 / 照相 (사진을) 찍다
　　拍电影 / 拍摄电影 영화를 찍다

摄影
shèyǐng
동 (사진, 영상 등을) 촬영하다

▶ 그는 인물을 摄影하는 전문 사진작가라 모든 사진이 다 작품이야.

摄影是我最大的爱好之一。
Shèyǐng shì wǒ zuìdà de àihào zhī yī.
사진을 찍는 것은 나의 가장 큰 취미 중 하나이다.

爱好 àihào 취미 | 之一 zhī yī ~ 중 하나
유의 拍 pāi (사진, 영상 등을) 찍다

合影
héyǐng
- 동 함께 사진을 찍다
- 명 단체 사진

▶ 가족 여행을 할 땐 꼭 合影을 찍어서 기록을 남겼다.

咱们在长江大桥前合影吧!
Zánmen zài Cháng Jiāng dàqiáo qián héyǐng ba!
우리 양쯔강 대교 앞에서 함께 사진을 찍자!

我整理书柜时发现一张旅行的合影。
Wǒ zhěnglǐ shūguì shí fāxiàn yì zhāng lǚxíng de héyǐng.
나는 책장을 정리할 때 여행 단체 사진을 발견했어.

咱们 zánmen 우리 | 长江 Cháng Jiāng 양쯔강 | 大桥 dàqiáo 대교 | 整理 zhěnglǐ 정리하다 | 书柜 shūguì 책장 | 发现 fāxiàn 발견하다 | 旅行 lǚxíng 여행하다

手续
shǒuxù
- 명 수속, 절차

▶ 성수기에는 手续 시간이 오래 걸리니 공항에 빨리 가는 게 좋아.

我已经办好登机手续了。
Wǒ yǐjīng bànhǎo dēng jī shǒuxù le.
나는 이미 탑승 수속을 마쳤다.

已经 yǐjīng 이미 | 办好 bànhǎo 처리를 마치다 | 登机 dēng jī 비행기에 탑승하다

> **출제 포인트** 일상생활에 두루 쓰이는 **手续**
>
> 手续는 '~ 절차/수속'이라는 뜻의 명사구로, 일상생활의 여러 업무에 쓰인다.
>
> 예 **办手续** 수속을 밟다 / **办理手续** 수속을 처리하다
> **手续费** 수수료 / **代理手续费** 대리 수수료
> **登机手续** 탑승 수속 / **住院手续** 입원 수속

工具
gōngjù
- 명 수단, 도구

▶ 그곳에 갈 수 있는 교통工具는 많으니 걱정하지 마세요.

地铁是常用的交通工具之一。
Dìtiě shì chángyòng de jiāotōng gōngjù zhī yī.
지하철은 자주 이용하는 교통수단 중 하나이다.

地铁 dìtiě 지하철 | 常用 chángyòng 늘 사용하는 | 交通 jiāotōng 교통 | 之一 zhī yī ~중의 하나

车厢
chēxiāng
- 몡 (열차 등의) 객실, 화물칸

▶ 내가 탄 기차의 车厢은 유아 동반 객실이어서 좀 시끄러웠어.

那节车厢里挤满了去丽江的乘客。
Nà jié chēxiāng li jǐmǎnle qù Lìjiāng de chéngkè.
그 객실 안은 리장으로 가는 승객으로 가득 차 있다.

节 jié 칸(열차 칸을 세는 양사) | 挤满 jǐmǎn 가득 차다, 꽉 차다 | 丽江 Lìjiāng 리장(중국 윈난에 있는 유명 관광지) | 乘客 chéngkè 승객

摩托车
mótuōchē
- 몡 오토바이

▶ 난 摩托车의 엔진 소리만 들어도 훌쩍 떠나고 싶어져.

周末我喜欢骑摩托车去郊区玩儿。
Zhōumò wǒ xǐhuan qí mótuōchē qù jiāoqū wánr.
주말에 나는 오토바이를 타고 교외에 가서 노는 것을 좋아한다.

周末 zhōumò 주말 | 喜欢 xǐhuan 좋아하다 | 骑 qí (동물이나 자전거 등에) 타다 | 郊区 jiāoqū 교외 | 玩儿 wánr 놀다

长途
chángtú
- 혱 장거리의, 먼 거리의

▶ 长途 여행에는 비행기가 최고지.

长途汽车既舒服又方便。
Chángtú qìchē jì shūfu yòu fāngbiàn.
장거리 버스는 편안하기도 하고 편리하기도 하다.

长途汽车 chángtú qìchē 장거리 버스 | 既A又B jì A yòu B A하기도 하고 B하기도 하다 | 舒服 shūfu 편안하다 | 方便 fāngbiàn 편리하다

拥挤
yōngjǐ
- 혱 혼잡하다, 붐비다
- 동 (사람이나 교통 등이) 한 곳으로 밀리다

▶ 출근 시간의 지하철은 지옥철이라 할 만큼 사람이 많아 拥挤하다.

现在是下班时间，路上车十分拥挤。
Xiànzài shì xiàbān shíjiān, lùshang chē shífēn yōngjǐ.
지금은 퇴근 시간이어서 길 위에 차가 매우 혼잡하다.

请大家排好队，不要拥挤。
Qǐng dàjiā páihǎo duì, bú yào yōngjǐ.
모두들 줄을 잘 서세요. 한쪽으로 밀치지 마세요.

现在 xiànzài 지금 | 下班时间 xiàbān shíjiān 퇴근 시간 | 十分 shífēn 매우 | 排队 páiduì 줄을 서다 | 好 hǎo 동작이 잘 마무리되었음을 나타냄 | 不要 bú yào ~하지 마라

驾驶
jiàshǐ

동 운전하다

▶ 내 차로 여행하면 편하지만 오랜 시간 驾驶해야 하는 단점이 있지.

你已经连续开了很长时间了，别疲劳驾驶。
Nǐ yǐjīng liánxù kāile hěn cháng shíjiān le, bié píláo jiàshǐ.
너 이미 장시간 연속해서 운전을 했어, 졸음운전 하지 마.

已经 yǐjīng 이미, 벌써 | 连续 liánxù 연속하다 | 开 kāi 운전하다 | 长时间 cháng shíjiān 장시간 | 别 bié ~하지 마라 | 疲劳驾驶 píláo jiàshǐ 졸음운전 하다

★ 보충단어
아래 단어들의 예문은 WEB단어장에서 확인할 수 있어요.

보충단어 WEB 단어장

欧洲 Ōuzhōu 고유 유럽
行人 xíngrén 명 행인
团 tuán 명 단체, 집단
打听 dǎting 동 물어보다, 알아보다
迎接 yíngjiē 동 맞이하다, 마중하다
劳驾 láojià 동 실례합니다, 죄송합니다
朝 cháo 개 ~을 향하여, ~쪽으로
列车 lièchē 명 열차
往返 wǎngfǎn 동 왕복하다
海关 hǎiguān 명 세관
直 zhí 형 곧다
拐弯 guǎiwān 동 굽이를 돌다, 방향을 틀다
卡车 kǎchē 명 트럭
指挥 zhǐhuī 동 지휘하다
闯 chuǎng 동 돌진하다, 갑자기 뛰어들다

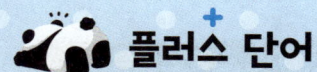 **플러스 단어**

음원 듣기

고득점 합격이 목표라면 플러스단어까지 학습해 보세요.

여행

旅行社 lǚxíngshè 여행사
行程 xíngchéng 일정표
免税店 miǎnshuìdiàn 면세점
入场费 rùchǎngfèi 입장료
夜市 yèshì 야시장
度假村 dùjiàcūn 휴양지, 리조트
自助旅行 zìzhù lǚxíng 자유여행
巴士观光 bāshì guānguāng
버스 투어
跟团旅游 gēn tuán lǚyóu
패키지여행
旅游景点 lǚyóu jǐngdiǎn
관광 명소

교통

交通卡 jiāotōngkǎ 교통 카드
公交车 gōngjiāochē 버스
大巴 dà bā 리무진
车道线 chēdàoxiàn 차선
车辆导航 chēliàng dǎoháng
내비게이션
站台 zhàntái 플랫폼
高铁 gāotiě
고속열차 (高速铁路의 약칭)
安全带 ānquándài 안전벨트
交通管制 jiāotōng guǎnzhì
교통 통제
交通堵塞 jiāotōng dǔsè
교통 체증

 **데일리 테스트**

고생하셨어요!
QR코드를 스캔하면 DAY01~DAY30 전체 데일리 테스트 PDF가 다운로드됩니다.

PDF 다운로드

DAY 03 · 신나는 여행

DAY 04

너의 취미가 뭐니?
#취미 #운동 #경기

HSK 5급 30일 합격 프로젝트

★ HSK 시험에 이렇게 나와요.
취미, 운동 등에 관한 대화가 듣기 문제로 많이 출제되며, '展览(전시회)', '玩具(장난감)', '动画片(만화 영화)' 등에 관한 표현이 자주 나오며, 이에 관련된 어휘로 '业余爱好(여가 취미)', '爱好者(애호가)' 등도 자주 나옵니다.

음원 듣기

操场 차오챵
球迷 치우미
训练 쉰리앤
力量 리량
了不起 랴오부치

암기 영상

操场 cāochǎng	球迷 qiúmí	训练 xùnliàn	力量 lìliàng	了不起 liǎobuqǐ
명 운동장	명 축구	동 훈련하다	명 힘, 역량	형 대단하다, 굉장하다

休闲
xiūxián
동 한가하게 지내다

▶ 할아버지는 은퇴하신 후 시골에서 休闲하고 계서.

咖啡厅是人们休闲的好地方。
Kāfēitīng shì rénmen xiūxián de hǎo dìfang.
카페는 사람들이 한가하게 지내기 좋은 장소이다.

咖啡厅 kāfēitīng 카페, 커피숍 | 地方 dìfang 장소

业余
yèyú
형 여가의, 업무 외의

▶ 난 여름에는 대부분 수상 레포츠를 즐기며 业余 시간을 보내.

你是如何利用业余时间的?
Nǐ shì rúhé lìyòng yèyú shíjiān de?
너는 여가 시간을 어떻게 활용하니?

如何 rúhé 어떻게 | 业余时间 yèyú shíjiān 여가 시간

娱乐
yúlè
동 여가를 즐기다, 오락하다
명 오락, 예능

▶ 수련회의 꽃은 캠프파이어와 함께하는 娱乐 시간이지!

看电影是很多人都喜欢的娱乐方式。
Kàn diànyǐng shì hěn duō rén dōu xǐhuan de yúlè fāngshì.
영화를 보는 것은 많은 사람들이 모두 좋아하는 여가를 즐기는 방식이다.

下围棋是一种很好的娱乐。
Xià wéiqí shì yì zhǒng hěn hǎo de yúlè.
바둑을 두는 것은 일종의 좋은 오락이다.

电影 diànyǐng 영화 | 喜欢 xǐhuan 좋아하다 | 方式 fāngshì 방식 |
下围棋 xià wéiqí 바둑을 두다 | 种 zhǒng 종(종류를 세는 양사)

美术
měishù
명 미술, 그림

▶ 아이들은 美术 시간에 만든 카네이션을 부모님께 달아드렸다.

那个艺术家的爱好是收集现代美术作品。
Nàge yìshùjiā de àihào shì shōují xiàndài měishù zuòpǐn.
그 예술가의 취미는 현대 미술 작품을 수집하는 것이다.

艺术家 yìshùjiā 예술가 | 爱好 àihào 취미 | 收集 shōují 수집하다 |
现代 xiàndài 현대 | 作品 zuòpǐn 작품

展览
zhǎnlǎn

동 전시하다, 전람하다

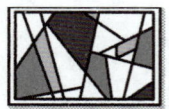

▶ 이번 전시회에서는 평소에 볼 수 없는 귀한 그림들을 展览하고 있어.

这次摄影展览会吸引了很多人来参观。
Zhècì shèyǐng zhǎnlǎnhuì xīyǐnle hěn duō rén lái cānguān.

이번 사진 전시회는 많은 사람들이 구경하러 오도록 끌어들였다.

摄影 shèyǐng 사진을 찍다 | 展览会 zhǎnlǎnhuì 전람회 | 吸引 xīyǐn 끌어당기다 | 参观 cānguān 참관하다, 구경하다

> **출제 포인트**　듣기 대화 유형 빈출 어휘 展览
>
> 展览은 동사로도 쓰이지만, 展览会와 같은 뜻인 '전시, 전람(회)'의 뜻으로 쓰이기도 한다. 듣기 대화 유형에 자주 출제된다.
>
> 예　参观展览 전람회를 참관하다 / 看展览 전람회를 보다
> 　　数码产品展览会 디지털 제품 전람회

类型
lèixíng

명 유형, 장르

▶ 넌 어떤 类型의 소설을 좋아해?

最近中国人喜欢看哪种类型的电影？
Zuìjìn Zhōngguórén xǐhuan kàn nǎ zhǒng lèixíng de diànyǐng?

요즘 중국인은 어떤 장르의 영화를 보는 걸 좋아해?

最近 zuìjìn 요즘 | 中国人 Zhōngguórén 중국인 | 电影 diànyǐng 영화

乐器
yuèqì

명 악기

▶ 난 가야금, 아쟁 같은 전통 乐器를 배우고 싶어.

我想在寒假期间学一门乐器。
Wǒ xiǎng zài hánjià qījiān xué yì mén yuèqì.

나는 겨울방학 기간에 악기 하나를 배우고 싶다.

寒假 hánjià 겨울방학 | 期间 qījiān 기간 | 学 xué 배우다 | 门 mén 과목(과목·과학기술 등을 세는 양사)

首
shǒu

양 수(노래, 시 등을 세는 양사)

▶ 남자 친구가 프러포즈를 하며 두 首의 노래를 불러 줬어.

学生都要在比赛中唱这首歌。
Xuésheng dōu yào zài bǐsài zhōng chàng zhè shǒu gē.

학생들은 모두 경기 중에 이 노래를 불러야 한다.

学生 xuésheng 학생 | 比赛 bǐsài 경기 | 唱歌 chàng gē 노래 부르다

玩具
wánjù
명 장난감, 완구

▶ 玩具는 아이들이 가장 좋아하는 어린이날 선물이지.

玩具摩托车是儿子最喜欢玩儿的。
Wánjù mótuōchē shì érzi zuì xǐhuan wánr de.
장난감 오토바이는 아들이 가장 놀기 좋아하는 것이다.

摩托车 mótuōchē 오토바이 | 儿子 érzi 아들 | 玩儿 wánr 놀다

失去
shīqù
동 잃다

▶ 그녀는 사고 이후 모든 취미 활동에 흥미를 失去했다.

很多孩子对写作**失去**了信心。
Hěn duō háizi duì xiězuò shīqùle xìnxīn.
많은 아이들이 작문하는 것에 대해 자신감을 잃었다.

孩子 háizi 아이 | 写作 xiězuò 작문하다, 글을 쓰다 | 信心 xìnxīn 자신감

热烈
rèliè
형 열렬하다

▶ 관중들은 그에게 热烈한 박수를 보냈다.

大家**热烈**地欢迎运动员出场。
Dàjiā rèliè de huānyíng yùndòngyuán chūchǎng.
모두 운동선수들의 입장을 열렬히 환영한다.

欢迎 huānyíng 환영하다 | 运动员 yùndòngyuán 운동선수 | 出场 chūchǎng (운동선수가) 출장하다

怪不得
guàibude
부 어쩐지, 과연

▶ 너 어렸을 때 중국에서 살았었니? 怪不得 발음이 너무 좋더라.

你的汉语老师是南老师啊！**怪不得**你汉语说得那么流利。
Nǐ de Hànyǔ lǎoshī shì Nán lǎoshī a! Guàibude nǐ Hànyǔ shuō de nàme liúlì.
너의 중국어 선생님이 남 선생님이구나! 어쩐지 네가 중국어를 그렇게 유창하게 하더라니.

汉语 Hànyǔ 중국어 | 老师 lǎoshī 선생님 | 流利 liúlì 유창하다

> **출제 포인트** 듣기 빈출 어휘 **怪不得**
>
> 怪不得는 '어쩐지'라는 의미로, 듣기 대화에 자주 출제된다. 동의어로 难怪가 있으며, [怪不得/难怪 + 의문을 가진 내용] 패턴으로 쓰인다. 怪不得 앞뒤로 의문이 풀리는 내용과 화자가 의문을 가졌던 내용이 같이 등장하므로, 듣기에서 정답을 찾는 실마리가 될 수 있다.

象棋
xiàngqí

명 중국 장기

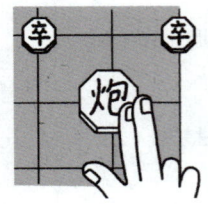

▶ 중국에 갔을 때 공원에서 象棋를 두시는 할아버지들을 많이 봤어.

中国的象棋和韩国的象棋规则不一样。
Zhōngguó de xiàngqí hé Hánguó de xiàngqí guīzé bù yíyàng.
중국의 장기와 한국의 장기는 규칙이 다르다.

中国 Zhōngguó 중국 | 韩国 Hánguó 한국 | 规则 guīzé 규칙 | 一样 yíyàng 같다

> **출제 포인트**　**下象棋**(장기를 두다)
>
> '장기를 두다'라는 표현에서 '두다'에 해당하는 동사는 下를 쓴다. 장기와 비슷한 '바둑(围棋)'은 下를 동사로 쓰지만, 중국 전통 놀이인 '마작(麻将)'은 打를 동사로 쓴다.
>
> 예　**下象棋** 장기를 두다 / **下围棋** 바둑을 두다 / **打麻将** 마작을 하다

刺激
cìjī

동 자극하다, 북돋우다

▶ 라이벌이 승승장구하는 모습은 선수를 刺激하는 동력이 된다.

看别人做一些刺激的运动我也想体验一下。
Kàn biéren zuò yìxiē cìjī de yùndòng wǒ yě xiǎng tǐyàn yíxià.
다른 사람이 스릴 넘치는 운동을 하는 걸 보니 나도 한 번 체험해 보고 싶어.

别人 biéren 다른 사람 | 体验 tǐyàn 체험하다 | 运动 yùndòng 운동

连续
liánxù

동 연속하다, 계속하다

▶ 새로 출시된 게임이 너무 재밌어서 몇 시간째 게임만 连续했다.

我之所以很困，是因为连续几天没睡。
Wǒ zhīsuǒyǐ hěn kùn, shì yīnwèi liánxù jǐ tiān méi shuì.
내가 졸린 것은, 연속하여 며칠 동안 잠을 자지 않았기 때문이다.

之所以A，是因为B zhīsuǒyǐ A, shì yīnwèi B A한 까닭은, B 때문이다 | 困 kùn 졸리다, 피곤하다 | 睡 shuì (잠을) 자다

유의　继续 jìxù 계속하다

50

钓
diào
동 낚시질하다, 낚다

▶ 우리 아빠는 주말마다 바다에서 钓하는 걸 좋아하셔.

不少老人都喜欢去河边钓鱼。
Bùshǎo lǎorén dōu xǐhuan qù hébiān diàoyú.
많은 노인들은 모두 강가에 가서 낚시하는 것을 좋아한다.

不少 bùshǎo 많다 | 老人 lǎorén 노인 | 河边 hébiān 강가 | 钓鱼 diàoyú 낚시하다

熬夜
áoyè
동 밤새다

▶ 나는 토요일 밤마다 熬夜하며 만화책 보는 걸 가장 좋아해.

由于热爱写诗，那位作家总是熬夜创作。
Yóuyú rè'ài xiě shī, nà wèi zuòjiā zǒngshì áoyè chuàngzuò.
시 쓰는 것을 정말 좋아하기 때문에, 그 작가는 항상 밤을 새며 창작한다.

由于 yóuyú ~때문에 | 热爱 rè'ài 뜨겁게 사랑하다 | 诗 shī 시 | 位 wèi 분, 명(공경의 뜻을 내포함) | 作家 zuòjiā 작가 | 总是 zǒngshì 항상 | 创作 chuàngzuò 창작하다

> **출제 포인트**　듣기 대화 유형 빈출 어휘 **熬夜**
>
> 듣기 대화 유형의 밤을 새서 공부하거나 일하는 상황에 熬夜가 자주 등장하는데, [熬夜+행동] 패턴으로 쓰면 '밤새 ~하다'라는 의미를 나타낸다. 또한 开夜车라는 단어도 같은 의미로 쓰지만, 이 어휘는 단독으로 쓰이는 것에 주의하자.

气氛
qìfēn
명 분위기

▶ 난 야구를 잘 모르지만 야구장의 气氛이 좋아서 자주 가.

我喜欢去看篮球比赛，感受那儿热烈的气氛。
Wǒ xǐhuan qù kàn lánqiú bǐsài, gǎnshòu nàr rèliè de qìfēn.
나는 농구 경기를 보러 가서, 그곳의 열정적인 분위기를 느끼는 것을 좋아한다.

篮球 lánqiú 농구 | 比赛 bǐsài 경기 | 感受 gǎnshòu 느끼다 | 热烈 rèliè 열렬하다

武术
wǔshù
명 무술

▶ 외국 사람들은 중국의 武术 영화에 흠뻑 빠졌다.

她以前练过武术，还得过冠军！
Tā yǐqián liànguo wǔshù, hái déguo guànjūn!
그녀는 예전에 무술을 단련한 적이 있고, 게다가 우승도 했었어!

以前 yǐqián 예전 | 练 liàn 단련하다 | 得 dé 얻다 | 冠军 guànjūn 우승

太极拳
tàijíquán
명 태극권

▶ 나는 중국에서 유학할 때 취미로 太极拳을 배웠어.

太极拳是一种对身体特别有益的运动。
Tàijíquán shì yì zhǒng duì shēntǐ tèbié yǒuyì de yùndòng.
태극권은 몸에 특히 유익한 운동이다.

种 zhǒng 종(종류를 세는 양사) | 对 duì ~에 (대해) | 身体 shēntǐ 신체 | 特别 tèbié 특히 | 有益 yǒuyì 유익하다 | 运动 yùndòng 운동

项目
xiàngmù
명 종목, 항목, 과제

▶ 이번 회사 체육 대회 때 너는 어떤 项目에 출전하니?

这次学校举办的秋季运动会有什么项目？
Zhècì xuéxiào jǔbàn de qiūjì yùndònghuì yǒu shénme xiàngmù?
이번에 학교에서 개최하는 가을 운동회엔 어떤 종목이 있니?

学校 xuéxiào 학교 | 举办 jǔbàn 개최하다 | 秋季 qiūjì 가을 | 运动会 yùndònghuì 운동회

출제 포인트 듣기 빈출 어휘 **项目**

项目는 '항목'이나 '(운동) 종목'이라는 뜻 외에 학업이나 업무에 관한 '프로젝트'를 나타내기도 한다. 듣기 문제에 자주 출제되므로, 기출 표현들을 확인하고 넘어가자.

예 **健身项目** 헬스 종목 / **游玩项目** 오락 항목
   建设项目 건설 프로젝트 / **项目通过了** 프로젝트가 통과했다

届
jiè

양 회, 기, 차(정기적인 회의 또는 졸업생 등을 세는 양사)

▶ 제1届 월드컵 축구 대회는 우루과이에서 개최되었다.

报纸上有这届奥运会跳水冠军的介绍。
Bàozhǐ shang yǒu zhè jiè Àoyùnhuì tiàoshuǐ guànjūn de jièshào.

신문에 이번 회 올림픽 다이빙 챔피언 소개가 실렸다.

报纸 bàozhǐ 신문 | 奥运会 Àoyùnhuì 올림픽 | 跳水 tiàoshuǐ 다이빙 | 冠军 guànjūn 챔피언 | 介绍 jièshào 소개

操场
cāochǎng

명 운동장

▶ 나는 요즘 매일 저녁 操场을 스무 바퀴씩 뛰고 있어.

我每天下课都会和好朋友一起去操场上跑两圈儿。
Wǒ měitiān xiàkè dōu huì hé hǎo péngyou yìqǐ qù cāochǎng shang pǎo liǎng quānr.

나는 매일 수업이 끝나고, 친한 친구들과 함께 운동장에 가서 두 바퀴를 뛸 것이다.

每天 měitiān 매일 | 下课 xiàkè 수업이 끝나다 | 朋友 péngyou 친구 | 跑 pǎo 달리다 | 圈(儿) quān(r) 고리, 테, 바퀴

球迷
qiúmí

명 축구 팬

▶ 내 여동생은 球迷라서 월드컵 시즌만 되면 빨간 티를 입는다.

弟弟是个球迷，每场足球比赛都要看。
Dìdi shì ge qiúmí, měi chǎng zúqiú bǐsài dōu yào kàn.

남동생은 축구 팬이라, 모든 축구 경기를 다 보려고 한다.

弟弟 dìdi 남동생 | 每 měi 매 | 场 chǎng 회, 번(체육 활동 등에 쓰는 양사) | 足球 zúqiú 축구 | 比赛 bǐsài 경기

출제 포인트 ▸ 사물/행위+迷(~에 푹 빠진 사람)

일반적으로 중국에서 迷는 '팬' 또는 '마니아'를 의미한다. '축구 팬', '영화 마니아'처럼 迷와 자주 어울려 쓰는 단어를 알아 두자.

예 球迷 축구 팬 / 歌迷 노래 팬, 노래 마니아
  戏迷 게임 마니아 / 影迷 영화 마니아

对手
duìshǒu
명 상대, 적수

▶ 아무리 친해도 시합에서 대수로 만났으니 정정당당히 겨뤄야지.

听说这次竞争对手的实力和我们不相上下。
Tīngshuō zhècì jìngzhēng duìshǒu de shílì hé wǒmen bùxiāng shàngxià.
듣자 하니 이번 경기 경쟁 상대의 실력이 우리와 막상막하라고 한다.

听说 tīngshuō 듣자 하니 | 竞争 jìngzhēng 경쟁하다 | 实力 shílì 실력 | 不相上下 bùxiāng shàngxià 막상막하이다
유의 敌手 díshǒu 적수

출제 포인트 〉 독해·빈출 어휘 对手

对手는 자신과 겨루고 싸우는 '상대', '적수'를 뜻한다. 보통 독해 부분의 경기 또는 전쟁 등의 내용에 등장한다. 상대의 실력이 좋거나 나쁘거나, 상대를 무찌르거나, 상대와 마주치는 상황 등에 관련한 어휘들이 출제된다. 기출 어휘들을 잘 숙지하자.

예 竞争对手 경쟁 상대 / 对手强 상대가 강하다
   打败对手 상대를 물리치다 / 遇到对手 적수를 만나다

训练
xùnliàn
동 훈련하다

▶ 태릉 선수촌의 선수들은 매일 훈련하는 것이 일상이다.

为了取得好成绩，大家每天都刻苦地训练。
Wèile qǔdé hǎo chéngjì, dàjiā měitiān dōu kèkǔ de xùnliàn.
좋은 성적을 거두기 위해, 모두들 매일 고생을 참아 내며 훈련한다.

为了 wèile ~하기 위해 | 成绩 chéngjì 성적 | 每天 měitiān 매일 | 刻苦 kèkǔ 고생을 참아 내다
유의 锻炼 duànliàn 단련하다

教练
jiàoliàn
명 코치, 감독

▶ 이번 교련은 전혀 새로운 전술을 선보여 팀을 승리로 이끌었다.

今天教练教的动作我还不太熟练。
Jīntiān jiàoliàn jiāo de dòngzuò wǒ hái bú tài shúliàn.
오늘 코치님이 알려 주신 동작이 나는 아직 그다지 능숙하지 않다.

今天 jīntiān 오늘 | 教 jiāo 가르치다 | 动作 dòngzuò 동작 | 不太 bú tài 그다지 ~하지 않다 | 熟练 shúliàn 능숙하다

参与
cānyù
동 참여하다, 참가하다

▶ 축구 시합에 参与할 사람은 여기에 이름을 적으세요.

放假时学生应该多参与点儿业余活动。
Fàngjià shí xuésheng yīnggāi duō cānyù diǎnr yèyú huódòng.
방학 때 학생은 많은 여가 활동에 참가해야 한다.

放假 fàngjià 방학하다 | 学生 xuésheng 학생 | 应该 yīnggāi ~해야 한다 | 业余 yèyú 여가 | 活动 huódòng 활동
유의 参加 cānjiā 참가하다

유의어 비교	参与 vs 参加
参与	'어떤 활동에 참여하다'라는 의미로, '조직'을 목적어로 쓰지 않는다. 또한 서면어에 자주 쓰인다.
예	参与讨论 토론에 참여하다 参与活动 활동에 참여하다 参与旅行团 (×) / 参与工作 (×)
参加	일반적으로 '어떤 조직이나 활동에 참가하다'라는 의미로, 활동이나 조직을 목적어로 취할 수 있다.
예	参加考试 시험에 참가하다 参加会议 회의에 참가하다 参加旅行团 패키지 여행에 참가하다 参加工作 작업에 참가하다

开幕式
kāimùshì
명 개막식

▶ 베이징 올림픽 开幕式는 8월 8일 8시 8분 8초에 시작됐어.

国家领导人在开幕式上发表了讲话。
Guójiā lǐngdǎorén zài kāimùshì shang fābiǎole jiǎnghuà.
국가 지도자는 개막식에서 담화를 발표했다.

国家 guójiā 국가 | 领导人 lǐngdǎorén 지도자 | 发表 fābiǎo 발표하다 | 讲话 jiǎnghuà 담화   반의 闭幕式 bìmùshì 폐막식

决赛
juésài
명 결승(전)

▶ 아마 한일전보다 더 치열한 决赛는 없을 거야.

很遗憾，你们未能进入这次决赛。
Hěn yíhàn, nǐmen wèi néng jìnrù zhècì juésài.
정말 유감이야, 너희가 이번 결승전에 진출하지 못하다니.

遗憾 yíhàn 유감이다 | 未能 wèi néng ~하지 못하다 | 进入 jìnrù 진출하다

胜利
shènglì
- 명 승리
- 동 승리하다

▶ 오늘 시합의 胜利를 위해서 모두 파이팅하고 입장하자!

恭喜你们取得了这次乒乓球比赛的胜利。
Gōngxǐ nǐmen qǔdéle zhècì pīngpāngqiú bǐsài de shènglì.
이번 탁구 경기에 승리를 거둔 것을 축하드립니다.

听到战争胜利的消息，人们都非常兴奋。
Tīngdào zhànzhēng shènglì de xiāoxi, rénmen dōu fēicháng xīngfèn.
전쟁에서 승리했다는 소식을 듣고, 사람들은 매우 흥분했다.

恭喜 gōngxǐ 축하하다 | 取得 qǔdé 얻다 | 乒乓球 pīngpāngqiú 탁구 | 比赛 bǐsài 경기 | 听到 tīngdào 듣다 | 战争 zhànzhēng 전쟁 | 消息 xiāoxi 소식 | 兴奋 xīngfèn 흥분하다
반의 失败 shībài 패배(하다), 실패(하다)

冠军
guànjūn
- 명 1등, 챔피언, 우승(자)

▶ 우리 오빠는 오늘 권투 시합에서 冠军이 되었다.

她好不容易获得了模特儿比赛的冠军。
Tā hǎobù róngyì huòdéle mótèr bǐsài de guànjūn.
그녀는 가까스로 모델 대회의 1등을 획득했다.

好不容易 hǎobù róngyì 가까스로 | 获得 huòdé 획득하다, 얻다 | 模特儿 mótèr 모델

출제 포인트 순위를 나타내는 표현

듣기 대화에 경기나 시험 등의 순위에 대한 내용이 출제된다. 순위는 보통 [第+숫자+名] 패턴으로 쓰여 1등은 第一名, 2등은 第二名이라고 한다. 그리고 5급 시험에는 1등, 2등, 3등을 지칭하는 다른 단어도 자주 등장한다.
1등 冠军 / 2등 亚军(yàjūn) / 3등 季军(jìjūn)

了不起
liǎobuqǐ
- 형 대단하다, 굉장하다

▶ 그가 아마추어 수영 대회에서 1등 했대. 정말 了不起하지?

你第一次参加比赛，就获得了第三名，太了不起了。
Nǐ dì yī cì cānjiā bǐsài, jiù huòdéle dì sān míng, tài liǎobuqǐ le.
네가 경기에 처음 참가해서, 바로 3등을 하다니, 정말 대단하구나.

第一次 dì yī cì 맨 처음 | 参加 cānjiā 참가하다 | 获得 huòdé 얻다 | 第三名 dì sān míng 3위

善于
shànyú

동 ~을 잘하다, ~에 능숙하다

▶ 내 동생은 요리에 善于해서, 만드는 음식이 다 맛있어.

这位选手善于发挥自己的优势。
Zhè wèi xuǎnshǒu shànyú fāhuī zìjǐ de yōushì.
이 선수는 자신의 장점을 발휘하는 것에 능숙하다.

位 wèi 분, 명(공경의 뜻을 내포함) | 选手 xuǎnshǒu 선수 | 发挥 fāhuī 발휘하다 | 自己 zìjǐ 자신 | 优势 yōushì 장점

출제 포인트 善于+동사+(명사)

善于는 어떠한 방면에 특히 뛰어남을 나타내며, 목적어는 보통 명사가 아닌 동사구를 취한다. [善于+동사+(명사)] 패턴으로 기억하자. 독해는 물론 쓰기에도 종종 출제되므로 반드시 체크하고 넘어가자.

예 善于发现机会 기회 발견을 잘하다 / 善于观察 관찰에 능하다

充分
chōngfèn

형 충분하다

▶ 30분이면 역전의 기회를 노리기에 充分한 시간이야.

他这次比赛准备得很充分，一定会得冠军的。
Tā zhècì bǐsài zhǔnbèi de hěn chōngfèn, yídìng huì dé guànjūn de.
그는 이번 경기를 충분히 준비했으니, 반드시 우승을 거둘 것이다.

比赛 bǐsài 경기 | 准备 zhǔnbèi 준비하다 | 一定 yídìng 반드시 | 得 dé 얻다 | 冠军 guànjūn 우승

유의 充足 chōngzú 충분하다

力量
lìliàng

명 힘, 역량

▶ 취미로 배우기 시작했지만, 力量이 대단하다.

人们常说团结力量大，只要我们一起努力就会成功。
Rénmen cháng shuō tuánjié lìliàng dà, zhǐyào wǒmen yìqǐ nǔlì jiù huì chénggōng.
사람들은 늘 단결된 힘은 크다고 말해, 우리가 함께 노력하기만 하면 바로 성공할 거야.

常 cháng 자주, 늘 | 团结 tuánjié 단결하다 | 只要A就B zhǐyào A jiù B A하기만 하면 B하다 | 努力 nǔlì 노력하다 | 成功 chénggōng 성공하다

空闲
kòngxián

- 형 남다, 비어 있다
- 형 한가하다

▶ 나는 시간이 空闲할 때면 꽃꽂이를 하곤 해.

我想把空闲时间利用起来，学学汉语。
Wǒ xiǎng bǎ kòngxián shíjiān lìyòng qǐlai, xuéxue Hànyǔ.
나는 남는 시간을 이용해서, 중국어를 좀 공부하고 싶다.

等空闲下来，我要去看足球比赛。
Děng kòngxián xiàlai, wǒ yào qù kàn zúqiú bǐsài.
한가해지면 나는 축구 경기를 보러 가려고 한다.

把 bǎ ~를 | 时间 shíjiān 시간 | 利用 lìyòng 이용하다 | 学 xué 공부하다 | 汉语 Hànyǔ 중국어 | 等 děng (~까지) 기다리다 | 下来 xiàlai 어떤 상태가 나타나서 계속 발전되어 감을 나타냄 | 足球 zúqiú 축구 | 比赛 bǐsài 경기

★ **보충단어** 아래 단어들의 예문은 WEB단어장에서 확인할 수 있어요.

보충단어
WEB 단어장

歇 xiē 동 쉬다, 휴식하다
俱乐部 jùlèbù 명 동호회, 클럽
动画片 dònghuàpiàn 명 만화영화
疯狂 fēngkuáng 형 미친 듯이 날뛰다, 발광하다
使劲儿 shǐjìnr 동 온 힘을 다하다, 힘쓰다, 힘껏 하다
射击 shèjī 동 사격하다, 쏘다

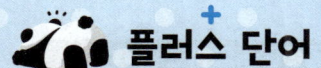 플러스 단어

음원 듣기

고득점 합격이 목표라면 플러스단어까지 학습해 보세요.

운동

奥运会	Àoyùnhuì 올림픽	比分	bǐfēn (경기에서의) 점수, 득점
世界杯	Shìjièbēi 월드컵	平局	píngjú 무승부
棒球	bàngqiú 야구	反超	fǎnchāo 역전하다
排球	páiqiú 배구	犯规	fànguī 반칙하다
摔跤	shuāijiāo 레슬링	黄牌	huángpái 옐로카드
射箭	shèjiàn 양궁	红牌	hóngpái 레드카드
柔道	róudào 유도	退场	tuìchǎng 퇴장, 퇴장하다
体操	tǐcāo 체조		
拳击	quánjī 권투		
击剑	jījiàn 펜싱		
金牌	jīnpái 금메달		
世界纪录	shìjiè jìlù 세계 기록		
主将	zhǔjiàng 주장		
求胜心	qiúshèngxīn 승부욕		

 데일리 테스트

고생하셨어요!
QR코드를 스캔하면 DAY01~DAY30 전체 데일리 테스트 PDF가 다운로드됩니다.

PDF 다운로드

DAY 05

HSK 5급 30일 합격 프로젝트

★ HSK 시험에 이렇게 나와요.
음식과 관련된 주제는 HSK 5급 듣기 대화 유형에 많이 등장합니다. 설명문이나 논설문에는 영양에 대한 내용이 출제되는데, 이 부분에서는 맛을 평가하거나 영양과 관련된 어휘들을 중점적으로 익혀 두세요.

오늘은 내가 요리사
#음식 #도구 #맛

음원 듣기

口味 코우웨이
零食 링스
玉米 위미
海鲜 하이시앤
清淡 칭단

암기 영상

口味	零食	玉米	海鲜	清淡
kǒuwèi	língshí	yùmǐ	hǎixiān	qīngdàn
명 입맛	명 간식, 군것질	명 옥수수, 강냉이	명 해산물	형 (음식이 기름지지 않고) 담백하다

食物
shíwù
명 음식물

▶ 동생은 다이어트 중이라서 食物의 칼로리를 모두 계산해서 먹어.

很多胖人喜欢高热量的食物。
Hěn duō pàng rén xǐhuan gāo rèliàng de shíwù.
많은 뚱뚱한 사람들은 고열량 음식을 좋아한다.

胖 pàng (몸이) 뚱뚱하다 | 喜欢 xǐhuan 좋아하다 | 热量 rèliàng 열량
유의 食品 shípǐn 식품

粮食
liángshi
명 식량, 양식

▶ 옛날에 우리 집 창고에는 粮食가 가득 쌓여 있었다.

别把粮食放在潮湿的地方。
Bié bǎ liángshi fàng zài cháoshī de dìfang.
식량을 습한 곳에 두지 마세요.

别 bié ~하지 마라 | 把 bǎ ~을 | 放在 fàng zài ~에 두다 | 潮湿 cháoshī 습하다 | 地方 dìfang 곳
유의 食粮 shíliáng 식량

零食
língshí
명 간식, 군것질

▶ 너 자꾸 그렇게 零食 먹고 양치질 안 하면 이가 상할 거야.

孩子要少吃零食，多吃水果。
Háizi yào shǎo chī língshí, duō chī shuǐguǒ.
아이는 간식을 적게 먹고, 과일을 많이 먹어야 한다.

孩子 háizi 아이 | 吃 chī 먹다 | 水果 shuǐguǒ 과일
유의 点心 diǎnxin 간식

玉米
yùmǐ
명 옥수수, 강냉이

▶ 내가 제일 좋아하는 간식은 바로 玉米를 튀긴 팝콘이야.

多吃玉米有益于身体健康。
Duō chī yùmǐ yǒuyì yú shēntǐ jiànkāng.
옥수수를 많이 먹으면 신체 건강에 이롭다.

有益于 yǒuyì yú ~에 이롭다 | 身体 shēntǐ 신체 | 健康 jiànkāng 건강

辣椒
làjiāo
명 고추

▶ 한국 음식에 마늘과 辣椒가 빠지면 섭섭하지.

做四川菜时一般都要放辣椒。
Zuò Sìchuān cài shí yìbān dōu yào fàng làjiāo.
쓰촨 요리를 만들 때는 일반적으로 고추를 넣는다.

做 zuò 만들다 | 四川菜 Sìchuān cài 쓰촨 요리 | 一般 yìbān 일반적이다

蔬菜
shūcài
명 야채, 채소

▶ 우리 집 텃밭에는 신선한 蔬菜가 가득해.

蔬菜不仅好吃，营养价值也很高。
Shūcài bùjǐn hǎochī, yíngyǎng jiàzhí yě hěn gāo.
야채는 맛있을 뿐만 아니라, 영양가도 높다.

不仅A，也B bùjǐn A yě B A뿐만 아니라 또한 B하다 | 好吃 hǎochī 맛있다 | 营养价值 yíngyǎng jiàzhí 영양가

海鲜
hǎixiān
명 해산물

▶ 海鲜은 신선한 걸 먹지 않으면 배탈이 나기 쉬우니 조심해야 해.

我和我哥哥都对海鲜过敏。
Wǒ hé wǒ gēge dōu duì hǎixiān guòmǐn.
나와 우리 형은 모두 해산물 알레르기가 있다.

哥哥 gēge 형 | A对B过敏 A duì B guòmǐn A가 B에 알레르기가 있다

营养
yíngyǎng
명 영양

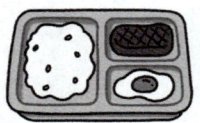

▶ 우리 엄마는 영양사라서 식단을 짤 땐 반드시 营养을 생각하신다.

西红柿的营养很丰富。 토마토는 영양이 풍부하다.
Xīhóngshì de yíngyǎng hěn fēngfù.

西红柿 xīhóngshì 토마토 | 丰富 fēngfù 풍부하다

> **출제 포인트** ▶ 독해 빈출 어휘 营养
>
> 营养은 '과일', '채소'와 함께 자주 출제되는 어휘로, 영양 섭취를 잘하는 방법 등을 다룬 설명문 또는 논설문 형태로 독해 부분에 출제된다. 음식 섭취와 영양에 관련된 문제가 자주 출제되고, 관련된 어휘에 생소한 어휘가 많으므로 시험 보기 전에 반드시 체크하자.
>
> 예 营养丰富 영양이 풍부하다 / 营养不良 영양이 불량이다
>   补充营养 영양을 보충하다 / 吸收营养 영양을 흡수하다
>   营养不足 영양이 부족하다 / 缺乏营养 영양이 부족하다

煮
zhǔ
동 끓이다, 삶다

▶ 사골국은 아주 오랫동안 煮해야 진국이 되는 거야.

这碗粥被我煮得很烂，别吃了！
Zhè wǎn zhōu bèi wǒ zhǔ de hěn làn, bié chī le!
이 죽은 내가 너무 끓여서 퍼졌어. 먹지 마!

碗 wǎn 그릇(그릇, 사발 등을 세는 양사) | 粥 zhōu 죽 | 被 bèi ~에게 ~을 당하다 | 烂 làn (음식물이 너무 익어서) 무르다, 흐물흐물하다 | 别 bié ~하지 마라

油炸
yóuzhá
동 기름에 튀기다

▶ 모든 튀김은 油炸하자마자 먹어야 정말 맛있어.

油炸食品好吃是好吃，但不能多吃。
Yóuzhá shípǐn hǎochī shì hǎochī, dàn bù néng duō chī.
튀긴 음식은 맛있긴 하지만, 많이 먹으면 안 된다.

食品 shípǐn 식품 | 味道 wèidao 맛 | 好吃 hǎochī 맛있다 | A是A, 但B A shì A, dàn B A하기는 하지만, B하다 | 不能 bù néng ~해서는 안 된다

출제 포인트 　 식품 관련 표현

油炸는 기름에 튀기는 조리법으로, 보통 油炸食品으로 많이 쓰인다. 튀김류는 보통 몸에 좋지 않은 정크 푸드로 분류되어 설명되는데, 몸에 좋은 식품과 좋지 않은 식품에 대해 알고 있으면 듣기와 독해를 풀 때 도움이 된다. 자주 쓰이는 식품 표현을 확인하고 넘어가자.

예　油炸食品 튀긴 음식 / 速冻食品 냉동식품
　　垃圾食品 정크 푸드(Junk Food)
　　方便食品 인스턴트 식품 / 加工食品 가공식품
　　绿色食品 무공해 식품 / 有机食品 유기농 식품

炒
chǎo
동 (기름 따위로) 볶다

▶ 기름에 炒한 음식은 조금만 먹어도 느끼해.

我做了你最爱吃的西红柿炒鸡蛋。
Wǒ zuòle nǐ zuì ài chī de xīhóngshì chǎo jīdàn.
나는 네가 가장 먹기 좋아하는 토마토달걀볶음을 했어.

爱 ài ~하기를 좋아하다 | 西红柿 xīhóngshì 토마토 | 鸡蛋 jīdàn 달걀

切 qiē
동 (칼로) 자르다, 끊다, 썰다

▶ 엄마가 케이크를 切해서 한 조각을 덜어 주셨다.

今天是你的生日，你来切蛋糕吧！
Jīntiān shì nǐ de shēngrì, nǐ lái qiē dàngāo ba!
오늘은 네 생일이니까, 네가 케이크를 잘라!

今天 jīntiān 오늘 | 生日 shēngrì 생일 | 蛋糕 dàngāo 케이크

软 ruǎn
형 부드럽다, 연하다

▶ 이유식은 다른 음식보다 软하게 만들어야 한다.

包子很软，连没有牙齿的老人也能吃。
Bāozi hěn ruǎn, lián méiyǒu yáchǐ de lǎorén yě néng chī.
찐빵은 부드러워서, 이가 없는 노인마저도 먹을 수 있다.

包子 bāozi 찐빵 | 连A也B lián A yě B A마저 B하다 | 牙齿 yáchǐ 이, 치아 | 老人 lǎorén 노인
반의 硬 yìng 딱딱하다

硬 yìng
형 딱딱하다, 단단하다

▶ 그 아이스바는 너무 硬해서 먹기가 힘들다.

那个饼干太硬了，怎么也咬不动。
Nàge bǐnggān tài yìng le, zěnme yě yǎo bú dòng.
그 과자는 너무 딱딱해서, 어떻게 해도 깨물어지지 않는다.

饼干 bǐnggān 과자 | 咬 yǎo 깨물다 | 不动 bú dòng ~하지 못하다
반의 软 ruǎn 부드럽다

口味 kǒuwèi
명 입맛

▶ 쟤는 어찌나 口味가 까다로운지 같이 밥 먹기 싫어.

为什么不喝了？这汤不合你的口味吗？
Wèi shénme bù hē le? Zhè tāng bùhé nǐ de kǒuwèi ma?
왜 안 마셔? 이 국이 네 입맛에 안 맞니?

喝 hē 마시다 | 汤 tāng 국, 탕 | 不合 bùhé 맞지 않다

清淡
qīngdàn

혱 (음식이 기름지지 않고) 담백하다

▶ 나이 드신 분들은 清淡한 음식을 드시는 것이 좋습니다.

你胃不舒服，还是吃点儿清淡的吧。
Nǐ wèi bù shūfu, háishi chī diǎnr qīngdàn de ba.
너는 위가 불편하니, 담백한 걸 먹는게 좋겠어.

胃 wèi 위 | 不舒服 bù shūfu 불편하다, 아프다 | 还是 háishi ~하는 편이 더 좋다 | 点儿 diǎnr 조금

유의 淡 dàn (맛이) 싱겁다, 약하다

유의어 비교   淡 vs 清淡

두 단어의 모양과 해석이 비슷하여, 자주 헷갈리지만 전하는 의미와 활용에 약간의 차이가 있다. 淡은 음식의 맛이 싱겁거나 약하다는 뜻으로, '浓(nóng)'과 상반된 의미를 나타낸다. 清淡은 음식이 기름지지 않고, 담백하다는 뜻으로, '油腻(yóunì)'와 상반된 의미를 나타낸다. 또한, 淡은 '색이 연하다'라는 의미도 나타낼 수 있지만, 清淡은 색과 관련된 의미는 나타내지 않음에 주의하자.

예 清淡的食品 담백한 음식 / 味道清淡 맛이 담백하다
    这碗汤很淡。 이 국은 싱겁다.
    我喜欢淡颜色。 나는 연한 색을 좋아한다.

地道
dìdao

혱 정통의, 오리지널의

▶ 나는 음식을 먹을 땐 가격이 비싸더라도 地道한 것을 골라 먹어.

那位韩国厨师做的中国菜简直太地道了。
Nà wèi Hánguó chúshī zuò de Zhōngguó cài jiǎnzhí tài dìdao le.
그 한국 요리사가 만든 중국 요리는 그야말로 정말 정통 요리였다.

位 wèi 분, 명(공경의 의미를 내포함) | 韩国 Hánguó 한국 | 厨师 chúshī 요리사 | 中国菜 Zhōngguó cài 중국 요리 | 简直 jiǎnzhí 그야말로

臭
chòu

혱 (냄새가) 지독하다, 역겹다

▶ 이 음식은 맛은 좋은데 냄새가 너무 臭하다.

臭豆腐闻着臭，吃着可香了。
Chòudòufu wénzhe chòu, chīzhe kě xiāng le.
취두부는 냄새를 맡으면 지독하지만, 먹으면 정말 맛있다.

臭豆腐 chòudòufu 취두부(냄새가 특이한 발효 두부) | 闻 wén 냄새를 맡다 | 可 kě 정말(평서문에 쓰여 강조를 나타냄) | 香 xiāng 맛있다

반의 香 xiāng 향기롭다

盖
gài

- 동 덮다
- 명 뚜껑, 덮개

▶ 국을 끓일 땐 냄비 뚜껑을 열지 말고 盖해야 빨리 끓어.

做这道菜的时候要盖上锅盖。
Zuò zhè dào cài de shíhou yào gàishàng guōgài.
이 음식을 만들 때는 냄비 뚜껑을 덮어야 한다.

道 dào 음식을 세는 양사 | 菜 cài 요리 | 盖上 gàishang 덮다 | 锅盖 guōgài 냄비 뚜껑

★ 보충단어
아래 단어들의 예문은 WEB단어장에서 확인할 수 있어요.

点心 diǎnxin 명 간식
冰激凌 bīngjīlíng 명 아이스크림
花生 huāshēng 명 땅콩
土豆 tǔdòu 명 감자
香肠 xiāngcháng 명 소시지
豆腐 dòufu 명 두부
小麦 xiǎomài 명 밀
馒头 mántou 명 만터우, 찐빵(소가 들어 있지 않은 빵)
橘子 júzi 명 귤(=桔子)
梨 lí 명 배
桃 táo 명 복숭아
酱油 jiàngyóu 명 간장

醋 cù 명 식초
开水 kāishuǐ 명 끓인 물
闻 wén 동 냄새를 맡다
胃口 wèikǒu 명 식욕
淡 dàn 형 (맛이) 싱겁다, 약하다
烂 làn 형 썩다, 부패하다
嫩 nèn 형 (음식이) 부드럽다, 연하다, 여리다
锅 guō 명 냄비, 솥
剪刀 jiǎndāo 명 가위
壶 hú 명 병, 주전자
叉子 chāzi 명 포크
克 kè 양 그램(g)
顿 dùn 양 끼, 번(식사·질책 등을 세는 양사)

보충단어
WEB 단어장

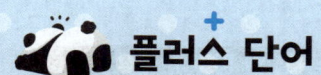 플러스 단어

음원 듣기

고득점 합격이 목표라면 플러스단어까지 학습해 보세요.

음식

榨菜 zhàcài 장아찌
担担面 dàndànmiàn 딴딴면 (쓰촨 지방의 향토 국수)
炸酱面 zhájiàngmiàn 짜장면
乌冬面 wūdōngmiàn 우동
冷面 lěngmiàn 냉면
月饼 yuèbǐng 위에빙(중추절에 먹는 음식. 온 가족이 한자리에 모인다는 의미를 나타냄)
粽子 zòngzi 쫑즈(찹쌀을 댓잎에 싸서 삼각형으로 묶어서 찐 음식)
年糕 niángāo 떡(춘절에 먹는 떡)
凤梨酥 fènglísū 펑리수(파인애플 소를 넣어 만든 구움 과자)
比萨 bǐsà 피자
炸鸡 zhájī 프라이드치킨
拔丝 básī 맛탕
蛋挞 dàntà 에그타르트
沙拉 shālā 샐러드
糖葫芦 tánghúlu 탕후루
刨冰(=冰沙) bàobīng (= bīngshā) 빙수
拿铁 nátiě 라떼
奶昔 nǎixī 밀크셰이크
珍珠奶茶 zhēnzhū nǎichá 버블 밀크티
三明治 sānmíngzhì 샌드위치
麻辣香锅 málàxiāngguō 마라샹궈
麻辣烫 málàtàng 마라탕

데일리 테스트

고생하셨어요!
QR코드를 스캔하면 DAY01~DAY30 전체 데일리 테스트 PDF가 다운로드됩니다.

PDF 다운로드

DAY 06

슬기로운 미디어 생활
#방송 #출판 #인터넷

HSK 5급 30일 합격 프로젝트

★ HSK 시험에 이렇게 나와요.
5급 듣기에는 TV 광고, 책, 온라인 구매 및 예매, 온라인 학습 등에 관한 대화가 자주 출제되며, 독해에는 인터넷의 편리함, 매체를 통한 제품 광고 등에 관한 내용이 문제로 출제되고 있습니다.

음원 듣기

최신 개정판

LIVE
播放 보팡

宣传 쉬안촨

出版 츄반

字幕 쯔무

预订 위딩

암기 영상

예약 주문 시 10% 추가 할인 예약 주문

播放	宣传	出版	字幕	预订
bōfàng	xuānchuán	chūbǎn	zìmù	yùdìng
통 방송하다, 방영하다	통 홍보하다, 선전하다	통 (서적 등을) 출판하다, 출간하다	명 자막	통 예약하다, 예매하다

媒体
méitǐ
- 몡 대중매체

▶ 연예인에 대한 媒体의 사생활 침해가 점점 심해지고 있다.

那个消息的下载量已经超过了十万次，不少媒体都做了报道。
Nàge xiāoxi de xiàzàiliàng yǐjīng chāoguòle shíwàn cì, bùshǎo méitǐ dōu zuòle bàodào.
그 소식의 다운로드량이 이미 10만을 넘었다고, 많은 대중매체에서 보도했다.

消息 xiāoxi 소식 | 下载量 xiàzàiliàng 다운로드량 | 已经 yǐjīng 이미 | 超过 chāoguò 초과하다 | 不少 bùshǎo 많다 | 报道 bàodào 보도(하다)

电台
diàntái
- 몡 라디오 방송, 라디오 방송국

▶ 고속도로에서는 역시 신나는 음악 电台를 듣는 게 제일 좋아.

推荐一个音乐电台给你，开车时可以听。
Tuījiàn yí ge yīnyuè diàntái gěi nǐ, kāichē shí kěyǐ tīng.
너에게 음악 라디오 방송을 하나 추천해 줄게. 운전할 때 들을 만해.

推荐 tuījiàn 추천하다 | 音乐 yīnyuè 음악 | 开车 kāichē 운전하다 | 可以 kěyǐ ~할 만하다

报社
bàoshè
- 몡 신문사

▶ 각 报社마다 그 사건에 대한 논평이 다 다르다.

他拿着自己写的作品去了报社。
Tā názhe zìjǐ xiě de zuòpǐn qùle bàoshè.
그는 자신이 쓴 작품을 들고 신문사에 갔다.

拿 ná 쥐다, 잡다 | 着 zhe ~하면서 | 作品 zuòpǐn 작품

播放
bōfàng
- 동 방송하다, 방영하다

▶ 동생은 TV 앞에서 좋아하는 예능 프로그램이 播放하기만 기다리고 있다.

节目里正在播放流行音乐。
Jiémù li zhèngzài bōfàng liúxíng yīnyuè.
프로그램에서 지금 유행하는 음악을 방송 중이다.

节目 jiémù 프로그램 | 正在 zhèngzài (지금) ~하고 있다 | 流行 liúxíng 유행하다

报道
bàodào
- 명 뉴스, 기사, 보도
- 동 보도하다

▶ 모든 신문이 앞다투어 최연소 챔피언의 등장에 대해 报道했다.

那位记者写的报道很有影响力。
Nà wèi jìzhě xiě de bàodào hěn yǒu yǐngxiǎnglì.
그 기자가 쓴 기사는 매우 영향력 있다.

新闻正在报道有关奥运会的内容。
Xīnwén zhèngzài bàodào yǒuguān Àoyùnhuì de nèiróng.
뉴스에서 올림픽과 관련된 내용을 보도하고 있다.

位 wèi 분, 명(공경의 뜻을 내포함) | 记者 jìzhě 기자 | 影响力 yǐngxiǎnglì 영향력 | 新闻 xīnwén 뉴스 | 有关 yǒuguān ~와 관련된 | 奥运会 Àoyùnhuì 올림픽 | 内容 nèiróng 내용

可靠
kěkào
- 형 확실하다, 믿을 만하다
- 형 믿음직하다

▶ 선거와 관련된 여론조사는 정말 可靠하지 않아.

那个报道不太可靠。
Nàge bàodào bú tài kěkào.
저 보도는 그다지 확실하지 않다.

他是一个可靠的人。
Tā shì yí ge kěkào de rén.
그는 믿음직한 사람이다.

不太 bú tài 그다지 ~하지 않다
유의 确实 quèshí 확실하다

采访
cǎifǎng
- 동 인터뷰하다, 취재하다

▶ 다음 시간에는 차기 대선 후보들을 采访해 보겠습니다.

有机会我一定要采访那位明星。
Yǒu jīhuì wǒ yídìng yào cǎifǎng nà wèi míngxīng.
기회가 된다면 나는 반드시 그 스타를 인터뷰할 것이다.

机会 jīhuì 기회 | 一定 yídìng 반드시 | 明星 míngxīng 스타

推广 tuīguǎng
동 널리 보급하다

▶ 중국에서는 표준어를 **推广**하기 위해 많은 노력을 하고 있다.

对软件推广方案，你有什么意见吗?
Duì ruǎnjiàn tuīguǎng fāng'àn, nǐ yǒu shénme yìjiàn ma?
소프트웨어 보급 방안에 대해, 당신은 무슨 의견이 있으신가요?

对 duì ~에 대해 | 软件 ruǎnjiàn 소프트웨어 | 方案 fāng'àn 방안 | 意见 yìjiàn 의견

유의 传播 chuánbō 널리 퍼뜨리다, 전파하다

传播 chuánbō
동 널리 퍼뜨리다, 전파하다

▶ 최근 전자메일을 이용해서 바이러스를 **传播**하는 경우가 많아졌다.

现在网上的信息传播得真快啊!
Xiànzài wǎngshàng de xìnxī chuánbō de zhēn kuài a!
요즘 인터넷상의 정보는 참으로 빠르게 퍼지는구나!

现在 xiànzài 지금, 현재 | 网上 wǎngshàng 인터넷, 온라인 | 信息 xìnxī 정보

유의 推广 tuīguǎng 널리 보급하다

> **유의어 비교 推广 vs 传播**
>
> 두 단어 모두 '널리 퍼뜨리다'라는 의미이지만, 함께 쓰는 목적어는 다르다. 推广은 언어나 기술, 상품 등이 널리 쓰이도록 보급하는 것을 나타내며, 传播는 소식 등을 많은 사람이 알 수 있도록 알리는 것을 나타낸다. 그러므로 자주 함께 쓰는 목적어를 미리 익히도록 하자.
>
> 예　推广普通话　표준어를 널리 보급하다
> 　　推广先进技术　선진 기술을 널리 보급하다
> 　　传播消息　소식을 널리 알리다
> 　　传播文化　문화를 널리 알리다

宣传 xuānchuán
동 홍보하다, 선전하다

▶ 배우들은 SNS를 활용하여 자신의 작품을 **宣传**한다.

公司的老板答应为这部影片宣传。
Gōngsī de lǎobǎn dāying wèi zhè bù yǐngpiàn xuānchuán.
회사 사장님은 이 영화를 위해 홍보를 해 주겠다고 승낙했다.

公司 gōngsī 회사 | 老板 lǎobǎn 사장 | 答应 dāying 승낙하다 | 为 wèi ~을 위해 | 部 bù 부, 편(서적이나 영화 편수 등을 세는 양사) | 影片 yǐngpiàn 영화

主持
zhǔchí
동 사회를 보다, 주관하다

▶ 이 프로그램을 主持하는 것은 정말 영광스러운 일이야.

那位明星是今年电影节的主持人。
Nà wèi míngxīng shì jīnnián diànyǐngjié de zhǔchírén.
저 스타는 올해 영화제의 MC이다.

位 wèi 분, 명(공경의 뜻을 내포함) | 明星 míngxīng 스타 | 今年 jīnnián 올해 | 电影节 diànyǐngjié 영화제 | 主持人 zhǔchírén MC, 사회자

明星
míngxīng
명 스타

▶ 이 드라마의 흥행으로 여러 명의 明星이 탄생하였다.

我希望能和我喜欢的明星合影。
Wǒ xīwàng néng hé wǒ xǐhuan de míngxīng héyǐng.
나는 내가 좋아하는 스타와 함께 사진 찍을 수 있기를 바란다.

希望 xīwàng 바라다, 희망하다 | 喜欢 xǐhuan 좋아하다 | 合影 héyǐng 함께 사진을 찍다

导演
dǎoyǎn
명 감독, 연출자
동 감독하다, 연출하다

▶ 이 영화는 흥행의 아이콘으로 불리는 导演의 작품이니 믿고 봐야지.

那位导演在节目中说了自己成功的经验。
Nà wèi dǎoyǎn zài jiémù zhōng shuōle zìjǐ chénggōng de jīngyàn.
그 감독은 프로그램에서 자신이 성공한 경험을 말했다.

他导演的电影吸引了很多观众。
Tā dǎoyǎn de diànyǐng xīyǐnle hěn duō guānzhòng.
그가 감독한 영화는 많은 관객을 끌어모았다.

节目 jiémù 프로그램 | 成功 chénggōng 성공하다 | 经验 jīngyàn 경험 | 电影 diànyǐng 영화 | 吸引 xīyǐn 끌어당기다 | 观众 guānzhòng 관중, 관객

角色
juésè
명 배역, 역할

▶ 전 항상 나쁜 角色만 해서 이번엔 좀 착한 角色를 연기하고 싶어요.

对那位演员来说这个角色是很大的挑战。
Duì nà wèi yǎnyuán lái shuō zhège juésè shì hěn dà de tiǎozhàn.
그 배우에게 있어서 이 배역은 큰 도전이다.

对A来说 duì A lái shuō A에게 있어서 | 演员 yǎnyuán 배우 | 挑战 tiǎozhàn 도전

人物
rénwù
명 인물

▶ 이 드라마에 등장하는 人物들은 모두 개성이 뚜렷해.

这个剧本中的人物关系非常复杂。
Zhège jùběn zhōng de rénwù guānxi fēicháng fùzá.
이 시나리오의 인물 관계는 매우 복잡하다.

剧本 jùběn 극본, 시나리오 | 关系 guānxi 관계 | 复杂 fùzá 복잡하다

频道
píndào
명 채널

▶ 우리 집의 TV 频道 결정권자는 당연히 엄마이다.

爷爷很喜欢看新闻频道。
Yéye hěn xǐhuan kàn xīnwén píndào.
할아버지는 뉴스 채널 보는 것을 아주 좋아하신다.

爷爷 yéye 할아버지 | 喜欢 xǐhuan 좋아하다 | 新闻 xīnwén 뉴스

字幕
zìmù
명 자막

▶ 나는 중국어 공부를 하기 위해 중국 드라마를 한글 字幕 없이 본다.

这部音乐剧既有英文字幕又有中文字幕。
Zhè bù yīnyuèjù jì yǒu Yīngwén zìmù yòu yǒu Zhōngwén zìmù.
이 뮤지컬은 영어 자막도 있고 중국어 자막도 있다.

音乐剧 yīnyuèjù 뮤지컬 | 既A又B jì A yòu B A하고 (또) B하다 | 英文 Yīngwén 영어 | 中文 Zhōngwén 중국어

录音
lùyīn
동 녹음하다

▶ 나는 중국 친구에게 어려운 발음의 단어를 录音해 달라고 부탁했다.

那个著名的歌手明天会来电台录音。
Nàge zhùmíng de gēshǒu míngtiān huì lái diàntái lùyīn.
그 유명한 가수는 내일 라디오 방송국에 와서 녹음할 것이다.

著名 zhùmíng 유명하다 | 歌手 gēshǒu 가수 | 明天 míngtiān 내일 | 电台 diàntái 라디오 방송국

出版
chūbǎn

동 (서적 등을) 출판하다, 출간하다

▶ 드디어 이 시리즈의 마지막 권이 다음 주에 出版된대!

我写的书终于出版了，太好了！
Wǒ xiě de shū zhōngyú chūbǎn le, tài hǎo le!
내가 쓴 책이 드디어 출판됐어. 너무 좋아!

终于 zhōngyú 드디어, 마침내

发表
fābiǎo

동 발표하다, 글을 게재하다

▶ 학예회 때 내가 지은 시를 发表하기로 했는데, 너무 떨려!

听说您的小说发表了，祝贺您！
Tīngshuō nín de xiǎoshuō fābiǎo le, zhùhè nín!
당신의 소설이 발표되었다고 들었어요. 축하드려요!

听说 tīngshuō 듣자 하니 | 小说 xiǎoshuō 소설 | 祝贺 zhùhè 축하하다

출제 포인트   发表+작품/논문/의견 등

发表는 논문이나 소설 등의 작품을 잡지나 신문에 게재하는 것을 말하며, 목적어로 '작품', '문장', '소설', '논문' 등이 자주 쓰인다. 이외에 단체나 사회에 의견을 알리는 것을 나타내기도 하는데, 이때는 '의견', '연설', '성명' 등이 목적어로 쓰인다.

예 发表文章 문장을 게재하다 / 发表作品 작품을 게재하다
发表意见 의견을 발표하다 / 发表演讲 연설을 발표하다

编辑
biānjí

동 편집하다
명 편집자

▶ 원고를 어떻게 编辑하느냐에 따라 책의 퀄리티가 달라진다.

今天录的活动还需要编辑一下。
Jīntiān lù de huódòng hái xūyào biānjí yíxià.
오늘 녹화한 행사는 편집이 좀 필요해.

记者很想与那个有名的编辑见面。
Jìzhě hěn xiǎng yǔ nàge yǒumíng de biānjí jiànmiàn.
기자는 그 유명한 편집자와 만나고 싶어 한다.

录 lù 녹화하다, 녹음하다 | 活动 huódòng 행사 | 需要 xūyào ~할 필요가 있다 | 记者 jìzhě 기자 | 与 yǔ ~와 | 有名 yǒumíng 유명하다

删除
shānchú

동 삭제하다, 빼다

▶ 이 몇 문장은 내용과 상관없으니 删除하는 게 좋겠다.

他把我的留言删除了。
Tā bǎ wǒ de liúyán shānchú le.
그는 내가 남긴 메시지를 삭제했다.

把 bǎ ~을 | 留言 liúyán 메시지, 메모

重复
chóngfù

동 (같은 일을) 반복하다, 되풀이하다

▶ 어려운 대사는 열 번이고 스무 번이고 重复해서 읽어야 안 잊어버려.

这个故事在杂志上总是重复出现。
Zhège gùshi zài zázhì shang zǒngshì chóngfù chūxiàn.
이 이야기는 잡지에 항상 반복해서 나온다.

故事 gùshi 이야기 | 杂志 zázhì 잡지 | 总是 zǒngshì 항상 | 出现 chūxiàn 나오다

유의 反复 fǎnfù 반복하다

> **출제 포인트** 발음이 여러 개인 重
>
> 重은 다음자로, 'zhòng'과 'chóng' 두 가지로 발음한다. 일반적으로 '무겁다', '중요하다'라는 의미를 나타낼 때는 'zhòng'으로, '다시', '중복하다'라는 의미를 나타낼 때는 'chóng'으로 발음한다. 시험에 자주 나오는 단어들은 발음에 주의하여 외워 두자.
>
> 예 重要 zhòngyào 중요하다 / 重点 zhòngdiǎn 중점, 요점
>   重视 zhòngshì 중시하다 / 重大 zhòngdà 중대하다
>   重复 chóngfù 반복하다 / 重新 chóngxīn 새로(이 하다)

围绕
wéirào

동 둘러싸다, 주위를 돌다

▶ 저 드라마는 아버지의 유산을 围绕한 자식들의 재산 분쟁에 대한 이야기야.

我们围绕这个问题进行了讨论。
Wǒmen wéirào zhège wèntí jìnxíngle tǎolùn.
우리는 이 문제를 둘러싸고 토론을 진행했다.

问题 wèntí 문제 | 进行 jìnxíng 진행하다 | 讨论 tǎolùn 토론

浏览
liúlǎn
동 대충 훑어보다, 대강 둘러보다

▶ 내 여동생은 짬이 날 때마다 인터넷을 浏览한다.

浏览这个网站上的内容得交钱。
Liúlǎn zhège wǎngzhàn shang de nèiróng děi jiāo qián.
이 사이트의 내용을 둘러보려면 돈을 내야 한다.

网站 wǎngzhàn 웹사이트 | **内容** nèiróng 내용 | **得** děi ~해야 한다 | **交钱** jiāo qián 돈을 내다

随时
suíshí
부 언제나, 수시로

▶ 집 앞에 24시간 편의점이 있어서 随时 간식을 사 먹을 수 있어.

人们随时随地都能上网了解国内外的大事。
Rénmen suíshí suídì dōu néng shàngwǎng liǎojiě guónèiwài de dàshì.
사람들은 언제 어디서나 인터넷에 접속해서 국내외 사건을 자세하게 알아볼 수 있다.

随地 suídì 어디서나 | **上网** shàngwǎng 인터넷을 하다 | **了解** liǎojiě 자세하게 알다 | **国内外** guónèiwài 국내외 | **大事** dàshì 큰일

网络
wǎngluò
명 인터넷

▶ 나는 시간도 절약되고 가격도 저렴한 网络 쇼핑을 자주 한다.

我报了南老师的汉语网络课程。
Wǒ bàole Nán lǎoshī de Hànyǔ wǎngluò kèchéng.
나는 남 선생님의 중국어 인터넷 강의를 신청했다.

报 bào 신청하다 | **汉语** Hànyǔ 중국어 | **课程** kèchéng 커리큘럼, 강의
유의 **互联网** hùliánwǎng 인터넷

搜索
sōusuǒ
동 검색하다

▶ 그는 매일 인터넷을 搜索해서 필요한 자료를 찾는다.

妈妈总是先搜索一下网上的最低价格再购买。
Māma zǒngshì xiān sōusuǒ yíxià wǎngshàng de zuìdī jiàgé zài gòumǎi.
엄마는 항상 먼저 인터넷의 최저가를 검색해 본 다음 구매하신다.

总是 zǒngshì 항상 | **先** xiān 먼저, 우선 | **网上** wǎngshàng 인터넷, 온라인 | **最低** zuìdī 최저이다 | **价格** jiàgé 가격 | **再** zài ~한 다음 | **购买** gòumǎi 구매하다

下载
xiàzài

동 다운로드하다

▶ 그 듣기 자료 파일은 홈페이지에서 下载할 수 있어.

你准备把文件下载到哪个盘里？
Nǐ zhǔnbèi bǎ wénjiàn xiàzài dào nǎ ge pán li?
넌 문서를 어느 드라이브에 다운로드하려고 하는 거야?

准备 zhǔnbèi ~하려고 하다 | 把 bǎ ~을 | 文件 wénjiàn 문서 | 盘 pán 드라이브

반의 上载 shàngzài 업로드하다

> 출제 포인트 在+장소+下载(~에서 다운받다)
>
> 듣기 대화 유형에 자주 등장하는 下载는 '다운받다'라는 뜻으로, 목적어로 '电影(영화)'과 '软件(프로그램, 소프트웨어)'이 가장 많이 쓰이고, 그 외에 '电子书(전자책)', '申请书(신청서)' 등도 자주 쓰인다.
>
> 예 下载软件 프로그램을 다운받다 / 下载电影 영화를 다운받다

病毒
bìngdú

명 바이러스, 병균

▶ 아이들은 면역력이 약해서 쉽게 病毒에 감염될 수 있어.

最近电视上经常说要预防病毒性感冒。
Zuìjìn diànshì shang jīngcháng shuō yào yùfáng bìngdúxìng gǎnmào.
요즘 TV에서는 독감을 예방해야 한다고 자주 말한다.

最近 zuìjìn 요즘 | 电视 diànshì 텔레비전 | 经常 jīngcháng 자주 | 预防 yùfáng 예방하다 | 病毒性感冒 bìngdúxìng gǎnmào 독감

杀
shā

동 죽이다, 약화시키다

▶ 이 백신 프로그램으로 컴퓨터에 있는 바이러스를 모두 杀할 수 있어.

这台电脑上的杀毒软件怎么不能用了？
Zhè tái diànnǎo shang de shādú ruǎnjiàn zěnme bù néng yòng le?
이 컴퓨터에 있는 백신 프로그램은 왜 사용할 수 없게 된 거지?

台 tái 대(기계·차량·설비 등을 세는 양사) | 电脑 diànnǎo 컴퓨터 | 杀毒软件 shādú ruǎnjiàn 백신 프로그램 | 用 yòng 사용하다 | 不能 bù néng ~할 수 없다

预订
yùdìng

통 예약하다, 예매하다

▶ 가을에 유럽 여행을 가려고 두 달 전에 비행기표를 预定해 뒀어.

刚才丈夫在网上预订了两张电影票。
Gāngcái zhàngfu zài wǎngshàng yùdìngle liǎng zhāng diànyǐngpiào.

방금 남편이 인터넷에서 영화표 두 장을 예매했다.

刚才 gāngcái 방금 | **丈夫** zhàngfu 남편 | **网上** wǎngshàng 인터넷, 온라인 | **张** zhāng 장(종이나 가죽 등을 세는 양사) | **电影票** diànyǐngpiào 영화표

유의 **预定** yùdìng 예정하다, 미리 약속하다
유의 **预约** yùyuē 예약하다

★보충단어

아래 단어들의 예문은 WEB단어장에서 확인할 수 있어요.

보충단어 WEB 단어장

粘贴 zhāntiē 통 (풀 따위로) 붙이다, 바르다

模特(儿) mótè(r) 명 모델

戏剧 xìjù 명 연극, 희극

某 mǒu 대 어떤 사람, 어느

念 niàn 통 (소리 내어) 읽다

片 piàn 명 영화, 드라마 양 풍경·언어·소리·마음 등을 세는 양사

概括 gàikuò 통 요약하다, 개괄하다, 간추리다

提纲 tígāng 명 개요, 요점

目录 mùlù 명 목차, 목록

印刷 yìnshuā 통 인쇄하다

册 cè 명 책자, 책

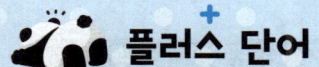 플러스 단어

 음원 듣기

고득점 합격이 목표라면 플러스단어까지 학습해 보세요.

방송, 출판

大众文化 dàzhòng wénhuà
대중문화

票房 piàofáng 박스 오피스

巨星 jùxīng 톱스타

经纪公司 jīngjì gōngsī
기획사, 엔터테인먼트

经纪人 jīngjìrén 매니저

炒作 chǎozuò 언론 플레이하다

重播 chóngbō 재방송하다

版权 bǎnquán 저작권

畅销书 chàngxiāo shū
베스트셀러

红遍全球 hóngbiàn quánqiú
전 세계에서 인기를 얻다

인터넷

网页 wǎngyè 인터넷 홈페이지

网址 wǎngzhǐ 인터넷 주소

微博 Wēibó 웨이보(중국의 SNS)

百度 Bǎidù
바이두(중국의 검색 엔진)

跟帖 gēntiě 댓글

网民 wǎngmín 네티즌

表情符号 biǎoqíng fúhào
이모티콘

登录 dēnglù 로그인

无线网 wúxiànwǎng
무선 인터넷

退出 tuìchū 로그아웃

互联网 hùliánwǎng 인터넷

上网 shàngwǎng
인터넷에 접속하다

데일리 테스트

고생하셨어요!
QR코드를 스캔하면 DAY01~DAY30
전체 데일리 테스트 PDF가
다운로드됩니다.

 PDF 다운로드

DAY 07

일상의 즐거움
#가정 #일상생활

HSK 5급 30일 합격 프로젝트

★ HSK 시험에 이렇게 나와요.
5급 독해 부분에는 일상생활과 가정에서 일어나는 에피소드에 관련된 내용이 자주 출제됩니다. 양육·돌봄 관련 동사가 많이 나오며, 가족 관계에 대한 호칭은 듣기와 독해의 보기로 출제되므로, 함께 익혀야 합니다.

家乡 jiāxiāng	姑姑 gūgu	宠物 chǒngwù	相处 xiāngchǔ	看望 kànwàng
명 고향	명 고모	명 애완동물	동 함께 살다, 함께 지내다	동 찾아가 보다, 방문하다

家庭
jiātíng
명 가정

▶ 家庭이 화목해야 모든 일이 잘 풀린다.

我的家庭很幸福。
Wǒ de jiātíng hěn xìngfú.
나의 가정은 행복하다.

幸福 xìngfú 행복하다

家乡
jiāxiāng
명 고향

▶ 내 家乡은 음식 맛으로 유명한 전라도야!

才一两年没回来，家乡就大变样了。
Cái yì liǎng nián méi huílái, jiāxiāng jiù dà biànyàng le.
겨우 1, 2년 안 돌아왔을 뿐인데, 고향의 모습이 크게 변했다.

才 cái 겨우 | 回来 huílái 되돌아오다 | 变样 biànyàng 모습이 변하다

姑姑
gūgu
명 고모

▶ 나에겐 아빠와 나이 차이가 많이 나는 姑姑가 세 분 계신다.

我姑姑在杂志社上班。
Wǒ gūgu zài zázhìshè shàngbān.
우리 고모는 잡지사에서 일하신다.

杂志社 zázhìshè 잡지사 | 上班 shàngbān 출근하다
참고 姨母 yímǔ 이모
참고 姨妈 yímā 이모(회화에 쓰임)

太太
tàitai
명 아내, 부인

▶ 나와 太太는 맞벌이라서 아이를 어린이집에 맡겨야 한다.

我太太怀孕了，我想多花时间在家照顾她。
Wǒ tàitai huáiyùn le, wǒ xiǎng duō huā shíjiān zài jiā zhàogù tā.
아내가 임신해서, 나는 시간을 들여 집에서 그녀를 돌봐 주고 싶다.

怀孕 huáiyùn 임신하다 | 花时间 huā shíjiān 시간을 들이다 | 照顾 zhàogù 돌보다, 보살피다

长辈 zhǎngbèi
명 어른, 손윗사람, 연장자

▶ 长辈는 아무래도 경험이 풍부하시니, 그분들 조언은 듣는 게 나아.

我们一定要尊敬长辈。
Wǒmen yídìng yào zūnjìng zhǎngbèi.
우리는 반드시 어른을 존경해야 한다.

一定 yídìng 반드시 | 尊敬 zūnjìng 존경하다
유의 前辈 qiánbèi 연장자, 선배
반의 晚辈 wǎnbèi 후배

年纪 niánjì
명 나이, 연령

▶ 그 사람은 정말 동안이라서 年纪를 들으면 기절초풍할걸?

别看明明年纪小，读过的书还挺多的。
Bié kàn Míngming niánjì xiǎo, dúguo de shū hái tǐng duō de.
밍밍이 나이가 어리다고 생각하지 마, 읽어 본 책이 의외로 상당히 많아.

别看 bié kàn ~라고 생각하지 마 | 读 dú 읽다 | 挺 tǐng 상당히, 아주
유의 年岁 niánsuì 나이
유의 年龄 niánlíng 연령

> **출제 포인트** 나이와 관련된 표현
>
> 듣기 대화 유형에서 제3자에 대한 이야기를 할 때, 그 사람의 나이, 전공, 직업 등에 대한 정보를 묻는 문제가 가장 많이 출제된다. 나이에 관한 표현으로 年纪가 가장 많이 나오며, 동의어인 年龄도 출제된다. 보통 '나이가 많다'는 年纪大, '나이가 적다'는 年纪小라고 한다. 年龄은 동식물에도 쓰일 수 있는데, 보통 '결혼', '입학' 등의 어휘와 함께 문어체로 쓰인다.
>
> 예 年纪小 = 年纪轻 나이가 어리다
> 　　年纪大 = 年纪老 나이가 많다
> 　　实际年龄 실제 연령
> 　　结婚年龄 결혼 연령
> 　　入学年龄 입학 연령

姑娘 gūniang
명 아가씨, 처녀

▶ 나는 저 꽃집 姑娘에게 첫눈에 반하고 말았어.

邻居老赵家的姑娘明天结婚。
Línjū Lǎo Zhào jiā de gūniang míngtiān jiéhūn.
이웃집 라오 자오네 아가씨는 내일 결혼한다.

邻居 línjū 이웃집, 이웃 사람 | 结婚 jiéhūn 결혼하다

家务
jiāwù
명 가사, 집안일

▶ 매주 일요일에는 무조건 아빠가 엄마 대신 모든 家务를 하셔.

妈妈周末一直在家做家务。
Māma zhōumò yìzhí zài jiā zuò jiāwù.
엄마는 주말에 줄곧 집에서 집안일을 하신다.

周末 zhōumò 주말 | 一直 yìzhí 줄곧, 계속

宠物
chǒngwù
명 애완동물

▶ 나는 고양이를 좋아하는데, 너는 어떤 宠物를 좋아하니?

养宠物可以给家人带来快乐。
Yǎng chǒngwù kěyǐ gěi jiārén dàilái kuàilè.
애완동물을 기르면 가족들에게 즐거움을 가져다줄 수 있다.

养 yǎng 기르다 | 给A带来 gěi A dàilái A에게 가져다주다 | 家人 jiārén 가족 | 快乐 kuàilè 즐겁다

隔壁
gébì
명 옆집, 이웃집

▶ 이 떡은 새로 이사 온 隔壁에서 집집마다 돌린 건데, 맛이 예술이야!

住在我家隔壁的人是一名幼儿园教师。
Zhù zài wǒ jiā gébì de rén shì yì míng yòu'éryuán jiàoshī.
우리 집 옆집에 사는 사람은 유치원 교사이다.

住在 zhù zài ~에 살다 | 住 zhù 살다 | 名 míng 명(사람을 세는 양사) | 幼儿园 yòu'éryuán 유치원 | 教师 jiàoshī 교사

유의 邻居 línjū 이웃, 이웃집

> **출제 포인트** 듣기 단골 손님 이웃
>
> 듣기 대화 유형에 이웃에 관한 내용이 자주 출제되는데, 보통 주변에 사는 이웃은 모두 邻居라고 하고, 바로 옆집에 사는 이웃은 隔壁라고 한다. 옆집이 시끄럽다거나, 새로 이사 오는 이웃에 대한 내용이 가장 많이 출제된다. 독해 1부분의 단어를 찾는 문제에도 등장하므로, 한자와 의미를 정확히 알고 있어야 한다.
>
> 예   问问隔壁小林 옆집 샤오 린에게 좀 물어보다
>   隔壁刚搬来 옆집에 막 이사 오다

看望
kànwàng

동 찾아가 보다, 방문하다

▶ 이번 명절에는 오랜만에 고등학교 선생님을 看望하려고 한다.

我打算去看望一下我的高中老师。
Wǒ dǎsuàn qù kànwàng yíxià wǒ de gāozhōng lǎoshī.
나는 나의 고등학교 선생님을 한 번 뵈러 갈 생각이다.

打算 dǎsuàn ~할 생각이다 | 高中 gāozhōng 고등학교 | 老师 lǎoshī 선생님

유의 探望 tànwàng 방문하다, 문안하다

출제 포인트 看望+사람(~를 찾아가다)

看望은 윗사람이나 친척, 친구를 찾아가 안부를 묻는 것을 뜻하기 때문에 목적어로 사람이 쓰인다. 看望과 자주 어울리는 짝꿍 표현을 익혀 두자.

예 看望亲人 친척을 찾아뵙다
　　看望朋友 친구를 찾아가다
　　看望病人 환자를 병문안 가다

尊敬
zūnjìng

동 존경하다

▶ 나는 한글을 창제하신 세종대왕을 가장 尊敬해.

尊敬长辈是一种美德。
Zūnjìng zhǎngbèi shì yì zhǒng měidé.
어른을 존경하는 것은 일종의 미덕이다.

长辈 zhǎngbèi 어른 | 种 zhǒng 종(종류를 세는 양사) | 美德 měidé 미덕

智慧
zhìhuì

명 지혜

▶ 탈무드는 유대인들의 삶의 智慧가 담긴 이야기야.

有时睁一只眼闭一只眼也是生活的智慧。
Yǒushí zhēng yì zhī yǎn bì yì zhī yǎn yě shì shēnghuó de zhìhuì.
어떤 때는 보고도 모른 척하는 것도 생활의 지혜이다.

有时 yǒushí 어떤 때 | 睁一只眼闭一只眼 zhēng yì zhī yǎn bì yì zhī yǎn 보고도 못 본 체하다 | 生活 shēnghuó 생활

有利
yǒulì

형 이롭다, 유리하다

▶ 저 아이는 모든 상황을 자기한테 有利하게 몰고 가는 재주가 있어.

鼓励对孩子的成长有利。
Gǔlì duì háizi de chéngzhǎng yǒulì.

격려는 아이의 성장에 이롭다.

鼓励 gǔlì 격려하다 | 孩子 háizi 아이 | 成长 chéngzhǎng 성장하다

> **출제 포인트** ▶ 有利 빈출 패턴
>
> 독해 부분에 운동이 건강에 주는 장점, 과일이나 야채 섭취가 다이어트에 좋은 이유, 벽열등의 색이 눈 건강에 끼치는 영향 등에 관련된 내용이 출제된다. 이에 관련하여 'A는 B에 이롭다'라는 의미의 [A对B有利] 또는 [A有利于B] 패턴이 자주 출제되므로, 이 패턴을 꼭 익혀 두자.
>
> 예 运动对健康有利。 운동은 건강에 이롭다.
> 多吃水果有利于减肥。 과일을 많이 먹으면 다이어트에 이롭다.

培养
péiyǎng

동 기르다, 키우다

▶ 엄마는 피아노를 잘 치는 딸의 재능을 힘껏 培养해 주었다.

作为父母，应该要培养孩子的兴趣。
Zuòwéi fùmǔ, yīnggāi yào péiyǎng háizi de xìngqù.

부모로서, 아이의 흥미를 길러 주어야 한다.

作为 zuòwéi ~의 (신분)으로서 | 父母 fùmǔ 부모 | 应该 yīnggāi (마땅히) ~해야 한다 | 兴趣 xìngqù 흥미

夸
kuā

동 칭찬하다

▶ 아이가 잘했을 때는 바로바로 夸해 주는 것이 좋아.

夸孩子的教育方法比骂孩子更好。
Kuā háizi de jiàoyù fāngfǎ bǐ mà háizi gèng hǎo.

아이들을 칭찬하는 교육 방법은 아이들을 꾸짖는 것보다 훨씬 좋다.

教育 jiàoyù 교육 | 方法 fāngfǎ 방법 | 比 bǐ ~보다 | 骂 mà 꾸짖다

유의 表扬 biǎoyáng 칭찬하다, 夸奖 kuājiǎng 칭찬하다

반의 批评 pīpíng 비판하다

靠
kào

- 동 의지하다, ~에 달려 있다
- 동 닿다, 접근하다

▶ 나는 중국어를 할 줄 몰라서 중국 여행 때 가이드에게 많이 靠했다.

凡事都要靠自己，不能光想着靠别人。
Fán shì dōu yào kào zìjǐ, bù néng guāng xiǎngzhe kào biérén.
모든 일은 자신에게 의지해야지, 다른 사람에게 의지할 생각만 해서는 안 된다.

这家饭馆儿靠窗的座位最受欢迎。
Zhè jiā fànguǎnr kào chuāng de zuòwèi zuì shòu huānyíng.
이 식당은 창가 쪽 좌석이 가장 인기 있다.

凡事 fán shì 모든 일 | 不能 bù néng ~해서는 안 된다 | 光 guāng 오로지 | 想 xiǎng 생각하다 | 别人 biérén 다른 사람 | 家 jiā 집, 곳(집·상점·회사 등을 세는 양사) | 饭馆儿 fànguǎnr 식당 | 窗 chuāng 창문 | 座位 zuòwèi 좌석 | 受欢迎 shòu huānyíng 환영받다, 인기 있다

유의 靠近 kàojìn 가까이 가다, 접근하다

沟通
gōutōng

- 동 소통하다, 연결하다, 교류하다

▶ 너는 중국어도 잘 못하는데, 중국인 친구랑 어떻게 沟通하니?

为了学生的教育，老师应该多与家长沟通。
Wèile xuésheng de jiàoyù, lǎoshī yīnggāi duō yǔ jiāzhǎng gōutōng.
학생의 교육을 위해, 선생님은 학부모와 많이 소통해야 한다.

为了 wèile ~을 위하여 | 学生 xuésheng 학생 | 教育 jiàoyù 교육 | 应该 yīnggāi (마땅히) ~해야 한다 | 与 yǔ ~와 | 家长 jiāzhǎng 가장, 학부모

讲究
jiǎngjiu

- 동 중요시하다, 소중히 여기다

▶ 나는 아이가 성장하는 매 순간을 讲究하며 성장 앨범을 만든다.

父母要从小培养孩子讲究卫生的好习惯。
Fùmǔ yào cóngxiǎo péiyǎng háizi jiǎngjiu wèishēng de hǎo xíguàn.
부모는 어린 시절부터 아이가 위생을 중시하는 좋은 습관을 길러 줘야 한다.

父母 fùmǔ 부모 | 从小 cóngxiǎo 어린 시절부터 | 培养 péiyǎng 기르다 | 孩子 háizi 아이 | 卫生 wèishēng 위생 | 习惯 xíguàn 습관

成长
chéngzhǎng
- 동 성장하다, 자라다

▶ 아이를 기르며 부모도 아이와 함께 成长해 나간다.

他成长在一个幸福的家庭。
Tā chéngzhǎng zài yí ge xìngfú de jiātíng.
그는 행복한 가정에서 성장했다.

幸福 xìngfú 행복하다 | 家庭 jiātíng 가정
유의 生长 shēngzhǎng 성장하다

形成
xíngchéng
- 동 형성되다, 이루어지다

▶ 가정은 아이의 가치관이 形成되는 아주 중요한 공간이다.

形成良好的习惯是非常重要的。
Xíngchéng liánghǎo de xíguàn shì fēicháng zhòngyào de.
좋은 습관을 형성하는 것은 매우 중요한 것이다.

良好 liánghǎo 좋다, 양호하다 | 重要 zhòngyào 중요하다

相处
xiāngchǔ
- 동 함께 살다, 함께 지내다

▶ 그녀는 무려 일곱 마리나 되는 고양이랑 相处하고 있다.

我们一家与邻居相处得很和睦。
Wǒmen yì jiā yǔ línjū xiāngchǔ de hěn hémù.
우리 가족은 이웃과 함께 매우 화목하게 지낸다.

家 jiā 집, 곳(집·상점·회사 등을 세는 양사) | 与 yǔ ~와 | 邻居 línjū 이웃 | 和睦 hémù 화목하다

출제 포인트 | 相处 빈출 패턴

相处는 '함께(相) 지내다(处)'라는 의미이다. 'A와 B가 함께 지내다'는 [A 和/与B相处] 패턴을 쓰고, '~하게 지내다'라는 표현은 정도보어를 활용한 [相处得+형용사] 패턴을 쓴다. 듣기와 독해에 '함께 지내기 쉽다'거나 '서로 잘 지낸다' 등의 내용에 相处가 자주 등장하므로, 함께 익혀 두자.

예 很难相处 함께 지내기 어렵다
　　好相处 같이 지내기 좋다(쉽다)
　　他和同事相处得很好。 그는 동료와 잘 지낸다.

自由
zìyóu
- 형 자유롭다
- 명 자유

▶ 직장만 구하면 독립해서 自由를 누리며 살고 싶어.

很多人都觉得结婚前的生活更自由。
Hěn duō rén dōu juéde jiéhūn qián de shēnghuó gèng zìyóu.
많은 사람들이 모두 결혼 전의 생활이 더 자유롭다고 생각한다.

一个人去旅行，就像获得了自由一样。
Yí ge rén qù lǚxíng, jiù xiàng huòdéle zìyóu yíyàng.
혼자 여행을 가는 것은, 자유를 얻는 것과 같다.

觉得 juéde ~라고 생각하다 | 结婚 jiéhūn 결혼하다 | 生活 shēnghuó 생활 | 旅行 lǚxíng 여행하다 | 像 xiàng 마치 ~와 같다 | 获得 huòdé 얻다 | 一样 yíyàng 같다

婚礼
hūnlǐ
- 명 결혼식

▶ 오늘 친구 婚礼에 유명한 가수들이 와서 축가를 불러 줬어!

小高邀请咱们参加他的婚礼。
Xiǎo Gāo yāoqǐng zánmen cānjiā tā de hūnlǐ.
샤오 까오는 우리를 그의 결혼식에 참석하도록 초대했다.

邀请 yāoqǐng 초대하다 | 咱们 zánmen 우리 | 参加 cānjiā 참석하다

> **출제 포인트** 　결혼식 관련 작문 표현
>
> 쓰기 부분에 결혼식과 관련된 어휘와 그림들이 자주 출제된다. '(친구나 가족의) 결혼식에 간다'는 표현은 '결혼식에 참석한다'라는 말로, 参加婚礼라고 쓴다. 함께 쓰는 표현들을 같이 익히면 고득점을 받을 수 있으므로 미리 익혀 두자.
>
> 예 **参加婚礼** 결혼식에 가다(참석하다) / **举行婚礼** 결혼식을 하다
> **终身大事** 일생의 큰일(결혼) / **红包** 축의금
> **婚纱**(hūnshā) 웨딩드레스

婚姻
hūnyīn
- 명 결혼, 혼인

▶ 婚姻을 앞둔 커플은 예식장부터 신혼여행까지 준비할 것이 많다.

婚姻是否幸福不能由钱决定。
Hūnyīn shìfǒu xìngfú bù néng yóu qián juédìng.
결혼이 행복인지 아닌지의 여부를 돈으로 결정해서는 안 된다.

是否 shìfǒu ~인지 아닌지 | 幸福 xìngfú 행복하다 | 不能 bù néng ~해서는 안 된다 | 由 yóu ~으로 | 钱 qián 돈 | 决定 juédìng 결정하다

登记
dēngjì

동 등록하다, 신고하다

▶ 그는 흥분된 마음으로 아이의 출생을 登记했다.

去年的今天是我们登记结婚的日子。
Qùnián de jīntiān shì wǒmen dēngjì jiéhūn de rìzi.
작년의 오늘은 우리가 혼인신고를 한 날이다.

去年 qùnián 작년 | **结婚** jiéhūn 결혼하다 | **日子** rìzi 날, 날짜

유의어 비교	登记 vs 登录 vs 注册

모두 '(어떠한 기관)에 등록하다'는 뜻이지만 활용에 다소 차이가 있다.

登记 어떠한 정보를 정식으로 기록하여 명단에 올려 등록하다
  结婚登记 혼인신고 / 登记户口 호구 등기
  资产登记 자산 등록 / 登记住宿 체크인하다

登录 (인터넷 사이트에) 로그인하다
  登录网站 홈페이지에 로그인하다
  登录记录 로그인 기록

注册 ① (인터넷 사이트에) 회원 가입하다
  注册账号 계정을 만들다
  ② (학교·단체·기관에) 등록하다
  新生注册 신입생 등록 / 注册商标 상표 등록

人生
rénshēng

명 인생

▶ 人生은 짧고 예술은 길다.

有明确的人生目标是成功的条件之一。
Yǒu míngquè de rénshēng mùbiāo shì chénggōng de tiáojiàn zhī yī. 명확한 인생 목표가 있는 것은 성공의 조건 중 하나이다.

明确 míngquè 명확하다 | **目标** mùbiāo 목표 | **成功** chénggōng 성공(하다) | **条件** tiáojiàn 조건 | **之一** zhī yī ~ 중의 하나

鞭炮
biānpào

명 폭죽

▶ 지난여름 바닷가에서 친구들과 함께한 鞭炮 놀이가 참 재미있었어.

为了庆祝新年，人们放起了鞭炮。
Wèile qìngzhù xīnnián, rénmen fàngqǐle biānpào.
새해를 축하하기 위해, 사람들은 폭죽을 터뜨리기 시작했다.

为了 wèile ~하기 위해 | **庆祝** qìngzhù 축하하다 | **新年** xīnnián 새해 | **放** fàng 터뜨리다, 쏘다

国庆节
Guóqìngjié

고유 국경절
(건국 기념일)

▶ 国庆节는 중화인민공화국이 수립된 10월 1일을 기념하는 날이다.

今年国庆节我们一家人打算去欧洲。
Jīnnián Guóqìngjié wǒmen yìjiārén dǎsuàn qù Ōuzhōu.
올해 국경절에 우리 가족은 유럽에 갈 계획이다.

一家人 yìjiārén 가족, 한집안 식구 | **打算** dǎsuàn ~할 계획이다 | **欧洲** Ōuzhōu 유럽

배경 지식 중국의 황금연휴

10월 1일은 중국 정부의 수립을 기념하는 날로, '国庆节(국경절)'라고 하는데, 간단히 十一라고도 한다. 1999년 법적으로 10월 1일 국경절과 5월 1일 노동절(劳动节), 음력 1월 1일 춘절(春节)이 3일 연휴로 정해지면서, 주말과 맞물리면 7일 정도 쉬게 되어, 이를 '황금주간(黃金周)'이라고 한다. 황금주간에는 거의 모든 사람들이 일을 쉬고 고향에 가거나 여행을 간다. 듣기 대화에 황금주간에 여행을 가거나 여행지에 사람이 많다는 내용이 종종 출제되므로, 기념일·명절 표현과 날짜를 정확하게 체크하고 넘어가자.

★보충단어
아래 단어들의 예문은 WEB 단어장에서 확인할 수 있어요.

보충단어 WEB 단어장

外公 wàigōng 명 외할아버지
姥姥 lǎolao 명 외할머니
舅舅 jiùjiu 명 외삼촌(회화에 쓰임)
兄弟 xiōngdì 명 형제
老婆 lǎopo 명 아내, 집사람
好客 hàokè 형 손님 접대를 좋아하다, 손님을 좋아하다
问候 wènhòu 동 안부를 묻다
孝顺 xiàoshùn 동 공경하다, 효도하다
疼爱 téng'ài 동 매우 귀여워하다
嫁 jià 동 시집가다
娶 qǔ 동 장가들다
一辈子 yíbèizi 명 한평생, 일생
离婚 líhūn 동 이혼하다
除夕 chúxī 명 섣달 그믐날 밤, 제야

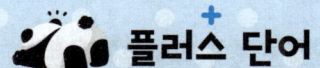 **플러스 단어**

고득점 합격이 목표라면 플러스단어까지 학습해 보세요.

가정, 일상생활

计划生育 jìhuà shēngyù
가족계획, 산아제한

单独二孩 dāndú èr hái
두 자녀 정책

小皇帝 xiǎo huángdì
어린 황제(집에서 곱게 자란 남자아이)

小公主 xiǎo gōngzhǔ
어린 공주(집에서 곱게 자란 여자아이)

父亲节 Fùqīnjié
아버지날(매년 6월 셋째 주 일요일)

母亲节 Mǔqīnjié
어머니날(매년 5월 둘째 주 일요일)

母子平安 mǔzǐ píng'ān
산모와 아들은 건강하다

母女平安 mǔnǚ píng'ān
산모와 딸은 건강하다

母爱 mǔ'ài 모성애

宅女 zháinǚ 집순이

宅男 zháinán 집돌이

家境 jiājìng 집안 형편

家训 jiāxùn 가훈

安享晚年 ānxiǎng wǎnnián
노년을 즐기다

下馆子 xià guǎnzi 외식하다

分担家务 fēndān jiāwù
집안일을 분담하다

家教森严 jiājiào sēnyán
가정 교육이 엄격하다

啃老族(= 尼特族) kěnlǎozú
(= nítèzú) 니트족(부모에게 경제적, 정신적으로 의지하는 청년 무직자)

袋鼠族 dàishǔzú 캥거루족(자립할 나이가 되었는데도 부모에게 경제적으로 기대어 사는 젊은이)

 **데일리 테스트**

고생하셨어요!
QR코드를 스캔하면 DAY01~DAY30 전체 데일리 테스트 PDF가 다운로드됩니다.

DAY 08

러브 스토리
#만남 #연애

HSK 5급 30일 합격 프로젝트

★ HSK 시험에 이렇게 나와요.
5급 듣기 대화 유형에는 사회생활에서 만난 사람들과의 관계와 가족, 친구, 연인간의 관계 등에 대한 내용이 자주 등장합니다. 주요 어휘들과 함께 쓰이는 짝꿍 어휘에 주의하여 익혀 두세요.

음원 듣기

宴会 옌훼이
爱心 아이신
拥抱 용바오
鼓掌 구장
嘉宾 찌아빈

암기 영상

宴会 yànhuì
명 파티, 연회

爱心 àixīn
명 관심과 사랑, 사랑하는 마음

拥抱 yōngbào
통 포옹하다

嘉宾 jiābīn
명 게스트, 귀빈

鼓掌 gǔzhǎng
통 박수치다

交往
jiāowǎng
- 통 만나다, 사귀다, 왕래하다

▶ 그는 HSK 5급을 공부하는 동안 친구들과 전혀 交往하지 않았다.

诚实是人与人交往的基本原则。
Chéngshí shì rén yǔ rén jiāowǎng de jīběn yuánzé.
진실함은 사람과 사람이 사귀는 기본 원칙이다.

诚实 chéngshí 진실하다, 성실하다 | 与 yǔ ~와 | 基本 jīběn 기본적인 | 原则 yuánzé 원칙

打交道
dǎ jiāodao
오가다, 만나다, 왕래하다, 접하다

▶ 중국 기업과 자주 打交道하다 보니, 중국어를 저절로 배우게 되었어.

我们公司有很多业务要与中国公司打交道。
Wǒmen gōngsī yǒu hěn duō yèwù yào yǔ Zhōngguó gōngsī dǎ jiāodao.
우리 회사는 중국 회사와 왕래해야 하는 업무가 많이 있다.

公司 gōngsī 회사 | 业务 yèwù 업무

출제 포인트 A与B打交道(~와 왕래하다)

술목 관계인 打交道는 뒤에 바로 다른 목적어가 올 수 없으므로, 개사 '与/跟/和' 등과 같이 쓴다.

恭喜
gōngxǐ
- 통 축하하다

▶ 결혼을 진심으로 恭喜하고, 앞으로 행복하길 바랄게!

恭喜你们俩终于结婚了!
Gōngxǐ nǐmen liǎ zhōngyú jiéhūn le!
너희 둘 마침내 결혼한 걸 축하해!

俩 liǎ 두 사람 | 终于 zhōngyú 끝내 | 结婚 jiéhūn 결혼하다
유의 庆祝 qìngzhù 축하하다 / 祝贺 zhùhè 축하하다

출제 포인트 작문, 듣기 빈출 어휘 恭喜

恭喜는 '축하하다'라는 뜻으로, 좋은 일을 축하하거나 앞으로 좋은 일이 일어나기를 기원할 때 쓴다. 5급 시험의 작문과 듣기 대화 유형에 자주 출제되는데, 대화에서는 '축하해'라는 뜻으로 恭喜로 쓰거나 恭喜恭喜처럼 중첩하여 쓴다. 자주 쓰는 표현들은 미리 익혀 작문에 활용하자.

예 恭喜发财。 부자 되기를 바랍니다.
恭喜高升。 승진을 축하합니다.
恭喜你们试验成功。 당신들의 실험 성공을 축하합니다.

祝福
zhùfú
동 기원하다, 축복하다

▶ 두 분 모두 건강하게 오래 사시길 祝福합니다!

祝福你们能够永远快乐、幸福。
Zhùfú nǐmen nénggòu yǒngyuǎn kuàilè、xìngfú.
당신들이 영원히 즐겁고 행복하시길 기원합니다.

能够 nénggòu ~할 수 있다 | 永远 yǒngyuǎn 영원히 | 快乐 kuàilè 즐겁다 | 幸福 xìngfú 행복하다

接触
jiēchù
동 접촉하다, 왕래하다

▶ 외국에 가면, 다양한 나라의 친구들과 接触할 수 있는 기회가 많다.

一次偶然的机会让我接触到了很多外国人。
Yí cì ǒurán de jīhuì ràng wǒ jiēchù dàole hěn duō wàiguórén.
한 번의 우연한 기회로 나는 아주 많은 외국인을 접하게 되었다.

偶然 ǒurán 우연히 | 机会 jīhuì 기회 | 让 ràng ~에게 ~하게 하다 | 外国人 wàiguórén 외국인

宴会
yànhuì
명 파티, 연회, 회식

▶ 우리는 宴会에 참석하기 위해 드레스를 빌려 입었다.

我们举办了欢迎新职员的宴会。
Wǒmen jǔbànle huānyíng xīn zhíyuán de yànhuì.
우리는 신입사원을 환영하는 회식을 했다.

举办 jǔbàn 열다, 개최하다 | 欢迎 huānyíng 환영하다 | 新职员 xīn zhíyuán 신입사원

酒吧
jiǔbā
명 술집, 바

▶ 그는 퇴근 후 집 근처 酒吧에서 혼술하는 걸 좋아한다.

很多人喜欢去酒吧谈生意。
Hěn duō rén xǐhuan qù jiǔbā tán shēngyi.
많은 사람들은 술집에 가서 사업 이야기 하는 것을 좋아한다.

喜欢 xǐhuan 좋아한다 | 谈 tán 이야기하다 | 生意 shēngyi 사업, 장사

嘉宾
jiābīn
- 명 게스트, 귀빈, 귀한 손님

▶ 친애하는 嘉宾 여러분, 모두 자리에서 일어나 주시기 바랍니다.

节目邀请的嘉宾已经陆续到达了。
Jiémù yāoqǐng de jiābīn yǐjīng lùxù dàodá le.
프로그램에 초대한 게스트들이 이미 잇따라 도착했다.

节目 jiémù 프로그램 | 邀请 yāoqǐng 초대하다 | 已经 yǐjīng 이미 | 陆续 lùxù 잇따라, 끊임없이 | 到达 dàodá 도착하다

鼓掌
gǔzhǎng
- 동 박수하다, 손뼉을 치다

▶ 내빈 여러분께서는 크게 鼓掌하며 환영해 주십시오!

大家热烈鼓掌欢迎嘉宾们的到来。
Dàjiā rèliè gǔzhǎng huānyíng jiābīnmen de dàolái.
모두 열렬한 박수로 귀빈 여러분을 맞이해 주시기 바랍니다.

热烈 rèliè 열렬하다 | 欢迎 huānyíng 환영하다 | 嘉宾 jiābīn 귀빈 | 到来 dàolái 오다

整齐
zhěngqí
- 형 단정하다, 가지런하다

▶ 격식을 차려야 하는 시상식에는 옷을 整齐하게 입고 가야 한다.

与别人见面的时候，衣服应该穿得整齐些。
Yǔ biéren jiànmiàn de shíhou, yīfu yīnggāi chuān de zhěngqí xiē.
다른 사람과 만날 때, 옷을 좀 단정하게 입어야 한다.

别人 biéren 남, 타인 | 见面 jiànmiàn 만나다 | 衣服 yīfu 옷 | 应该 yīnggāi (마땅히) ~해야 한다 | 穿 chuān 입다, 신다

招待
zhāodài
- 동 대접하다, 접대하다

▶ 나는 고마운 은사님을 招待하기 위해서 좋은 식당을 예약해 두었다.

为了感谢他，我和家人热情地招待了他。
Wèile gǎnxiè tā, wǒ hé jiārén rèqíng de zhāodàile tā
그에게 감사하기 위해, 나는 가족과 함께 그를 친절하게 대접했다.

为了 wèile ~하기 위해 | 感谢 gǎnxiè 감사하다 | 家人 jiārén 가족
유의 接待 jiēdài 접대하다

接待
jiēdài
동 접대하다

▶ 이렇게나 근사한 곳에서 接待해 주시다니, 정말 감사드립니다!

我们打算晚上接待从中国来的客人。
Wǒmen dǎsuàn wǎnshang jiēdài cóng Zhōngguó lái de kèrén.
우리는 저녁에 중국에서 온 손님을 접대할 예정이다.

打算 dǎsuàn ~할 예정이다 | 客人 kèrén 손님
유의 招待 zhāodài 대접하다, 접대하다

> **유의어 비교** 招待 vs 接待
>
> 두 단어 모두 '접대하다', '대접하다'의 뜻을 나타내며, 친구, 손님, 외부 인사 등을 목적어로 쓴다. 차이점은 招待는 대부분 식사 등을 대접하는 것을 말하지만, 接待는 반드시 식사 등을 대접하는 것이 아닐 수도 있다. 자주 쓰는 어휘를 구분해서 외워 두자.
>
> 예 招待 → 招待客人 손님을 대접하다 / 招待顾客 고객을 대접하다
> 招待所 접대소(일종의 숙박시설) / 记者招待会 기자회견
> 接待 → 接待客人 손님을 접대하다 / 接待来宾 내빈을 접대하다
> 接待所(×) / 记者接待会(×)

深刻
shēnkè
형 (인상이) 깊다, 매우 강렬하다

▶ 데이트 장소 중에서 가장 인상이 深刻한 곳은 어디야?

她热情的性格总是给人们留下深刻的印象。
Tā rèqíng de xìnggé zǒngshì gěi rénmen liúxià shēnkè de yìnxiàng.
그녀의 친절한 성격은 항상 사람들에게 깊은 인상을 남긴다.

热情 rèqíng 친절하다 | 性格 xìnggé 성격 | 总是 zǒngshì 언제나, 줄곧 | 留下 liúxià 남기다 | 印象 yìnxiàng 인상

握手
wòshǒu
동 악수하다

▶ 내 동생은 좋아하는 가수랑 握手했다면서 뛸 듯이 기뻐했다.

领导正在和嘉宾握手。
Lǐngdǎo zhèngzài hé jiābīn wòshǒu.
지도자는 귀빈과 악수를 하고 있다.

领导 lǐngdǎo 지도자 | 正在 zhèngzài (지금) ~하고 있다 | 嘉宾 jiābīn 귀빈

拥抱
yōngbào
동 껴안다, 포옹하다

▶ 아버지와 어머니는 입대하는 아들과 拥抱하면서 눈물을 흘리셨다.

我们一见面就互相拥抱。
Wǒmen yí jiànmiàn jiù hùxiāng yōngbào.
우리는 만나기만 하면 서로 포옹한다.

一A就B yī A jiù B A하기만 하면 B하다 | 互相 hùxiāng 서로

对象
duìxiàng
명 (연애, 결혼의) 상대, 대상

▶ 대체 요즘 네가 만나는 对象이 어떤 사람이길래 이렇게 행복해 하니?

年龄越大越难找对象。
Niánlíng yuè dà yuè nán zhǎo duìxiàng.
나이가 많으면 많을수록 상대를 찾기 어렵다.

年龄 niánlíng 나이 | 越A越B yuè A yuè B A할수록 B하다 | 难 nán 어렵다 | 找 zhǎo 찾다

> **유의어 비교 对象 vs 对方**
>
> 두 단어 모두 내가 상대하는 대상을 가리키기 때문에 헷갈리기 쉽다. 对象은 일반적으로 결혼하거나 연애하는 상대를 일컫고, 对方은 대화나 경기의 상대방을 가리킨다.
>
> 예 找对象 배우자를 찾다   对方的意见 상대방의 의견

恋爱
liàn'ài
명 연애
동 연애하다, 서로 사랑하다

▶ 유명한 두 배우의 恋爱 소식이 새해 첫 기사로 실렸다.

他们正在谈恋爱。 그들은 현재 연애하는 중이다.
Tāmen zhèngzài tán liàn'ài.

他的恋爱经历很丰富。 그의 연애 경험은 매우 풍부하다.
Tā de liàn'ài jīnglì hěn fēngfù.

正在 zhèngzài (지금) ~하고 있다 | 谈恋爱 tán liàn'ài 연애하다 | 经历 jīnglì 경험 | 丰富 fēngfù 풍부하다

> **출제 포인트 谈恋爱(연애하다)**
>
> 恋爱는 이 단어 자체로도 시험에 종종 등장하지만, 谈恋爱의 형태로 더 많이 출제된다. 자주 쓰이는 짝꿍 표현을 익혀 두자.
>
> 예 恋爱经历 연애 경험 / 恋爱观 연애관
>   恋爱技巧 연애 기술 / 恋爱心理 연애 심리

爱心
àixīn

명 관심과 사랑, 사랑하는 마음

▶ 기본적으로 아이에 대한 爱心이 있어야 진정한 훈육도 할 수 있어.

那位老师是一个充满爱心的人。
Nà wèi lǎoshī shì yí ge chōngmǎn àixīn de rén.
그 선생님은 관심과 사랑이 가득한 사람이다.

位 wèi 분, 명(공경의 뜻을 내포함) | 老师 lǎoshī 선생님 | 充满 chōngmǎn 가득 차다, 충만하다

亲爱
qīn'ài

형 사랑하다, 친애하다

▶ 내가 이 세상에서 가장 亲爱하는 당신께 이 편지를 보냅니다.

亲爱的，我们明天一起去旅行吧！
Qīn'ài de, wǒmen míngtiān yìqǐ qù lǚxíng ba!
자기야, 우리 내일 같이 여행 가자!

亲爱的 qīn'ài de 자기야(사랑하는 사람을 부르는 애칭) | 旅行 lǚxíng 여행하다

秘密
mìmì

명 비밀, 기밀

▶ 사춘기 아이들은 부모에게 말하지 못할 秘密 한 개씩은 가지고 있다.

家长不应该偷听孩子的秘密。
Jiāzhǎng bù yīnggāi tōu tīng háizi de mìmì.
학부모는 아이들의 비밀을 엿들어서는 안 된다.

家长 jiāzhǎng 가장, 학부모 | 应该 yīnggāi (마땅히) ~해야 한다 | 偷听 tōu tīng 엿듣다 | 孩子 háizi 아이

对待
duìdài

동 대하다, 다루다, 대처하다

▶ 공부 못 하는 아이라고 불평등하게 对待한면 안 된다.

他对待任何人的态度都很亲切。
Tā duìdài rènhé rén de tàidu dōu hěn qīnqiè.
그는 어떤 사람을 대하든 태도가 모두 친절하다.

任何 rènhé 어떠한, 무슨 | 态度 tàidu 태도 | 亲切 qīnqiè 친절하다

根本
gēnběn
- 부 전혀, 아예

▶ 그는 그녀와 헤어진 후로 根本 연락을 하지 않았다.

他根本不尊重我。
Tā gēnběn bù zūnzhòng wǒ.
그는 전혀 나를 존중하지 않는다.

尊重 zūnzhòng 존중하다

作为
zuòwéi
- 개 ~로서
- 동 ~로 여기다, ~로 삼다

▶ 그는 뜻밖에 나를 자신의 후계자로 作为하였다.

作为一名优秀的管理者，应该善于与人沟通。
Zuòwéi yì míng yōuxiù de guǎnlǐzhě, yīnggāi shànyú yǔ rén gōutōng.
우수한 경영자로서, 다른 사람과 소통하는 데 능해야 한다.

他把学习作为业余爱好。
Tā bǎ xuéxí zuòwéi yèyú àihào.
그는 공부를 취미 생활로 여긴다.

名 míng 명(사람을 세는 양사) | 优秀 yōuxiù 우수하다 | 管理者 guǎnlǐzhě 경영자 | 善于 shànyú ~에 능(숙)하다 | 与 yǔ ~와 | 沟通 gōutōng 소통하다 | 业余爱好 yèyú àihào 취미 생활

矛盾
máodùn
- 명 갈등, 대립

▶ 그 부부는 矛盾이 생겨 서로 말을 안 한 지 1년이나 되었다.

谈话有利于消除矛盾。
Tánhuà yǒulì yú xiāochú máodùn.
대화는 갈등을 없애는 데 도움이 된다.

谈话 tánhuà 이야기하다, 담화하다 | 有利于 yǒulì yú ~에 이롭다 | 消除 xiāochú 없애다, 해소하다

借口
jièkǒu
- 명 핑계

▶ 공동묘지에 가면 借口 없는 무덤이 하나도 없대.

这是他为了逃避责任找的借口。
Zhè shì tā wèile táobì zérèn zhǎo de jièkǒu.
이것은 그가 책임을 회피하기 위해 찾은 핑계이다.

为了 wèile ~하기 위해 | 逃避 táobì 도피하다 | 责任 zérèn 책임

骂 mà
동 욕하다, 험담하다 (꾸짖다)

▶ 앞에서 얘기 못 하고, 뒤에서 骂하는 건 정말 비겁한 일이다.

骂人是不礼貌的行为。
Mà rén shì bù lǐmào de xíngwéi.
사람을 욕하는 것은 예의 없는 행위이다.

礼貌 lǐmào 예의 있다, 예의 바르다 | 行为 xíngwéi 행위

吵架 chǎojià
동 다투다, 말다툼하다

▶ 엄마는 남매가 사소한 일로 吵架하는 것을 가장 싫어하셔.

住在隔壁的两口子从来也不**吵架**。
Zhù zài gébì de liǎngkǒuzi cónglái yě bù chǎojià.
옆집에 사는 부부는 지금까지 한 번도 다툰 적이 없다.

住在 zhù zài ~에 살다 | 隔壁 gébì 옆집, 이웃 | 两口子 liǎngkǒuzi 부부 | 从来 cónglái (과거부터) 지금까지

> **유의어 비교 吵架 vs 打架**
>
> 두 단어에 공통으로 들어간 글자 架가 '싸움, 다툼'을 의미하여서, 두 단어 모두 '다투다'라는 의미를 나타내지만, 구체적인 행동에는 차이가 있다.
>
> **吵架** | 시끄럽게 말로 다투는 것을 나타냄. [吵는 '시끄럽다'라는 의미]
>
> **打架** | 주먹으로 치고 박고 싸우는 것을 나타냄. [打는 '때리다'라는 의미]

无奈 wúnài
동 어찌해 볼 도리가 없다

▶ 천재지변으로 인한 피해는 정말 인간의 힘으로는 无奈합니다.

他**无奈**地同意了女朋友过分的要求。
Tā wúnài de tóngyìle nǚpéngyou guòfèn de yāoqiú.
그는 어쩔 수 없이 여자 친구의 지나친 요구에 동의할 수밖에 없었다.

同意 tóngyì 동의하다 | 过分 guòfèn 지나치다 | 要求 yāoqiú 요구

无所谓 wúsuǒwèi
동 상관없다

▶ 그건 이미 지난 일이어서 누구에게 말해도 전혀 无所谓하다.

对方帅不帅对她已经**无所谓**了。
Duìfāng shuài bu shuài duì tā yǐjīng wúsuǒwèi le.
상대방이 잘생겼는지 아닌지는 그녀에게 이미 상관없어졌다.

对方 duìfāng 상대방, 상대편 | 帅 shuài 잘생기다 | 已经 yǐjīng 이미

分手
fēnshǒu

동 헤어지다, 이별하다

▶ 그 커플은 10년을 사귀다가 최근에 결혼 문제로 分手했대.

因为女朋友父母的反对，他们不得不分手了。
Yīnwèi nǚpéngyou fùmǔ de fǎnduì, tāmen bùdébù fēnshǒu le.
여자 친구 부모님의 반대 때문에, 그들은 어쩔 수 없이 헤어졌어.

因为 yīnwèi 왜냐하면 | 父母 fùmǔ 부모 | 反对 fǎnduì 반대하다 | 不得不 bùdébù 어쩔 수 없이

分别
fēnbié

동 헤어지다, 이별하다
부 다르게, 별도로, 다른 방식으로

▶ 졸업식 때 나는 친구들과 分别하고 싶지 않아서 펑펑 울었다.

我不想和大家分别。
Wǒ bù xiǎng hé dàjiā fēnbié.
나는 모두와 헤어지고 싶지 않다.

问题不同，应该分别对待。
Wèntí bùtóng, yīnggāi fēnbié duìdài.
문제가 다르면, 당연히 다른 방법으로 대처해야 한다.

问题 wèntí 문제 | 不同 bùtóng 다르다 | 应该 yīnggāi (마땅히) ~해야 한다 | 对待 duìdài 대처하다, 대응하다

告别
gàobié

동 작별 인사를 하다

▶ 다음 달 중국으로 유학 가는 친구가 나에게 告别하기 위해 찾아왔다.

我是来跟你告别的。
Wǒ shì lái gēn nǐ gàobié de.
나는 너와 작별 인사를 하러 온 거야.

유의어 비교 分别 vs 告别

두 단어 모두 '헤어지다'라는 의미로, 개사 跟과 함께 쓸 수 있다. 그러나 分别는 '헤어지다'라는 행위 자체를 의미하고, 告别는 '헤어진다는 소식을 전하는 행위' 즉, 작별 인사를 하는 것을 나타낸다.

예 **我和家人已经分别三年了。**
나는 가족과 떨어진 지 이미 3년이나 되었다.

向朋友告别后，他去了机场。
친구에게 작별 인사를 한 후, 그는 공항으로 갔다.

舍不得
shěbude
동 헤어지기 섭섭해하다

▶ 유학 생활을 함께한 친구가 먼저 귀국한다니, 너무 舍不得해.

我舍不得你走。 나는 네가 떠나가는 게 섭섭해.
Wǒ shěbude nǐ zǒu.

等待
děngdài
동 기다리다

▶ 그는 떠나간 여자 친구를 아직도 等待하고 있어.

与其等待，不如主动去找他。
Yǔqí děngdài, bùrú zhǔdòng qù zhǎo tā.
기다리느니, 차라리 적극적으로 그를 찾으러 가는 것이 낫겠다.

与其A，不如B yǔqí A, bùrú B A하느니, B하는 편이 낫다 | **主动** zhǔdòng 주동적이다, 적극적이다 | **找** zhǎo 찾다

绝对
juéduì
형 절대적이다, 무조건적이다
부 반드시, 절대로

▶ 그에게 그녀의 말은 绝对한 효력이 있어.

所有的事情都不是绝对的。
Suǒyǒu de shìqing dōu bú shì juéduì de.
모든 일이 다 절대적인 것은 아니다.

通过这次考试绝对没问题，我准备得很充分。
Tōngguò zhècì kǎoshì juéduì méi wèntí, wǒ zhǔnbèi de hěn chōngfèn.
이번 시험을 통과하는 건 절대로 문제없어. 나는 충분히 준비했거든.

所有 suǒyǒu 모든 | **事情** shìqing 일 | **通过** tōngguò 통과하다 | **考试** kǎoshì 시험 | **准备** zhǔnbèi 준비하다 | **充分** chōngfèn 충분하다

★보충단어
아래 단어들의 예문은 WEB단어장에서 확인할 수 있어요.

交际 jiāojì 동 교제하다, 교류하다
庆祝 qìngzhù 동 경축하다, 축하하다
必然 bìrán 형 필연적이다
歪 wāi 형 비뚤다, 기울다

甩 shuǎi 동 차 버리다, 떼 버리다, 떨치다
碰 pèng 동 (우연히) 마주치다, 만나다
宝贝 bǎobèi 명 착한 아기, 귀염둥이
吻 wěn 동 입맞춤하다

보충단어 WEB 단어장

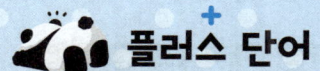
플러스 단어

고득점 합격이 목표라면 플러스단어까지 학습해 보세요.

음원 듣기

만남

友情 yǒuqíng 우정
同龄人 tónglíngrén 동갑(내기)
知己 zhījǐ 지기
力挺 lìtǐng 적극 지지하고 도와주다
知心姐姐 zhīxīn jiějie
고민 상담을 할 수 있는 언니
私生活 sīshēnghuó 사생활
代沟 dàigōu 세대 차이
恩人 ēnrén 은인
仇人 chóurén 원수
聊八卦 liáo bāguà 다른 사람의
연애사・사생활 등을 이야기하다

연애

初恋 chūliàn 첫사랑
告白 gàobái 고백하다
撒娇 sājiāo 애교를 떨다
缘分 yuánfèn 인연, 연분
结交 jiéjiāo 관계를 맺다
登对 dēngduì
(남녀 사이에) 서로 어울리다
慢热型 mànrèxíng
천천히 사랑에 빠지는 유형
一见钟情 yíjiàn zhōngqíng
첫눈에 반하다
和平分手 hépíng fēnshǒu
남녀가 좋게 이별하는 것
护花使者 hù huā shǐzhě
여성을 보호하는 남성

데일리 테스트

고생하셨어요!
QR코드를 스캔하면 DAY01~DAY30
전체 데일리 테스트 PDF가
다운로드됩니다.

PDF 다운로드

DAY 09

오늘의 수업

#학업 #수업 #학교

> **HSK 5급 30일 합격 프로젝트**
>
> ★ HSK 시험에 이렇게 나와요.
> 5급 듣기의 대화 유형에 학업, 수업 및 학교 생활에 관련된 내용이 종종 출제됩니다. 또한, 독해에서는 학력과 교육에 관련된 설명문과 논설문이 종종 출제됩니다.

음원 듣기

- 专心 쫜신
- 朗读 랑두
- 讲座 쟝주어
- 修改 시우가이
- 教材 쟈오차이

암기 영상

专心 zhuānxīn	朗读 lǎngdú	讲座 jiǎngzuò	修改 xiūgǎi	教材 jiàocái
형 전념하다, 몰두하다	동 낭독하다, 맑고 큰 소리로 읽다	명 강좌	동 수정하다, 고치다	명 교재

讲座
jiǎngzuò

명 강좌

▶ 그녀는 마지막 학기에 바빠서 온라인 讲座만 신청했다.

王教授不允许学生们听他的讲座时录音。
Wáng jiàoshòu bù yǔnxǔ xuéshengmen tīng tā de jiǎngzuò shí lùyīn.

왕 교수님은 학생들이 그의 수업을 들을 때 녹음하는 것을 허락하지 않는다.

教授 jiàoshòu 교수 | **允许** yǔnxǔ 허락하다 | **学生** xuésheng 학생 | **录音** lùyīn 녹음하다

高级
gāojí

형 고급의, 상급의

▶ 내 동생은 중국어를 배운 지 6개월 만에 高级반으로 들어갔다.

想要成为高级技术人员，需要进行专门的教育。
Xiǎngyào chéngwéi gāojí jìshù rényuán, xūyào jìnxíng zhuānmén de jiàoyù.

고급 기술자가 되려고 한다면, 전문적인 교육을 진행할 필요가 있다.

想要 xiǎngyào ~하려고 하다 | **成为** chéngwéi ~가 되다 | **技术人员** jìshù rényuán 기술자, 엔지니어 | **需要** xūyào ~할 필요가 있다 | **进行** jìnxíng 진행하다 | **专门** zhuānmén 전문적이다 | **教育** jiàoyù 교육

참고 **初级** chūjí 초급의, 가장 낮은 단계의

课程
kèchéng

명 교육 과정, 커리큘럼

▶ 이 학교의 어학연수 课程이 체계적이지 않아서 아쉽다.

我打算等课程结束后去公司实习。
Wǒ dǎsuàn děng kèchéng jiéshù hòu qù gōngsī shíxí.

나는 교육 과정이 끝난 후에는 회사에 가서 인턴을 할 계획이다.

打算 dǎsuàn ~할 계획이다 | **等A后B** děng A hòu B A한 뒤에 B하다 | **结束** jiéshù 끝나다 | **公司** gōngsī 회사 | **实习** shíxí 실습하다

> **배경 지식**　중국의 교육 과정
>
> 중국의 교육 과정도 우리나라와 비슷한 점이 많다. 초등학교(小学), 중학교(初中), 고등학교(高中) 과정이 우리나라와 같은 12년제이다. 중국에서 대학(大学)에 들어가기 위해서는 우리나라의 수능과 같은 대학 입시인 까오카오(高考)를 보는데, 까오카오는 매년 6월 7, 8일 이틀 동안(일부 지역은 3일 동안) 진행된다. 자녀를 좋은 대학에 보내고 싶어 하는 중국 부모들의 교육열 또한 우리나라 못지않다.

教材
jiàocái
명 교재

▶ 교육 과정이 개편됨에 따라서 학교 教材 역시 개정되었다.

反复阅读教材上的内容有助于提高成绩。
Fǎnfù yuèdú jiàocái shang de nèiróng yǒu zhù yú tígāo chéngjì.
교재의 내용을 반복해서 보는 것은 성적을 높이는 데 도움이 된다.

反复 fǎnfù 반복하다 | 阅读 yuèdú (책 등을) 보다, 읽다 | 内容 nèiróng 내용 | 有助于 yǒu zhù yú ~에 도움이 되다 | 提高 tígāo 높이다, 향상시키다 | 成绩 chéngjì 성적

文具
wénjù
명 문구

▶ 학교 앞 文具점은 항상 준비물을 사려는 학생들로 붐빈다.

开学了，学生们都带着新买的文具去学校。
Kāixué le, xuéshengmen dōu dàizhe xīn mǎi de wénjù qù xuéxiào.
개학해서 학생들은 모두 새로 산 문구용품을 들고 학교에 간다.

开学 kāixué 개학하다 | 学生 xuésheng 학생 | 带 dài 휴대하다, 가지다 | 新 xīn 방금, 새로이 | 买 mǎi 사다 | 学校 xuéxiào 학교

辅导
fǔdǎo
동 (학습을) 도우며 지도하다, 과외하다

▶ 내 친구들은 수업 후에 전 과목을 辅导받는다.

我们找的是可以辅导小学数学的老师。
Wǒmen zhǎo de shì kěyǐ fǔdǎo xiǎoxué shùxué de lǎoshī.
우리가 찾는 사람은 초등 수학을 지도해 줄 수 있는 선생님이다.

找 zhǎo 찾다 | 小学 xiǎoxué 초등(학교) | 数学 shùxué 수학 | 老师 lǎoshī 선생님

宿舍
sùshè
명 기숙사

▶ 중국 대학의 유학생들은 대부분 유학생 宿舍에 거주한다.

我明天就要搬进学校宿舍了。
Wǒ míngtiān jiù yào bānjìn xuéxiào sùshè le.
나는 내일 곧 학교 기숙사로 이사 간다.

就要 jiù yào 곧, 머지않아 | 搬 bān 이사하다 | 学校 xuéxiào 학교

夏令营
xiàlìngyíng
명 여름 캠프, 여름 학교

▶ 여름방학 때 진행하는 夏令营은 가정통신문으로 안내해 드릴게요.

请大家积极参加今年的夏令营。
Qǐng dàjiā jījí cānjiā jīnnián de xiàlìngyíng.
모두들 올해의 여름 캠프에 적극적으로 참여해 주세요.

积极 jījí 적극적이다 | 参加 cānjiā 참가하다

强调
qiángdiào
동 강조하다

▶ 선생님께서 수업 시간에 强调하신 부분이 그대로 시험에 나왔어.

老师经常强调课后复习很重要。
Lǎoshī jīngcháng qiángdiào kè hòu fùxí hěn zhòngyào.
선생님은 방과 후 복습이 중요하다고 늘 강조하신다.

经常 jīngcháng 언제나, 늘 | 课后 kè hòu 방과 후 | 复习 fùxí 복습하다 | 重要 zhòngyào 중요하다

专心
zhuānxīn
형 전념하다, 몰두하다

▶ 그는 자신이 좋아하는 일에 빠지면 오직 그것에만 专心한다.

学生应该专心学习。 학생은 반드시 공부에 전념해야 한다.
Xuésheng yīnggāi zhuānxīn xuéxí.

学生 xuésheng 학생 | 应该 yīnggāi (마땅히) ~해야 한다

> **출제 포인트**　专心+행동(~에 전념하다)
>
> 专心은 '전념하다'라는 의미로, 집중하여 어떠한 행동을 하는 것을 나타낸다. 5급 듣기 부분에 다음과 같은 표현으로 자주 출제되니 꼭 알아 두자.
>
> 예　专心工作 일에 전념하다 / 专心学习 공부에 전념하다
> 　　做事专心 일하는 것에 전념하다 / 专心一意 한마음 한뜻이다

集中
jízhōng
동 집중하다, 모으다

▶ 선생님은 아이들의 집중하는 눈빛을 보고 더욱 열정적으로 가르쳤다.

上课的时候，要集中注意力。
Shàngkè de shíhou, yào jízhōng zhùyìlì.
수업을 할 때는 주의력을 집중해야 한다.

上课 shàngkè 수업하다 | 注意力 zhùyìlì 주의력
반의　分散 fēnsàn 분산하다, 흩어지다

背
bèi

동 외우다, 암송하다

▶ 기본적인 수학 공식들을 다 背하고 있어야 응용 문제도 풀 수 있어.

坚持每天背单词是很重要的。
Jiānchí měitiān bèi dāncí shì hěn zhòngyào de.
지속적으로 매일 단어를 외우는 것이 아주 중요하다.

坚持 jiānchí 지속하게 하다 | 每天 měitiān 매일 | 单词 dāncí 단어 |
重要 zhòngyào 중요하다

朗读
lǎngdú

동 낭독하다, 맑고 큰 소리로 읽다

▶ 누가 2과의 본문을 朗读해 보겠니?

跟着老师大声朗读一下这篇文章。
Gēnzhe lǎoshī dàshēng lǎngdú yíxià zhè piān wénzhāng.
선생님을 따라서 큰 소리로 이 글을 좀 읽어 보세요.

跟着 gēnzhe 따르다 | 老师 lǎoshī 선생님 | 大声 dàshēng 큰 소리 |
篇 piān 편, 장(문장, 종이 등을 세는 양사) | 文章 wénzhāng 문장

方式
fāngshì

명 방식

▶ 공부하는 시간보다 효율적인 공부 方式가 더 중요하다.

老师要注意教育方式。
Lǎoshī yào zhùyì jiàoyù fāngshì.
선생님은 교육 방식에 주의해야 한다.

注意 zhùyì 주의하다 | 教育 jiàoyù 교육

测验
cèyàn

동 시험하다, 테스트하다

▶ 수학 선생님은 한 과가 끝날 때마다 간단하게 测验하신다.

下周就要期中测验了，你准备好了吗？
Xià zhōu jiù yào qīzhōng cèyàn le, nǐ zhǔnbèi hǎo le ma?
다음 주에 곧 중간고사를 볼 텐데, 너 준비 다 했니?

下周 xià zhōu 다음 주 | 就要 jiù yào 곧, 머지않아 | 期中 qīzhōng
학기 중간 | 准备 zhǔnbèi 준비하다

题目
tímù

명 (시험) 문제, 제목

▶ 네가 어렵게 생각해서 그런데, 사실은 간단한 题目니까 잘 봐!

这次期末考试的写作题目不太难。
Zhècì qīmò kǎoshì de xiězuò tímù bú tài nán.
이번 기말고사 작문 문제는 그다지 어렵지 않다.

期末考试 qīmò kǎoshì 기말고사 | 写作 xiězuò 글을 짓다 | 不太 bú tài 그다지 ~하지 않다 | 难 nán 어렵다

출제 포인트 헷갈리기 쉬운 어휘 题目

题目는 글이나 연설의 내용을 개괄한 것으로, '제목', '표제', '테마' 등을 의미한다. 또한, 연습문제나 시험의 문제를 나타내기도 하는데, 시험에는 '문제'로 자주 출제된다. 한자 독음이 '제목'이어서 '문제'라는 뜻을 놓치기 쉬우므로, 꼭 기억해 두자.

예 作文题目 작문 주제 / 同一个题目作文 같은 테마로 작문하다
这道题目 이 문제 / 考试题目 시험 문제

基本
jīběn

형 기본적인, 근본적인

▶ 이 두 문제는 서로 다른 문제지만, 基本 원리는 동일하다.

今年的高考难度和去年的基本一样。
Jīnnián de gāokǎo nándù hé qùnián de jīběn yíyàng.
올해의 수능 난이도는 작년과 기본적으로 동일하다.

高考 gāokǎo 수능, 대학 입시 | 难度 nándù 난이도 | 一样 yíyàng 동일하다, 같다

学问
xuéwen

명 학문
명 학식, 지식

▶ 철학은 지식과 깨달음을 추구하는 学问이라고 한다.

这是一门深奥的学问。
Zhè shì yì mén shēn'ào de xuéwen.
이것은 심오한 학문이다.

李老师很有学问，他什么都知道。
Lǐ lǎoshī hěn yǒu xuéwen, tā shénme dōu zhīdào.
리 선생님은 학식이 깊으셔서, 무엇이든 다 아신다.

门 mén 과목(과목 등에 쓰는 양사) | 深奥 shēn'ào 깊다, 심오하다 | 老师 lǎoshī 선생님 | 知道 zhīdào 알다

论文
lùnwén

명 논문

▶ 복수 전공을 하면 졸업 논문도 두 개를 써야 한대.

我写论文要用很多资料，咱们去图书馆查一下吧！
Wǒ xiě lùnwén yào yòng hěn duō zīliào, zánmen qù túshūguǎn chá yíxià ba!
나 논문 쓰려면 매우 많은 자료를 사용해야 해, 우리 도서관에 가서 한번 찾아보자!

用 yòng 사용하다 ｜ 资料 zīliào 자료 ｜ 咱们 zánmen 우리 ｜ 图书馆 túshūguǎn 도서관 ｜ 查 chá 조사하다

包括
bāokuò

동 포함하다, 포괄하다

▶ 기말고사 문제는 중간고사 범위까지 包括해서 낼 거니까 미리 준비하세요.

这次包括班长在内考得都不太好。
Zhècì bāokuò bānzhǎng zàinèi kǎo de dōu bú tài hǎo.
이번에는 반장을 포함해서 모두 시험을 잘 못 봤다.

班长 bānzhǎng 반장 ｜ 在内 zàinèi (범위 안에) 포함하다 ｜ 考 kǎo 시험을 보다

유의 包含 bāohán 포함하다
반의 除外 chúwài 포함하지 않다, 제외하다

유의어 비교　包括 vs 包含

두 단어 모두 '포함하다'라는 의미가 있지만 용법상 차이가 있다.

包括	주로 구체적인 내용의 수량, 범위 등을 열거, 강조할 때 쓰인다. [包括 + 사람/사물] 예 **北京有很多名胜古迹，包括故宫、长城等。** 　베이징에는 많은 명승고적이 있는데, 고궁, 만리장성 등을 포함한다.
包含	추상적인 내용에 주로 쓰인다. [包含 + 추상] 예 **包含**两层意思 두 가지 의미를 포함한다 / 包含你 (✕)

作文 zuòwén
- 동 작문하다
- 명 작문, 글

▶ 우리 언니는 글솜씨가 좋아서 作文 점수가 높다.

作文比赛对外国学生来说很难。
Zuòwén bǐsài duì wàiguó xuésheng lái shuō hěn nán.
글짓기 대회가 외국 학생에게는 어렵다.

他HSK5级的**作文**写得很好。
Tā HSK wǔ jí de zuòwén xiě de hěn hǎo.
그는 HSK 5급 작문을 잘 쓴다.

比赛 bǐsài 대회 | 对A来说 duì A lái shuō A에게 있어서 | 外国 wàiguó 외국 | 学生 xuésheng 학생 | 难 nán 어렵다 | 级 jí 등급

写作 xiězuò
- 동 글을 짓다, 쓰다

▶ 오늘 들려준 이야기의 결말을 상상해서 写作해 오세요.

如何在短期内提高**写作**水平呢？
Rúhé zài duǎnqī nèi tígāo xiězuò shuǐpíng ne?
어떻게 단기간에 글 쓰기 수준을 높일 수 있을까?

如何 rúhé 어떻게 | 短期 duǎnqī 단기(간) | 内 nèi 안, 안쪽 | 提高 tígāo 높이다, 향상시키다 | 水平 shuǐpíng 수준

改正 gǎizhèng
- 동 (잘못을 올바르게) 고치다, 수정하다

▶ 틀리게 쓴 글자가 있으면 바르게 改正해 주세요.

他握笔的姿势不对，可他总不**改正**。
Tā wò bǐ de zīshì bú duì, kě tā zǒng bù gǎizhèng.
그는 펜을 잡는 자세가 잘못됐지만, 절대로 바꾸지 않는다.

握笔 wò bǐ 붓을 잡다, 집필하다 | 姿势 zīshì 자세 | 不对 bú duì 정확하지 않다, 틀리다 | 可 kě 그러나 | 总 zǒng 줄곧, 절대로

유의 纠正 jiūzhèng (단점, 잘못 등을) 교정하다, 바로잡다

修改 xiūgǎi
- 동 수정하다, 고치다

▶ 이 시나리오는 조금만 더 修改하면 재미있을 것 같아.

我的论文还需要**修改**。
Wǒ de lùnwén hái xūyào xiūgǎi.
내 논문은 더 수정할 필요가 있다.

论文 lùnwén 논문 | 需要 xūyào ~할 필요가 있다

DAY 09 • 오늘의 수업   111

常识
cháng shí
명 상식, 일반 지식

▶ 담임 선생님은 전문 지식뿐만 아니라 常识도 풍부하시다.

她竟然连冰箱的使用常识都不知道。
Tā jìngrán lián bīngxiāng de shǐyòng chángshí dōu bù zhīdào.
그녀는 놀랍게도 냉장고 사용 상식조차 모른다.

竟然 jìngrán 놀랍게도 | 连A都B lián A dōu B A조차도 B하다 | 冰箱 bīngxiāng 냉장고 | 使用 shǐyòng 사용하다 | 知道 zhīdào 알다

学术
xuéshù
명 학술

▶ 대학 교수들은 자신의 学术 연구를 위해 안식년을 갖기도 한다.

他们年纪虽然很小，但是学术能力都很强。
Tāmen niánjì suīrán hěn xiǎo, dànshì xuéshù nénglì dōu hěn qiáng.
그들은 비록 나이가 어리지만, 학술 능력은 모두 강하다.

年纪 niánjì 나이 | 虽然A，但是B suīrán A, dànshì B 비록 A하지만, B하다 | 能力 nénglì 능력 | 强 qiáng 강하다

★보충단어
아래 단어들의 예문은 WEB단어장에서 확인할 수 있어요.

보충단어
WEB 단어장

幼儿园 yòu'éryuán 명 유치원
综合 zōnghé 동 종합하다
本科 běnkē 명 (대학교의) 학부, 본과
系 xì 명 학과
初级 chūjí 형 초급의, 가장 낮은 단계의
支 zhī 양 자루, 개비 (막대 모양의 물건을 세는 양사)
胶水 jiāoshuǐ 명 풀
用功 yònggōng 동 열심히 공부하다, 노력하다
组 zǔ 명 조, 그룹

试卷 shìjuàn 명 시험지
抄 chāo 동 베끼다, 베껴 쓰다
标点 biāodiǎn 명 구두점
成语 chéngyǔ 명 성어
词汇 cíhuì 명 어휘, 용어
拼音 pīnyīn 명 (한어)병음
字母 zìmǔ 명 알파벳, 자모
声调 shēngdiào 명 성조
化学 huàxué 명 화학
物理 wùlǐ 명 물리학

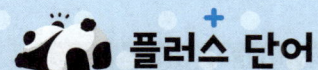 **플러스 단어**

고득점 합격이 목표라면 플러스단어까지 학습해 보세요.

학업

才能 cáinéng 재능, 솜씨

天赋 tiānfù 타고난 소질

学霸 xuébà
공부를 좋아하고 잘하는 사람

学神 xuéshén
공부 안 하는데 성적이 좋은 사람

英才 yīngcái 영재

书呆子 shūdāizi
책벌레, 공부벌레

创新精神 chuàngxīn jīngshén
창의력

学习氛围 xuéxí fēnwéi
학습 분위기

开学季 kāixuéjì 개학 시즌

毕业季 bìyèjì 졸업 시즌

社团 shètuán 동아리

学习小组 xuéxí xiǎozǔ
스터디 그룹

补课 bǔkè 보강하다

应届生 yīngjièshēng
당해 연도의 졸업생

国际学校 guójì xuéxiào
국제학교

课外活动 kèwài huódòng
과외 활동

网络课程 wǎngluò kèchéng
인터넷 강의

插班 chābān 편입하다

休学 xiūxué 휴학하다

复学 fùxué 복학하다

 **데일리 테스트**

고생하셨어요!
QR코드를 스캔하면 DAY01~DAY30
전체 데일리 테스트 PDF가
다운로드됩니다.

DAY 10

HSK 5급 30일 합격 프로젝트

★ HSK 시험에 이렇게 나와요.
건강에 관련된 내용은 5급 듣기와 독해 전반에 등장합니다. 듣기 대화에는 질병, 상해, 피부 알러지 등에 대한 내용이 출제되고, 독해에는 불면증의 원인, 효율적인 영양 흡수, 소화에 이로운 음식 등에 대한 내용이 출제됩니다.

오늘도 건강하게
#건강 #질병 #증상

음원 듣기

晕	失眠	着凉	摔倒	受伤
yūn	shīmián	zháoliáng	shuāidǎo	shòushāng
형 어질어질하다	동 불면증에 걸리다	동 감기에 걸리다	넘어지다	동 부상당하다

摔倒
shuāidǎo
넘어지다, 쓰러지다

▶ 할머니께서는 어제 빙판길에 摔倒해서 입원하셨어.

邻居王爷爷上楼时不小心摔倒了。
Línjū Wáng yéye shànglóu shí bù xiǎoxīn shuāidǎo le.
이웃집 왕 할아버지는 위층으로 올라가실 때 실수로 넘어지셨다.

邻居 línjū 이웃집 | 上楼 shànglóu 위층으로 올라가다 | 小心 xiǎoxīn 조심하다, 주의하다

传染
chuánrǎn
동 전염하다, 감염하다

▶ 아토피는 传染되는 병이 아니니 걱정하지 마.

我感冒很严重，怕传染给你们。
Wǒ gǎnmào hěn yánzhòng, pà chuánrǎn gěi nǐmen.
나는 감기가 매우 심해서, 너희들에게 옮길까 봐 걱정돼.

严重 yánzhòng 심각하다 | 怕 pà 걱정되다

过敏
guòmǐn
동 (약물이나 외부 자극에) 알레르기 반응을 보이다

▶ 난 복숭아랑 오이만 먹으면 过敏해.

春天的时候，我的皮肤容易过敏。
Chūntiān de shíhou, wǒ de pífū róngyì guòmǐn.
봄에 내 피부는 쉽게 알레르기 반응이 일어난다.

春天 chūntiān 봄 | 皮肤 pífū 피부 | 容易 róngyì ~하기 쉽다

着凉
zháoliáng
동 감기에 걸리다

▶ 이 추운 날 반팔 입고 돌아다니면 着凉하기 쉬워.

昨晚房间里空调坏了，我好像着凉了。
Zuówǎn fángjiān li kōngtiáo huài le, wǒ hǎoxiàng zháoliáng le.
어제저녁에 방 안의 에어컨이 고장 나서, 내가 감기에 걸린 것 같아.

昨晚 zuówǎn 어제저녁 | 房间 fángjiān 방 | 空调 kōngtiáo 에어컨 | 坏 huài 고장 나다 | 好像 hǎoxiàng 마치 ~인 것 같다

유의 感冒 gǎnmào 감기에 걸리다

健身
jiànshēn

동 헬스하다, 신체를 건강하게 하다

▶ 요즘 체력이 좋지 않아서 퇴근 후에 한 시간씩 健身하러 가.

健身可以帮助人们保持身材。
Jiànshēn kěyǐ bāngzhù rénmen bǎochí shēncái.
헬스하는 것은 사람들이 몸매를 유지하는 데 도움을 줄 수 있다.

帮助 bāngzhù 돕다 | 保持 bǎochí 유지하다 | 身材 shēncái 몸매

> **출제 포인트** 전 영역 빈출 어휘 健身
>
> 健身은 몸을 건강하게 하는 것을 말하며, 일상에서 자주 쓰는 '헬스하다'라는 표현에 가깝다. 독해부터 듣기와 쓰기 부분까지도 폭넓게 출제되는 어휘이므로, 자주 출제되는 관련 어휘를 함께 익히고 넘어가자.
>
> 예 健身房 헬스클럽 / 健身卡 헬스클럽 회원 카드
>   健身项目 헬스 종목 / 健身设施 헬스 시설
>   健身器材(qìcái) 헬스 기기

不足
bùzú

형 부족하다, 충분하지 않다

▶ 원푸드 다이어트는 필수 영양소가 不足해져서 건강에 좋지 않다.

睡眠不足会导致肥胖。
Shuìmián bùzú huì dǎozhì féipàng.
수면 부족은 비만을 야기할 것이다.

睡眠 shuìmián 수면 | 导致 dǎozhì (어떤 사태를) 야기하다 | 肥胖 féipàng 비만하다

반의 充分 chōngfèn 충분하다

失眠
shīmián

동 (밤에) 잠을 이루지 못하다, 불면증에 걸리다

▶ 그는 최근 신규 프로젝트 기획안 발표 때문에 며칠째 失眠하고 있다.

工作压力过大是导致你失眠的主要因素之一。
Gōngzuò yālì guòdà shì dǎozhì nǐ shīmián de zhǔyào yīnsù zhī yī.
업무 스트레스가 지나치게 큰 것은 너의 불면증을 일으키는 주요한 요인 중 하나이다.

工作 gōngzuò 업무 | 压力 yālì 스트레스 | 过大 guòdà 지나치게 크다 | 主要 zhǔyào 주요한 | 因素 yīnsù 요인 | 之一 zhī yī ~중의 하나

晕
yūn
- 형 어지러질하다
- 동 기절하다

▶ 그녀는 저혈압이 있어서 자주 머리가 晕하다고 한다.

我一坐出租车头就会很晕。
Wǒ yí zuò chūzūchē tóu jiù huì hěn yūn.
나는 택시를 타기만 하면 머리가 어지럽다.

那个病人突然晕了过去。
Nàge bìngrén tūrán yūnle guòqu.
그 환자는 갑자기 기절했다.

一A就B yī A jiù B A하기만 하면 B하다 | 出租车 chūzūchē 택시 | 头晕 tóu yūn 머리가 어지럽다, 현기증이 나다 | 病人 bìngrén 환자 | 突然 tūrán 갑자기

缓解
huǎnjiě
- 동 풀다, 완화시키다
- 동 완화되다, 호전되다

▶ 족욕을 하면 하루 동안의 피로가 바로 缓解된다.

运动是缓解压力的好方法。
Yùndòng shì huǎnjiě yālì de hǎo fāngfǎ.
운동은 스트레스를 푸는 좋은 방법이다.

运动 yùndòng 운동(하다) | 压力 yālì 스트레스 | 方法 fāngfǎ 방법

受伤
shòushāng
- 동 부상당하다, 상처를 입다

▶ 저 선수는 최근 무릎을 受伤해서 선발에서 제외되었다.

我昨天在比赛中，不小心受伤了。
Wǒ zuótiān zài bǐsài zhōng, bù xiǎoxīn shòushāng le.
나는 어제 경기 중에 조심하지 않아서 다쳤어.

比赛 bǐsài 경기 | 小心 xiǎoxīn 조심하다

伤害
shānghài
- 동 상하게 하다, 손상시키다

▶ 어두운 곳에서 스마트폰을 오랫동안 보면 눈을 伤害한다.

这种头戴式耳机对耳朵伤害最小。
Zhè zhǒng tóudàishì ěrjī duì ěrduo shānghài zuì xiǎo.
이런 헤드폰이 귀에 손상이 가장 적다.

种 zhǒng 종(종류를 세는 양사) | 头戴式耳机 tóudàishì ěrjī 헤드폰 | 耳朵 ěrduo 귀

急诊
jízhěn
명 응급 진료

▶ 사고 이후 바로 急诊을 해서 위험한 고비는 넘겼습니다.

孩子得了病毒性感冒，需要挂急诊。
Háizi déle bìngdúxìng gǎnmào, xūyào guà jízhěn.
아이가 독감에 걸려서, 응급 진료를 접수해야 해요.

得 dé (병에) 걸리다 | 病毒性感冒 bìngdúxìng gǎnmào 독감 | 需要 xūyào ~해야 한다 | 挂 guà 접수시키다, 등록하다

诊断
zhěnduàn
동 진단하다

▶ 의사 선생님은 아버지의 병을 폐암 말기로 诊断하셨다.

他被医生诊断出得了忧郁症。
Tā bèi yīshēng zhěnduàn chū déle yōuyùzhèng.
그는 의사 선생님에게 우울증에 걸렸다는 진단을 받았다.

被 bèi ~에게 ~을 당하다 | 医生 yīshēng 의사 | 出 chū (결과가) 나오다 | 得 dé (병에) 걸리다 | 忧郁症 yōuyùzhèng 우울증

治疗
zhìliáo
동 치료하다

▶ 병원에 정기적으로 오셔서 治疗하시면 나을 수 있습니다.

合理的饮食对治疗这种病有帮助。
Hélǐ de yǐnshí duì zhìliáo zhè zhǒng bìng yǒu bāngzhù.
합리적인 음식 섭취는 이런 질병을 치료하는 데 도움이 된다.

合理 hélǐ 합리적이다 | 饮食 yǐnshí 음식을 먹다, 음식을 섭취하다 | 病 bìng 병 | A对B有帮助 A duì B yǒu bāngzhù A가 B에 도움이 되다

手术
shǒushù
명 수술
동 수술하다

▶ 10시간 동안 手术를 하신 의사 선생님은 땀범벅이 되었다.

这次的手术进行得很顺利。
Zhècì de shǒushù jìnxíng de hěn shùnlì.
이번 수술은 순조롭게 진행되었다.

那个病人明天还需要再手术。
Nàge bìngrén míngtiān hái xūyào zài shǒushù.
저 환자는 내일 재수술을 해야 한다.

进行 jìnxíng 진행하다 | 顺利 shùnlì 순조롭다 | 病人 bìngrén 환자 | 需要 xūyào ~해야 한다 | 再 zài 또

恢复
huīfù
동 회복하다, 회복되다

▶ 그는 수술 후 恢复하는 속도가 빨라서 예정보다 빨리 퇴원했다.

姥姥手术后恢复得很好。
Lǎolao shǒushù hòu huīfù de hěn hǎo.
외할머니는 수술 후 회복하시는 정도가 좋으시다.

姥姥 lǎolao 외할머니 | 手术 shǒushù 수술하다

寿命
shòumìng
명 수명, 목숨

▶ 의학의 발전에 따라 인간의 평균 寿命도 늘어났다.

听说平时多运动可以延长寿命。
Tīngshuō píngshí duō yùndòng kěyǐ yáncháng shòumìng.
듣자 하니 평소에 운동을 많이 하면 수명을 연장할 수 있다고 한다.

听说 tīngshuō 듣자 하니 | 平时 píngshí 평소에 | 延长 yáncháng 연장하다

在于
zàiyú
동 ~에 달려 있다

▶ 응급 환자의 목숨은 골든타임에 在于하다.

中国人常说，生命在于运动。
Zhōngguórén cháng shuō, shēngmìng zàiyú yùndòng.
중국인은 생명이 운동에 달려 있다고 자주 말한다.

中国人 Zhōngguórén 중국인 | 常 cháng 자주 | 生命 shēngmìng 생명 | 运动 yùndòng 운동

设施
shèshī
명 시설

▶ 난방 设施를 교체하기 위해서 오늘 안에 수리공이 올 겁니다.

为了大家的健康，小区在完善健身设施。
Wèile dàjiā de jiànkāng, xiǎoqū zài wánshàn jiànshēn shèshī.
모두의 건강을 위해, 주택 단지에서는 헬스 시설을 완비하고 있다.

为了 wèile ~를 위해 | 健康 jiànkāng 건강(하다) | 小区 xiǎoqū 주택 단지 | 完善 wánshàn 완비하다 | 健身设施 jiànshēn shèshī 헬스 시설

DAY 10 • 오늘도 건강하게

消化
xiāohuà

동 소화하다

▶ 우리 엄마는 요즘 消化가 잘 안 되어 消化제를 자주 드신다.

饭后散步可以促进消化。
Fàn hòu sànbù kěyǐ cùjìn xiāohuà.

식후 산책은 소화를 촉진시킬 수 있다.

饭后 fàn hòu 식후 | 散步 sànbù 산책하다 | 促进 cùjìn 촉진시키다, 촉진하다

预防
yùfáng

동 예방하다

▶ 독감을 预防하려면 미리 주사를 맞아야 합니다.

多吃蔬菜能有效预防心脏病等多种疾病。
Duō chī shūcài néng yǒuxiào yùfáng xīnzàngbìng děng duō zhǒng jíbìng.

야채를 많이 먹으면 심장병 등 다양한 질병을 예방하는 데 효과가 있다.

蔬菜 shūcài 야채 | 有效 yǒuxiào 효과가 있다 | 心脏病 xīnzàngbìng 심장병 | 等 děng 등 | 种 zhǒng 종(종류를 세는 양사) | 疾病 jíbìng 질병

补充
bǔchōng

동 보충하다, 추가하다

▶ 한국 사람들은 여름에 삼계탕을 먹고 영양을 补充합니다.

及时为儿童补充营养很重要。
Jíshí wèi értóng bǔchōng yíngyǎng hěn zhòngyào.

제때에 아동에게 영양분을 보충해 주는 것이 중요하다.

及时 jíshí 때가 맞다, 시기 적절하다 | 为 wèi ~에게 | 儿童 értóng 아동 | 营养 yíngyǎng 영양 | 重要 zhòngyào 중요하다

呼吸
hūxī

동 호흡하다, 숨을 쉬다

▶ 산 정상에 올라 크게 呼吸하면 나도 모르게 기분이 좋아진다.

呼吸着海边新鲜的空气，人也变得精神了。
Hūxīzhe hǎibiān xīnxiān de kōngqì, rén yě biàn de jīngshen le.

해변의 신선한 공기를 마시니 사람도 활기차게 변했다.

海边 hǎibiān 해변 | 新鲜 xīnxiān 신선하다 | 空气 kōngqì 공기 | 变 biàn ~하게 변하다 | 精神 jīngshen 활기차다

吸收
xīshōu

동 흡수하다, 섭취하다

▶ 비타민을 많이 吸收하려면 과일을 자주 먹어야 돼.

人体每天吸收的营养是有限的。
Réntǐ měitiān xīshōu de yíngyǎng shì yǒuxiàn de.
인체가 매일 흡수하는 영양은 한계가 있다.

人体 réntǐ 인체 | 每天 měitiān 매일 | 有限 yǒuxiàn 한계가 있다

반의 释放 shìfàng 방출하다

유의어 비교 吸收 vs 吸取

두 단어 모두 동사로 '흡수하다'라는 의미를 나타내지만, 쓰임에는 다소 차이가 있다.

吸收 사람, 동식물이 외부의 것을 받아들인다는 의미를 나타내며, 목적어로 '营养(영양)', '阳光(햇빛)' 등을 주로 쓴다.

예 吸收盐分 염분을 흡수하다
    吸收阳光 햇빛을 흡수하다

吸取 주로 추상적인 의미의 '教训(교훈)', '经验(경험)' 등과 함께 쓴다.

예 吸取教训 교훈을 받아들이다
    吸取经验 경험을 받아들이다

두 단어 뒤에 모두 쓸 수 있는 목적어도 있다.

예 吸收水分 수분을 흡수하다 / 吸取水分 수분을 흡수하다

戒
jiè

동 (좋지 못한 습관을) 끊다

▶ 아빠는 간 상태가 좋지 않아서 결국 술을 戒하셨다.

周围的人都劝他快点儿戒烟。
Zhōuwéi de rén dōu quàn tā kuài diǎnr jiè yān.
주변 사람들이 모두 그에게 어서 담배를 끊으라고 권유한다.

周围 zhōuwéi 주변 | 劝 quàn 권하다 | 快 kuài 빨리, 어서 | 戒烟 jiè yān 담배를 끊다, 금연하다

弱
ruò

형 약하다, 연약하다

▶ 우리 엄마는 몸은 弱하지만 정신력은 누구보다 강하신 분이야.

妹妹的身体从小就很弱。
Mèimei de shēntǐ cóngxiǎo jiù hěn ruò.
여동생은 몸이 어릴 때부터 약했다.

从小 cóngxiǎo 어릴 때부터

반의 强 qiáng 강하다

精神
jīngshén
명 정신

▶ 새벽에 조깅을 나가서 맑은 공기를 마시면 精神이 상쾌해진다.

多听音乐有助于缓解精神紧张。
Duō tīng yīnyuè yǒu zhù yú huǎnjiě jīngshén jǐnzhāng.
음악을 많이 듣는 것은 정신적 긴장감을 해소하는 데 도움이 된다.

音乐 yīnyuè 음악 | 有助于 yǒu zhù yú ~에 도움이 되다 | 缓解 huǎnjiě 완화시키다, 풀다 | 紧张 jǐnzhāng 긴장(하다)

心理
xīnlǐ
명 심리, 정신 상태

▶ 그녀는 폐암 진단을 받은 후 心里가 극도로 불안해졌다.

经常与父母交流的孩子心理健康。
Jīngcháng yǔ fùmǔ jiāoliú de háizi xīnlǐ jiànkāng.
부모님과 자주 교류하는 아이는 정신이 건강하다.

经常 jīngcháng 자주 | 与 yǔ ~와 | 父母 fùmǔ 부모 | 交流 jiāoliú 교류하다 | 孩子 háizi 아이 | 健康 jiànkāng 건강하다

状态
zhuàngtài
명 상태

▶ 어젯밤에 도대체 뭐 한 거니? 오늘 状态가 영 안 좋아 보이는구나.

你今天看起来状态不太好啊！
Nǐ jīntiān kàn qǐlai zhuàngtài bú tài hǎo a!
너는 오늘 상태가 별로 안 좋아 보여!

看起来 kàn qǐlai ~해 보이다 | 不太 bú tài 그다지 ~하지 않다

★ 보충단어
아래 단어들의 예문은 WEB단어장에서 확인할 수 있어요.

- 划 huà 동 나누다, 구분하다
  huá 동 (배를) 젓다, 베다
- 打喷嚏 dǎ pēntì 재채기를 하다
- 吐 tù 동 토하다
- 醉 zuì 동 취하다, 빠지다
- 发抖 fādǒu 동 떨다, 떨리다
- 痒 yǎng 형 가렵다, 간지럽다
- 怀孕 huáiyùn 동 임신하다
- 救护车 jiùhùchē 명 구급차
- 救 jiù 동 구하다, 구조하다
- 内科 nèikē 명 내과
- 挂号 guàhào 동 접수하다, 수속하다
- 结实 jiēshi 형 건장하다, 튼튼하다
- 去世 qùshì 동 돌아가다, 세상을 뜨다
- 血 xiě 명 피
- 胃 wèi 명 위

보충단어 WEB 단어장

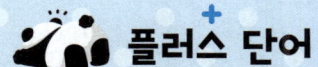 **플러스 단어**

고득점 합격이 목표라면 플러스단어까지 학습해 보세요.

건강, 병증

失眠症 shīmiánzhèng 불면증
物理治疗 wùlǐ zhìliáo 물리 치료
选择困难症 xuǎnzé kùnnanzhèng 선택 장애
健忘症 jiànwàngzhèng 건망증
痴呆症 chīdāizhèng 치매
白内障 báinèizhàng 백내장
结膜炎 jiémóyán 결막염
眼睛充血 yǎnjing chōngxiě 눈이 충혈되다
肺炎 fèiyán 폐렴
病毒性感冒 bìngdúxìng gǎnmào 독감
脱发 tuōfà 탈모

过敏性皮炎 guòmǐnxìng píyán 아토피
中暑 zhòngshǔ 더위를 먹다
痱子 fèizi 땀띠
空调病 kōngtiáobìng 냉방병
酒精中毒 jiǔjīng zhòngdú 알코올 중독
中医 Zhōngyī 중국 전통 의학
中药 Zhōngyào 한약
针灸 zhēnjiǔ 중국의 침과 뜸
扎针 zhāzhēn 침술로 치료하다

데일리 테스트

고생하셨어요!
QR코드를 스캔하면 DAY01~DAY30 전체 데일리 테스트 PDF가 다운로드됩니다.

🔍 단어 FAQ

유의어 비교하기
欣赏 vs 观赏

중국어 欣赏과 观赏 두 어휘 비슷한 뜻을 가지고 있어 헷갈리는데 두 어휘의 차이점이 있어?

네. 欣赏과 观赏은 모두 '감상하다, 구경하다'라는 뜻을 가진 어휘로, 뜻은 같으나 약간의 차이점이 있어요.

어떤 차이점이 있어?

→ 欣赏은 '감탄하는 감정을 실어' 감상하는 것을 의미해요. 주로, 예술, 음악, 인품, 풍경 등 추상적·예술적 대상에 많이 쓰이지요.
→ 观赏은 단지 시각적으로 감상하는 것을 의미해요. 주로, 꽃, 시합, 공연, 풍경 등 눈으로 볼 수 있는 구체적 대상에 쓰입니다.

혹시 같이 쓰일 수 있는 단어가 있어?

네. 风景(풍경)은 欣赏이랑도 쓸 수 있고, 观赏이랑도 쓸 수 있어요. 다만, 뉘앙스의 차이가 있어요. 我欣赏风景。(나는 풍경을 감상한다.) 는 풍경의 아름다움에 감동하며 본다는 느낌이고, 我观赏风景。(나는 풍경을 감상한다.)은 그저 눈으로 경치를 본다는 행위 그자체를 서술하는 느낌이에요.

> HSK 5급 시험 대비용으로 정리해 줘.

물론이죠.
간단히 표로 정리하면,

	欣赏 xīnshǎng	观赏 guānshǎng
기본 뜻	구경하다, 감상하다	구경하다, 관람하다
감정 포함 여부	풍경, 예술, 인품에 대한 내면적 감탄과 존중을 내포함	풍경, 공연, 시합에 대한 시각적 즐거움만 내포함
짝꿍	欣赏风景 (풍경 감상)	观赏风景 (경치 구경)

HSK 5급 빈출 문장으로 예시를 들자면,

我很欣赏你的画。
Wǒ hěn xīnshǎng nǐ de huà.
나는 네 그림을 감상하고 높이 평가한다.

我们昨天去体育馆观赏了比赛。
Wǒmen zuótiān qù tǐyùguǎn guānshǎng le bǐsài.
우리는 어제 체육관에 가서 경기를 관람했다.

DAY 11

HSK 5급 30일 합격 프로젝트

★ HSK 시험에 이렇게 나와요.
주로 5급 듣기 유형에 부상을 당하는 내용, 병원에서 의사와 환자의 대화에서 신체 부위와 동작에 관련된 문제가 출제됩니다. 또한 작문 문제에 부상당한 사진이나 어떤 동작을 하고 있는 사진이 출제되기도 합니다.

날 따라해 봐요
#신체 #동작

음원 듣기

- 伸 션
- 保持 바오츠
- 姿势 쯔스
- 摇 야오
- 摸 모

암기 영상

伸	保持	姿势	摸	摇
shēn	bǎochí	zīshì	mō	yáo
통 펴다, 펼치다	통 (지속적으로) 유지하다	명 자세, 모양	통 (손으로) 짚어 보다	통 흔들다

骨头
gǔtou
몡 뼈

▶ 그는 축구 경기 중에 다리 骨头가 부러져 목발을 짚고 다녀.

腿部肌肉拉伤了，幸好没伤到骨头。
Tuǐbù jīròu lāshāng le, xìnghǎo méi shāngdào gǔtou.
다리 근육이 찢어졌지만, 다행히 뼈는 다치지 않았다.

腿部 tuǐbù 다리 | 肌肉 jīròu 근육 | 拉伤 lāshāng 찢다, 찢어지다 | 幸好 xìnghǎo 다행히 | 伤 shāng 다치다

肌肉
jīròu
몡 근육

▶ 우리 오빠는 肌肉를 키우겠다고 매일 닭가슴살만 먹어.

运动员们每天锻炼，看上去肌肉很发达。
Yùndòngyuánmen měitiān duànliàn, kàn shàngqu jīròu hěn fādá.
운동선수들은 매일 운동을 해서, 근육이 발달되어 보인다.

运动员 yùndòngyuán 운동선수 | 每天 měitiān 매일 | 锻炼 duànliàn 단련하다 | 看上去 kàn shàngqu ~해 보이다 | 发达 fādá 발달하다, 발전시키다

> **출제 포인트** 듣기·독해 빈출 어휘 **肌肉**
>
> 肌肉는 듣기 대화와 독해에 종종 출제되는 어휘이다. 대화 내용은 운동과 관련하여 근육이 발달하거나 다치는 상황이 많다. 독해 설명문은 주로 근육의 상태에 대한 내용이 언급되므로, 관련 어휘를 체크하고 넘어가자.
>
> 예　肌肉很酸(suān)　근육이 시리다
> 　　肌肉拉伤(lāshāng)了　근육이 늘어나다, 찢어지다
> 　　肌肉紧绷(jǐnbēng)　근육이 당기다

脑袋
nǎodai
몡 머리, 두뇌

▶ 그는 어려서부터 脑袋가 좋은 걸로 유명했다.

女儿把书放在了小脑袋上。
Nǚ'ér bǎ shū fàng zàile xiǎo nǎodai shang.
딸은 책을 조그마한 머리 위에 올려 두었다.

女儿 nǚ'ér 딸 | 把 bǎ ~을 | 放在 fàng zài ~에 두다

心脏
xīnzàng

명 심장

▶ 하트 모양은 인간의 心脏을 본떠서 만든 거야.

每周抽出5天做运动能预防心脏病。
Měizhōu chōuchū wǔ tiān zuò yùndòng néng yùfáng xīnzàngbìng.

매주 5일 시간을 내서 운동을 하면 심장병을 예방할 수 있다.

每周 měizhōu 매주 | 抽出 chōuchū 빼다 | 运动 yùndòng 운동(하다) | 预防 yùfáng 예방하다 | 心脏病 xīnzàngbìng 심장병

肩膀
jiānbǎng

명 어깨

▶ 컴퓨터 작업을 오래 하면 목과 肩膀에 통증이 느껴져.

她靠着男朋友的肩膀睡着了。
Tā kàozhe nánpéngyou de jiānbǎng shuìzháo le.

그녀는 남자 친구의 어깨에 기대어 잠이 들었다.

靠 kào 기대다 | 男朋友 nánpéngyou 남자 친구 | 睡着 shuìzháo 잠들다

保持
bǎochí

동 (지속적으로) 유지하다, 지키다

▶ 군인은 부대 초소 경비를 서며 한 자리에서 움직이지 않고 장시간 똑같은 자세를 保持했다.

有些动物睡觉时也保持站立的姿势。
Yǒuxiē dòngwù shuìjiào shí yě bǎochí zhànlì de zīshì.

어떤 동물들은 잠을 잘 때도 서 있는 자세를 유지한다.

有些 yǒuxiē 어떠한 | 动物 dòngwù 동물 | 睡觉 shuìjiào 자다 | 站立 zhànlì 서 있다, 서다 | 姿势 zīshì 자세

> **출제 포인트** 保持+동작/모습/심리상태
>
> 保持는 '지키다, 유지하다'라는 의미로, 독해의 설명문이나 논설문 등에 자주 출제된다. 동작이나 모습, 심리적인 상태 등과 함께 쓰이므로, 자주 어울리는 명사 및 형용사를 함께 익혀 두자.
>
> 예 保持原样 원래 모습을 유지하다 / 保持沉默 침묵을 지키다
> 保持热情 열정을 유지하다 / 保持冷静 냉정을 유지하다
> 保持心态 마음가짐을 유지하다 / 保持乐观 긍정을 유지하다

姿势
zīshì

명 자세, 모양

▶ 평소에 姿势가 좋지 않으면 몸 여기저기가 아프니 조심해.

看书姿势不正确会影响视力。
Kàn shū zīshì bú zhèngquè huì yǐngxiǎng shìlì.
책을 보는 자세가 올바르지 않으면, 시력에 영향을 미친다.

正确 zhèngquè 정확하다, 올바르다 | 影响 yǐngxiǎng 영향을 미치다 | 视力 shìlì 시력

> **출제 포인트**　姿势와 짝꿍 어휘
>
> 姿势는 일반적으로 사람의 자세나 태도, 포즈 등을 의미한다. 이 단어와 잘 어울리는 어휘를 알아 두자.
>
> 예　保持姿势 자세를 유지하다 / 模仿姿势 자세를 모방하다
>   　姿势优美 자세가 아름답다 / 姿势不当 자세가 부적절하다

嗓子
sǎngzi

명 목구멍

▶ 가수들은 嗓子를 평소에 신경 써서 관리해야 한다.

这两天一直在咳嗽，到现在嗓子还疼呢。
Zhè liǎng tiān yìzhí zài késou, dào xiànzài sǎngzi hái téng ne.
요 며칠 계속 기침을 하고, 지금까지 목이 여전히 아파요.

这两天 zhè liǎng tiān 요 며칠 | 一直 yìzhí 계속 | 在 zài ~하고 있다 | 咳嗽 késou 기침하다 | 现在 xiànzài 지금, 현재 | 疼 téng 아프다

灵活
línghuó

형 민첩하다, 날쌔다
형 융통성 있다

▶ CCTV에 찍힌 도둑의 몸놀림은 너무나 灵活했다.

经常跳舞可以让身体保持灵活。
Jīngcháng tiàowǔ kěyǐ ràng shēntǐ bǎochí línghuó.
자주 춤을 추면 신체를 민첩하게 유지할 수 있다.

你应该学会如何灵活处理问题。
Nǐ yīnggāi xuéhuì rúhé línghuó chǔlǐ wèntí.
넌 어떻게 융통성 있게 문제를 처리하는지 습득해야 해.

经常 jīngcháng 자주 | 跳舞 tiàowǔ 춤을 추다 | 让 ràng ~에게 ~하게 하다 | 身体 shēntǐ 신체 | 保持 bǎochí 유지하다 | 应该 yīnggāi (마땅히) ~해야 한다 | 学会 xuéhuì 습득하다, 배워서 알다 | 如何 rúhé 어떻게 | 处理 chǔlǐ 처리하다 | 问题 wèntí 문제

接近
jiējìn

동 접근하다, 다가가다

▶ 호랑이가 자세를 낮추고 조용히 接近한다.

这儿除了工作人员，任何人都不得接近。
Zhèr chúle gōngzuò rényuán, rènhé rén dōu bùdé jiējìn.
이곳에는 직원 외에, 어떤 사람도 접근이 불가능하다.

除了A，都B chúle A dōu B A를 제외하고, 모두 B하다 | 工作人员 gōngzuò rényuán 직원 | 任何 rènhé 어떠한 | 不得 bùdé 불가능하다, ~할 수 없다

伸
shēn

동 펴다, 펼치다, 내밀다

▶ 많은 팬들이 사인회에서 그 작가와 악수하고자 손을 伸했다.

李经理站起来伸了伸胳膊。
Lǐ jīnglǐ zhàn qǐlai shēnle shēn gēbo.
리 사장님은 일어서서 팔을 펼쳤다.

经理 jīnglǐ 사장 | 站 zhàn 서다 | 起来 qǐlai 위로 향함을 나타냄 | 胳膊 gēbo 팔

绕
rào

동 휘감다, 맴돌다, 돌아서 가다

▶ 운전 중에 코너를 绕할 땐 제발 속도를 줄여 줄래?

我们往右拐，从那边绕过去吧。
Wǒmen wǎng yòu guǎi, cóng nàbian rào guòqu ba.
우리 우회전하려면, 저쪽에서 돌아서 가자.

拐 guǎi 방향을 바꾸다 | 那边 nàbian 저쪽 | 过去 guòqu 지나가다

逃
táo

동 도망치다, 피하다

▶ 건물에 갑자기 불이 나자 모든 사람들이 건물 밖으로 逃했다.

洞口着火了，很多蚂蚁逃走了。
Dòngkǒu zháohuǒ le, hěn duō mǎyǐ táozǒu le.
구멍 입구에 불이 났고, 많은 개미들이 도망갔다.

洞口 dòngkǒu 구멍 입구 | 着火 zháohuǒ 불나다 | 蚂蚁 mǎyǐ 개미 | 逃走 táozǒu 도망치다

摇
yáo
동 흔들다

▶ 우리 강아지는 항상 꼬리를 摇하며 가족들을 반긴다.

老师摇摇头说:"并不是这样!"
Lǎoshī yáoyáo tóu shuō: "Bìng bú shì zhèyàng!"
선생님은 고개를 내저으면서, "결코 그렇지 않아!"라고 말씀하셨다.

头 tóu 머리 | 并 bìng 결코

摸
mō
동 (손으로) 짚어 보다, 어루만지다

▶ 엄마는 자꾸 기침을 하는 아이의 이마를 摸해 보았다.

爷爷轻轻地摸了一下孙子的脸。
Yéye qīngqīng de mōle yíxià sūnzi de liǎn.
할아버지는 가볍게 손자의 얼굴을 만져 보았다.

爷爷 yéye 할아버지 | 轻 qīng 가볍다 | 孙子 sūnzi 손자 | 脸 liǎn 얼굴

抓
zhuā
동 꽉 쥐다, 긁다
동 (시간·기회 등을) 포착하다, 꽉 잡다

▶ 나는 행여나 기차표를 잃어버릴까 봐 손에 抓했다.

千万别用手抓,不然你的伤口会更严重。
Qiānwàn bié yòng shǒu zhuā, bùrán nǐ de shāngkǒu huì gèng yánzhòng.
절대 손으로 긁지 마세요. 그렇지 않으면 상처가 더 심각해질 겁니다.

我一定要抓住这次实习的机会。
Wǒ yídìng yào zhuāzhù zhècì shíxí de jīhuì.
나는 반드시 이번 인턴 기회를 잡을 것이다.

千万 qiānwàn 절대로 | 别 bié ~하지 마라 | 用 yòng ~으로 | 手 shǒu 손 | 不然 bùrán 그렇지 않으면 | 伤口 shāngkǒu 상처 | 严重 yánzhòng 심각하다 | 一定 yídìng 반드시 | 实习 shíxí 실습하다 | 机会 jīhuì 기회

> **출제 포인트** 여러 의미로 쓰이는 抓
>
> 抓는 '긁다', '꽉 쥐다'라는 의미 외에 '시간이나 기회를 잡다, 얻다'의 의미로도 쓰인다. 또한 무엇을 이용하여 긁거나 잡을 때는 [用A抓]의 패턴을 써서 'A를 이용해 잡다/긁다'라는 뜻을 나타내니 함께 알아 두자.
>
> 예 抓住机会 기회를 잡다 / 用手抓 손으로 긁다

摆
bǎi
동 놓다, 배열하다

▶ 아이는 엄마를 도와 식탁에 수저를 摆했다.

请把书架上的书摆好。
Qǐng bǎ shūjià shang de shū bǎihǎo.
책꽂이 위의 책을 잘 배열해 주세요.

书架 shūjià 책꽂이 | 摆好 bǎihǎo 잘 배열하다, 순서대로 잘 놓다
유의 放 fàng 놓다, 놓아 두다

출제 포인트 독해 빈출 어휘 摆

摆는 사물을 배열해 놓는 것을 의미하며, 시험에는 주로 독해 부분의 이야기 유형이나 설명문에 행동과 관련된 내용으로 출제된다. 자주 쓰이는 표현이 있으므로, 함께 알아 두자.

예 摆在这里 여기에 배열하다 / 摆满了 가득 배열했다
摆放了玩具 장난감을 진열했다 / 摆正心态 마음가짐을 바로잡다

捡
jiǎn
동 줍다

▶ 엄마는 등산 갔다가 산에 떨어져 있는 밤을 꽤 많이 捡해 오셨다.

我把捡到的手机交给了服务台的职员。
Wǒ bǎ jiǎndào de shǒujī jiāogěile fúwùtái de zhíyuán.
나는 주운 휴대폰을 안내 데스크의 직원에게 건네주었다.

把 bǎ ~을 | 手机 shǒujī 휴대폰 | 交 jiāo 건네주다 | 服务台 fúwùtái 안내 데스크 | 职员 zhíyuán 직원

翻
fān
동 뒤집히다, 뒤집다

▶ 갑자기 돌풍이 불어 힘들게 설치한 텐트가 날아가서 거꾸로 翻했다.

听说那条路上有两辆卡车翻了。
Tīngshuō nà tiáo lùshang yǒu liǎng liàng kǎchē fān le.
듣자 하니 그 길 위에서 트럭 두 대가 뒤집어졌다고 한다.

听说 tīngshuō 듣자 하니 | 条 tiáo 개(길, 도로를 세는 양사) | 路上 lùshang 길 위 | 辆 liàng 량, 대(차량을 세는 양사) | 卡车 kǎchē 트럭

출제 포인트 다양한 조합으로 활용되는 翻

翻은 '뒤집다'라는 뜻으로, 책을 넘기거나 물건이 뒤집어지는 것을 나타낸다. 듣기 부분 대화 유형의 책을 보는 상황에 자주 등장하는데, 결과보어 등의 단어 조합으로 다양한 의미를 나타낼 수 있다.

예 翻阅 (서적이나 서류를) 쭉 훑어보다 / 翻开 (책 등을) 펼치다
翻倒 뒤집어지다 / 翻新 낡은 것이 새롭게 변화되다

吹
chuī
동 바람이 불다, 입으로 힘껏 불다

▶ 나는 소원을 빌고 케이크의 촛불을 한 번에 吹했다.

这时从海边吹来了一阵凉凉的风。
Zhè shí cóng hǎibiān chuīláile yí zhèn liángliáng de fēng.
이때 해변에서 한 차례 시원한 바람이 불어왔다.

海边 hǎibiān 해변 | 阵 zhèn 차례(바람을 세는 양사) | 凉 liáng 서늘하다 | 风 fēng 바람

喊
hǎn
동 외치다, 소리치다

▶ 그는 연기가 피어오르는 건물을 보고 "불이야!"하고 크게 喊했다.

他在山顶大喊我的名字。
Tā zài shāndǐng dà hǎn wǒ de míngzi.
그는 산 정상에서 나의 이름을 큰 소리로 외쳤다.

山顶 shāndǐng 산 정상, 산꼭대기 | 名字 míngzi 이름

洒
sǎ
동 (물이나 다른 물건을 땅에) 쏟다

▶ 그녀는 딴생각을 하다가 커피를 바닥에 洒하고 말았다.

你不要把咖啡洒在文件上。
Nǐ bú yào bǎ kāfēi sǎ zài wénjiàn shang.
너 문서에 커피 쏟지 마.

不要 bú yào ~하지 마라 | 把 bǎ ~을 | 咖啡 kāfēi 커피 | 文件 wénjiàn 문서

유의어 비교 冲 vs 洒 vs 浇

세 개의 한자에 모두 이수변(冫)이나 삼수변(氵)이 있어, 물과 관련된 동작이라는 것을 알 수 있다. 이 세 단어는 같은 의미로도 해석되지만, 물을 뿌리는 구체적인 동작과 쓰임에는 약간의 차이가 있다.

冲 | 물을 한꺼번에 붓는 것을 나타내며, 뜨거운 물로 차를 탈 때 쓴다.

洒 | 물이나 사물을 위에서 아래로 넓게 뿌리는 것을 나타내며, 컵 안의 물을 쏟을 때 쓴다.

浇 | 물 등의 액체가 위에서 아래로 뿌려지는 것을 나타내며, 식물에 물을 줄 때 쓴다.

断
duàn

동 (도막으로) 끊다, 부러뜨리다

▶ 엄마는 긴 가래떡을 断해서 떡볶이를 만들어 주셨다.

他不小心把腿摔断了。
Tā bù xiǎoxīn bǎ tuǐ shuāiduàn le.
그는 조심하지 않아 넘어져 다리가 부러졌다.

小心 xiǎoxīn 조심하다 | 摔 shuāi 넘어지다

★ 보충단어 아래 단어들의 예문은 WEB단어장에서 확인할 수 있어요.

보충단어 WEB 단어장

胸 xiōng 명 가슴, 흉부, 마음
后背 hòubèi 명 등
腰 yāo 명 허리
脖子 bózi 명 목
牙齿 yáchǐ 명 치아, 이
手指 shǒuzhǐ 명 손가락
滚 gǔn 동 구르다, 뒹굴다
挡 dǎng 동 막다, 저지하다
拦 lán 동 가로막다, 저지하다
蹲 dūn 동 쪼그리고 앉다, 웅크리고 앉다
踩 cǎi 동 밟다, 딛다
扶 fú 동 (넘어지지 않도록) 기대다, 짚다, 부축하다

撕 sī 동 찢다, 뜯다
插 chā 동 끼우다, 삽입하다
挥 huī 동 흔들다, 휘두르다
砍 kǎn 동 (도끼 등으로) 찍다, 치다
睁 zhēng 동 (눈을) 크게 뜨다
咬 yǎo 동 물다, 깨물다
瞧 qiáo 동 보다, 구경하다
冲 chōng 동 (물을) 붓다

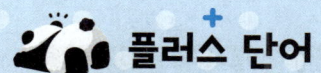

플러스 단어

고득점 합격이 목표라면 플러스단어까지 학습해 보세요.

신체

额头 étóu 이마
瞳孔 tóngkǒng 동공, 눈동자
双眼皮 shuāngyǎnpí 쌍꺼풀
下巴 xiàba 턱
胸部 xiōngbù 가슴, 흉부
腹肌 fùjī 복근
骨盆 gǔpén 골반
臀部 túnbù 엉덩이
大腿 dàtuǐ 허벅지
脚趾(= 脚指头) jiǎozhǐ (= jiǎozhǐtou) 발가락

동작

点头 diǎn tóu (허락·찬성 등의 표시로) 고개를 끄덕이다
摇头 yáo tóu (부정·거부 등의 의미로) 고개를 가로젓다
低头 dī tóu 머리를 숙이다
举手 jǔ shǒu 손을 들다
伸手 shēn shǒu 손을 내밀다, 뻗다
挥手 huī shǒu 손을 흔들다, 내젓다
伸懒腰 shēn lǎnyāo 기지개를 켜다
跷脚(= 跷腿) qiāo jiǎo (= qiāo tuǐ) 다리를 꼬다
吐唾沫 tǔ tuòmo 침을 뱉다
石头剪子布 shítou jiǎnzi bù 가위 바위 보

데일리 테스트

고생하셨어요!
QR코드를 스캔하면 DAY01~DAY30
전체 데일리 테스트 PDF가
다운로드됩니다.

DAY 12

HSK 5급 30일 합격 프로젝트

★ HSK 시험에 이렇게 나와요.

독해 부분에서는 동물과 식물이 서식하는 장소, 생김새, 습성 등의 내용이 자주 출제됩니다. 동식물의 명칭을 기억하기 보다는 문장에서 설명하는 정보를 빠르고 정확하게 파악하는 것이 더욱 중요합니다.

동식물을 사랑하자
#동물 #식물 #농사

蝴蝶	翅膀	蜜蜂	摘	农民
húdié	chìbǎng	mìfēng	zhāi	nóngmín
몡 나비	몡 날개	몡 꿀벌	동 따다, 꺾다	몡 농민, 농부

土地
tǔdì
명 땅, 토지

▶ 농부는 척박한 土地를 정성껏 가꾸어서 기름지게 만들었다.

这片土地适合种水果。
Zhè piàn tǔdì shìhé zhòng shuǐguǒ.
이 땅은 과일을 심기에 적합하다.

片 piàn 지면과 수면 등을 세는 양사 | 适合 shìhé 적합하다 | 种 zhòng 심다 | 水果 shuǐguǒ 과일

沙漠
shāmò
명 사막

▶ 지구온난화로 사하라 沙漠의 면적이 갈수록 커진다고 한다.

沙漠的气候又热又干燥。
Shāmò de qìhòu yòu rè yòu gānzào.
사막의 기후는 덥기도 하고 건조하기도 하다.

气候 qìhòu 기후 | 又A又B yòu A yòu B A하기도 하고 B하기도 하다 | 热 rè 덥다 | 干燥 gānzào 건조하다

池塘
chítáng
명 (비교적 작고 얕은) 못, 연못

▶ 여름에는 이 池塘에 아름다운 연꽃이 핀다.

池塘里有很多小鱼。
Chítáng li yǒu hěn duō xiǎoyú.
연못 안에 작은 물고기들이 많이 있다.

小鱼 xiǎoyú 작은 물고기

竹子
zhúzi
명 대나무

▶ 竹子를 좋아한다면 담양 죽녹원에 가 보는 것을 추천한다.

大熊猫最爱吃的是竹子。
Dàxióngmāo zuì ài chī de shì zhúzi.
판다가 가장 좋아하는 먹이는 대나무이다.

大熊猫 dàxióngmāo 판다 | 爱 ài ~하기를 좋아하다

> **출제 포인트** 중국인이 가장 사랑하는 동물 熊猫(판다)
>
> '熊猫(판다)'는 HSK 3급~6급에 폭넓게 등장하는 동물이다. 熊猫가 즐겨 먹는 것이 바로 竹子이고, '竹林(대나무숲)'에 살며, '나무에 오르거나(爬树)', '물 마시는(喝水)' 걸 좋아한다고 한다.

DAY 12 • 동식물을 사랑하자

昆虫
kūnchóng
명 곤충

▶ 초등학교 여름 방학 숙제로 昆虫 채집이 있었던 거 기억하니?

孩子们在草地上无拘无束地抓小昆虫。
Háizimen zài cǎodì shang wújū wúshù de zhuā xiǎo kūnchóng.
아이들은 잔디밭에서 마음껏 작은 곤충을 잡는다.

孩子 háizi 아이 | 草地 cǎodì 잔디밭 | 无拘无束 wújū wúshù 아무런 구속이 없다 | 抓 zhuā 잡다

蝴蝶
húdié
명 나비

▶ 향기로운 꽃밭에는 나풀거리는 蝴蝶들이 많은 법이지.

公园里有很多蝴蝶。 공원에 나비가 많이 있다.
Gōngyuán li yǒu hěn duō húdié.

公园 gōngyuán 공원

蜜蜂
mìfēng
명 꿀벌

▶ 아무리 예뻐도 향기가 없는 조화에는 蜜蜂이 오지 않아.

花开了，蜜蜂在花园里飞来飞去。
Huā kāi le, mìfēng zài huāyuán li fēi lái fēi qù.
꽃이 피니, 꿀벌이 화원에서 이리저리 날아다닌다.

花 huā 꽃 | 开 kāi (꽃이) 피다 | 花园 huāyuán 화원 | 飞 fēi 날다 | A来A去 A lái A qù 이리저리 A하다

翅膀
chìbǎng
명 날개

▶ 독수리가 翅膀을 활짝 펴고 날면서 먹잇감을 찾고 있다.

许多鸟类有美丽的翅膀。
Xǔduō niǎolèi yǒu měilì de chìbǎng.
많은 새들에게는 아름다운 날개가 있다.

许多 xǔduō 매우 많다 | 鸟类 niǎolèi 조류 | 美丽 měilì 아름답다

朵
duǒ
양 송이, 조각(꽃과 구름을 세는 양사)

▶ 남자 친구랑 백일 되는 날 장미꽃 백 朵를 선물받았어!

树上开满了一朵朵美丽的花。
Shù shang kāimǎnle yì duǒduǒ měilì de huā.
나무에 여러 송이의 아름다운 꽃이 가득 피었다.

树 shù 나무 | 开花 kāi huā 꽃이 피다 | 满 mǎn 가득 차다

成熟
chéngshú
형 익다, 여물다

▶ 벼는 成熟할수록 고개를 숙이는 법이다.

昨天我吃的是还未成熟的西瓜。
Zuótiān wǒ chī de shì hái wèi chéngshú de xīguā.
어제 내가 먹은 것은 아직 익지 않은 수박이었다.

未 wèi 아직 ~하지 않다 | 西瓜 xīguā 수박

> **출제 포인트** 成熟의 기본 의미, 확장 의미
>
> 成熟는 '익다', '여물다'라는 의미로, 과일이나 열매가 여문 것을 나타내는데, 사람이나 상황이 성숙한 상태에도 쓸 수 있다.
>
> 예 苹果的成熟期长 사과의 성숙기가 길다 / 成熟的人 성숙한 사람
> 打扮得成熟 성숙하게 단장하다
> 成熟的运营系统 숙련된 운영 체계

当地
dāngdì
명 현지, 현장

▶ 태국 当地에서 먹는 바나나는 정말 꿀맛이었다.

当地以种葡萄和花生著名。
Dāngdì yǐ zhòng pútáo hé huāshēng zhùmíng.
현지는 포도와 땅콩을 심는 것으로 유명하다.

以A著名 yǐ A zhùmíng A로 유명하다 | 种 zhòng 심다 | 葡萄 pútáo 포도 | 花生 huāshēng 땅콩

> **출제 포인트** 독해 빈출 어휘 当地
>
> 当地는 사물이나 사람이 존재하는 '현지'를 의미하고, 독해의 동식물이나 자연, 식물 관련 사업 등을 설명하는 내용에 자주 등장한다. 자주 출제되는 내용과 어휘를 체크하고 넘어가자.
>
> 예 当地人 현지인 / 当地居民 현지 주민
> 当地文化 현지 문화 / 当地饮食 현지 음식
> 当地地形 현지 지형 / 当地自然风光 현지 자연 풍경

主人
zhǔrén
명 주인

▶ 우리 할아버지는 그 지역에서 가장 넓은 과수원의 주인이시다.

这个果园的主人种了很多葡萄。
Zhège guǒyuán de zhǔrén zhòngle hěn duō pútáo.
이 과수원의 주인은 포도를 많이 심었다.

果园 guǒyuán 과수원 | 种 zhòng 심다 | 葡萄 pútáo 포도

农民
nóngmín
명 농민, 농부

▶ 내 친구는 명예퇴직 후에 고향으로 내려가 农民이 되었다.

如今，农民也是热门职业。
Rújīn, nóngmín yě shì rèmén zhíyè.
오늘날 농부 역시 인기 있는 직업이다.

如今 rújīn 지금, 오늘날 | 热门 rèmén 인기 | 职业 zhíyè 직업

群
qún
양 무리, 떼
(무리 지어 있는 사람·동물을 세는 양사)
명 무리
형 무리를 이루다

▶ 공원에서 할아버지가 모이를 뿌리자 한 群의 비둘기가 날아들었다.

一群小鸟落在公园的湖边。
Yì qún xiǎoniǎo luò zài gōngyuán de húbiān.
작은 새 무리가 공원의 호숫가에 내려와 앉았다.

主人赶着羊群回家。
Zhǔrén gǎnzhe yáng qún huíjiā.
주인은 양 무리를 집으로 가도록 쫓고 있다.

公园的四周有美丽的群山。
Gōngyuán de sìzhōu yǒu měilì de qúnshān.
공원 주위에는 무리를 이룬 아름다운 산이 있다.

小鸟 xiǎoniǎo 작은 새 | 落 luò 내려가다 | 公园 gōngyuán 공원 |
湖边 húbiān 호숫가 | 主人 zhǔrén 주인 | 赶 gǎn 쫓다 | 回家 huíjiā
집에 가다 | 四周 sìzhōu 사방, 주위 | 美丽 měilì 아름답다

> **출제 포인트** 여러 가지 의미를 가진 群
>
> 群은 보통 양사 외에는 단독으로 쓰지 않고 다른 단어와 구를 이루어 쓴다.
> 독해 유형에서는 동물이나 사람 등의 무리를 설명할 때 자주 등장한다.
>
> 예 群山 무리를 이룬 산 / 群岛 무리를 이룬 섬
>   人群 무리, 군중 / 种群 개체군

劳动
láodòng
명 육체노동

▶ 직접 수확해 본 자만이 劳动의 참된 의미를 깨달을 수 있다.

劳动虽然很辛苦，但是很有意义。
Láodòng suīrán hěn xīnkǔ, dànshì hěn yǒu yìyì.
육체노동은 비록 고되지만, 정말 의미가 있다.

虽然A，但是B suīrán A, dànshì B 비록 A하지만, 그러나 B하다 |
辛苦 xīnkǔ 고되다 | 意义 yìyì 의미, 의의

干活儿
gàn huór

동 일하다, 육체노동 하다

▶ 여름 방학이 되면 많은 대학생들이 농촌에 가서 干活儿하는 것을 돕는다.

田地里有两头牛在干活儿。
Tiándì li yǒu liǎng tóu niú zài gàn huór.
경작지 안에서 소 두 마리가 일하고 있다.

田地 tiándì 경작지, 논밭 | 头 tóu 마리(가축을 세는 양사) | 牛 niú 소 | 在 ~하고 있다

恶劣
èliè

형 열악하다, 아주 나쁘다

▶ 선인장은 조건이 아주 恶劣한 사막에서 오히려 잘 자란다.

有些植物可以在极端恶劣的环境中生长。
Yǒuxiē zhíwù kěyǐ zài jíduān èliè de huánjìng zhōng shēngzhǎng.
어떤 식물은 아주 열악한 환경에서도 자랄 수 있다.

植物 zhíwù 식물 | 极端 jíduān 아주, 매우 | 环境 huánjìng 환경 | 生长 shēngzhǎng 자라다, 살다   반의 良好 liánghǎo 좋다, 양호하다

> **출제 포인트** 환경/날씨+恶劣
>
> 恶劣는 사람과 상황에 모두 쓸 수 있지만, 특히 환경과 날씨를 표현할 때 많이 쓰이므로 관련 표현들을 확인하고 넘어가자.
>
> 예 环境恶劣 환경이 열악하다 / 天气恶劣 날씨가 나쁘다

生长
shēngzhǎng

동 자라다, 살다

▶ 작년에 심은 씨앗이 벌써 生长해서 꽃을 피웠다.

这种植物主要生长在亚洲。
Zhè zhǒng zhíwù zhǔyào shēngzhǎng zài Yàzhōu.
이러한 식물은 주로 아시아에서 자란다.

种 zhǒng 종(종류를 세는 양사) | 植物 zhíwù 식물 | 主要 zhǔyào 주로 | 亚洲 Yàzhōu 아시아   유의 成长 chéngzhǎng 자라다

> **출제 포인트** 生长 활용 빈출 패턴
>
> 5급 독해 지문에는 식물에 관한 설명문이 종종 출제되는데, 이 설명문에 자주 등장하는 단어가 生长이다.
>
> [장소+生长着+동식물] ~에 ~이 살고 있다
> [동식물+在+장소+生长] ~이 ~에서 산다
> [동식물+生长在+장소] ~이 ~에 산다

浇
jiāo
동 (액체를) 뿌리다, (물을) 주다

▶ 농작물을 기를 때 가장 중요한 것은 거의 날마다 물을 浇하는 거야.

种不同的植物浇水的时间也不同。
Zhòng bùtóng de zhíwù jiāo shuǐ de shíjiān yě bùtóng.
서로 다른 식물을 심으면 물을 주는 시간도 다르다.

种 zhòng 심다 | 不同 bùtóng 다르다 | 植物 zhíwù 식물 | 时间 shíjiān 시간

摘
zhāi
동 따다, 꺾다

▶ 소녀는 꽃밭에서 꽃을 摘하여 화환을 만들었다.

主人随手从树上摘下了一个桔子尝了尝。
Zhǔrén suíshǒu cóng shù shang zhāixiàle yí ge júzi chángle cháng.
주인은 나무 위에서 귤 하나를 따는 김에 맛을 보았다.

主人 zhǔrén 주인 | 随手 suíshǒu ~하는 김에, 겸해서 | 树 shù 나무 | 桔子 júzi 귤 | 尝 cháng 맛보다

★ 보충단어
아래 단어들의 예문은 WEB단어장에서 확인할 수 있어요.

보충단어 WEB 단어장

地理 dìlǐ 명 지리	龙 lóng 명 용
陆地 lùdì 명 육지, 땅	尾巴 wěiba 명 꼬리, 꽁무니
洞 dòng 명 동굴	根 gēn 명 뿌리
岛屿 dǎoyǔ 명 섬, 도서	果实 guǒshí 명 과실, 열매
岸 àn 명 해안, 물가	农村 nóngcūn 명 농촌
沙滩 shātān 명 모래사장, 백사장	农业 nóngyè 명 농업
大象 dàxiàng 명 코끼리	绳子 shéngzi 명 밧줄, 노끈
狮子 shīzi 명 사자	均匀 jūnyún 형 고르다, 균일하다
蛇 shé 명 뱀	堆 duī 동 (사물이) 쌓여 있다, 쌓이다
猪 zhū 명 돼지	명 더미, 무더기
猴子 hóuzi 명 원숭이	양 무더기(쌓여 있는 물건을 세는 양사)
兔子 tùzi 명 토끼	匹 pǐ 양 필, 마리(말을 세는 양사)
老鼠 lǎoshǔ 명 쥐	

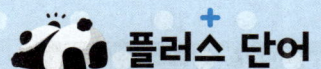 **플러스 단어**

고득점 합격이 목표라면 플러스단어까지 학습해 보세요.

동물

狼 láng 이리, 늑대
狐狸 húli 여우
鹿 lù 사슴
骆驼 luòtuo 낙타
长颈鹿 chángjǐnglù 기린
乌龟 wūguī 거북
蝙蝠 biānfú 박쥐
鳄鱼 èyú 악어
蛙 wā 개구리

식물

梅花 méihuā 매화
菊花 júhuā 국화
牡丹 mǔdan 모란
葵花 kuíhuā 해바라기
康乃馨 kāngnǎixīn 카네이션
玫瑰 méigui 장미
樱花 yīnghuā 벚꽃
松树 sōngshù 소나무

곤충

虫子 chóngzi 벌레
苍蝇 cāngying 파리
蚊子 wénzi 모기

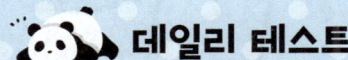 **데일리 테스트**

고생하셨어요!
QR코드를 스캔하면 DAY01~DAY30
전체 데일리 테스트 PDF가
다운로드됩니다.

DAY 13

날씨 참 좋다
#자연환경 #날씨

HSK 5급 30일 합격 프로젝트

★ HSK 시험에 이렇게 나와요.
날씨와 관련된 대화 내용은 비교적 쉬운 수준으로 출제되므로, 관련 어휘만 잘 익혀도 어렵지 않게 문제를 풀 수 있습니다. 독해 부분에 자연환경과 자연 현상에 대한 설명문이 종종 출제됩니다.

음원 듣기

天空 tiānkōng	彩虹 cǎihóng	石头 shítou	玻璃 bōli	晒 shài
몡 하늘	몡 무지개	몡 돌	몡 유리	통 햇볕을 쬐다

预报
yùbào

명 예보

▶ 오늘 아침 일기예보에서 비가 올 거라고 했는데, 우산 가져왔니?

天气预报的准确率很高。
Tiānqì yùbào de zhǔnquèlǜ hěn gāo.

일기예보의 정확도는 높다.

天气预报 tiānqì yùbào 일기예보 | 准确率 zhǔnquèlǜ 정확도

> **출제 포인트** 天气预报说(일기예보에서 말하기를)
>
> 预报는 일반적으로 '天气预报(일기예보)'로 많이 쓰이며, 날씨와 관련된 대화에 많이 등장한다. 또한 일기예보의 내용을 전할 때 쓰는 '天气预报说 (일기예보에서 말하기를)'는 HSK 전 급수에 자주 출제되는 표현이므로 반드시 익혀 두자.
>
> 예 天气预报说；"今天有雨。"
> 일기예보에서 "오늘 비가 올 것이다."라고 했다.

地区
dìqū

명 지역, 지구

▶ 이 地区의 특산품인 사과를 아직도 먹어 보지 못했단 말이야?

沙漠地区偶尔也会下雨。
Shāmò dìqū ǒu'ěr yě huì xiàyǔ.

사막 지역에도 가끔씩 비가 내린다.

沙漠 shāmò 사막 | 偶尔 ǒu'ěr 간혹 | 下雨 xiàyǔ 비가 내리다

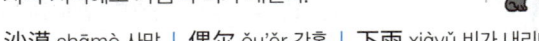

分布
fēnbù

동 (일정한 지역에) 분포하다, 널려 있다

▶ 고인돌은 전라북도 고창 곳곳에 分布해 있다.

东北虎多分布于中国东北地区。
Dōngběi hǔ duō fēnbù yú Zhōngguó dōngběi dìqū.

백두산호랑이는 중국 동북 지역에 많이 분포되어 있다.

东北虎 dōngběi hǔ 백두산호랑이 | 于 yú ~에 | 东北 dōngběi 동북쪽

> **출제 포인트** 독해 설명문 빈출 어휘 分布
>
> 分布는 날씨, 자연현상, 동식물 등이 분포하는 장소나 위치를 나타낼 때 쓰는 어휘로, 독해 설명문에 자주 출제된다. 주로 [A分布于B] 또는 [A分布在B]의 패턴을 써서 'A는 B에 분포되어 있다'라는 뜻을 나타낸다.
>
> 예 这种植物主要分布于中国的南边。
> 이 식물은 주로 중국 남부에 분포되어 있다.
>
> 很多古代的建筑分布在世界各地。
> 많은 고대 건축물은 세계 각지에 분포되어 있다.

平均
píngjūn
형 평균의, 균등한

▶ 여름 평균 기온이 매년 상승하고 있다.

这个月的平均气温在30度以上。
Zhège yuè de píngjūn qìwēn zài sānshí dù yǐshàng.
이번 달의 평균 기온은 30도 이상이다.

气温 qìwēn 기온 | 度 dù 도(온도를 세는 양사) | 以上 yǐshàng 이상

温暖
wēnnuǎn
형 따뜻하다, 온난하다

▶ 드디어 추운 겨울이 가고 温暖한 봄이 왔어요.

有些花只有在温暖的环境中才能开花。
Yǒuxiē huā zhǐyǒu zài wēnnuǎn de huánjìng zhōng cái néng kāi huā.
어떤 꽃은 따뜻한 환경에서만 비로소 꽃이 핀다.

有些 yǒuxiē 어떤 | 花 huā 꽃 | 只有A才B zhǐyǒu A cái B A해야만 비로소 B하다 | 环境 huánjìng 환경 | 开 kāi (꽃이) 피다
유의 暖和 nuǎnhuo 따뜻하다, 따사롭다
반의 寒冷 hánlěng 한랭하다, 춥고 차다

湿润
shīrùn
형 습윤하다, 축축하다

▶ 이 옷은 아직 덜 말라서 아직도 湿润하니까 다른 거 입고 나가.

这儿的空气湿润，我感觉皮肤也变好了。
Zhèr de kōngqì shīrùn, wǒ gǎnjué pífū yě biànhǎo le.
이곳의 공기가 습해서, 난 피부도 좋아진 것 같다.

空气 kōngqì 공기 | 感觉 gǎnjué 느끼다 | 皮肤 pífū 피부 | 变好 biànhǎo 좋아지다
유의 潮湿 cháoshī 습하다, 축축하다 반의 干燥 gānzào 건조하다

潮湿
cháoshī
형 습하다, 축축하다

▶ 안개에 휩싸인 새벽 공기는 매우 潮湿했다.

海边的气候往往比较潮湿。
Hǎibiān de qìhòu wǎngwǎng bǐjiào cháoshī.
해변의 기후는 종종 비교적 습한 편이다.

海边 hǎibiān 해변 | 气候 qìhòu 기후 | 往往 wǎngwǎng 자주, 종종 | 比较 bǐjiào 비교적
유의 湿润 shīrùn 습윤하다, 축축하다 반의 干燥 gānzào 건조하다

干燥
gānzào
형 건조하다

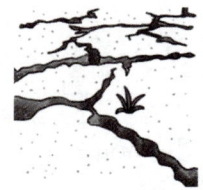

▶ 오늘처럼 햇살이 좋고 干燥한 날에는 이불 빨래하기 좋지!

春天的气候干燥，要注意保护皮肤。
Chūntiān de qìhòu gānzào, yào zhùyì bǎohù pífū.
봄철의 날씨가 건조하니, 피부 보호에 주의해야 한다.

春天 chūntiān 봄 | 气候 qìhòu 기후 | 注意 zhùyì 주의하다 | 保护 bǎohù 보호(하다) | 皮肤 pífū 피부
반의 湿润 shīrùn 습윤하다, 축축하다
潮湿 cháoshī 습하다, 축축하다

着火
zháohuǒ
동 불나다, 불붙다

▶ 등산객이 버리고 간 담배꽁초로 인해 산에 着火했다.

干燥的天气会导致森林着火。
Gānzào de tiānqì huì dǎozhì sēnlín zháohuǒ.
건조한 날씨는 숲에 화재를 일으킬 수 있다.

干燥 gānzào 건조하다 | 天气 tiānqì 날씨 | 导致 dǎozhì (어떤 사태를) 초래하다, 일으키다

冻
dòng
동 얼다, 춥다

▶ 요즘 며칠 동안 계속된 영하의 날씨로 모든 수도관이 冻했다.

孩子的脸被冻红了。 아이의 얼굴이 얼어서 빨개졌다.
Háizi de liǎn bèi dònghóng le.

孩子 háizi 아이 | 脸 liǎn 얼굴 | 被 bèi ~에게 ~을 당하다 | 冻红 dònghóng 얼어서 얼굴이 빨개지다

滑
huá
형 미끄럽다
동 미끄러지다

▶ 조심해. 밤새 내린 눈이 다 얼어서 길이 많이 滑해.

雪天，路上很滑，出门时一定要小心。
Xuě tiān, lùshang hěn huá, chūmén shí yídìng yào xiǎoxīn.
눈 내리는 날에는 길이 미끄러우니, 외출 시에 반드시 조심해야 한다.

我的男朋友滑雪滑得很不错。
Wǒ de nánpéngyou huá xuě huá de hěn búcuò.
내 남자 친구는 스키를 꽤 잘 탄다.

雪天 xuě tiān 눈 내리는 날 | 出门 chūmén 외출하다 | 一定 yídìng 반드시 | 小心 xiǎoxīn 조심하다 | 滑雪 huá xuě 스키를 타다

DAY 13 • 날씨 참 좋다

飘
piāo

동 (바람에) 흩날리다, 나부끼다

▶ 봄바람에 飘하는 벚꽃 꽃잎들은 겨울의 눈송이보다 아름답다.

秋天来了，树叶从树上飘了下来。
Qiūtiān lái le, shùyè cóng shù shang piāole xiàlai.
가을이 와서, 나뭇잎이 나무에서 흩날려 떨어진다.

秋天 qiūtiān 가을 | 树叶 shùyè 나뭇잎 | 树 shù 나무

> **유의어 비교** 飘 vs 漂
>
> 글자에 '바람(风)'이 들어간 飘는 '바람에 흩날리다'라는 뜻을 나타내며, 글자에 '물(氵)'이 들어간 漂는 '물 위에 떠 있다'라는 뜻을 나타낸다.
>
> 예 飘进来 바람에 날아들다 / 飘在空中 공중에 휘날리다
> 在水里漂着 물에 떠 있다 / 漂在水上 수면에 떠 있다

天空
tiānkōng

명 하늘

▶ 나는 밤에 天空을 보면서 별자리 찾는 걸 좋아해.

一群大雁从天空中飞过。
Yì qún dàyàn cóng tiānkōng zhōng fēi guò.
기러기 한 무리가 하늘을 날아간다.

群 qún 무리, 떼(무리 지어 있는 사람·동물을 세는 양사) | 大雁 dàyàn 기러기 | 飞 fēi 날다 | 过 guò 지나가다

彩虹
cǎihóng

명 무지개

▶ 비가 온 뒤에 반드시 彩虹이 나타나는 건 아니야.

天空中出现了一道美丽的彩虹。
Tiānkōng zhōng chūxiànle yí dào měilì de cǎihóng.
하늘에 한 줄기의 아름다운 무지개가 나타났다.

出现 chūxiàn 나타나다 | 道 dào 줄기, 가닥(강, 하천과 가늘고 긴 모양을 세는 양사) | 美丽 měilì 아름답다

透明
tòumíng

형 투명하다

▶ 지난 여름에 갔던 계곡의 물은 참 맑고 透明해서 좋았어.

海水干净而透明。 바닷물은 깨끗하고 투명하다.
Hǎishuǐ gānjìng ér tòumíng.

海水 hǎishuǐ 바닷물 | 干净 gānjìng 깨끗하다 | 而 ér ~하고, 그리고

晒 shài
동 햇볕에 말리다, 햇볕을 쬐다

▶ 장마가 끝나고 해가 나서, 나는 기분 좋게 빨래를 晒했다.

今天天气晴朗，我们把洗好的衣服晒一晒吧!
Jīntiān tiānqì qínglǎng, wǒmen bǎ xǐhǎo de yīfu shài yi shài ba!
오늘 날씨가 맑으니, 우리 세탁한 옷을 햇볕에 좀 말리자!

天气 tiānqì 날씨 | 晴朗 qínglǎng 구름 한 점 없이 맑다 | 把 bǎ ~을

> **출제 포인트** 듣기 빈출 어휘 晒
>
> 晒는 듣기 대화 유형에 옷을 말리는 상황으로 종종 등장한다. 햇볕에 화상을 입는 등 건강과 관련된 설명문으로도 출제되므로, 자주 쓰이는 표현을 함께 익혀 두자.
>
> 예 晒太阳 햇빛을 쬐다 / 晒衣服 옷을 (햇볕에) 널다
> 　　晒伤 햇볕에 심하게 타다, 화상을 입다 / 防晒霜 선크림

亮 liàng
형 밝다, 빛나다

▶ 초저녁 하늘에 가장 밝게 亮하는 별은 금성이야.

今天的月亮看起来特别亮。
Jīntiān de yuèliang kàn qǐlai tèbié liàng.
오늘 달은 유난히 밝아 보인다.

月亮 yuèliang 달 | 看起来 kàn qǐlai ~해 보이다 | 特别 tèbié 특히
반의 暗 àn 어둡다

造成 zàochéng
동 (좋지 않은 결과를) 야기하다, 초래하다

▶ 오래도록 비가 오지 않아 몇 달 동안 극심한 가뭄을 造成했다.

这里潮湿的天气是由降水量过多造成的。
Zhèlǐ cháoshī de tiānqì shì yóu jiàngshuǐliàng guòduō zàochéng de.
이곳의 습한 날씨는 강수량이 지나치게 많아서 야기된 것이다.

潮湿 cháoshī 습하다 | 天气 tiānqì 날씨 | 由 yóu ~에 의해 | 降水量 jiàngshuǐliàng 강수량 | 过多 guòduō 지나치게 많다
참고 导致 dǎozhì (어떤 사태를) 야기하다, 초래하다

> **출제 포인트** A是由B造成的(A는 B로 인해 야기되었다)
>
> 독해 지문이나 쓰기 1부분에 [A是由B造成的(A는 B로 인해 야기되었다)] 패턴이 자주 쓰인다. 문장 중 '是…的'는 강조를 나타내기 때문에 [A由B造成]으로 쓸 수도 있다. 造成 뒤에는 안 좋은 결과의 목적어가 온다.
>
> 예 造成损失 손실을 초래하다 / 造成破坏 파괴를 야기하다

燃烧
ránshāo

동 타다, 연소하다

▶ 우리 엄마는 가을에 나뭇잎을 燃烧할 때 나는 냄새가 좋으시대.

这场森林大火燃烧了好几天。
Zhè chǎng sēnlín dàhuǒ ránshāole hǎojǐ tiān.

이번 산불은 몇 날 며칠을 타올랐다.

场 chǎng 회, 번, 차례(문예, 오락, 체육, 활동 등을 세는 양사) | **森林大火** sēnlín dàhuǒ 산불 | **好几天** hǎojǐ tiān 몇 날 며칠, 수일

破坏
pòhuài

동 파괴하다, 훼손시키다

▶ 함부로 꽃을 꺾는 건 화단을 破坏하는 행동이야.

人类很多的行为都会破坏环境。
Rénlèi hěn duō de xíngwéi dōu huì pòhuài huánjìng.

인류의 많은 행위가 환경을 파괴할 수 있다.

人类 rénlèi 인류 | **行为** xíngwéi 행위 | **环境** huánjìng 환경
유의 **毁坏** huǐhuài 훼손하다
반의 **爱护** àihù 소중히 하다

> **출제 포인트** 破坏+환경/산림/영양
>
> 破坏는 '파괴하다', '훼손시키다'라는 의미로, 목적어는 주로 '环境(환경)', '森林(산림)', '营养(영양)' 등이 쓰인다. 독해 3부분에 환경 파괴와 관련된 설명문과 논설문이 자주 출제된다.
>
> 예 **受到破坏** 파괴되다 / **造成破坏** 파괴를 초래하다
> **破坏森林** 산림을 훼손시키다 / **破坏营养** 영양을 파괴하다

存在
cúnzài

동 존재하다

▶ 공기가 없으면 그 어떤 생물도 存在할 수 없어.

地球上存在着无数生命。
Dìqiú shang cúnzàizhe wúshù shēngmìng.

지구상에는 무수한 생명이 존재하고 있다.

地球 dìqiú 지구 | **无数** wúshù 무수하다 | **生命** shēngmìng 생명

> **출제 포인트** 存在+사물, 현상, 상태
>
> 存在는 '존재하다'라는 의미로, 목적어는 추상명사 '问题(문제)' '风险(위험)' 등이 온다. 독해 전 영역에서 두루두루 많이 쓰인다.
>
> 예 **存在生命** 생명이 존재한다
> **存在问题** 문제가 존재한다

必要
bìyào
형 없어서는 안 되다, 필요로 하다

▶ 우리가 살아가는 데 있어서 물은 꼭 必要한 것이다.

土壤中的养分是植物生长的必要条件。
Tǔrǎng zhōng de yǎngfèn shì zhíwù shēngzhǎng de bìyào tiáojiàn.
흙 속의 양분은 식물이 성장하는 데 없어서는 안 되는 조건이다.

土壤 tǔrǎng 흙, 토양 | 养分 yǎngfèn (영)양분 | 植物 zhíwù 식물 | 生长 shēngzhǎng 성장하다 | 条件 tiáojiàn 조건

灾害
zāihài
명 재해, 화

▶ 산불과 같은 자연 灾害를 줄이기 위해서 우리는 항상 조심해야 한다.

由于环境污染，自然灾害也越来越多。
Yóuyú huánjìng wūrǎn, zìrán zāihài yě yuèláiyuè duō.
환경 오염 때문에 자연재해도 점점 많아지고 있다.

由于 yóuyú ~때문에 | 污染 wūrǎn 오염시키다 | 自然 zìrán 자연 | 越来越 yuèláiyuè 점점

地震
dìzhèn
명 지진

▶ 환태평양 조산대에서 가장 많은 地震이 일어나고 있습니다.

这次地震导致了无数人受伤。
Zhècì dìzhèn dǎozhìle wúshù rén shòushāng.
이번 지진은 무수한 사람들을 다치게 했다.

导致 dǎozhì (어떤 사태를) 초래하다 | 无数 wúshù 무수하다 | 受伤 shòushāng 상처를 입다

能源
néngyuán
명 에너지원

▶ 석유는 인간의 삶에 없어서는 안 되는 필수 能源이다.

节约能源应该从小事做起。
Jiéyuē néngyuán yīnggāi cóng xiǎo shì zuòqǐ.
에너지 절약은 작은 일부터 시작해야 한다.

节约 jiéyuē 절약하다 | 应该 yīnggāi (마땅히) ~해야 한다

资源
zīyuán

명 자원

▶ 석유는 결국 고갈되는 资源이다.

从资源的综合利用来看，垃圾应该进行分类。
Cóng zīyuán de zōnghé lìyòng lái kàn, lājī yīnggāi jìnxíng fēnlèi.
자원의 종합적인 이용의 관점에서 봤을 때, 쓰레기는 반드시 분류해야 한다.

从A来看 cóng A lái kàn A에서 볼 때 | 综合 zōnghé 종합하다 | 利用 lìyòng 이용하다 | 垃圾 lājī 쓰레기 | 分类 fēnlèi 분류하다

> **출제 포인트** 资源와 짝꿍 어휘
>
> 资源은 보통 물질적인 자원을 말하지만, 추상적인 인력 자원, 교육 자원 등에도 쓰인다. 자주 쓰이는 어휘를 함께 체크하고 넘어가자.
>
> 예 **资源丰富** 자원이 풍부하다 / **浪费资源** 자원을 낭비하다
> **水资源** 수자원 / **石料资源** 석재 자원 / **公共资源** 공공 자원
> **人力资源** 인력 자원 / **教学资源** 교육 자원

成分
chéngfèn

명 (구성) 성분, 요소

▶ 물의 화학적 구성 成分은 수소와 산소이다.

那种化妆品不含有任何化学成分。
Nà zhǒng huàzhuāngpǐn bù hányǒu rènhé huàxué chéngfèn.
저런 화장품은 어떠한 화학 성분도 함유되어 있지 않다.

种 zhǒng 종(종류를 세는 양사) | 化妆品 huàzhuāngpǐn 화장품 | 含有 hányǒu 함유하다 | 任何 rènhé 어떠한 | 化学 huàxué 화학

物质
wùzhì

명 물질

▶ 각 행성을 구성하고 있는 物质는 모두 다릅니다.

多吃蔬菜可以减少身体内的有害物质。
Duō chī shūcài kěyǐ jiǎnshǎo shēntǐ nèi de yǒuhài wùzhì.
야채를 많이 먹으면 인체 내의 유해 물질을 줄일 수 있다.

蔬菜 shūcài 야채 | 减少 jiǎnshǎo 줄이다 | 身体 shēntǐ 신체, 인체 | 内 nèi 내부, 속 | 有害 yǒuhài 유해하다

> **출제 포인트** 독해 영역 빈출 어휘 **物质**
>
> 物质는 독해 부분 설명문에 '건강', '자원', '문화유산' 등과 관련된 주제로 자주 등장하는 어휘이다. 물질적인 것 외에 추상적인 것도 나타낼 수 있다.
>
> 예 **有害物质** 유해 물질 / **酸性物质** 산성 물질
> **国家级非物质文化遗产** 국가공인 비물질 문화유산

煤炭
méitàn
- 명 석탄

▶ 예전에 강원도 태백에서는 煤炭 채굴 작업이 활발했었다.

山西省是中国主要的煤炭产区之一。
Shānxī Shěng shì Zhōngguó zhǔyào de méitàn chǎnqū zhī yī.
산시성은 중국의 주된 석탄 생산 지역 중의 하나이다.

山西省 Shānxī Shěng 산시성 | 主要 zhǔyào 주요한, 주된 | 产区 chǎnqū 생산 지역 | 之一 zhī yī ~ 중의 하나

金属
jīnshǔ
- 명 금속

▶ 나는 金属 알레르기가 있어서 아무 귀고리나 할 수 없어.

这种金属材料体积小、质量好。
Zhè zhǒng jīnshǔ cáiliào tǐjī xiǎo、zhìliàng hǎo.
이러한 금속 자재는 부피는 작고, 질은 좋다.

种 zhǒng 종(종류를 세는 양사) | 体积 tǐjī 부피 | 质量 zhìliàng 질

石头
shítou
- 명 돌

▶ 거대한 石头가 동굴의 입구를 막고 있다.

河水清得可以看到河底的石头和鱼。
Héshuǐ qīng de kěyǐ kàndào hédǐ de shítou hé yú.
강물은 강바닥에 있는 돌과 물고기가 보일 정도로 맑다.

河水 héshuǐ 강물 | 清 qīng 맑다 | 看到 kàndào 보다, 보이다 | 河底 hédǐ 강바닥 | 鱼 yú 물고기

玻璃
bōli
- 명 유리

▶ 동생은 바로 앞에 있는 玻璃 문을 못 보고 머리를 세게 부딪혔다.

玻璃杯比纸杯环保。
Bōlibēi bǐ zhǐbēi huánbǎo.
유리컵이 종이컵보다 친환경적이다.

玻璃杯 bōlibēi 유리컵 | 纸杯 zhǐbēi 종이컵 | 环保 huánbǎo 친환경적이다

滴

dī

- 명 (액체) 방울
- 양 방울(한 방울씩 떨어지는 액체를 세는 양사)

▶ 처마 밑 고드름이 녹으면서 물이 한 滴씩 떨어진다.

空气中的雨滴落到了地上。
Kōngqì zhōng de yǔdī luòdàole dìshàng.
공기 중의 빗방울이 땅바닥에 떨어졌다.

我们应该珍惜每一滴水。
Wǒmen yīnggāi zhēnxī měi yì dī shuǐ.
우리는 물 한 방울도 아껴야 한다.

空气 kōngqì 공기 | 雨滴 yǔdī 빗방울 | 落 luò 떨어지다 | 地上 dìshàng 땅, 바닥 | 应该 yīnggāi (마땅히) ~해야 한다 | 珍惜 zhēnxī 아끼다, 소중히 여기다

★보충단어

아래 단어들의 예문은 WEB단어장에서 확인할 수 있어요.

보충단어 WEB 단어장

暗 àn 형 어둡다
影子 yǐngzi 명 그림자
闪电 shǎndiàn 명 번개
雷 léi 명 천둥, 우레
雾 wù 명 안개
火柴 huǒchái 명 성냥
性质 xìngzhì 명 성분, 성질
钢铁 gāngtiě 명 강철
汽油 qìyóu 명 휘발유, 가솔린
木头 mùtou 명 나무, 목재

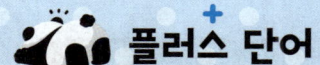 플러스 단어

고득점 합격이 목표라면 플러스단어까지 학습해 보세요.

환경

自然环境 zìrán huánjìng
자연환경

空气污染 kōngqì wūrǎn
공기 오염

大气污染 dàqì wūrǎn
대기 오염

环保产品 huánbǎo chǎnpǐn
환경 보호 제품

温室效应 wēnshì xiàoyìng
온실 효과

赤潮 chìcháo 적조

酸雨 suānyǔ 산성비

煤灰 méihuī 매연

星星 xīngxing 별

满月 mǎnyuè 보름달

沙漠 shāmò 사막

날씨

观测 guāncè 관측하다

气温 qìwēn 기온

零上 língshàng
영상(섭씨 0도 이상)

零下 língxià 영하(섭씨 0도 이하)

风和日丽 fēnghé rìlì
날씨가 화창하다

灰蒙蒙 huīméngméng
우중충하다

梅雨季节 méiyǔ jìjié 장마철

暴雨 bàoyǔ 폭우

酷暑 kùshǔ 폭염

暴雪 bàoxuě 폭설

  데일리 테스트

고생하셨어요!
QR코드를 스캔하면 DAY01~DAY30 전체 데일리 테스트 PDF가 다운로드됩니다.

DAY 14

아늑한 우리 집
#인테리어 #이사

HSK 5급 30일 합격 프로젝트

★ HSK 시험에 이렇게 나와요.
인테리어와 이사에 관한 내용이 듣기·독해에 자주 등장합니다. 듣기 부분에는 이사나 인테리어 장식 등과 관련된 내용이 출제되고, 독해 부분에는 인테리어와 업무 효율의 관계, 도시 설계, 공간 활용 등에 대한 내용이 출제됩니다.

음원 듣기

卧室 워스

墙 치앙

窗帘 촹리앤

被子 베이즈

阳台 양타이

암기 영상

| 卧室
wòshì
명 침실 | 墙
qiáng
명 벽, 담장 | 窗帘
chuānglián
명 커튼 | 被子
bèizi
명 이불 | 阳台
yángtái
명 베란다, 발코니 |

装修
zhuāngxiū
동 인테리어하다, 꾸미고 수리하다

▶ 아직 새집의 装修 작업이 끝나지 않아서 당장은 입주할 수 없어.

我打算明年重新装修我的房子。
Wǒ dǎsuàn míngnián chóngxīn zhuāngxiū wǒ de fángzi.
나는 내년에 우리 집을 다시 인테리어할 계획이다.

打算 dǎsuàn ~할 계획이다 | 重新 chóngxīn 다시 | 房子 fángzi 집

设计
shèjì
동 설계하다, 디자인하다

▶ 일본 건물들은 지진에 대비한 내진 设计가 잘 되어 있다.

这间屋子设计得很合理。
Zhè jiān wūzi shèjì de hěn hélǐ.
이 방은 합리적으로 설계되었다.

间 jiān 칸(방을 세는 양사) | 屋子 wūzi 방 | 合理 hélǐ 합리적이다

舒适
shūshì
형 쾌적하다, 편안하다

▶ 집을 리모델링했더니, 더 舒适하고 깔끔해졌어.

我的房间比搬家前更舒适。
Wǒ de fángjiān bǐ bānjiā qián gèng shūshì.
내 방은 이사하기 전보다 훨씬 쾌적해졌다.

房间 fángjiān 방 | 比 bǐ ~보다 | 搬家 bānjiā 이사하다

豪华
háohuá
형 (건축, 장식 등이) 호화롭다

▶ 그의 집 인테리어는 상상을 초월할 정도로 豪华하다.

她把自己的家装饰得很豪华。
Tā bǎ zìjǐ de jiā zhuāngshì de hěn háohuá.
그녀는 자신의 집을 아주 호화롭게 꾸몄다.

把 bǎ ~을 | 装饰 zhuāngshì 장식하다, 꾸미다

规模
guīmó
명 규모, 형태

▶ 이번에 새로 건설하려는 아파트 단지의 规模가 엄청나다고 하던데?

听说明年公寓前的体育馆要扩大规模。
Tīngshuō míngnián gōngyù qián de tǐyùguǎn yào kuòdà guīmó.
듣자 하니 내년에 아파트 앞의 체육관은 규모를 넓힌다고 한다.

听说 tīngshuō 듣자 하니 | 公寓 gōngyù 아파트 | 体育馆 tǐyùguǎn 체육관 | 扩大 kuòdà 넓히다

面积 miànjī
명 면적

▶ 겉으로 보이는 것보다 건물의 面积가 상당히 넓군요.

这套公寓面积很大，而且附近交通也很方便。
Zhè tào gōngyù miànjī hěn dà, érqiě fùjìn jiāotōng yě hěn fāngbiàn.
이 아파트는 면적이 넓고, 또한 근처의 교통도 편리하다.

而且 érqiě 게다가 | 附近 fùjìn 근처, 부근 | 交通 jiāotōng 교통 | 方便 fāngbiàn 편리하다

厘米 límǐ
양 센티미터

▶ 내 키에 비해 침대가 너무 작아. 20厘米만 더 길었으면 좋겠어.

这张双人床比您家的门宽十厘米，可能进不去。
Zhè zhāng shuāngrénchuáng bǐ nín jiā de mén kuān shí límǐ, kěnéng jìn bú qù.
이 2인용 침대는 댁의 문보다 10센티미터 넓어서, 들어가지 않을 것 같아요.

张 zhāng 개(책상이나 탁자 등을 세는 양사) | 双人床 shuāngrénchuáng 2인용 침대 | 比 bǐ ~보다 | 门 mén 문 | 宽 kuān 넓다 | 可能 kěnéng 아마도 | 进去 jìnqù 들어가다

> **출제 포인트**　거리를 나타내는 표현
>
> 길이, 넓이와 부피를 나타내는 단위는 각각 HSK 4, 5, 6급에 골고루 출제되고 있으며, 특히 5급 독해 부분의 장소를 소개하거나 거리를 나타내는 지문에 자주 출제된다. 쓰기 1부분에 거리를 나타내는 문장으로 출제되기도 하므로, 단위들을 정확히 구별해 두자.
>
> 예　厘米 센티미터(cm) / 米 미터(m) / 公里 킬로미터(km)
> 　　平方米 제곱미터(㎡) / 立方米 세제곱미터(㎥)

空间 kōngjiān
명 공간

▶ 같은 공간일지라도 인테리어에 따라 크기가 달라 보인다.

装修时，要注意合理利用空间。
Zhuāngxiū shí, yào zhùyì hélǐ lìyòng kōngjiān.
인테리어를 할 때, 공간 활용을 합리적으로 할 수 있도록 주의해야 한다.

装修 zhuāngxiū 인테리어하다 | 注意 zhùyì 주의하다 | 合理 hélǐ 합리적이다 | 利用 lìyòng 이용하다, 활용하다

公寓
gōngyù
- 명 아파트, 단체 기숙사

▶ 우리는 빌라에서 5년 살다가 이번에 公寓로 이사했어.

我们终于从老房子搬到了新建的公寓里。
Wǒmen zhōngyú cóng lǎo fángzi bāndàole xīnjiàn de gōngyù li.
우리는 드디어 낡은 집에서 새로 지은 아파트로 이사했다.

终于 zhōngyú 드디어 | 老房子 lǎo fángzi 오래된 집, 낡은 집 | 搬到 bāndào ~로 이사하다 | 新建 xīnjiàn 새로 짓다

单元
dānyuán
- 명 단원

▶ 우리 아들은 같은 单元에 사는 아이들과 친하게 지낸다.

我住在2号楼3单元506号。
Wǒ zhù zài èr hào lóu sān dānyuán wǔ líng liù hào.
나는 2동 3단원 506호에 산다.

住 zhù 살다 | 号 hào 번호 | 楼 lóu 다층 건물

> **출제 포인트** 주소에 등장하는 单元
> 单元은 '(교재 등의) 단원'을 나타내기도 하고, 아파트 동 입구의 라인 번호를 나타내기도 한다. 중국은 주소에 아파트 동, 호수와 함께 라인 번호를 기재하여 '○동 ○단원 ○호'로 쓴다.
> 예 한국 주소: 중단기 아파트 102동 501호
> 　　중국 주소: 中短期公寓 102号楼 1单元 501号

位置
wèizhi
- 명 위치

▶ 너희 집 位置가 아주 좋다. 지하철 역도 대형 마트도 가깝다.

这套房子的地理位置很好。
Zhè tào fángzi de dìlǐ wèizhi hěn hǎo.
이 집의 지리적 위치가 매우 좋다.

套 tào 집을 세는 양사 | 房子 fángzi 집 | 地理 dìlǐ 지리

移动
yídòng
- 동 옮기다

▶ 그는 자기 방 물건을 이리저리 移动하는 걸 좋아한다.

冰箱是可以移动的，咱们把它推到厨房吧。
Bīngxiāng shì kěyǐ yídòng de, zánmen bǎ tā tuīdào chúfáng ba.
냉장고는 옮길 수 있어, 우리 냉장고를 주방으로 밀어 옮기자.

冰箱 bīngxiāng 냉장고 | 推 tuī 밀다 | 厨房 chúfáng 주방

套
tào
양 집을 세는 양사

▶ 공원 앞의 빌라 두 套는 오래 전에 지어져서 페인트가 다 벗겨졌다.

这套房子的室内设计得不错。
Zhè tào fángzi de shìnèi shèjì de búcuò.
이 집은 실내 디자인이 괜찮다.

房子 fángzi 집 | 室内 shìnèi 실내 | 设计 shèjì 디자인하다, 설계하다 | 不错 búcuò 괜찮다, 좋다　참고　成套 chéngtào 한 세트

> **출제 포인트**　套의 짝꿍 어휘
>
> 套는 세트로 이루어진 사물을 세는 양사로, 주로 '房子(집)', '公寓(아파트)', '家具(가구)', '方案(방안)', '参考书(참고서)' 등을 세는 데 쓴다. 또한 명사로 '덮개', '커버'의 뜻도 있어, '手套(장갑)', '外套(외투)'의 형태로도 쓰인다.

内部
nèibù
명 내부

▶ 주말에 사무실 内部를 수리한다고 하니, 자리 정돈 좀 해 주세요.

这个小区内部的环境很不错。
Zhège xiǎoqū nèibù de huánjìng hěn búcuò.
이 주택단지 내부의 환경은 좋다.

小区 xiǎoqū 주택단지, 동네 | 环境 huánjìng 환경
참고　外部 wàibù 외부

阳台
yángtái
명 베란다, 발코니

▶ 우리 집은 阳台가 넓어서 햇빛이 잘 들어와.

奶奶把阳台设计得像花园一样，种满了花草。
Nǎinai bǎ yángtái shèjì de xiàng huāyuán yíyàng, zhòng mǎnle huācǎo.
할머니는 베란다를 마치 화원처럼 설계하시고, 화초를 가득 심으셨다.

把 bǎ ~을 | 设计 shèjì 설계하다, 디자인하다 | 像 xiàng 마치 ~와 같다 | 花园 huāyuán 화원 | 一样 yíyàng 같다 | 种满 zhòngmǎn 가득 심다 | 花草 huācǎo 화초

> **출제 포인트**　전 영역 빈출 어휘 阳台
>
> 阳台는 듣기, 독해, 쓰기에 골고루 출제되는 어휘로, 특히 듣기 대화 유형에 많이 출제된다. 주로 이사를 하는 집의 阳台가 넓거나 좁고, 깨끗하거나 더럽다는 등의 대화 내용이 출제된다.
>
> 예　没有阳台 베란다가 없다 / 放在阳台上 베란다에 놓다
> 　　阳台窄 베란다가 좁다 / 阳台宽 베란다가 넓다

卧室 wòshì
명 침실

▶ 아내는 卧室의 이불과 커튼의 색을 비슷하게 맞추고 싶어 했다.

卧室一般比较适合用暖色灯。
Wòshì yìbān bǐjiào shìhé yòng nuǎnsè dēng.
침실에는 보통 비교적 따뜻한 색의 등을 사용하는 것이 적합하다.

一般 yìbān 보통이다 | 比较 bǐjiào 비교적 | 适合 shìhé 적합하다 |
用 yòng 사용하다 | 暖色 nuǎnsè 따뜻한 색 | 灯 dēng 등
유의 卧房 wòfáng 침실

窗帘 chuānglián
명 커튼

▶ 봄이 되자 나는 거실의 窗帘을 노란색으로 바꾸었다.

我家的**窗帘**有点儿贵，因为它是纯手工制作的。
Wǒ jiā de chuānglián yǒudiǎnr guì, yīnwèi tā shì chún shǒugōng zhìzuò de.
우리 집 커튼은 좀 비싸. 왜냐하면 순전히 수공으로 만들었기 때문이야.

贵 guì 비싸다 | 因为 yīnwèi 왜냐하면 | 纯 chún 순전히, 전적으로
| 手工 shǒugōng 수공 | 制作 zhìzuò 제작하다, 만들다

출제 포인트 窗帘와 함께 쓰이는 표현

窗帘은 창문에 달려 있는 커튼을 뜻하는데, 커튼을 치거나 걷을 때 쓰는 동사가 따로 있다. 짝꿍이 되는 동사를 같이 외우면, 듣기나 독해 문제를 풀 때 빠르게 의미를 파악할 수 있다. 또한, 인테리어하는 상황에 커튼 스타일이나 품질에 대한 이야기가 출제되기도 하므로, 관련 어휘를 체크하고 넘어가자.

예 拉窗帘 커튼을 치다 / 撩(liāo)窗帘 커튼을 걷다
拆(chāi)窗帘 커튼을 치우다 / 尺寸(chǐcun) 치수
样式简单 스타일이 간단하다 / 面料高档 면이 고급지다

被子 bèizi
명 이불

▶ 여름에 에어컨을 틀고 被子를 안 덮고 자면, 감기에 걸리기 쉽다.

你赶紧把阳台上的**被子**收进来。
Nǐ gǎnjǐn bǎ yángtái shang de bèizi shōu jìnlai.
너 빨리 베란다의 이불을 걷어 와.

赶紧 gǎnjǐn 재빨리 | 把 bǎ ~을 | 阳台 yángtái 베란다 | 收进来 shōu jìnlai 거두어 오다

抽屉
chōuti
명 서랍

▶ 책상 옆쪽에 있는 두 번째 抽屉를 열면 가위가 있을 거야.

我想买一个抽屉多的书柜。
Wǒ xiǎng mǎi yí ge chōuti duō de shūguì.
나는 서랍이 많은 책장을 하나 사고 싶어.

书柜 shūguì 책장

墙
qiáng
명 벽, 담장

▶ 액자를 걸려면 墙에 못을 박아야 하는데, 누가 도와줄 거야?

请把这幅画儿挂在这面墙上。
Qǐng bǎ zhè fú huàr guà zài zhè miàn qiáng shang.
이 그림을 이쪽 벽에 걸어 주세요.

把 bǎ ~을 | 幅 fú 폭(옷감·종이·그림 등을 세는 양사) | 画(儿) huà(r) 그림 | 挂 guà 걸다 | 面 miàn 개, 폭(편평한 물건을 세는 양사)
참고 墙壁 qiángbì 벽, 담장

출제 포인트 墙 기출 표현

墙은 독해 부분의 장소를 설명하는 지문에 자주 등장하는 어휘이다. 다른 단어와 함께 명사구로 쓰는 경우가 많아서, 그 어휘를 모르면 이해하기 힘들 수 있다. 쓰기 1부분에도 출제될 때가 있으므로, 기출 표현을 확인하고 넘어가자.

예 墙壁 벽 / 城墙 성벽 / 靠墙的座位 벽 근처 자리
   墙上的画儿 벽 위의 그림 / 挂在墙上 벽에 걸다

盆
pén
명 화분, 대야

▶ 엄마가 식물을 좋아하셔서, 베란다에는 온통 꽃이 핀 盆뿐이다.

客厅里的花盆被弟弟摔碎了。
Kètīng li de huāpén bèi dìdi shuāisuì le.
거실 안의 화분이 남동생 때문에 깨졌다.

客厅 kètīng 거실 | 花盆 huāpén 화분 | 被 bèi ~에게 ~을 당하다 | 摔碎 shuāisuì (떨어져) 깨지다

车库
chēkù
명 차고

▶ 개인 주택은 车库가 있어야 차를 관리하기에 용이하다.

我们公寓的地下车库很大。
Wǒmen gōngyù de dìxià chēkù hěn dà.
우리 아파트의 지하 주차장은 매우 크다.

公寓 gōngyù 아파트 | 地下 dìxià 지하

锁
suǒ
명 자물쇠
동 잠그다, 채우다

▶ 우리 집 대문의 锁는 번호를 누르면 열리는 도어락이야.

我对那个抽屉上有锁的书桌很满意。
Wǒ duì nàge chōuti shang yǒu suǒ de shūzhuō hěn mǎnyì.
나는 서랍에 자물쇠가 있는 그 책상에 매우 만족한다.

刚才出来时忘记锁门了。
Gāngcái chūlái shí wàngjì suǒ mén le.
방금 나올 때 문 잠그는 것을 잊었다.

抽屉 chōuti 서랍 | 书桌 shūzhuō 책상 | 满意 mǎnyì 만족하다, 만족스럽다 | 出来 chūlái (안에서 밖으로) 나오다 | 忘记 wàngjì 잊다 | 门 mén 문　참고 门锁 ménsuǒ 자물쇠

漏
lòu
동 (물체에 구멍이나 틈이 생겨) 새다

▶ 엄마, 싱크대 아래에서 자꾸 물이 漏해요.

家里水管漏水了，明天找人修一下。
Jiā li shuǐguǎn lòushuǐ le, míngtiān zhǎo rén xiū yíxià.
집 안 배수관에서 물이 새서, 내일 사람을 불러 한번 고쳐야겠어.

水管 shuǐguǎn 수도관 | 漏水 lòushuǐ 물이 새다 | 找 zhǎo 찾다 | 修 xiū 고치다　참고 漏洞 lòudòng 구멍

> **출제 포인트**　듣기 빈출 어휘 漏
>
> 漏는 듣기 대화 유형에 화장실이나 수도관에 물이 새는 상황, 바퀴나 튜브에 공기가 새는 상황 등으로 종종 등장한다. 자주 출제되는 관련 어휘를 함께 체크하고 넘어가자.
>
> 예　漏水 물이 새다 / 漏气 공기가 새다
> 　　水管 수도관 / 卫生间 화장실
> 　　救生圈 (jiùshēngquān) 고무 튜브 / 轮胎 (lúntāi) 타이어

灰尘
huīchén
명 먼지

▶ 이 집은 오랫동안 사람이 안 살아서 현관부터 온통 灰尘투성이다.

刚装修完，房间里到处都是灰尘。
Gāng zhuāngxiū wán, fángjiān li dàochù dōu shì huīchén.
이제 막 인테리어를 마쳐서, 방 안 곳곳이 다 먼지다.

刚 gāng 막 | 装修 zhuāngxiū 인테리어하다 | 完 wán 마치다 | 房间 fángjiān 방 | 到处 dàochù 곳곳, 도처
유의 尘埃 chén'āi 먼지

拆
chāi
동 (붙여 놓은 것을) 떼어 내다, 부수다

▶ 재개발을 하기 위해 오래된 아파트를 모두 拆했다.

卧室的床被装修的师傅拆了。
Wòshì de chuáng bèi zhuāngxiū de shīfu chāi le.
침실의 침대는 인테리어 기사님에 의해 분리되었다.

卧室 wòshì 침실 | 床 chuáng 침대 | 被 bèi ~에게 ~을 당하다 | 师傅 shīfu 기사
참고 拆开 chāikāi 떼어 내다

吵
chǎo
형 시끄럽다, 떠들썩하다

▶ 오늘 아들의 친구들이 놀러 와서 우리 집은 온종일 吵했다.

隔壁最近在装修，一直很吵。
Gébì zuìjìn zài zhuāngxiū, yìzhí hěn chǎo.
옆집이 요즘 인테리어를 하고 있어서, 계속 시끄럽다.

隔壁 gébì 옆집 | 最近 zuìjìn 요즘 | 在 zài ~하고 있다 | 一直 yìzhí 계속

> **유의어 비교** 吵 vs 热闹
>
> 두 단어 모두 '떠들썩하다'라는 뜻이지만, 쓰임에 차이가 있으므로 주의해야 한다. 吵는 단순히 소리가 시끄러운 것을 나타내며, 일반적으로 부정적인 상황에 쓰인다. 热闹는 사람이 많아 북적북적한 상태를 말하며, 보통 장사가 잘되거나 행사가 성황리에 진행되는 것을 표현할 때 쓴다.
>
> 예 **这家咖啡厅很吵，我们去别的地方吧。**
> 이 카페는 시끄러우니까, 우리 다른 데로 가자.
>
> **这家咖啡厅很热闹，可能没有座位。**
> 이 카페는 북적거려서, 자리가 없을 것 같아.

窄
zhǎi

형 (폭이) 좁다, 협소하다

▶ 큰일이야! 골목길이 너무 窄해서 소방차가 들어가지 못하고 있어.

妹妹总觉得家门前的过道太窄了。
Mèimei zǒng juéde jiāmén qián de guòdào tài zhǎi le.
여동생은 늘 대문 앞의 통로가 너무 좁다고 생각한다.

总 zǒng 늘, 언제나 | 觉得 juéde ~라고 생각하다 | 家门 jiāmén 대문 | 过道 guòdào 복도, 통로

유의 狭 xiá 좁다
반의 宽 kuān 넓다

宽
kuān

형 (폭이) 넓다, 드넓다

▶ 바깥에서는 몰랐는데 이 터널이 4차선이라니, 생각보다 宽한걸!

我家附近的马路变宽了，开车很方便。
Wǒ jiā fùjìn de mǎlù biànkuān le, kāichē hěn fāngbiàn.
우리 집 근처의 도로가 넓어져서, 운전하기에 편하다.

附近 fùjìn 근처 | 马路 mǎlù 길, 도로 | 变 biàn 변하다 | 开车 kāichē 운전하다 | 方便 fāngbiàn 편하다

반의 窄 zhǎi 협소하다
반의 狭 xiá 좁다

包裹
bāoguǒ

명 소포, 보따리

▶ 부모님이 자취에 필요한 물품을 包裹로 보내 주셨다.

我已经把这些包裹寄到你家了。
Wǒ yǐjīng bǎ zhèxiē bāoguǒ jìdào nǐ jiā le.
내가 이미 이 소포들을 너희 집으로 부쳤어.

已经 yǐjīng 이미, 벌써 | 寄 jì (우편으로) 부치다, 보내다

출제 포인트 包裹와 짝꿍 어휘

包裹는 우편으로 부치는 소포를 가리킨다. 물건을 보내거나 검사하는 상황, 또는 도착한 물건을 찾는 상황이 듣기 부분에 많이 출제된다.

예 寄包裹 소포를 부치다 / 检查包裹 소포를 검사하다
　　包裹到了 소포가 도착했다 / 取包裹 소포를 찾다

艰巨
jiānjù

형 어렵고 힘들다, 어렵고도 무겁다

▶ 우리 방의 도배를 직접 하려니, 생각보다 너무 艰巨하더라.

装修新家没有想象中的那么艰巨。
Zhuāngxiū xīn jiā méiyǒu xiǎngxiàng zhōng de nàme jiānjù.
새집을 인테리어하는 것은 상상한 것만큼 그렇게 어렵고 힘들지 않다.

装修 zhuāngxiū 인테리어하다 | 想象 xiǎngxiàng 상상하다

押金
yājīn

명 보증금, 담보금

▶ 요즘에는 押金이 낮고 월세가 높은 집이 많아지는 추세다.

租这套房子要先交一个月的押金。
Zū zhè tào fángzi yào xiān jiāo yí ge yuè de yājīn.
이 집을 빌리려면 먼저 한 달의 보증금을 내야 합니다.

租 zū 빌리다 | 套 tào 집을 세는 양사 | 房子 fángzi 집 | 先 xiān 먼저 | 交 jiāo 내다

★ 보충단어
아래 단어들의 예문은 WEB단어장에서 확인할 수 있어요.

보충단어 WEB 단어장

厘米 límǐ 양 센티미터
平方 píngfāng 양 평방미터, 제곱미터
屋子 wūzi 명 방
地毯 dìtǎn 명 카펫, 양탄자
书架 shūjià 명 책장
铃 líng 명 벨, 방울, 종
台阶 táijiē 명 계단
管子 guǎnzi 명 파이프, 관
斜 xié 형 기울다, 비스듬하다
平 píng 형 평평하다
碎 suì 동 부서지다, 깨지다
当心 dāngxīn 동 조심하다, 주의하다
中介 zhōngjiè 명 매개, 중개

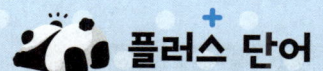
플러스 단어

고득점 합격이 목표라면 플러스단어까지 학습해 보세요.

인테리어, 이사

房地产 fángdìchǎn 부동산
找房子 zhǎo fángzi 집을 구하다
出租房子 chūzū fángzi 집을 세놓다
月租 yuèzū 월세
购房贷款 gòufáng dàikuǎn 주택 마련 대출
写字楼 xiězìlóu 오피스텔
单元楼 dānyuánlóu (욕실, 거실, 주방 등을 완비한) 빌라, 다세대 주택
装配式住宅 zhuāngpèi shì zhùzhái 유닛 주택 (공장에서 생산된 방 단위 부품을 현장에서 조립하는 주택)
移动住房 yídòng zhùfáng 이동 주택
地理位置 dìlǐ wèizhi 지리적 위치

宜家家居 Yíjiā jiājù 이케아
室内装修 shìnèi zhuāngxiū 실내 장식
组装家具 zǔzhuāng jiājù 조립식 가구
照明(灯) zhàomíng(dēng) 조명 (인테리어 조명)
精装修 jīng zhuāngxiū 정교한 인테리어
简装修 jiǎn zhuāngxiū 간단한 인테리어
钉子 dīngzi 못
地暖 dìnuǎn 보일러
暖气 nuǎnqì 히터
搬家公司 bānjiā gōngsī 이삿짐센터

데일리 테스트

고생하셨어요!
QR코드를 스캔하면 DAY01~DAY30 전체 데일리 테스트 PDF가 다운로드됩니다.

DAY 15
티끌 모아 태산
#경제 #무역 #금융

HSK 5급 30일 합격 프로젝트

★ HSK 시험에 이렇게 나와요.
경제·무역·금융에 관련된 내용은 독해 전반에 설명문과 논설문으로 자주 등장합니다. 주로 경제 상황, 주식 투자, 투자 위험, 투자 자금, 국제무역 등과 관련된 내용을 읽고, 일치하는 내용을 선택하는 유형이 출제됩니다.

投资 tóuzī	股票 gǔpiào	涨 zhǎng	资金 zījīn	节省 jiéshěng
동 투자하다	명 주식	동 오르다	명 자금	동 아끼다, 절약하다

分配
fēnpèi

동 분배하다, 할당하다

▶ 우리 팀은 각 팀원에게 공정하게 업무를 분배할 예정입니다.

利益分配不均会导致公司之间的矛盾。
Lìyì fēnpèi bù jūn huì dǎozhì gōngsī zhī jiān de máodùn.
이익의 불균등한 분배는 회사 사이의 갈등을 초래할 것이다.

利益 lìyì 이익 | 不均 bù jūn 불균등하다 | 导致 dǎozhì 초래하다 | 公司 gōngsī 회사 | 之间 zhī jiān ~의 사이 | 矛盾 máodùn 갈등

发达
fādá

형 (사물·사업이) 발달하다, 번성하다

▶ 최근 중국 경제의 发达 속도는 실로 엄청납니다.

发达的经济使人们的生活节奏也加快了。
Fādá de jīngjì shǐ rénmen de shēnghuó jiézòu yě jiākuài le.
발달된 경제는 사람들의 생활 리듬도 빨라지게 했다.

经济 jīngjì 경제 | 使 shǐ ~에게 ~하게 하다 | 生活 shēnghuó 생활 | 节奏 jiézòu 리듬 | 加快 jiākuài 빠르게 하다, 속도를 올리다

반의 落后 luòhòu 낙후되다

유의어 비교 发达 vs 发展

형용사인 发达는 뒤에 목적어가 올 수 없지만, 정도부사의 수식을 받을 수 있다. 동사인 发展은 뒤에 목적어를 취할 수 있다.

예 交通发达 교통이 발달하다 / 左脑发达 좌뇌가 발달하다
    迅速发展 신속하게 발전하다
    发展落后的经济 낙후된 경제를 발전시키다

活跃
huóyuè

형 활동적이다, 활발하다, 활기차다

▶ 현대 사회는 눈에 보이지 않는 인터넷 경제가 活跃합니다.

现代社会的眼球经济格外活跃。
Xiàndài shèhuì de yǎnqiú jīngjì géwài huóyuè.
현대 사회의 주목 경제(Attention Economy)가 특히 활발하다.

现代 xiàndài 현대 | 社会 shèhuì 사회 | 眼球经济 yǎnqiú jīngjì 주목 경제 | 格外 géwài 특히

출제 포인트 眼球经济(주목 경제)

'眼球经济(주목 경제)'는 세상 사람의 주목을 받아야 경제적으로 성공할 수 있음을 말한다. 5급 독해 부분에 주목 경제의 내용을 다룬 문제가 종종 출제된다. 이와 함께 자주 쓰이는 '吸引观众眼球(관중의 시선을 끌다)', '经济利益(경제 이익)' 표현도 함께 익혀 두자.

巨大
jùdà

형 (규모, 수량 등이) 아주 크다

▶ 한국과 중국의 교역 규모는 상상을 초월할 정도로 巨大하다.

未来环境保护行业的市场巨大。
Wèilái huánjìng bǎohù hángyè de shìchǎng jùdà.
향후에는 환경 보호 업종의 시장이 아주 커질 것이다.

未来 wèilái 미래, 향후 | 环境保护 huánjìng bǎohù 환경 보호 | 行业 hángyè 업종 | 市场 shìchǎng 시장
유의 庞大 pángdà 방대하다 반의 微小 wēixiǎo 극소하다

落后
luòhòu

형 뒤떨어지다, 낙후되다

▶ 이 프로젝트는 가장 落后한 지역을 대상으로 실시합니다.

农村地区的经济还很落后。
Nóngcūn dìqū de jīngjì hái hěn luòhòu.
농촌 지역의 경제는 여전히 뒤떨어져 있다.

农村 nóngcūn 농촌 | 地区 dìqū 지역 | 经济 jīngjì 경제
반의 发达 fādá 발달하다

稳定
wěndìng

형 안정되다

▶ 그의 사업이 다시 稳定되고 있다고 하니 정말 기쁘다.

有一份收入稳定的工作是很多人的理想。
Yǒu yí fèn shōurù wěndìng de gōngzuò shì hěn duō rén de lǐxiǎng.
수입이 안정적인 직업이 있는 것은 많은 사람들의 이상이다.

份 fèn 직업을 세는 양사 | 收入 shōurù 수입, 소득 | 工作 gōngzuò 직업, 일 | 理想 lǐxiǎng 이상
유의 稳固 wěngù 견고하다, 안정적이다
반의 动荡 dòngdàng (정세·상황이) 불안하다

汇率
huìlǜ

명 환율

▶ 요즘 汇率가 계속 오르고 있어 걱정이다.

人民币对韩币的汇率每天都会变。
Rénmínbì duì Hánbì de huìlǜ měitiān dōu huì biàn.
원화에 대한 위안화의 환율은 매일 변한다.

人民币 rénmínbì 위안화, 인민폐 | 韩币 Hánbì 원화(한국 돈) | 变 biàn 변하다

股票
gǔpiào
명 주식, (유가) 증권

▶ 그는 가장 안정적인 기업의 股票를 샀다.

近年来，股票逐渐成为一种重要的投资方式。
Jìnnián lái, gǔpiào zhújiàn chéngwéi yì zhǒng zhòngyào de tóuzī fāngshì.
최근 몇 년간, 주식이 점차 일종의 중요한 투자 방식이 되고 있다.

近年来 jìnnián lái 최근 몇 년간 | **逐渐** zhújiàn 점차 | **成为** chéngwéi ~(으)로 되다 | **种** zhǒng 종(종류를 세는 양사) | **重要** zhòngyào 중요하다 | **投资** tóuzī 투자 | **方式** fāngshì 방식

涨
zhǎng
동 오르다

▶ 주가가 계속 涨하고 있는데 지금 팔지 좀 더 기다릴지 고민이야.

物价一直在涨，可是工资却不涨！
Wùjià yìzhí zài zhǎng, kěshì gōngzī què bù zhǎng!
물가는 계속해서 오르고 있는데, 월급은 오르질 않아!

物价 wùjià 물가 | **一直** yìzhí 계속 | **在** zài ~하고 있다 | **可是** kěshì 그러나 | **工资** gōngzī 월급 | **却** què 도리어, 오히려
반의 **跌** diē (물가가) 떨어지다

> **출제 포인트** 가격/물가/수위+涨
>
> 涨은 '가격이나 물가 또는 수위가 오르다'라는 의미이다. HSK 5급 시험에는 주로 '涨工资(월급이 오르다)', '物价飞涨(물가가 폭등하다)', '粮价上涨(곡물의 가격이 오르다)' 등의 표현이 듣기 영역에 자주 출제되므로 미리 익혀 두자.

趋势
qūshì
명 추세

▶ 졸업 전에 인턴사원에 지원하는 것이 요즘 趋势이다.

韩国未来5年经济发展趋势如何？
Hánguó wèilái wǔ nián jīngjì fāzhǎn qūshì rúhé?
한국의 향후 5년 경제 발전 추세는 어떠합니까?

韩国 Hánguó 한국 | **未来** wèilái 향후, 미래 | **经济** jīngjì 경제 | **发展** fāzhǎn 발전(하다) | **如何** rúhé 어떠한가
유의 **趋向** qūxiàng 추세

形势
xíngshì
명 정세, 형편

▶ 스마트폰 시장의 形势가 지난달에 비해 아주 좋아졌다.

目前海外市场的形势不错。
Mùqián hǎiwài shìchǎng de xíngshì búcuò.
현재 해외 시장의 정세가 괜찮은 편이다.

目前 mùqián 현재 | 海外 hǎiwài 해외 | 市场 shìchǎng 시장

贸易
màoyì
명 무역

▶ 언니는 홍콩의 贸易 회사에서 오랫동안 근무했다.

唐代的对外贸易十分发达。
Tángdài de duìwài màoyì shífēn fādá.
당 왕조의 대외무역은 매우 발달했었다.

唐代 Tángdài 당 왕조 | 对外贸易 duìwài màoyì 대외무역 | 十分 shífēn 매우 | 发达 fādá 발달하다

兑换
duìhuàn
동 환전하다, (현금으로) 바꾸다

▶ 이 근처에서 달러를 兑换할 수 있는 곳이 어디인가요?

这张优惠卡可以兑换礼物。
Zhè zhāng yōuhuìkǎ kěyǐ duìhuàn lǐwù.
이 우대 카드는 선물로 바꿀 수 있습니다.

优惠卡 yōuhuìkǎ 우대 카드 | 礼物 lǐwù 선물

贷款
dàikuǎn
동 (은행에서) 대출하다

▶ 요즘엔 대부분 은행에서 贷款해서 집을 장만하는 추세입니다.

越来越多的年轻人想贷款购房。
Yuèláiyuè duō de niánqīngrén xiǎng dàikuǎn gòu fáng.
점점 더 많은 젊은이들이 대출해서 집을 사고 싶어 한다.

越来越 yuèláiyuè 점점 | 年轻人 niánqīngrén 젊은이 | 购房 gòu fáng 집을 사다

> **출제 포인트** ▶ 두 가지 의미를 가진 **款**
>
> 款은 명사로 '돈', '금액'을 뜻하며, 양사로는 어떠한 양식이나 스타일을 나타내는 대상을 셀 때 쓰인다. 두 가지 품사 모두 HSK 5급 전 영역에 자주 출제된다.
>
> 예 [명사] **贷款** 대출하다 / **付款** 돈을 내다
> 　　[양사] **这款窗帘** 이런 커튼 / **那款游戏** 저런 게임

运输
yùnshū

동 운송하다, 운수하다

▶ 중국의 알리바바는 자체 运输 시스템을 운영한다고 한다.

飞机、火车和船已经成为了主要的运输工具。
Fēijī, huǒchē hé chuán yǐjīng chéngwéile zhǔyào de yùnshū gōngjù.
비행기, 기차와 선박은 이미 주요한 운송 수단이 되었다.

飞机 fēijī 비행기 | **火车** huǒchē 기차 | **船** chuán 선박 | **已经** yǐjīng 이미 | **成为** chéngwéi ~이 되다 | **主要** zhǔyào 주요한 | **工具** gōngjù 수단

风险
fēngxiǎn

명 위험, 모험

▶ 지금 네가 가지고 있는 주식은 매우 风险하니까 빨리 팔아 버려.

投资的风险很大，还是先向专家询问一下吧。
Tóuzī de fēngxiǎn hěn dà, háishi xiān xiàng zhuānjiā xúnwèn yíxià ba.
투자 위험이 아주 크니, 아무래도 먼저 전문가에게 알아보자.

投资 tóuzī 투자 | **还是** háishi 아무래도 | **先** xiān 먼저 | **向** xiàng ~에게 | **专家** zhuānjiā 전문가 | **询问** xúnwèn 알아보다

> **유의어 비교** 风险 vs 危险
>
> HSK 5급 듣기 부분에 주식 투자에 대한 대화문이 자주 출제된다. 风险은 주로 경제적인 상황에서의 위험함을 나타낼 때 쓰이며, 'risk'의 의미와 흡사하다. 危险은 风险에 비해 더 광범위한 의미로 쓸 수 있다.
>
> 예 **投资风险** 투자 위험 / **风险企业** 벤처기업
> **危险的动物** 위험한 동물 / **危险的经历** 위험한 경험

保险
bǎoxiǎn

명 보험

▶ 아르바이트를 할 때 회사에서 4대 保险을 보장해 주는지 확인해 봐.

保险公司推出了很多新的业务。
Bǎoxiǎn gōngsī tuīchūle hěn duō xīn de yèwù.
보험회사는 새로운 상품(업무)들을 많이 내놓았다.

公司 gōngsī 회사 | **推出** tuīchū 내놓다, 출시하다 | **业务** yèwù 업무

意外
yìwài

- 명 의외의 사고
- 형 의외다, 뜻밖이다

▶ 그가 이번 임용에서 떨어진 건 정말 意外한 일이다.

公司为每个员工购买了一份意外保险。
Gōngsī wèi měi ge yuángōng gòumǎile yí fèn yìwài bǎoxiǎn.
회사는 모든 직원을 위해 상해보험에 가입했다.

他得到第一名我一点儿也不意外。
Tā dédào dì yī míng wǒ yìdiǎnr yě bú yìwài.
그는 평소에 열심히 공부하므로, 그가 1등을 차지한 것을 나는 조금도 의외라고 생각하지 않는다.

为 wèi ~을 위해 | 员工 yuángōng 직원 | 购买 gòumǎi 구매하다, 사다 | 份 fèn 통(문건 등을 세는 양사) | 意外保险 yìwài bǎoxiǎn 상해보험 | 得到 dédào 얻다 | 第一名 dì yī míng 1등 | 一点儿也不 yìdiǎnr yě bù 조금도 ~하지 않다

> **출제 포인트**　전 영역 빈출 어휘 意外
>
> 명사, 형용사 용법이 전 영역에 고루 출제되지만, 독해 출제 비중이 더 크다.
>
> 예　意外保险 상해 보험 / 意外事故 우발 사고
>   　让人意外 의외라고 느끼게 하다 / 意外收获 뜻밖의 수확

赔偿
péicháng

- 동 배상하다, 변상하다

▶ 합의금의 절반은 보험 회사에서, 절반은 가해자가 赔偿할 것입니다.

由于提前解约，他们赔偿了我们的损失。
Yóuyú tíqián jiěyuē, tāmen péichángle wǒmen de sǔnshī.
사전에 계약을 해지했기 때문에, 그들은 우리의 손해를 배상했다.

由于 yóuyú ~ 때문에 | 提前 tíqián (예정된 시간, 위치를) 앞당기다 | 解约 jiěyuē 계약을 해지하다 | 损失 sǔnshī 손해, 손실

资金
zījīn

- 명 자금

▶ 투자 资金은 충분하니까 돈 걱정 말고 사업을 시작해 보자.

这家航空公司遇到了资金不足的问题。
Zhè jiā hángkōng gōngsī yùdàole zījīn bùzú de wèntí.
이 항공사는 자금 부족의 문제에 맞닥뜨렸다.

家 jiā 집, 곳(집·상점·회사 등을 세는 양사) | 航空公司 hángkōng gōngsī 항공사 | 遇到 yùdào 맞닥뜨리다 | 不足 bùzú 부족하다 | 问题 wèntí 문제

财产
cáichǎn

명 재산, 자산

▶ 지금 당신이 쓰는 휴지 한 장도 회사의 财产이라는 것을 명심하세요.

人们应该爱护公共财产。
Rénmen yīnggāi àihù gōnggòng cáichǎn.
사람들은 마땅히 공공 재산을 보호해야 한다.

应该 yīnggāi 마땅히 ~해야 한다 | 爱护 àihù 사랑하고 보호하다 | 公共 gōnggòng 공공의

投资
tóuzī

동 투자하다
명 투자, 투자금

▶ 그는 과감히 신생 업체에 큰돈을 投资하기로 결정했다.

投资股票需要十分谨慎。
Tóuzī gǔpiào xūyào shífēn jǐnshèn.
주식에 투자하는 것은 매우 신중할 필요가 있다.

这次投资很成功，赚了很多钱。
Zhècì tóuzī hěn chénggōng, zhuànle hěn duō qián.
이번 투자는 성공적이어서, 많은 돈을 벌었다.

股票 gǔpiào 주식 | 十分 shífēn 매우 | 谨慎 jǐnshèn 신중하다 | 成功 chénggōng 성공적이다 | 赚钱 zhuàn qián 돈을 벌다

投入
tóurù

동 (자금 등을) 투입하다, 투자하다

▶ 우리가 자금을 投入한 만큼 좋은 성과가 있어서 기쁘네요.

重新研发新产品不得不投入更多资金。
Chóngxīn yánfā xīnchǎnpǐn bùdébù tóurù gèng duō zījīn.
신상품을 다시 연구 개발하는 것은 더 많은 자금을 투자해야 할 수밖에 없다.

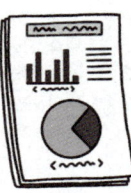

重新 chóngxīn 다시 | 研发 yánfā 연구 개발하다 | 新产品 xīnchǎnpǐn 신상품 | A的话，就B A de huà, jiù B A하다면 B하다 | 不得不 bùdébù 어쩔 수 없이 | 资金 zījīn 자금

> **유의어 비교** 投资 vs 投入
>
> 投资는 수익, 이윤을 기대한 돈, 자금 등을 투자하는 경제적 개념이 중심으로, 프로젝트, 부동산, 주식 등에 쓰이며, 投入는 어떠한 목표 달성을 위한 자원 투입으로 시간, 정력 등을 투자하는 뜻으로 심리, 행동을 중심으로 한다.
>
> 예 他投资了一家公司。 그는 회사에 투자했다. - 수익이 목적
> 这个项目已经投入了几百万资金。
> 이 프로젝트에 이미 수백만 위안을 투자했다. → 목표 달성이 목적

吃亏
chīkuī

동 손해를 보다,
손실을 입다

▶ 살다 보면 吃亏하는 일들이 많이 생긴다.

老板从来不做吃亏的生意。
Lǎobǎn cónglái bú zuò chīkuī de shēngyi.
사장님은 지금까지 손해 보는 장사를 해 본 적이 없다.

老板 lǎobǎn 사장 | 从来 cónglái 지금까지, 여태껏 | 生意 shēngyi 장사, 영업

유의 损失 sǔnshī 손실되다, 손해 보다

损失
sǔnshī

동 손실되다, 손해 보다
명 손실, 손해

▶ 네가 주식에 투자했다가 损失한 돈이 얼마인 줄 알아?

商品出现了问题，公司损失了一大笔钱。
Shāngpǐn chūxiànle wèntí, gōngsī sǔnshīle yí dà bǐ qián.
상품이 문제가 발생해서 회사는 큰돈을 손해 보았다.

好几名员工辞职对工厂造成了经济损失。
Hǎojǐ míng yuángōng cízhí duì gōngchǎng zàochéng le jīngjì sǔnshī.
많은 직원의 사직이 공장에 경제적 손실을 초래했다.

商品 shāngpǐn 상품 | 出现 chūxiàn 출현하다, 발생하다 | 问题 wèntí 문제, 고장 | 一大笔钱 yí dà bǐ qián 큰돈 | 好几 hǎojǐ 여러, 몇 | 名 míng 명(사람을 세는 양사) | 员工 yuángōng 직원 | 辞职 cízhí 사직하다 | 工厂 gōngchǎng 공장 | 造成 zàochéng 초래하다 | 经济 jīngjì 경제

유의 吃亏 chīkuī 손해를 보다, 손실을 입다
반의 收益 shōuyì 수익

유의어 비교 损失 vs 损害

두 단어는 해석이 비슷하여 혼동할 수 있으나, 의미와 활용에는 다소 차이가 있다. 损失는 동사로 '손실되다', '손해 보다', 명사로 '손실', '손해'라는 뜻을 나타내며, 损害는 동사로 사업, 이익, 건강, 명예 등의 손실이나 손상을 입은 것을 나타낸다.

예 损失很大 손해가 크다
　 财产损失了不少 재산이 적지 않게 손실되었다
　 损害电池寿命 배터리 수명에 손상을 주다
　 损害消费者利益 소비자의 이익에 손해를 입히다

会计
kuàijì
명 회계사

▶ 회사에는 전문 会计에게 자문을 구할 일이 종종 생긴다.

会计统计的结果已经公布了。
Kuàijì tǒngjì de jiéguǒ yǐjīng gōngbù le.
회계사가 통계 낸 결과는 이미 공포했다.

统计 tǒngjì 통계 | 结果 jiéguǒ 결과 | 已经 yǐjīng 이미 | 公布 gōngbù 공포하다

计算
jìsuàn
동 계산하다, 산출하다

▶ 김 과장님은 계산기보다 더 빠르게 计算한다.

你输入数据后，软件会根据汇率自动**计算**。
Nǐ shūrù shùjù hòu, ruǎnjiàn huì gēnjù huìlǜ zìdòng jìsuàn.
당신이 데이터를 입력하고 나면, 프로그램이 환율에 따라 자동으로 계산할 겁니다.

输入 shūrù 입력하다 | 数据 shùjù 데이터 | 软件 ruǎnjiàn 프로그램, 소프트웨어 | 根据 gēnjù ~에 따라 | 汇率 huìlǜ 환율 | 自动 zìdòng 자동으로

节省
jiéshěng
동 아끼다, 절약하다

▶ 동생은 돈을 많이 벌었지만, 여전히 节省하며 살고 있다.

他的办法为该企业**节省**了大量资金。
Tā de bànfǎ wèi gāi qǐyè jiéshěngle dàliàng zījīn.
그의 방법은 이 기업에 많은 자금을 아껴 주었다.

办法 bànfǎ 방법 | 为 wèi ~에게 | 该 gāi 이, 그 | 企业 qǐyè 기업 | 大量 dàliàng 대량의, 많은 양의 | 资金 zījīn 자금
동의 节约 jiéyuē 절약하다
반의 浪费 làngfèi 낭비하다

亿
yì
수 억

▶ 1천만 원으로 투자를 시작해서 지금은 1亿원이 되었다.

那份合同带来了数**亿**元的利润。
Nà fèn hétong dàiláile shù yì yuán de lìrùn.
그 계약서는 수억 위안의 이윤을 가져다 주었다.

份 fèn 통(문건 등을 세는 양사) | 合同 hétong 계약서 | 带来 dàilái 가져오다 | 数 shù 수, 여러 | 元 yuán 위안(중국 화폐 단위) | 利润 lìrùn 이윤

DAY 15 • 티끌 모아 태산

利润
lìrùn
명 이윤

▶ 이번 거래에서 얻은 利润은 모두 사회에 기부하겠습니다.

这样的网络经营方式利润很高。
Zhèyàng de wǎngluò jīngyíng fāngshì lìrùn hěn gāo.
이러한 인터넷 경영 방식은 이윤이 높다.

网络 wǎngluò 인터넷 | **经营** jīngyíng 경영하다 | **方式** fāngshì 방식
유의 **收益** shōuyì 수익 참고 **成本** chéngběn 원가

利息
lìxī
명 이자

▶ 은행은 자금을 빌려주고 그 利息로 수익을 얻는다.

银行存款的利息是多少？
Yínháng cúnkuǎn de lìxī shì duōshao?
은행 저축의 이자는 얼마인가요?

银行 yínháng 은행 | **存款** cúnkuǎn 저축, 저금

> **출제 포인트** 두 가지 의미를 나타내는 **利**
>
> 利는 명사로 '이익', '이윤'이라는 뜻이고, 형용사로는 '이롭다', '편리하다' 또는 '날카롭다', '예리하다'라는 뜻이다. HSK 5급에서 利가 출제되는 형태 중 명사로는 '利息(이자)', '利润(이윤)', '利益(이익)', 형용사로는 '有利(유리하다)', 동사로는 '利用(이용하다)' 등이 있다.

利益
lìyì
명 이익, 이득

▶ 이 상품이 장기적으로 보면 큰 利益를 줄 거야.

获得经济利益的方法有哪些？
Huòdé jīngjì lìyì de fāngfǎ yǒu nǎ xiē?
경제적 이익을 취하는 방법에는 어떠한 것들이 있지?

获得 huòdé 취득하다 | **经济** jīngjì 경제 | **方法** fāngfǎ 방법

欠
qiàn
동 빚지다

▶ 아빠는 무너져 가는 회사를 살리기 위해 은행에 많은 돈을 欠했다.

他们终于把欠银行的钱都还清了。
Tāmen zhōngyú bǎ qiàn yínháng de qián dōu huánqīng le.
그들은 드디어 은행에 빚진 돈을 모두 다 갚았다.

终于 zhōngyú 드디어 | **把** bǎ ~를 | **银行** yínháng 은행 | **钱** qián 돈 | **还清** huánqīng (빚을) 완전히 갚다

账户
zhànghù
명 계좌

▶ 드디어 취직을 해서, 오늘 급여 账户를 개설했다.

我想开一个中国银行的账户。
Wǒ xiǎng kāi yí ge Zhōngguó Yínháng de zhànghù.
나는 중국은행의 계좌를 하나 만들고 싶다.

开 kāi 만들다, 개설하다 | 中国银行 Zhōngguó Yínháng 중국은행

输入
shūrù
동 입력하다, 수입하다

▶ 비밀번호가 맞는데, 왜 자꾸 비밀번호를 잘못 输入했다고 하지?

请先在取款机上输入您的密码。
Qǐng xiān zài qǔkuǎnjī shang shūrù nín de mìmǎ.
먼저 ATM기에 비밀번호를 입력해 주세요.

先 xiān 먼저 | 取款机 qǔkuǎnjī ATM, 현금 지급기 | 密码 mìmǎ 비밀번호
반의 输出 shūchū 출력하다, 수출하다

过期
guòqī
동 기일이 지나다, 기한을 넘기다

▶ 인증서가 过期하기 전에 기한을 연장하세요!

不好意思，您的这张信用卡已经过期了。
Bùhǎoyìsi, nín de zhè zhāng xìnyòngkǎ yǐjīng guòqī le.
죄송합니다. 고객님의 이 신용카드는 이미 기한이 지났습니다.

不好意思 bùhǎoyìsi 죄송하다 | 张 zhāng 장(종이·가죽 등을 세는 양사) | 信用卡 xìnyòngkǎ 신용카드 | 已经 yǐjīng 이미

支票
zhīpiào
명 수표

▶ 支票를 취급하는 ATM은 맞은편에 있습니다.

这家银行可以兑换你的支票。
Zhè jiā yínháng kěyǐ duìhuàn nǐ de zhīpiào.
이 은행은 당신의 수표를 현금으로 바꿔 줄 수 있습니다.

家 jiā 집, 곳(집·상점·회사 등을 세는 양사) | 银行 yínháng 은행 | 兑换 duìhuàn 현금으로 바꾸다

DAY 15 • 티끌 모아 태산

税
shuì
명 세금

▶ 월급을 받으면 일정 부분을 税로 내야 한다.

部分产品的进口税非常高。
Bùfen chǎnpǐn de jìnkǒushuì fēicháng gāo.
일부 상품의 수입 관세는 매우 높다.

部分 bùfen 일부 | 产品 chǎnpǐn 상품 | 进口税 jìnkǒushuì 수입 관세

黄金
huángjīn
명 황금, 금

▶ 선물로는 현금보다 黄金으로 만든 반지가 더 낫지.

黄金的经济价值高，所以越来越多的人购买黄金。
Huángjīn de jīngjì jiàzhí gāo, suǒyǐ yuèláiyuè duō de rén gòumǎi huángjīn.
금의 경제적 가치가 높아져서, 점점 많은 사람들이 금을 구매한다.

价值 jiàzhí 가치 | 经济 jīngjì 경제 | 所以 suǒyǐ 그래서 | 越来越 yuèláiyuè 점점 | 购买 gòumǎi 사다, 구매하다

★보충단어
아래 단어들의 예문은 WEB단어장에서 확인할 수 있어요.

进口 jìnkǒu 동 수입하다
出口 chūkǒu 동 수출하다
人民币 Rénmínbì 고유 위안화, 인민폐(중국의 법정 화폐)
吨 dūn 양 톤(1,000kg)

보충단어
WEB 단어장

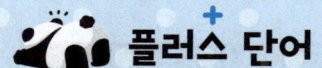 **플러스 단어**

음원 듣기

고득점 합격이 목표라면 플러스단어까지 학습해 보세요.

경제, 금융

经济增长 jīngjì zēngzhǎng
경제 성장

经济停滞 jīngjì tíngzhì
경기 둔화, 경기 침체

通货紧缩 tōnghuò jǐnsuō
디플레이션, 통화 긴축

外汇储备 wàihuì chǔbèi
외환 보유액

信用等级 xìnyòng děngjí
신용 등급

增值税 zēngzhíshuì 부가가치세

保证人 bǎozhèngrén 보증인

债权人 zhàiquánrén 채권자

债务人 zhàiwùrén 채무자

存折 cúnzhé 통장

网上银行 wǎngshàng yínháng
인터넷뱅킹

手机银行 shǒujī yínháng
모바일뱅킹

存款 cúnkuǎn
저금하다 / 저금, 예금

自动取款机 zìdòng qǔkuǎnjī
ATM, 현금 자동 인출기

转账 zhuǎnzhàng 이체하다

汇款 huìkuǎn 송금하다

储蓄罐 chǔxùguàn 저금통

里程卡 lǐchéngkǎ 마일리지 카드

欧元 Ōuyuán 유로화

美元 Měiyuán 달러

 **데일리 테스트**

고생하셨어요!
QR코드를 스캔하면 DAY01~DAY30
전체 데일리 테스트 PDF가
다운로드됩니다.

PDF 다운로드

DAY 16

업무 효율 UP
회사 업무

HSK 5급 30일 합격 프로젝트

★ HSK 시험에 이렇게 나와요.
업무와 관련된 내용은 모든 영역에 전반적으로 출제됩니다. 특히 쓰기 1부분에 자주 출제되므로, 관련 어휘의 한자도 정확하게 써 봐야 합니다. 업무 관련 어휘는 짝꿍 어휘를 함께 외우면 고득점을 받을 수 있습니다.

음원 듣기

资料 zīliào	方案 fāng'àn	报告 bàogào	能干 nénggàn	文件 wénjiàn
명 자료	명 방안	명 보고서, 리포트	형 유능하다	명 문건, 문헌

从事
cóngshì
동 종사하다

▶ 나는 지금 무역업에 从事하고 있어.

舅舅从事服装设计行业很多年了。
Jiùjiu cóngshì fúzhuāng shèjì hángyè hěn duō nián le.
삼촌은 패션 디자인 업종에 종사한 지 여러 해가 되었다.

舅舅 jiùjiu 삼촌 | 服装设计 fúzhuāng shèjì 패션 디자인 | 行业 hángyè 업종

> **출제 포인트** 직업을 묻는 대화에 등장하는 **从事**
>
> 从事는 '~에 종사하다', '일하다'라는 의미로, 일과 관련된 듣기 대화 유형에 자주 출제된다. 뒤에 쓰이는 목적어로는 '工作(업무)', '职业(직업)', '行业(업종)' 등이 있다. 직업을 묻는 표현인 '做什么工作?'와 '从事什么工作?'는 대화에 함께 등장하거나 문제의 질문으로 자주 출제된다.
>
> 예 从事服务工作 서비스 직종에 종사하다
> 从事服装行业 패션 업종에 종사하다

业务
yèwù
명 업무

▶ 면접에서 业务에 관한 기본 지식을 물어볼 거니까 미리 준비해.

她以前在银行实习过，所以对相关业务十分熟悉。
Tā yǐqián zài yínháng shíxíguo, suǒyǐ duì xiāngguān yèwù shífēn shúxī.
그녀는 예전에 은행에서 실습을 한 적이 있어서, 관련 업무에 매우 익숙하다.

以前 yǐqián 예전에 | 银行 yínháng 은행 | 实习 shíxí 실습하다 | 所以 suǒyǐ 그래서 | 相关 xiāngguān 서로 관련되다 | 十分 shífēn 매우 | 熟悉 shúxī 익숙하다

担任
dānrèn
동 담당하다, 맡다

▶ 사장님께서 이번 프로젝트는 자네가 担任하라고 지시하셨네.

公司最终决定由他担任总经理的职务。
Gōngsī zuìzhōng juédìng yóu tā dānrèn zǒngjīnglǐ de zhíwù.
회사는 최종적으로 그가 회사의 CEO 직을 맡는 것으로 결정했다.

公司 gōngsī 회사 | 最终 zuìzhōng 최종 | 决定 juédìng 결정하다 | 由 yóu ~가, ~이 | 职务 zhíwù 직무 | 总经理 zǒngjīnglǐ CEO, 사장

兼职
jiānzhí
명 겸직

▶ 아빠는 학생을 가르치면서 兼职로 모델 일을 하셨다고 한다.

小李在这家报社做兼职。
Xiǎo Lǐ zài zhè jiā bàoshè zuò jiānzhí.
샤오리는 이 신문사에서 겸직을 하고 있다.

家 집, 곳(집·상점·회사 등을 세는 양사) | 报社 bàoshè 신문사

报到
bàodào
동 도착했음을 보고 하다

▶ 출장 갔다가 돌아오면 바로 회사에 报到하세요.

老板让我明天到新公司报到。
Rǎobǎn ràng wǒ míngtiān dào xīn gōngsī bàodào.
사장님 내일 새 회사에 도착하면 보고하라고 했다.

老板 lǎobǎn 사장님 | 让 ràng ~에게 ~하게 하다 | 到 dào 도착하다 | 公司 gōngsī 회사

> **출제 포인트** 듣기 유형 빈출 어휘 **报到**
>
> 중국에는 입학하거나 첫 출근을 할 때 도착했음을 보고하는 절차가 있는데, 이를 报到라고 한다. 듣기 대화 유형에 자주 출제되므로, 발음이 같은 '报道(보도하다)'와 헷갈리지 않도록 주의하자.
>
> 예 他来到学校报到了。 그는 학교에 와서 도착 보고를 했다.
> 王总让他来您这儿报到。
> 왕 대표님이 그한테 여기로 와서 도착 보고를 하라고 하셨다.

报告
bàogào
명 보고서, 리포트

▶ 출장 报告를 이번 주 금요일까지 제출해 주세요.

为了写报告，很多同事都在加班。
Wèile xiě bàogào, hěn duō tóngshì dōu zài jiābān.
보고서를 쓰기 위해, 많은 동료들이 야근을 하고 있다.

为了 wèile ~하기 위해 | 同事 tóngshì 동료 | 在 zài ~하고 있다 | 加班 jiābān 야근하다

方案
fāng'àn
명 방안

▶ 이 프로젝트를 회생시킬 다른 方案은 정말 없는 겁니까?

这套方案的可行性很强。
Zhè tào fāng'àn de kěxíngxìng hěn qiáng.
이 방안의 실행 가능성은 매우 크다.

套 tào 방법, 방안 등의 추상명사를 세는 양사 | 可行性 kěxíngxìng (계획, 방안 등의) 실행 가능성

资料
zīliào
명 자료

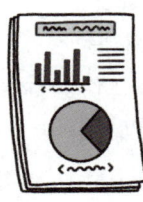

▶ 회의 때 필요한 资料는 미리 정리해서 제출해 주세요.

你能帮我把这份资料交给销售部经理吗?
Nǐ néng bāng wǒ bǎ zhè fèn zīliào jiāogěi xiāoshòubù jīnglǐ ma?
네가 나를 도와 이 자료를 판매부 매니저에게 전달해 줄 수 있니?

帮 bāng 돕다 | 把 bǎ ~을 | 份 fèn 부, 통(문건 등을 세는 양사) | 交给 jiāogěi ~에게 건네다 | 销售部 xiāoshòubù 판매부 | 经理 jīnglǐ 매니저, 지배인

유의어 비교   资料 vs 材料

资料는 생활과 생산에 필요한 물건이나 근거가 되는 자료를 나타내며, 문화 상품 외의 물질적인 상품에는 쓰지 않는다. 그에 반해, 材料는 상품을 만드는 재료, 연구·작문·창작의 내용을 구성하거나, 참고하는 자료 등 물질적 또는 정신적인 것에 모두 쓸 수 있다.

예 参考资料 자료를 참고하다 / 参考材料 자료를 참고하다
统计资料 통계 자료 / 生活资料 생활 필수품 / 建筑资料 (×)
调查材料 조사 자료 / 建筑材料 건축 자재 / 生活材料 (×)

文件
wénjiàn
명 문건, 문헌

▶ 관련 부서에 그 文件의 복사본을 제출하세요.

秘书已经准备好了明天的会议文件。
Mìshū yǐjīng zhǔnbèi hǎole míngtiān de huìyì wénjiàn.
비서가 이미 내일 회의 문건을 잘 준비해 두었다.

秘书 mìshū 비서 | 已经 yǐjīng 이미 | 准备 zhǔnbèi 준비하다 | 会议 huìyì 회의

项
xiàng
양 가지, 항목, 조항

▶ 보고서를 작성할 때 지켜야 하는 몇 가지 项들을 미리 알아 둬.

新来的员工对各项业务都不太熟悉。
Xīn lái de yuángōng duì gè xiàng yèwù dōu bú tài shúxī.
새로 온 직원은 각 업무에 대해 아직 그다지 익숙하지 않다.

新来 xīn lái 새로 오다 | 员工 yuángōng 직원 | 各 gè 각 | 业务 yèwù 업무 | 不太 bú tài 그다지 ~하지 않다 | 熟悉 shúxī 익숙하다
참고 项目 xiàngmù 항목

固定
gùdìng
동 고정되다, 불변하다

▶ 난 액수가 적어도 固定된 월급을 받는 일자리가 좋아.

年轻人放弃了固定工作，做起了生意。
Niánqīngrén fàngqìle gùdìng gōngzuò, zuòqǐle shēngyi.
젊은이들이 고정적인 직장을 포기하고, 사업을 하기 시작했다.

年轻人 niánqīngrén 젊은이 | 放弃 fàngqì 포기하다 | 工作 gōngzuò 직장 | 做起 zuòqǐ ~하기 시작하다 | 生意 shēngyi 장사, 영업
반의 流动 liúdòng 옮겨 다니다, 유동하다

转告
zhuǎngào
동 (말을) 전달하다

▶ 회의 일정이 변경됐다고 팀원들에게 转告해 주실래요?

请转告一下银行经理，我明天会再打电话的。
Qǐng zhuǎngào yíxià yínháng jīnglǐ, wǒ míngtiān huì zài dǎ diànhuà de.
은행장님께 제가 내일 다시 전화를 드릴 거라고 전달해 주세요.

银行 yínháng 은행 | 经理 jīnglǐ 사장, 경영 관리 책임자 | 再 zài 다시 | 打电话 dǎ diànhuà 전화하다

递
dì
동 넘겨주다, 전해 주다

▶ 이 물건을 좀 과장님께 递해 주시겠어요?

麻烦你把那个文件递给我吧。
Máfan nǐ bǎ nàge wénjiàn dìgěi wǒ ba.
번거로우시겠지만 당신이 그 문서를 저에게 넘겨 주세요.

麻烦 máfan 번거롭게 하다 | 把 bǎ ~을 | 文件 wénjiàn 문서
참고 传递 chuándì 전달하다, 전하다

事先
shìxiān
- 명 사전(에), 미리

▶ 출장이 다음 주니까 事先 다음 분기 예산안을 제출하겠습니다.

如果会议临时取消请事先通知我们。
Rúguǒ huìyì línshí qǔxiāo qǐng shìxiān tōngzhī wǒmen.
만약 회의가 임시로 취소되면 사전에 저희에게 알려 주세요.

如果 rúguǒ 만약 | 会议 huìyì 회의 | 临时 línshí 임시의, 일시적인 | 取消 qǔxiāo 취소하다 | 通知 tōngzhī 알리다, 통지하다
반의 事后 shìhòu 사후

效率
xiàolǜ
- 명 효율, 능률

▶ 메모하는 습관은 업무의 效率를 높여 줍니다.

制定工作计划能有效提高工作效率。
Zhìdìng gōngzuò jìhuà néng yǒuxiào tígāo gōngzuò xiàolǜ.
업무 계획을 세우면 업무 효율을 높이는 효과를 볼 수 있다.

制定 zhìdìng 세우다, 제정하다 | 工作 gōngzuò 업무 | 计划 jìhuà 계획 | 有效 yǒuxiào 효과가 있다 | 提高 tígāo 높이다

紧急
jǐnjí
- 형 긴급하다, 절박하다

▶ 그는 회사의 빚을 감당하기 위해 紧急한 심정으로 대출을 신청했다.

这个任务十分紧急，得尽快找到解决办法。
Zhège rènwu shífēn jǐnjí, děi jǐnkuài zhǎodào jiějué bànfǎ.
이 임무는 정말 긴급해서, 되도록 빨리 해결 방법을 찾아야 한다.

任务 rènwu 임무 | 十分 shífēn 매우, 아주 | 得 děi ~해야 한다 | 尽快 jǐnkuài 되도록 빨리 | 解决 jiějué 해결하다 | 办法 bànfǎ 방법

教训
jiàoxùn
- 명 교훈

▶ 괜찮아. 이번 실패로 낙담하지 말고 教训으로 삼으렴.

请不要忘记这次难得的教训。
Qǐng bú yào wàngjì zhècì nándé de jiàoxùn.
이번의 얻기 힘든 교훈을 잊지 마세요.

不要 bú yào ~하지 마라 | 忘记 wàngjì 잊어버리다 | 难得 nándé 얻기 어렵다

出席
chūxí

동 (회의, 행사 등에) 참가하다

▶ 다음 주부터는 인턴 사원들도 팀 회의에 出席하시기 바랍니다.

如果能邀请到那位明星出席开幕式就好了。
Rúguǒ néng yāoqǐng dào nà wèi míngxīng chūxí kāimùshì jiù hǎo le.
만약 그 스타를 개막식에 참석하도록 초대할 수 있다면 좋겠다.

如果 rúguǒ 만약 | 邀请 yāoqǐng 초대하다 | 位 wèi 분, 명(공경의 뜻을 내포함) | 明星 míngxīng 스타 | 开幕式 kāimùshì 개막식

반의 缺席 quēxí 결석하다

派
pài

동 파견하다

▶ 그는 이번에 베트남 지사 매니저로 派됐어.

总公司派厂长去中国出差。
Zǒnggōngsī pài chǎngzhǎng qù Zhōngguó chūchāi.
본사는 공장장을 파견하여 중국 출장을 보냈다.

总公司 zǒnggōngsī 본사 | 厂长 chǎngzhǎng 공장장 | 出差 chūchāi 출장 가다

> **출제 포인트**
> 派+사람+去/到+장소(+행동)
> (~를 ~로 (~하도록) 파견 보내다)
>
> '파견을 보내다'라는 의미의 派는 사람을 목적어로 취하며, [派+사람+去/到+장소(+행동)]의 패턴을 써서 '~을 ~로 (~하도록) 파견 보내다'라는 의미를 나타낸다. 만약 피동의 의미를 내포하여 주어가 파견되는 의미를 나타낼 때는 被를 써서 [주어+被派+到/去+장소(+행동)]의 패턴을 쓸 수 있다.
>
> 예 公司派他去上海培训了。 회사에서 그를 상하이로 훈련 보냈다.
>   他被派到了工厂当厂长。
>   그는 공장에서 공장장을 맡도록 파견되었다.

配合
pèihé

동 협력하다, 협동하다

▶ 이렇게 팀원끼리 配合하니까 일이 일사천리로 진행되네요.

想要提高效率一定要所有同事互相配合。
Xiǎngyào tígāo xiàolǜ yídìng yào suǒyǒu tóngshì hùxiāng pèihé.
효율을 향상시키려면 반드시 모든 동료들이 서로 협력해야 한다.

提高 tígāo 향상시키다, 높이다 | 效率 xiàolǜ 효율 | 一定 yídìng 반드시 | 所有 suǒyǒu 모든, 전체의 | 同事 tóngshì (직장) 동료 | 互相 hùxiāng 서로, 상호

处理
chǔlǐ

동 처리하다, (문제를) 해결하다

▶ 뜻밖에도 신입사원이 골치 아픈 사건을 处理했다고 한다.

这种处理问题的方式得到了大家的肯定。
Zhè zhǒng chǔlǐ wèntí de fāngshì dédàole dàjiā de kěndìng.
이러한 문제를 처리하는 방식은 모두의 인정을 받았다.

种 zhǒng 종(종류를 세는 양사) | 问题 wèntí 문제 | 方式 fāngshì 방식 | 得到 dédào 얻다, 받다 | 肯定 kěndìng 인정(하다)

참고 办理 bànlǐ 처리하다

调整
tiáozhěng

동 조정하다, 조절하다

▶ 업무 시간을 탄력적으로 调整할 수 있어서 좋아요.

遇到紧急情况的时候，应该及时调整方案。
Yùdào jǐnjí qíngkuàng de shíhou, yīnggāi jíshí tiáozhěng fāng'àn. 긴급 상황에 맞닥뜨렸을 땐, 제때에 방안을 조정해야 한다.

遇到 yùdào 맞닥뜨리다 | 紧急 jǐnjí 긴급하다 | 情况 qíngkuàng 상황 | 及时 jíshí 제때에 | 方案 fāng'àn 방안

> **출제 포인트** 调整와 짝꿍 어휘
>
> 调整은 '조정하다, 조절하다'라는 의미로, '时间(시간)', '状态(상태)', '顺序(순서)', '方向(방향)', '度数(도수)' 등의 목적어와 함께 쓴다.
>
> 예 调整工作时间 업무 시간을 조정하다
> 　　调整演出顺序 공연 순서를 조정하다

评价
píngjià

동 평가하다
명 평가

▶ 신제품은 VIP들의 评价를 반영하여 출시를 결정할 예정입니다.

不能只凭工作能力来评价一个人。
Bù néng zhǐ píng gōngzuò nénglì lái píngjià yí ge rén.
업무 능력만으로 한 사람을 평가해서는 안 된다.

新产品不得不面对各种各样的社会评价。
Xīn chǎnpǐn bùdébù miànduì gè zhǒng gè yàng de shèhuì píngjià. 신상품은 어쩔 수 없이 다양한 사회의 평가에 직면한다.

不能 bù néng ~해서는 안 된다 | 只 zhǐ 다만, 단지 | 凭 píng ~에 근거하여 | 工作 gōngzuò 업무 | 能力 nénglì 능력 | 新产品 xīn chǎnpǐn 신상품 | 不得不 bùdébù 어쩔 수 없이 | 面对 miànduì 직면하다 | 各种各样 gè zhǒng gè yàng 각양각색 | 社会 shèhuì 사회

妨碍
fáng'ài

동 방해하다, 지장을 주다

▶ 다른 사람의 업무에 妨碍가 되는 행동은 하지 마세요.

不要妨碍周围的人工作。
Bú yào fáng'ài zhōuwéi de rén gōngzuò.
주변 사람이 일하는 것을 방해하지 마세요.

不要 bú yào ~하지 마라 | **周围** zhōuwéi 주변 | **工作** gōngzuò 일하다

咨询
zīxún

동 자문하다

▶ 사업을 처음 시작할 때는 전문가에게 咨询해야 한다.

客人在向他咨询最新产品的情况。
Kèrén zài xiàng tā zīxún zuìxīn chǎnpǐn de qíngkuàng.
손님은 그에게 최신 상품의 상황에 대해 자문을 구하고 있다.

客人 kèrén 손님 | **向** xiàng ~에게 | **最新** zuìxīn 최신의 | **产品** chǎnpǐn 상품 | **情况** qíngkuàng 상황, 정황
유의 **询问** xúnwèn 물어보다, 알아보다

询问
xúnwèn

동 물어보다, 알아보다

▶ 대리점에 연락해서 고객들의 신제품에 대한 반응을 询问해 주세요.

分公司的负责人打电话询问新方案的进展。
Fēngōngsī de fùzérén dǎ diànhuà xúnwèn xīn fāng'àn de jìnzhǎn.
지사의 책임자가 전화를 걸어 새로운 방안의 진척에 대해 물어보았다.

分公司 fēngōngsī (기업체의) 지점, 지사 | **负责人** fùzérén 책임자 | **方案** fāng'àn 방안 | **进展** jìnzhǎn 진전하다, 진척하다
유의 **咨询** zīxún 상의하다, 자문하다

吸取
xīqǔ

동 받아들이다, 흡수하다

▶ 그의 업무를 吸取하는 능력은 다른 사람보다 훨씬 뛰어나다.

要吸取工作中的教训，不断自我改进。
Yào xīqǔ gōngzuò zhōng de jiàoxùn, búduàn zìwǒ gǎijìn.
업무 중의 교훈을 받아들이고, 끊임없이 자기 자신을 개선해야 한다.

教训 jiàoxùn 교훈 | **不断** búduàn 끊임없이 | **自我** zìwǒ 자기 자신, 자아 | **改进** gǎijìn 개선하다
유의 **吸收** xīshōu 흡수하다
반의 **释放** shìfàng 방출하다, 내보내다

忽视
hūshì

동 소홀히 하다, 등한시하다

▶ 네가 맡은 일 중 사소한 것이라도 忽视한다면 넌 성공할 수 없어.

在工作中任何错误都不能轻易忽视。
Zài gōngzuò zhōng rènhé cuòwù dōu bù néng qīngyì hūshì.
일하는 중의 어떤 잘못도 함부로 소홀히 해서는 안 된다.

工作 gōngzuò 일하다 | 任何 rènhé 어떠한 | 错误 cuòwù 잘못 |
不能 bù néng ~해서는 안 된다 | 轻易 qīngyì 함부로 하다, 경솔하다
유의 轻视 qīngshì 경시하다

> **유의어 비교** 忽视 vs 轻视
>
> 忽视는 소홀히 하여 중시하지 않는 것을 나타내고, 轻视는 주관적으로 중시하지 않고 무시하는 것을 나타낸다. 轻视가 忽视보다 정도가 깊고, 轻视의 대상은 사람 또는 사물 모두 가능하지만, 忽视는 보통 사물에 쓰인다.
>
> 예 忽视健康 건강을 소홀히 하다
> 　　忽视他的要求 그의 요구를 소홀히 하다 / 忽视别人 (×)
> 　　轻视别人 다른 사람을 무시하다
> 　　轻视他的要求 그의 요구를 무시하다 / 轻视健康 (×)

耽误
dānwu

동 (시간을 지체하다가) 일을 그르치다, 지체하다

▶ 오래 고민하는 것도 좋지만 그러다가 耽误할 수도 있음을 명심해.

为了不耽误您的时间，我给您发邮件。
Wèile bù dānwu nín de shíjiān, wǒ gěi nín fā yóujiàn.
당신의 시간을 지체하지 않기 위해서, 제가 당신께 이메일을 보낼게요.

为了 wèile ~하기 위해 | 发邮件 fā yóujiàn 이메일을 보내다

责备
zébèi

동 책망하다, 꾸짖다

▶ 신입사원에게 책임을 미루고 그를 责备하는 건 말도 안 됩니다.

因为我的失误，总裁责备了我。
Yīnwèi wǒ de shīwù, zǒngcái zébèile wǒ.
나의 실수 때문에 대표님께서 나를 질책하셨다.

因为 yīnwèi ~때문에 | 失误 shīwù 실수 | 总裁 zǒngcái 대표, 총재
유의 责怪 zéguài 탓하다, 책망하다

称赞
chēngzàn
동 칭찬하다

▶ 사장님께서 송년회 때 모든 직원의 공로를 称赞하셨다.

想得到总裁的称赞并不是一件容易的事。
Xiǎng dédào zǒngcái de chēngzàn bìng bú shì yí jiàn róngyì de shì. 사장님의 칭찬을 받고 싶어도 결코 쉬운 일이 아니다.

得到 dédào 받다 | 总裁 zǒngcái 사장 | 并 bìng 결코 | 件 jiàn 건, 개(일·사건 등을 세는 양사) | 容易 róngyì 쉽다
유의 赞美 zànměi 찬미하다　반의 批评 pīpíng 비판하다

熟练
shúliàn
형 능숙하다, 숙련되어 있다

▶ 한 분야에 오래 종사하다 보면 그 일에 熟练한 달인이 될 수 있어.

你的技术还不够熟练，得多练习才行。
Nǐ de jìshù hái búgòu shúliàn, děi duō liànxí cái xíng.
네 기술은 아직 충분히 숙련되지 않아서, 더 연습해야만 해.

技术 jìshù 기술 | 不够 búgòu 부족하다 | 得 děi ~해야 한다 | 练习 liànxí 연습하다　반의 生疏 shēngshū 서툴다, 미숙하다

出色
chūsè
형 대단히 뛰어나다, 특별히 좋다

▶ 그의 포토샵 능력이 남들보다 出色해서 홍보팀에 스카우트됐대.

她在业务方面比我出色得多。
Tā zài yèwù fāngmiàn bǐ wǒ chūsè de duō.
그녀는 업무 방면에서 나보다 훨씬 뛰어나다.

业务 yèwù 업무 | 方面 fāngmiàn 방면 | A比B……得多 A bǐ B …… de duō A는 B보다 훨씬 ~하다
유의 杰出 jiéchū 남보다 뛰어나다　반의 平凡 píngfán 평범하다

★보충단어
아래 단어들의 예문은 WEB단어장에서 확인할 수 있어요.

细节 xìjié 명 세부사항, 사소한 부분, 세목
夹子 jiāzi 명 클립, 집게
次要 cìyào 형 부차적인, 다음으로 중요한
步骤 bùzhòu 명 (일이 진행되는) 절차, 순서
催 cuī 동 재촉하다, 독촉하다

退步 tuìbù 동 퇴보하다, 나빠지다
请求 qǐngqiú 동 요청하다, 부탁하다　명 요청, 부탁
热爱 rè'ài 동 뜨겁게 사랑하다
应付 yìngfu 동 대응하다, 대처하다

보충단어
WEB 단어장

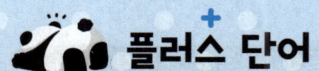 **플러스 단어**

음원 듣기

고득점 합격이 목표라면 플러스단어까지 학습해 보세요.

회사

外勤 wàiqín 외근

夜班 yèbān 야근, 당직

工作岗位 gōngzuò gǎngwèi
근무처

会餐(= 聚餐) huìcān (= jùcān)
회식하다

议案 yì'àn 안건

讨论会 tǎolùnhuì 세미나

业绩 yèjì 실적

代办 dàibàn 대행하다, 대신 처리하다

工作报告 gōngzuò bàogào
업무 보고

工作量 gōngzuòliàng 작업량

截止日期 jiézhǐ rìqī 마감 기일

工作日志 gōngzuò rìzhì
업무 일지

妨碍工作 fáng'ài gōngzuò
업무 방해

推进(= 推动) tuījìn (= tuīdòng)
추진하다

跳槽 tiào cáo 직업을 바꾸다

责任事故 zérèn shìgù
업무 태만 사고 (책임감 부족으로 생긴 업무상 과실 사고)

工作压力 gōngzuò yālì
업무 부담, 업무 스트레스

跑业务 pǎo yèwù
고객에게 상품을 판매하거나 마케팅 서비스를 하는 행위

工伤 gōngshāng 산업 재해, 산재

罢工 bàgōng 동맹파업

데일리 테스트

고생하셨어요!
QR코드를 스캔하면 DAY01~DAY30 전체 데일리 테스트 PDF가 다운로드됩니다.

PDF 다운로드

DAY 17

HSK 5급 30일 합격 프로젝트

★ HSK 시험에 이렇게 나와요.
'경영'은 독해 빈출 주제로, 특히 독해 3부분에 식당이나 회사를 경영하는 이야기, 효율적인 경영 방법 등에 관한 논설문 형태로 자주 출제됩니다. 경영과 관련된 어휘는 의미와 활용이 비교적 어려우므로 주의하여 익혀야 합니다.

회사 경영 노하우
#회사 #경영

음원 듣기

经营 jīngyíng
동 경영하다

合作 hézuò
동 협력하다

合同 hétong
명 계약서

签 qiān
동 서명하다

商业 shāngyè
명 상업, 비즈니스

▶ 회사에서 쓰는 商业 용어는 우리가 평소에 쓰는 말과는 차이가 있다.

为了宣传产品企业进行了各种商业活动。
Wèile xuānchuán chǎnpǐn qǐyè jìnxíngle gè zhǒng shāngyè huódòng.
상품을 홍보하기 위해 기업은 각종 비즈니스 행사를 진행했다.

为了 wèile ~하기 위해 | 宣传 xuānchuán 홍보하다 | 产品 chǎnpǐn 상품 | 企业 qǐyè 기업 | 进行 jìnxíng 진행하다 | 各种 gè zhǒng 각종의 | 活动 huódòng 행사, 활동

营业 yíngyè
동 영업하다

▶ 그는 전국을 직접 발로 뛰어다니며 营业해서 좋은 성과를 얻었다.

这家店，从明天起正式营业。
Zhè jiā diàn, cóng míngtiān qǐ zhèngshì yíngyè.
이 상점은 내일부터 정식으로 영업을 시작한다.

家 jiā 집, 곳(집·상점·회사 등을 세는 양사) | 店 diàn 상점 | 从A起 cóng A qǐ A부터 시작하다 | 正式 zhèngshì 정식의

经营 jīngyíng
동 (기업 등을) 경영하다

▶ 사업이 확장되는 추세여서 이제는 그 혼자 회사를 经营할 수 없다.

他经营了一家报社。
Tā jīngyíngle yì jiā bàoshè.
그는 신문사를 경영했다.

报社 bàoshè 신문사

生产 shēngchǎn
동 생산하다

▶ 지난해 출시한 제품이 잘 팔려서, 올해는 두 배로 生产할 예정이다.

为了生产出好产品，员工们每天都加班。
Wèile shēngchǎn chū hǎo chǎnpǐn, yuángōngmen měitiān dōu jiābān.
좋은 상품을 생산하기 위해, 직원들이 매일 야근한다.

为了 wèile ~하기 위해 | 产品 chǎnpǐn 상품, 제품 | 员工 yuángōng 직원 | 每天 měitiān 매일 | 加班 jiābān 야근하다, 초과근무 하다
반의 消费 xiāofèi 소비하다

产生
chǎnshēng
동 발생하다, 생기다

▶ 경영자의 부재로 인해 올해는 회사 매출 하락이 产生했다.

人才大量流失对公司的发展产生了影响。
Réncái dàliàng liúshī duì gōngsī de fāzhǎn chǎnshēngle yǐngxiǎng. 인재가 대거 빠져나가 회사의 발전에 영향을 끼쳤다.

人才 réncái 인재 | 大量 dàliàng 대량의, 많은 양의 | 流失 liúshī (인원이) 빠져나가다, 유실되다 | 发展 fāzhǎn 발전(하다) | 影响 yǐngxiǎng 영향
반의 消失 xiāoshī 사라지다

> **유의어 비교** 生产 vs 产生
>
> 두 단어 모두 없었던 대상이 생겨남을 나타내지만, 그 대상이 다르다. 生产은 보통 눈에 보이는 사물을 생산함을 나타내고 주로 '产品(상품)'이 목적어로 오며, 독해 문제에 '生产工序(생산 공정)'가 출제된 적이 있다. 产生은 눈에 보이지 않는 추상적인 대상이 생겨남을 나타내고, 목적어로 '影响(영향)', '现象(현상)', '效果(효과)', '差距(차이)' 등이 쓰인다. 이 두 단어는 작문할 때 많이 헷갈리는 단어이므로, 짝꿍으로 쓰이는 목적어를 함께 외워두는 것이 좋다.
>
> 예 **生产产品** 상품을 생산하다 / **大批量生产** 대량 생산하다
> **产生想法** 아이디어가 생기다 / **产生影响** 영향을 끼치다

繁荣
fánróng
형 크게 발전하다, 번영하다

▶ 나라의 繁荣은 과학기술의 발전과 뗄 수 없다.

近年来建筑市场越来越繁荣。
Jìnnián lái jiànzhù shìchǎng yuèláiyuè fánróng.
최근 몇 년간 건축 시장이 더욱더 크게 발전했다.

近年来 jìnnián lái 최근 몇 년간 | 建筑 jiànzhù 건축 | 市场 shìchǎng 시장 | 越来越 yuèláiyuè 더욱 더, 점점

促进
cùjìn
동 촉진시키다

▶ 유명 연예인의 인터뷰를 통해 판매를 促进시키는 방법도 있다.

正确的经营管理方法将促进公司的发展。
Zhèngquè de jīngyíng guǎnlǐ fāngfǎ jiāng cùjìn gōngsī de fāzhǎn. 올바른 경영 관리 방식은 회사의 발전을 촉진시킬 것이다.

正确 zhèngquè 정확하다, 올바르다 | 经营 jīngyíng 경영하다 | 管理 guǎnlǐ 관리하다 | 方法 fāngfǎ 방식, 방법 | 将 jiāng ~할 것이다 | 发展 fāzhǎn 발전

完善
wánshàn

형 완벽하다, 흠잡을 데가 없다, 완전히 갖추어져 있다

▶ 새로 출시된 스마트폰은 역대 휴대폰 중 가장 完善합니다.

我们要尽力完善公司的制度。
Wǒmen yào jìnlì wánshàn gōngsī de zhìdù.
우리는 온 힘을 다해 회사의 제도를 완전하게 갖춰야 한다.

尽力 jìnlì 온 힘을 다하다 | 制度 zhìdù 제도

참고 完美 wánměi 흠잡을 데가 없다, 완전무결하다

> **출제 포인트** 듣기 빈출 어휘 **完善**
>
> 完善은 주로 HSK 5급 듣기 문제에 자주 출제된다. 대화 내용은 어떤 상품이나 시설의 개선 부분을 언급하고, 답변으로 [完善+지문 내용]의 패턴을 써서 말한다. 듣기 문제 보기에 完善이 있다면, 어떤 대상에 대한 평가가 나올 수 있음을 예측하면서 듣자.
>
> 예 **完善产品** 상품을 완전히 갖추다 / **完善设施** 시설을 완벽하게 하다

执照
zhízhào

명 허가증, 인가증, 면허증

▶ 죄송합니다만, 운전 执照를 좀 보여 주십시오.

事务所的营业执照办好了吗?
Shìwùsuǒ de yíngyè zhízhào bànhǎole ma?
사무소의 영업 허가증은 발급받았나요?

事务所 shìwùsuǒ 사무소 | 营业 yíngyè 영업하다 | 办 bàn 처리하다

批准
pīzhǔn

동 허가하다, 승인하다

▶ 그 프로젝트는 아직 부장님께서 批准하지 않아서 홀딩되어 있어요.

他的提议没被批准。 그의 제안은 승인되지 않았다.
Tā de tíyì méi bèi pīzhǔn.

提议 tíyì 제안 | 被 bèi ~에게 ~을 당하다

制造
zhìzào

동 제조하다, 만들다

▶ 세계 어느 나라에서나 중국에서 制造한 제품은 쉽게 볼 수 있다.

汽车制造技术正在不断改进。
Qìchē zhìzào jìshù zhèngzài búduàn gǎijìn.
자동차를 제조하는 기술은 끊임없이 개선되고 있다.

汽车 qìchē 자동차 | 技术 jìshù 기술 | 正在 zhèngzài ~하고 있다 | 不断 búduàn 끊임없이 | 改进 gǎijìn 개선하다

销售
xiāoshòu

동 팔다, 판매하다

▶ 죄송합니다만, 이 상품은 단종되어서 더 이상 销售하지 않습니다.

那款商品正在打折销售。
Nà kuǎn shāngpǐn zhèngzài dǎzhé xiāoshòu.
그 상품은 현재 할인 판매 중이다.

款 kuǎn 스타일, 타입을 세는 양사 | 商品 shāngpǐn 상품 | 正在 zhèngzài 지금 ~하고 있다 | 打折 dǎzhé 할인하다
유의 出售 chūshòu 판매하다　반의 购买 gòumǎi 구매하다

출제 포인트　독해 빈출 어휘 销售

销售는 HSK 5급 독해 부분에 자주 등장하는 어휘로, 주로 회사 경영과 관련된 설명문, 논설문 등에 출제된다.

예　做销售 영업하다 / 销售一空 완전히 다 팔았다
　　销售额 판매액 / 销售量 판매량 / 销售状况 판매 현황
　　销售员 외판원, 세일즈맨 / 销售部 판매부

反映
fǎnyìng

동 (상황이나 의견 등을) 전달하다, 보고하다
동 반영하다

▶ 저희는 고객들의 의견을 충분히 反应하여 상품을 제작하였습니다.

很多人反映他们店里的卫生状况不好。
Hěn duō rén fǎnyìng tāmen diàn li de wèishēng zhuàngkuàng bù hǎo. 많은 사람들이 그들 상점의 위생 상태가 좋지 않다고 전달했다.

那部电影反映了社会现实。
Nà bù diànyǐng fǎnyìngle shèhuì xiànshí.
그 영화는 사회 현실을 반영했다.

卫生 wèishēng 위생 | 状况 zhuàngkuàng 상태 | 部 bù 부, 편(영화 등을 세는 양사) | 电影 diànyǐng 영화 | 社会 shèhuì 사회 | 现实 xiànshí 현실

改革
gǎigé

동 개혁하다

▶ 사장님께서는 과감히 기존 업무 방식을 전면 改革하기로 하셨다.

大部分企业都需要改革。
Dàbùfen qǐyè dōu xūyào gǎigé.
대부분의 기업은 모두 개혁할 필요가 있다.

大部分 dàbùfen 대부분 | 企业 qǐyè 기업 | 需要 xūyào ~할 필요가 있다　유의 改造 gǎizào 개조하다

迅速
xùnsù

형 신속하다, 재빠르다

▶ 시장의 흐름에 따라 새로운 제품을 迅速하게 출시해야 합니다.

随着社会的发展，企业也应迅速做出新的选择。
Suízhe shèhuì de fāzhǎn, qǐyè yě yīng xùnsù zuòchū xīn de xuǎnzé. 사회의 발전에 따라, 기업도 신속하게 새로운 선택을 해야 한다.

随着 suízhe ~에 따라 | 应 yīng (마땅히) ~해야 한다 | 做 zuò (선택, 결정 등) 하다 | 新 xīn 새롭다 | 选择 xuǎnzé 선택

유의 快速 kuàisù 신속하다　　반의 缓慢 huǎnmàn 느리다

召开
zhàokāi

동 (회의를) 열다, 개최하다

▶ 내일 오후 이사진 회의를 召开할 예정입니다.

大家突然收到了下午召开紧急会议的通知。
Dàjiā tūrán shōudàole xiàwǔ zhàokāi jǐnjí huìyì de tōngzhī.
모두 갑자기 오후에 긴급회의를 한다는 통지를 받았다.

突然 tūrán 갑자기 | 收到 shōudào 받다 | 紧急 jǐnjí 긴급하다 | 会议 huìyì 회의 | 通知 tōngzhī 통지

宣布
xuānbù

동 공표하다, 선포하다

▶ 본부장님은 신년회 때 올해 목표 성장률이 5%라고 宣布하셨다.

老板宣布公司将于明年在中国建立分公司。
Lǎobǎn xuānbù gōngsī jiāng yú míngnián zài Zhōngguó jiànlì fēngōngsī.
사장님은 회사가 내년 중국에 지사를 설립할 것이라고 공표했다.

老板 lǎobǎn 사장 | 公司 gōngsī 회사 | 将 jiāng ~할 것이다 | 于 yú ~에 | 建立 jiànlì 설립하다 | 分公司 fēngōngsī 지사

유의 公布 gōngbù 공표하다, 공포하다

公布
gōngbù

동 공표하다, 공포하다

▶ 인사부에서 내일 드디어 승진 명단을 公布할 예정입니다.

新规定将在下个月中旬公布。
Xīn guīdìng jiāng zài xià ge yuè zhōngxún gōngbù.
새로운 규정은 다음 달 중순에 공표될 것이다.

新 xīn 새롭다 | 规定 guīdìng 규정 | 中旬 zhōngxún 중순

유의 宣布 xuānbù 공표하다, 선포하다

日程
rìchéng
명 일정

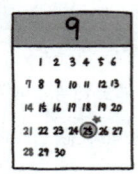

▶ 워크샵 日程이 변경되었으니 모두 확인해 주세요.

我已经把你出差的日程安排发给你了。
Wǒ yǐjīng bǎ nǐ chūchāi de rìchéng ānpái fāgěi nǐ le.
제가 이미 당신의 출장 일정을 당신께 보내 드렸습니다.

已经 yǐjīng 이미 | 把 bǎ ~을 | 出差 chūchāi 출장 가다 | 安排 ānpái 일정을 짜다 | 发 fā 보내다

成果
chéngguǒ
명 결과, 성과, 결실

▶ 이번 분기는 우리 팀의 成果가 가장 좋습니다.

设计师在向人们展示自己的成果。
Shèjìshī zài xiàng rénmen zhǎnshì zìjǐ de chéngguǒ.
디자이너는 자신의 성과물을 사람들에게 전시했다.

设计师 shèjìshī 디자이너 | 向 xiàng ~에게 | 展示 zhǎnshì 전시하다
유의 成绩 chéngjì 성과, 결과 / 成就 chéngjiù 결과, 성과

成就
chéngjiù
명 성취, 성과, 업적
동 (사업을) 이루다

▶ 그는 처음으로 거래처와의 계약을 성사하는 成就를 이뤄냈다.

他在科技领域的成就十分突出。
Tā zài kējì lǐngyù de chéngjiù shífēn tūchū.
그는 과학 기술 분야의 성과가 매우 돋보인다.

她最终成就了自己的事业。
Tā zuìzhōng chéngjiùle zìjǐ de shìyè.
그녀는 최종적으로 자신의 사업을 이루어 냈다.

科技 kējì 과학 기술 | 领域 lǐngyù 분야 | 十分 shífēn 매우 | 突出 tūchū 돋보이다 | 最终 zuìzhōng 최종 | 事业 shìyè 사업
유의 成绩 chéngjì 성과, 결과 / 成果 chéngguǒ 결과, 성과

유의어 비교   成果 vs 成就

두 단어의 뜻을 비슷하게 해석하는 경우가 있으나, 쓰임에 다소 차이가 있다. 成果는 업무, 사업의 성과, 수확 그리고 좋은 결실을 나타낸다. 成就는 일반적으로 사업상의 결실을 나타내며, 동사로도 쓰인다. 또한 건설, 과학 기술 방면에서 우수한 성과를 표현할 때에도 사용한다.

예   取得成果 성과를 얻다 / 劳动成果 노동 성과 /
　　 改革成果 개혁 성과
　　 取得成就 업적을 거두다 / 成就大业 대업을 이루다
　　 成就一番事业 사업을 이루다

相关
xiāngguān
동 상관이 있다, 서로 관련되다

▶ 회사의 성장은 직원들 개개인의 성장과도 밀접하게 相关한다.

招聘的条件是至少有三年的相关工作经验。
Zhāopìn de tiáojiàn shì zhìshǎo yǒu sān nián de xiāngguān gōngzuò jīngyàn.
모집 조건은 최소 3년 이상의 관련된 업무 경험이다.

招聘 zhāopìn 모집하다 | **条件** tiáojiàn 조건, 기준 | **至少** zhìshǎo 최소한 | **工作** gōngzuò 업무 | **经验** jīngyàn 경험

采取
cǎiqǔ
동 채택하다, 취하다

▶ 현재는 판매량 하락에 따른 대처 방안을 采取하는 것이 시급합니다.

我们应该迅速采取措施提高销售量。
Wǒmen yīnggāi xùnsù cǎiqǔ cuòshī tígāo xiāoshòuliàng.
우리는 신속히 조치를 취하여 판매량을 높여야 한다.

应该 yīnggāi (마땅히) ~해야 한다 | **迅速** xùnsù 신속하다 | **措施** cuòshī 조치, 대책 | **提高** tígāo 높이다 | **销售量** xiāoshòuliàng 판매량

> **유의어 비교** 采取 vs 采用
>
> 두 단어에 공통으로 들어간 采는 '채집하다', '모으다'라는 의미이다. 采取는 '(채택해서 조치 등을) 취하다'라는 의미로, 자주 출제되는 짝꿍 표현은 '采取措施(조치를 취하다)'이다. 采用은 '(채택한 방식을) 사용하다'라는 의미로, 자주 출제되는 짝꿍 표현은 '采用方式(방법을 채택하다)'이다.
>
> 예 **需要采取什么措施?** 어떤 조치가 필요합니까?
>   **迅速采取措施。** 신속하게 조치를 취하다.
>   **采用新销售的方式。** 새로운 판매 방식을 채택하다.
>   **采用了最新设备。** 최선 설비를 사용했다.

照常
zhàocháng
동 평소대로 하다

▶ 다음 주에 감사가 실시되니 이번 주말만 照常하게 근무합시다.

这家超市节假日也照常营业。
Zhè jiā chāoshì jiéjiàrì yě zhàocháng yíngyè.
이 슈퍼마켓은 공휴일에도 평소대로 영업을 한다.

家 jiā 집, 곳(집·상점·회사 등을 세는 양사) | **超市** chāoshì 슈퍼마켓 | **节假日** jiéjiàrì 공휴일 | **营业** yíngyè 영업하다

伙伴
huǒbàn

명 파트너, 친구, 동반자

▶ 이번 거래는 회사에서 지정한 伙伴과 함께 성사시켜야 합니다.

在任何情况下都要相信你的合作伙伴。
Zài rènhé qíngkuàng xià dōu yào xiāngxìn nǐ de hézuò huǒbàn.
어떤 상황에서도 당신의 협력 파트너를 믿어야 한다.

任何 rènhé 어떠한 | 情况 qíngkuàng 상황 | 相信 xiāngxìn 믿다 | 合作 hézuò 협력하다

信任
xìnrèn

동 신임하다, 신뢰하다

▶ 팀장님께서 나를 信任하시는 만큼 더 열심히 일해야겠다.

公司与员工互相信任，才能取得进步。
Gōngsī yǔ yuángōng hùxiāng xìnrèn, cái néng qǔdé jìnbù.
회사와 직원이 서로 신뢰해야 비로소 발전할 수 있다.

公司 gōngsī 회사 | 与 yǔ ~와/과 | 员工 yuángōng 직원 | 互相 hùxiāng 서로, 상호 | 取得 qǔdé 얻다, 취득하다 | 进步 jìnbù 발전하다
유의 相信 xiāngxìn 믿다, 신임하다
반의 怀疑 huáiyí 의심하다

合同
hétong

명 계약서

▶ 나는 오늘 새로 입사한 회사에서 근로 合同을 작성했어.

老板已经和出版社签了合同。
Lǎobǎn yǐjīng hé chūbǎnshè qiānle hétong.
사장님은 이미 출판사와 계약서에 사인했다.

老板 lǎobǎn 사장 | 已经 yǐjīng 이미 | 出版社 chūbǎnshè 출판사 | 签 qiān 사인하다

合作
hézuò

동 협력하다, 제휴하다

▶ 이번 신제품은 A사와 B사가 合作해서 출시했다.

希望我们以后能有更多的机会合作。
Xīwàng wǒmen yǐhòu néng yǒu gèng duō de jīhuì hézuò.
향후에 우리가 협력할 기회가 더 많기를 바랍니다.

希望 xīwàng 바라다 | 以后 yǐhòu 이후 | 机会 jīhuì 기회

期待
qīdài

동 기대하다, 기다리다

▶ 나는 하루 종일 입사 면접을 본 회사의 합격 소식을 期待하고 있다.

这次合作的结果值得期待。
Zhècì hézuò de jiéguǒ zhídé qīdài.
이번에 협력한 결과는 기대할 만하다.

合作 hézuò 협력하다 | 结果 jiéguǒ 결과 | 值得 zhídé ~할 만하다

办理
bànlǐ

동 처리하다, (수속을) 밟다

▶ 그는 혼자 주말에 출근하여 밀린 업무를 办理하였다.

请到人事部办理入职手续。
Qǐng dào rénshìbù bànlǐ rùzhí shǒuxù.
인사부에 가서 입사 수속을 밟아 주세요.

人事部 rénshìbù 인사부 | 入职 rùzhí 입사 | 手续 shǒuxù 수속
유의 处理 chǔlǐ 처리하다

占
zhàn

동 차지하다, 점령하다

▶ 알리바바는 중국에서 높은 인터넷 시장 점유율을 占하고 있다.

这家手机公司的产量占整个市场的一半儿。
Zhè jiā shǒujī gōngsī de chǎnliàng zhàn zhěnggè shìchǎng de yíbànr.
이 휴대폰 회사의 생산량은 전체 시장의 절반을 차지한다.

家 jiā 집, 곳(집·상점·회사 등을 세는 양사) | 手机 shǒujī 휴대폰 | 公司 gōngsī 회사 | 产量 chǎnliàng 생산량 | 整个 zhěnggè 전체 | 市场 shìchǎng 시장 | 一半儿 yíbànr 절반
참고 占有 zhànyǒu 점유하다

上当
shàngdàng

동 속다, 꾐에 빠지다, 사기를 당하다

▶ 그는 동업자의 거짓말에 上当하여 파산하고 말았다.

为了避免上当，要提前调查公司的情况。
Wèile bìmiǎn shàngdàng, yào tíqián diàochá gōngsī de qíngkuàng.
사기당하는 것을 피하기 위해서는 미리 회사의 상황을 조사해야 한다.

为了 wèile ~하기 위해 | 避免 bìmiǎn 피하다 | 提前 tíqián 앞당기다 | 调查 diàochá 조사하다 | 情况 qíngkuàng 상황

签
qiān
동 사인하다, 서명하다

▶ 계약서 제일 하단 이름 옆에 签해 주시면 됩니다.

签合同前，请您仔细阅读一下上面的要求。
Qiān hétong qián, qǐng nín zǐxì yuèdú yíxià shàngmiàn de yāoqiú.
계약서에 사인하기 전에, 위의 요구 사항을 자세히 읽어 보시기 바랍니다.

合同 hétong 계약서 | 仔细 zǐxì 자세하다 | 阅读 yuèdú 읽다 | 上面 shàngmiàn 위 | 要求 yāoqiú 요구(사항)

避免
bìmiǎn
동 피하다, 면하다

▶ 우리 회사는 다행히 부도는 避免했지만, 상당한 손실을 입었다.

为了避免损失，研究人员做了很多努力。
Wèile bìmiǎn sǔnshī, yánjiū rényuán zuòle hěn duō nǔlì.
손실을 면하기 위해, 연구원은 많은 노력을 기울였다.

为了 wèile ~하기 위해 | 损失 sǔnshī 손실, 손해 | 研究人员 yánjiū rényuán 연구원 | 努力 nǔlì 노력하다

面临
miànlín
동 (문제, 상황에) 직면하다, 당면하다

▶ 회사의 실적 부진으로 많은 직원들이 퇴사의 위기에 面临하였다.

即使公司面临破产，职员们也不会放弃。
Jíshǐ gōngsī miànlín pòchǎn, zhíyuánmen yě bú huì fàngqì.
회사가 파산에 직면하더라도, 직원들은 포기하지 않을 것이다.

即使A也B jíshǐ A yě B 설령 A하더라도 B하다 | 公司 gōngsī 회사 | 破产 pòchǎn 파산하다 | 职员 zhíyuán 직원 | 放弃 fàngqì 포기하다

关闭
guānbì
동 닫다
동 (기업 등이) 파산하다

▶ IMF 때 많은 건실한 기업들이 关闭하였다.

网络售票系统已经关闭。
Wǎngluò shòupiào xìtǒng yǐjīng guānbì.
인터넷 매표 시스템이 이미 닫혔다.

网络 wǎngluò 인터넷 | 售票 shòupiào 매표하다 | 系统 xìtǒng 시스템 | 已经 yǐjīng 이미
반의 开放 kāifàng 개방하다

破产
pòchǎn
동 파산하다, 부도나다

▶ 지속적인 경제 불황으로 많은 회사가 破产하고 있는 실정이다.

公司总裁正式宣布公司已经破产了。
Gōngsī zǒngcái zhèngshì xuānbù gōngsī yǐjīng pòchǎn le.
회사 총재는 회사가 이미 파산했다고 공식적으로 발표했다.

总裁 zǒngcái 총재 | 正式 zhèngshì 공식의 | 宣布 xuānbù 발표하다

导致
dǎozhì
동 (어떤 사태를) 야기하다, 초래하다

▶ 금융위기는 세계 경제가 위축되는 결과를 导致하였다.

是什么导致他们错过了这次重要的机会？
Shì shénme dǎozhì tāmen cuòguòle zhècì zhòngyào de jīhuì?
무엇이 그들이 이 중요한 기회를 놓치도록 만들었는가?

错过 cuòguò 놓치다 | 重要 zhòngyào 중요하다 | 机会 jīhuì 기회

后果
hòuguǒ
명 (주로 안 좋은) 결과

▶ 무리하게 일을 진행했더니 마이너스 성장이라는 后果를 낳았어.

扩建体育场后造成的后果由谁负责？
Kuòjiàn tǐyùchǎng hòu zàochéng de hòuguǒ yóu shéi fùzé?
운동장을 확장한 후에 발생한 결과는 누가 책임을 지나요?

扩建 kuòjiàn 확장하다 | 体育场 tǐyùchǎng 운동장, 스타디움 | 造成 zàochéng 발생하다 | 由A负责 yóu A fùzé A가 책임지다

> **유의어 비교** 成果 vs 结果 vs 后果
>
> 세 단어 모두 '결과'라는 뜻이지만, 成果는 '좋은 결과'를 나타내고, 结果는 '일반적인 결과' 그리고 后果는 '안 좋은 결과'를 뜻한다.
>
> 예 劳动成果 노동 성과 / 必然的结果 필연적인 결과
> 严重后果 심각한 결과

商务
shāngwù
명 비즈니스, 상무

▶ 요즘은 인터넷을 통한 商务 거래가 활발하게 이루어지고 있다.

阿里巴巴已成为中国最大的电子商务平台。
Ālǐbābā yǐ chéngwéi Zhōngguó zuì dà de diànzǐ shāngwù píngtái.
알리바바는 이미 중국의 최대 전자상거래 플랫폼이 되었다.

阿里巴巴 Ālǐbābā 알리바바(중국 인터넷 전자상거래 포털 사이트) | 已 yǐ 이미 | 成为 chéngwéi ~이 되다 | 电子商务 diànzǐ shāngwù 전자상거래 | 平台 píngtái 플랫폼

促使
cùshǐ

동 ~하도록 (재촉)하다, ~하게 (추진)하다

▶ 그의 외국어 능력은 그가 해외로 파견 나갈 수 있도록 促使했다.

经济的迅速发展促使很多企业转型。
Jīngjì de xùnsù fāzhǎn cùshǐ hěn duō qǐyè zhuǎnxíng.
경제의 빠른 발전은 많은 기업들의 구조 전환을 촉진시켰다.

经济 jīngjì 경제 | 迅速 xùnsù 재빠르다, 신속하다 | 转型 zhuǎnxíng (사회 경제 구조·문화 형태·가치관 등을) 전환하다

能干
nénggàn

형 유능하다, 일을 잘하다

▶ 팀장은 성격이 좋은 팀원보다 能干한 팀원을 선호한다.

公司需要既能干又勤奋的人。
Gōngsī xūyào jì nénggàn yòu qínfèn de rén.
회사는 능력도 있고 열심히 하는 사람이 필요하다.

公司 gōngsī 회사 | 需要 xūyào 필요하다 | 既A又B jì A yòu B A하고 B하다 | 勤奋 qínfèn 열심히 하다

반의 无能 wúnéng 무능하다

★ 보충단어   아래 단어들의 예문은 WEB단어장에서 확인할 수 있어요.

经商 jīngshāng 동 장사하다, 상업에 종사하다

轮流 lúnliú 동 차례로 (돌아가면서) 하다

批 pī 동 (관청에서 신청이) 허가되다, 통과되다   양 (많은 양의) 더미, 꾸러미, 무리

보충단어 WEB 단어장

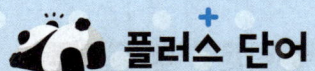

플러스 단어

고득점 합격이 목표라면 플러스단어까지 학습해 보세요.

회사 경영

大企业 dàqǐyè 대기업

中小企业 zhōngxiǎo qǐyè 중소기업

法人企业 fǎrén qǐyè 법인 기업

跨国公司 kuàguó gōngsī 다국적 기업

总公司 zǒnggōngsī 본사

子公司 zǐgōngsī 자회사

分公司 fēngōngsī 지사

连锁店 liánsuǒdiàn 체인점

特许经营 tèxǔ jīngyíng 프랜차이즈 경영

经营方针 jīngyíng fāngzhēn 경영 방침

经营权 jīngyíngquán 경영권

专有技术 zhuānyǒu jìshù 노하우, 독자적 기술

推出 tuīchū (신상품·신기술을) 내놓다, 출시하다

热销 rèxiāo 잘 팔리다

销量 xiāoliàng (상품의) 판매량

第一桶金 dì yī tǒng jīn 창업 후에 처음으로 번 돈, 첫 급여

协定 xiédìng 협정하다

经营不善 jīngyíng búshàn 경영 부실

滑坡 huápō 하락하다, 내려가다

收购 shōugòu 매입하다, 구입하다

데일리 테스트

고생하셨어요!
QR코드를 스캔하면 DAY01~DAY30 전체 데일리 테스트 PDF가 다운로드됩니다.

DAY 18
초고속 승진
#회사 조직 / #직책

HSK 5급 30일 합격 프로젝트

★ HSK 시험에 이렇게 나와요.
회사 조직과 관련된 주제는 HSK 5급 듣기와 독해 문제에 골고루 출제됩니다. 듣기 대화 유형에는 회사 동료들 간의 대화, 승진 또는 퇴사와 관련된 내용이 출제됩니다. 독해에는 회사의 책임자나 직원의 역할에 대한 내용 등이 주로 논설문의 형태로 출제됩니다.

음원 듣기

部门 bùmén	领导 lǐngdǎo	员工 yuángōng	主任 zhǔrèn	升 shēng
명 부, 부서	명 리더, 대표	명 직원	명 주임, 장	동 진급하다

成立
chénglì

동 (조직, 기구 등을) 창립하다, 설립하다

▶ 알리바바를 成立한 마윈은 세계 젊은이들의 롤모델이 되었다.

他通过自己的努力成立了一家小公司。
Tā tōngguò zìjǐ de nǔlì chénglìle yì jiā xiǎo gōngsī.
그는 자신의 노력을 통해 작은 회사 하나를 설립했다.

通过 tōngguò ~을 통해 | 努力 nǔlì 노력(하다) | 家 jiā 집, 곳(집·상점·회사 등을 세는 양사) | 公司 gōngsī 회사

유의 建立 jiànlì 창설하다, 건립하다

建设
jiànshè

동 건설하다, (새로운 사업을) 창립하다

▶ 우리는 내년에 베트남에 자회사를 建设할 생각입니다.

工厂在建设过程中应避免破坏环境。
Gōngchǎng zài jiànshè guòchéng zhōng yīng bìmiǎn pòhuài huánjìng.
공장은 건설 과정에서 환경을 파괴하는 것을 피해야 한다.

工厂 gōngchǎng 공장 | 过程 guòchéng 과정 | 应 yīng (마땅히) ~해야 한다 | 避免 bìmiǎn 피하다 | 破坏 pòhuài (건축물 등을) 파괴하다 | 环境 huánjìng 환경

유의 建造 jiànzào 건축하다, 세우다

组织
zǔzhī

동 조직하다, 준비하다
명 조직

▶ 회사의 부도를 막기 위해 비상 대책위원회가 组织되었다.

领导下周要组织大家去郊游。
Lǐngdǎo xià zhōu yào zǔzhī dàjiā qù jiāoyóu.
대표님은 다음 주에 모두가 교외로 소풍 가는 것을 준비하려고 한다.

所有生产食物的企业都要符合世界卫生组织的规定。
Suǒyǒu shēngchǎn shíwù de qǐyè dōu yào fúhé Shìjiè Wèishēng Zǔzhī de guīdìng.
음식을 생산하는 모든 기업은 세계보건기구의 규정에 부합되어야 한다.

领导 lǐngdǎo 대표, 책임자 | 下周 xià zhōu 다음 주 | 郊游 jiāoyóu 교외로 소풍 가다 | 所有 suǒyǒu 모든 | 生产 shēngchǎn 생산하다 | 食物 shíwù 음식물 | 企业 qǐyè 기업 | 符合 fúhé 부합하다 | 世界卫生组织 Shìjiè Wèishēng Zǔzhī 세계보건기구 | 规定 guīdìng 규정

组成
zǔchéng
동 구성하다, 조직하다

▶ 비밀번호는 여덟 자리 이상의 숫자와 영문으로 组成해야 한다.

这个公司由几个部门组成？
Zhège gōngsī yóu jǐ ge bùmén zǔchéng?
이 회사는 몇 개의 부서로 구성되어 있는가?

公司 gōngsī 회사 | 由 yóu ~으로 | 部门 bùmén 부서

属于
shǔyú
동 ~에 속하다

▶ 우리 회사는 엄밀히 보면 유통업이 아니라 물류업에 属于한다.

办公室里的东西不属于个人。
Bàngōngshì li de dōngxi bù shǔyú gèrén.
사무실 안의 물건은 개인의 것이 아니다.

办公室 bàngōngshì 사무실 | 东西 dōngxi 물건 | 个人 gèrén 개인

> **출제 포인트** 　독해 빈출 어휘 属于
>
> 属于는 '~에 속하다'라는 의미로, 뒤에 '(범위나 성질 등에) 속하는 내용'이 목적어로 온다. 독해 문제의 질문이 [下列哪项属于 + 내용]의 패턴으로 자주 출제되는데, 이때는 보기를 지문과 하나씩 대조하여 답을 찾으면 된다.
>
> 예 **下列哪项属于他的爱好？**
> 　　아래 어떤 보기가 그의 취미에 해당하는가?

注册
zhùcè
동 (기관·단체·학교 등에) 등록하다, 가입하다

▶ 나 다이어트하려고 어제 회사 헬스장에 1년 注册했어.

您只需注册成为本店会员，就能参加优惠活动。
Nín zhǐ xū zhùcè chéngwéi běn diàn huìyuán, jiù néng cānjiā yōuhuì huódòng.
저희 가게의 회원으로 등록하시기만 하면, 바로 할인 행사에 참여하실 수 있습니다.

只 zhǐ 다만, 단지 | 需 xū 필요하다 | 成为 chéngwéi ~가 되다 | 本店 běn diàn 본점 | 会员 huìyuán 회원 | 参加 cānjiā 참가하다 | 优惠活动 yōuhuì huódòng 할인 행사

大型
dàxíng
- 형 대형의

▶ 이번 주부터 우리 집 근처 大型 마트에서 할인 행사를 진행한다.

下周我们公司将举办大型文艺活动。
Xià zhōu wǒmen gōngsī jiāng jǔbàn dàxíng wényì huódòng.
다음 주에 우리 회사에서 대규모 문예 행사를 개최할 것이다.

下周 xià zhōu 다음 주 | 公司 gōngsī 회사 | 将 jiāng (장차) ~할 것이다 | 举办 jǔbàn 개최하다 | 文艺 wényì 문예 | 活动 huódòng 행사
반의 小型 xiǎoxíng 소형의

企业
qǐyè
- 명 기업

▶ 경기가 회복되면서 많은 기업들이 공개 채용을 하고 있다.

广告是促进企业销售的形式之一。
Guǎnggào shì cùjìn qǐyè xiāoshòu de xíngshì zhī yī.
광고는 기업의 판매를 촉진하는 형태 중의 하나이다.

广告 guǎnggào 광고 | 促进 cùjìn 촉진하다 | 销售 xiāoshòu 판매하다 | 形式 xíngshì 형식, 형태 | 之一 zhī yī ~ 중의 하나

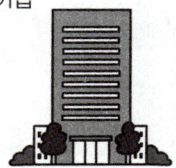

工业
gōngyè
- 명 공업

▶ 工业와 농업은 서로 관련되어 있고, 서로 의존하는 관계이다.

现代工业的发展速度很快。
Xiàndài gōngyè de fāzhǎn sùdù hěn kuài.
현대 공업의 발전하는 속도가 빠르다.

现代 xiàndài 현대 | 发展 fāzhǎn 발전하다 | 速度 sùdù 속도

工厂
gōngchǎng
- 명 공장

▶ 우리 회사는 중국에 있는 工厂을 조만간 베트남으로 옮길 것이다.

这家工厂有几千个工人。
Zhè jiā gōngchǎng yǒu jǐ qiān ge gōngrén.
이 공장에는 몇천 명의 노동자가 있다.

工人 gōngrén 노동자

结构
jiégòu
명 구조, 구성

▶ 이 제품은 结构가 간단하여 가격이 싸고 고장이 적다.

这座建筑的结构设计非常合理。
Zhè zuò jiànzhù de jiégòu shèjì fēicháng hélǐ.
이 건축물의 구조 설계는 매우 합리적이다.

座 zuò 동, 채(건물을 세는 양사) | 建筑 jiànzhù 건축물 | 设计 shèjì 설계 | 合理 hélǐ 합리적이다

部门
bùmén
명 부, 부서

▶ 그녀는 이번 조직 개편에서 홍보 部门으로 발령받았다.

每个部门负责的业务不同。
Měi ge bùmén fùzé de yèwù bùtóng.
모든 부서에서 책임지는 업무는 다르다.

负责 fùzé 책임지다 | 业务 yèwù 업무 | 不同 bùtóng 다르다

核心
héxīn
명 핵심

▶ 능력 있는 그가 일하는 부서는 그 회사의 核心 부서이다.

想了解核心技术并不简单。
Xiǎng liǎojiě héxīn jìshù bìng bù jiǎndān.
핵심 기술을 이해하고 싶지만 결코 간단하지 않다.

了解 liǎojiě 이해하다 | 技术 jìshù 기술 | 并 bìng 결코 | 简单 jiǎndān 간단하다

유의 中心 zhōngxīn 중심

范围
fànwéi
명 범위

▶ 중국 완다그룹은 부동산 기업이지만 다양한 분야로 그 范围를 확장했다.

那些项目不属于我们的业务范围。
Nàxiē xiàngmù bù shǔyú wǒmen de yèwù fànwéi.
그 프로젝트들은 우리 업무 범위에 속하지 않는다.

项目 xiàngmù 프로젝트 | 属于 shǔyú ~에 속하다 | 业务 yèwù 업무

유의 范畴 fànchóu 범주
유의 领域 lǐngyù 영역

整个
zhěnggè
형 온, 전체

▶ 회사의 整个 사무실마다 스캐너와 복사기가 비치되어 있어요.

整个大厦都是建筑方面的办公室。
Zhěnggè dàshà dōu shì jiànzhù fāngmiàn de bàngōngshì.
빌딩 전체가 모두 건축 분야의 사무실이다.

大厦 dàshà (고층·대형) 건물, 빌딩 | 建筑 jiànzhù 건축 | 方面 fāngmiàn 분야, 방면 | 办公室 bàngōngshì 사무실

行业
hángyè
명 직업, 업종

▶ 그는 음식 行业에 종사한 지 어언 30년이 넘었다.

服装设计是最近很受欢迎的行业。
Fúzhuāng shèjì shì zuìjìn hěn shòu huānyíng de hángyè.
의상 디자인은 요즘 인기 있는 업종이다.

服装 fúzhuāng 의상, 의류 | 设计 shèjì 디자인 | 最近 zuìjìn 요즘 | 受欢迎 shòu huānyíng 환영을 받다, 인기 있다

유의 职业 zhíyè 직업
유의 行当(儿) hángdang(r) 직업, 직종

> **출제 포인트** 독해 빈출 어휘 **行业**
>
> HSK 5급 독해에는 '……行业'라는 표현과 함께 해당 업종을 설명하는 문제가 출제된다. 중요한 단어를 먼저 체크하면 지문 파악이 빨라지므로 미리 알아 두자.
>
> 예 汽车行业 자동차 업종 / 服装设计行业 패션디자인 업종
> 建筑行业 건축 업종 / 计算机行业 컴퓨터 업종
> 模特儿行业 모델 업종 / 信息通讯行业 정보통신 업종

单位
dānwèi
명 회사, 기업, 단체

▶ 또 컴퓨터가 말썽이네. 빨리 그 单位 서비스 센터에 연락 좀 해 봐.

那两家单位竞争非常激烈。
Nà liǎng jiā dānwèi jìngzhēng fēicháng jīliè.
그 두 회사는 경쟁이 매우 치열하다.

家 jiā 집, 곳(집·상점·회사 등을 세는 양사) | 竞争 jìngzhēng 경쟁 | 激烈 jīliè 치열하다

地位
dìwèi
명 (사회적) 지위, 위치

▶ 아빠는 회사에서의 地位가 부장으로 승진했다.

社会地位高低与家庭幸福无关。
Shèhuì dìwèi gāodī yǔ jiātíng xìngfú wúguān.
사회 지위가 높고 낮음은 가정의 행복과 무관하다.

社会 shèhuì 사회 | 高低 gāodī 높고 낮다 | 与 yǔ ~와/과 | 家庭 jiātíng 가정 | 幸福 xìngfú 행복 | 无关 wúguān 무관하다

集体
jítǐ
명 집단, 단체

▶ 신입사원들은 입사 전에 集体로 교육을 받을 것입니다.

重要的计划都是通过集体讨论后决定的。
Zhòngyào de jìhuà dōu shì tōngguò jítǐ tǎolùn hòu juédìng de.
중요한 계획은 모두 단체 토론을 거친 후에 결정된다.

重要 zhòngyào 중요하다 | 计划 jìhuà 계획 | 通过 tōngguò ~을 통해 | 讨论 tǎolùn 토론하다 | 决定 juédìng 결정하다

整体
zhěngtǐ
명 전체, 전부

▶ 이번 프로젝트의 성공은 우리 팀원 整体가 노력한 결과입니다.

个人的业务能力会影响整体的成绩。
Gèrén de yèwù nénglì huì yǐngxiǎng zhěngtǐ de chéngjì.
개인의 업무 능력은 전체 성과에 영향을 미칠 수 있다.

个人 gèrén 개인 | 业务 yèwù 업무 | 能力 nénglì 능력 | 影响 yǐngxiǎng 영향을 주다 | 成绩 chéngjì 성적, 성과

本质
běnzhì
명 본질, 본성

▶ 전년 대비 실적 하락의 本质적인 원인은 무엇이라고 생각합니까?

这项活动的本质是促进交流。
Zhè xiàng huódòng de běnzhì shì cùjìn jiāoliú.
이번 활동의 본질은 교류를 촉진하는 것이다.

项 xiàng 가지, 항목을 세는 양사 | 活动 huódòng 활동 | 促进 cùjìn 촉진하다 | 交流 jiāoliú 교류하다

반의 表面 biǎomiàn 표면 / 现象 xiànxiàng 현상

升
shēng

동 올리다, 진급하다
동 오르다, 떠오르다

▶ 그는 이번 프로젝트에 성공해야 차장으로 升할 수 있다.

想要尽快升职，就应该努力工作。
Xiǎngyào jǐnkuài shēngzhí, jiù yīnggāi nǔlì gōngzuò.
되도록 빨리 승진하고 싶다면, 열심히 일해야 한다.

5点太阳就从东海慢慢儿地升起来了。
Wǔ diǎn tàiyáng jiù cóng dōnghǎi mànmānr de shēng qǐlai le.
5시에 태양이 바로 동해에서 천천히 떠올랐다.

想要 xiǎngyào ~하려고 하다 | 尽快 jǐnkuài 되도록 빨리 | 升职 shēngzhí 승진하다 | 应该 yīnggāi (마땅히) ~해야 한다 | 努力 nǔlì 열심히 하다 | 工作 gōngzuò 일하다 | 点 diǎn 시 | 太阳 tàiyáng 태양 | 起来 qǐlai 동사 뒤에 쓰여 위로 향함을 나타냄
반의 降 jiàng 내리다

> **출제 포인트** 升과 결합된 기출 어휘
>
> 升은 일반적으로 아래에서 위로 올라가는 것을 의미하고, 다른 글자와 결합하여 여러 가지 의미를 나타내기도 한다. 그중 提升은 인지도나 행복감 등 추상적인 목적어가 오면 정도를 높이는 것을 나타낸다.
>
> 예 升职 승진하다 / 提升 진급하다 / 上升 상승하다 / 升级 승급하다
> 提升知名度 인지도를 높이다 / 温度上升 온도가 올라가다
> 气温升高 기온이 높이 오르다

人事
rénshì

명 인사

▶ 곧 人事과에서 당신의 해외 지사 발령을 공지할 것입니다.

人事部负责新员工的招聘工作。
Rénshìbù fùzé xīn yuángōng de zhāopìn gōngzuò.
인사부는 신입사원의 채용 업무를 담당한다.

人事部 rénshìbù 인사부 | 负责 fùzé 책임지다

主任
zhǔrèn

명 주임, 장

▶ 우리 공장의 主任은 모든 일에 철두철미해서 믿음이 갑니다.

主任对所有职员都很严格。
Zhǔrèn duì suǒyǒu zhíyuán dōu hěn yángé.
주임은 모든 직원에게 엄격하다.

所有 suǒyǒu 모든 | 职员 zhíyuán 직원 | 严格 yángé 엄격하다

领导
lǐngdǎo
몡 지도자, 리더, 대표

▶ 젊고 능력 있는 우리 회사 领导의 은퇴 소식에 모두가 놀랐다.

下个星期的会议被领导取消了。
Xià ge xīngqī de huìyì bèi lǐngdǎo qǔxiāo le.
다음 주 회의가 대표님에 의해 취소되었다.

星期 xīngqī 주, 주일 | 会议 huìyì 회의 | 被 bèi ~에 의해 ~을 당하다 | 取消 qǔxiāo 취소하다

代表
dàibiǎo
동 대표하다, 대신하다
명 대표, 대표자

▶ 개개인 모두가 회사의 代表라는 마음가짐으로 일해 주세요.

那家企业是可以代表我国文化的企业。
Nà jiā qǐyè shì kěyǐ dàibiǎo wǒ guó wénhuà de qǐyè.
그 기업은 우리나라 문화를 대표할 수 있는 기업이다.

金妍儿作为韩国的代表参加了奥运会。
Jīn Yán'ér zuòwéi Hánguó de dàibiǎo cānjiāle Àoyùnhuì.
김연아는 한국의 대표로 올림픽에 참가했다.

家 jiā 집, 곳(집·상점·회사 등을 세는 양사) | 企业 qǐyè 기업 | 我国 wǒ guó 우리나라 | 文化 wénhuà 문화 | 作为 zuòwéi ~로서 | 参加 cānjiā 참가하다 | 奥运会 Àoyùnhuì 올림픽

> **출제 포인트** 代表의 다양한 쓰임
>
> 代表는 기관이나 단체 등의 대표 또는 대표로 어떤 일을 하는 것을 나타내며, 독해 부분에 회사 경영이나 국가간 대표단 파견 등의 내용을 담은 설명문이나 논설문으로 자주 출제된다. 또한, 작가의 대표작 또는 작품의 대표 인물 등을 다룬 예술과 관련된 설명문 등에도 등장한다. 代表의 쓰임이 다양하므로, 기출 어휘들을 확인하고 넘어가자.
>
> 예 国家政治代表 국가 정치 대표 / 代表团 대표단
> 代表作 대표작 / 代表人物 대표 인물

总裁
zǒngcái
명 (기업의) 총수

▶ 그는 비록 어린 나이이지만 기업 总裁의 역할을 잘 수행하고 있다.

总裁命令部门经理处理这些问题。
Zǒngcái mìnglìng bùmén jīnglǐ chǔlǐ zhèxiē wèntí.
총수는 부서장들에게 이 문제들을 해결하라고 명령했다.

命令 mìnglìng 명령하다 | 部门 bùmén 부서 | 经理 jīnglǐ 책임자, 사장 | 处理 chǔlǐ 해결하다 | 问题 wèntí 문제

老板
lǎobǎn
명 사장

▶ 老板께서는 어제 오후 상하이로 출장 가셨습니다.

请转告老板今天的会议日程。
Qǐng zhuǎngào lǎobǎn jīntiān de huìyì rìchéng.
사장님께 오늘의 회의 일정을 전해 주세요.

转告 zhuǎngào 전하다 | 会议 huìyì 회의 | 日程 rìchéng 일정

秘书
mìshū
명 비서

▶ 자세한 일정과 준비 서류는 제 秘书가 전달해 드릴 겁니다.

秘书去机场接来自外国的客人了。
Mìshū qù jīchǎng jiē láizì wàiguó de kèrén le.
비서는 공항에 가서 외국에서 온 손님들을 마중하였다.

机场 jīchǎng 공항 | 接 jiē 마중하다 | 来自 láizì ~에서 오다 | 外国 wàiguó 외국 | 客人 kèrén 손님

人员
rényuán
명 인원

▶ 마케팅 부서의 人员은 인사 부서보다 두 배나 많다.

由于工作人员过少，所以公司要招聘新员工。
Yóuyú gōngzuò rényuán guò shǎo, suǒyǐ gōngsī yào zhāopìn xīn yuángōng.
직원이 너무 적기 때문에, 회사는 신입사원을 채용해야 한다.

由于A，所以B yóuyú A, suǒyǐ B A 때문에, 그래서 B하다 | 工作人员 gōngzuò rényuán 직원 | 过 guò 너무, 지나치게 | 公司 gōngsī 회사 | 招聘 zhāopìn 모집하다, 채용하다 | 新员工 xīn yuángōng 신입사원

> **출제 포인트** 직업, 신분을 나타내는 어휘
>
> 人员은 어떤 직무를 맡거나 신분을 갖춘 사람을 나타낸다. '工作人员(직원)'이라는 표현이 자주 등장하지만, 그 외에 다른 직업이나 신분을 나타내기도 하므로, 기출 어휘들을 체크하고 넘어가자.
>
> 예 研究人员 연구원 / 医务人员 의료진
> 电话营销人员 전화 통신판매원
> 高管人员 임원 / 应聘人员 입사 지원자

工人
gōngrén
명 노동자

▶ 우리 회사는 工人들의 복지를 최우선으로 여깁니다.

工人们终于按时完成了任务。
Gōngrénmen zhōngyú ànshí wánchéngle rènwu.
노동자들은 드디어 제시간에 임무를 완수했다.

终于 zhōngyú 드디어 | 按时 ànshí 제때에 | 完成 wánchéng 완수하다 | 任务 rènwu 임무

员工
yuángōng
명 직원

▶ 저희 사장님은 많은 员工의 존경을 받고 있어요.

新来的员工对业务还不太熟悉。
Xīn lái de yuángōng duì yèwù hái bú tài shúxī.
새로 온 직원은 업무에 대해 그다지 익숙하지 않다.

新来 xīn lái 새로 오다 | 业务 yèwù 업무 | 不太 bú tài 그다지 ~하지 않다 | 熟悉 shúxī 익숙하다

培训
péixùn
동 훈련하다, 양성하다

▶ 이번 培训을 통해 근로자의 생산성이 크게 높아졌다.

公司将于下个月中旬开始对新人进行培训。
Gōngsī jiāng yú xià ge yuè zhōngxún kāishǐ duì xīnrén jìnxíng péixùn.
회사는 다음 달 중순에 신입에 대한 교육을 시작할 것이다.

公司 gōngsī 회사 | 将 jiāng (장차) ~할 것이다 | 于 yú ~에 | 中旬 zhōngxún 중순 | 开始 kāishǐ 시작하다 | 新人 xīnrén 신입 | 进行 jìnxíng 진행하다

유의 训练 xùnliàn 훈련하다, 훈련시키다

> **유의어 비교   培训 vs 养成**
>
> 培训은 기술자, 전문 경영인 등 직원이나 인재들을 교육시키거나 훈련시키는 것을 표현하므로, 일반적으로 사람이 목적어가 된다. 그에 반해 养成은 행동, 습관 등 무의식적으로 받아들이는 것을 표현하기 때문에 목적어로 '습관', '버릇', '태도' 등이 쓰인다. 두 단어의 짝꿍 어휘를 함께 익혀 두면 독해와 작문 문제 풀이에 도움이 된다.
>
> 예 培训职工 직원을 훈련하다 / 培训人才 인재를 기르다
>   养成人才 (×)
>   养成好习惯 좋은 습관을 기르다 / 培训习惯 (×)
>   养成阅读的习惯 읽는 습관을 기르다

人才
réncái
명 인재

▶ 경력자를 급히 구하는데, 人才가 있으면 추천해 주시겠어요?

公司应该注重人才的培养问题。
Gōngsī yīnggāi zhùzhòng réncái de péiyǎng wèntí.
회사는 인재의 양성 문제를 중시해야 한다.

应该 yīnggāi (마땅히) ~해야 한다 | 注重 zhùzhòng 중시하다 | 培养 péiyǎng 양성하다 | 问题 wèntí 문제

待遇
dàiyù
명 대우, 대접

▶ 우리 회사는 직원 복지와 待遇가 좋아서 퇴사율이 낮습니다.

这里的待遇和工作环境都挺不错的。
Zhèlǐ de dàiyù hé gōngzuò huánjìng dōu tǐng búcuò de.
이곳의 대우와 업무 환경은 모두 꽤 괜찮다.

工作 gōngzuò 업무 | 环境 huánjìng 환경 | 挺 tǐng 매우 | 不错 búcuò 좋다, 괜찮다

建立
jiànlì
동 건립하다, 수립하다, 형성하다

▶ 저희 회사는 올해 베이징에 서비스 센터를 建立할 계획입니다.

多次的合作使我们建立了信任。
Duō cì de hézuò shǐ wǒmen jiànlìle xìnrèn.
여러 번의 협력은 우리에게 신뢰를 형성하게 했다.

多次 duō cì 여러 번 | 合作 hézuò 협력하다 | 使 shǐ ~에게 ~하게 하다 | 信任 xìnrèn 신임하다, 신뢰하다

유의 成立 chénglì 창립하다, 설립하다

鼓舞
gǔwǔ
동 격려하다, 고무하다

▶ 사장님은 야근하는 직원들에게 야식을 시켜 주며 鼓舞하셨다.

大家受到了鼓舞，所以更努力工作。
Dàjiā shòudàole gǔwǔ, suǒyǐ gèng nǔlì gōngzuò.
모두들 격려를 받아서, 더욱 열심히 일한다.

受到 shòudào 받다 | 所以 suǒyǐ 그래서 | 努力 nǔlì 열심히 하다 | 工作 gōngzuò 일하다

유의 鼓励 gǔlì 격려하다

指导 zhǐdǎo
동 지도하다, 이끌어 주다

▶ 내 사수는 처음 프로젝트를 맡게 된 나에게 차근차근 지도해 주었다.

金部长指导员工完成了工作。
Jīn bùzhǎng zhǐdǎo yuángōng wánchéngle gōngzuò.
김 부장님은 직원을 지도해 업무를 완성하셨다.

部长 bùzhǎng 부장 | 员工 yuángōng 직원 | 完成 wánchéng 완성하다 | 工作 gōngzuò 업무

辞职 cízhí
동 사직하다, 직장을 그만두다

▶ 엄마는 새로운 일에 도전하기 위해 오래 다니던 회사를 辞职하셨다.

丽丽因个人原因而向公司辞职。
Lìlì yīn gèrén yuányīn ér xiàng gōngsī cízhí.
리리는 개인적인 이유로 회사를 그만두었다.

因A而B yīn A ér B A로 인해 B하다 | 个人 gèrén 개인 | 原因 yuányīn 원인 | 向 xiàng ~에게 | 公司 gōngsī 회사

退休 tuìxiū
동 퇴직하다, 퇴임하다

▶ 오늘 아버지께서는 평생 다니신 직장을 退休하셨다.

退休前，他负责管理工作。
Tuìxiū qián, tā fùzé guǎnlǐ gōngzuò.
퇴직 전에, 그는 관리 업무를 맡았다.

负责 fùzé 책임지다 | 管理 guǎnlǐ 관리하다

★보충단어
아래 단어들의 예문은 WEB단어장에서 확인할 수 있어요.

名片 míngpiàn 명 명함
甲 jiǎ 명 갑, 첫째
乙 yǐ 명 을, 두 번째

보충단어 WEB 단어장

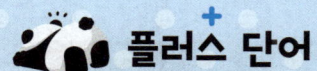 ## 플러스 단어

고득점 합격이 목표라면 플러스단어까지 학습해 보세요.

회사 조직

董事会 dǒngshìhuì 이사회
法务部 fǎwùbù 법무부
会计部 kuàijìbù 경리부, 회계부
总务部 zǒngwùbù 총무부
企划部 qǐhuàbù 기획부
开发部 kāifābù 개발 사업부
市场部 shìchǎngbù 마케팅부
营业部 yíngyèbù 영업부
信访办 xìnfǎngbàn
서신과 방문을 통한 관리 상담 부서
审计部门 shěnjì bùmén
감사부

회사 직책

理事 lǐshì 이사
审计师 shěnjìshī 감사원
室长 shìzhǎng 실장
部长 bùzhǎng 부장
次长 cìzhǎng 차장
科长 kēzhǎng 과장
代理 dàilǐ 대리
正式员工 zhèngshì yuángōng
정규직
合同制员工
hétongzhì yuángōng 계약직
临时钟点工
línshí zhōngdiǎngōng
(임시) 시간제, 파트 타임

데일리 테스트

고생하셨어요!
QR코드를 스캔하면 DAY01~DAY30
전체 데일리 테스트 PDF가
다운로드됩니다.

DAY 19

지금 이순간
#시간 #시점

HSK 5급 30일 합격 프로젝트

★ HSK 시험에 이렇게 나와요.
시간에 관련된 어휘는 사건 발생의 시점(현재, 미래 완료 등)을 나타내기 때문에 내용 파악에 중요한 역할을 합니다. 듣기 대화 유형에는 비슷하거나 반대되는 표현을 찾는 문제가 출제되며, 독해 1부분에는 비슷한 어휘를 구분하는 문제가 자주 출제됩니다.

| 日期
rìqī
몡 날짜, 기간 | 中旬
zhōngxún
몡 중순 | 赶紧
gǎnjǐn
튀 서둘러, 재빨리 | 立即
lìjí
튀 곧, 즉시 |

日期
rìqī
명 날짜, 기간

▶ 네가 베이징으로 유학 떠나는 日期가 언제니?

王总裁的婚礼日期定了吗?
Wáng zǒngcái de hūnlǐ rìqī dìngle ma?
왕 총재님의 결혼식 날짜가 정해졌나요?

总裁 zǒngcái 총재 | 婚礼 hūnlǐ 결혼식 | 定 dìng 정하다

출제 포인트 ▶ 듣기 빈출 어휘 **日期**

日期는 어떤 일이 일어나는 특정 날짜를 가리키며, [특정 행동(동사)+日期]의 패턴으로 쓴다. 특히 HSK 5급 듣기 1부분에 특정일에 대한 대화 내용이 자주 출제된다. 시험에 나오는 날짜 관련 어휘들을 익혀 두자.

예 **生产日期** 생산 날짜 / **婚礼日期** 결혼 날짜
　　出版日期 출판 날짜 / **举办日期** 개최 날짜

日子
rìzi
명 날짜, 시간, 기간, 시절

▶ 유럽 여행에서 너와 보냈던 日子는 정말 잊지 못할 거야.

这些日子真是辛苦你了!
Zhèxiē rìzi zhēnshi xīnkǔ nǐ le!
요 며칠 정말 고생하셨습니다!

真是 zhēnshi 정말, 실로(강조를 나타냄) | 辛苦 xīnkǔ 고생스럽다

如今
rújīn
명 지금, 현재

▶ 10년 전과 비교해 如今의 과학 기술은 정말 많이 발전했다.

如今农村的生活也越来越好。
Rújīn nóngcūn de shēnghuó yě yuèláiyuè hǎo.
지금은 농촌의 생활도 점점 좋아지고 있다.

农村 nóngcūn 농촌 | 生活 shēnghuó 생활 | 越来越 yuèláiyuè 점점
유의 现在 xiànzài 현재　**유의** 目前 mùqián 현재

时差
shíchā
명 시차

▶ 귀국하고서 时差 적응이 안 되어 한동안 낮에 졸았다.

刚到美国那两天,我一直在倒时差。
Gāng dào Měiguó nà liǎng tiān, wǒ yìzhí zài dǎo shíchā.
미국에 막 도착한 그 이틀 동안, 나는 계속 시차 적응을 하고 있다.

刚 gāng 막 | 美国 Měiguó 미국 | 一直 yìzhí 계속 | 在 zài ~하고 있다
| 倒时差 dǎo shíchā 시차 적응

目前
mùqián
명 현재, 지금

▶ 목前 나는 다시 회사로 복귀할 생각이 없다.

我有开公司的计划，但是目前资金不足。
Wǒ yǒu kāi gōngsī de jìhuà, dànshì mùqián zījīn bùzú.
나는 회사를 차릴 계획이 있지만, 현재 자금이 부족하다.

开 kāi 창립하다, 열다 | 公司 gōngsī 회사 | 计划 jìhuà 계획 | 但是 dànshì 그러나 | 资金 zījīn 자금 | 不足 bùzú 부족하다
유의 现在 xiànzài 현재
유의 如今 rújīn 현재

至今
zhìjīn
부 지금까지, 여태껏

▶ 난 至今 HSK 5급 시험을 다섯 번이나 봤어.

自行车发明至今，已经有一百多年的历史了。
Zìxíngchē fāmíng zhìjīn, yǐjīng yǒu yìbǎi duō nián de lìshǐ le.
자전거는 발명부터 지금까지, 이미 백여 년의 역사가 있다.

自行车 zìxíngchē 자전거 | 发明 fāmíng 발명(하다) | 已经 yǐjīng 이미 | 多 duō ~여(어림수를 나타냄) | 历史 lìshǐ 역사

时期
shíqī
명 시기

▶ 청소년기는 자신의 정체성을 확립하는 时期이다.

大学时期应该多参加一些社会活动。
Dàxué shíqī yīnggāi duō cānjiā yìxiē shèhuì huódòng.
대학교 시기에는 사회 활동에 많이 참가해야 한다.

大学 dàxué 대학 | 应该 yīnggāi (마땅히) ~해야 한다 | 参加 cānjiā 참가하다 | 社会 shèhuì 사회 | 活动 huódòng 활동
유의 期间 qījiān 기간

缩短
suōduǎn
동 (원래의 거리·시간·길이 등을) 단축하다, 줄이다

▶ 비행기는 나라와 나라 사이의 이동 시간을 엄청나게 缩短했다.

坐地铁缩短了我的上班时间。
Zuò dìtiě suōduǎnle wǒ de shàngbān shíjiān.
지하철을 타는 것은 나의 출근 시간을 단축시켰다.

地铁 dìtiě 지하철 | 上班 shàngbān 출근하다

期间
qījiān
명 기간, 시간

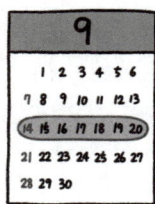

▶ 나는 유학 期间 동안 많은 외국인 친구들을 사귀었다.

妹妹想在寒假期间学一门乐器。
Mèimei xiǎng zài hánjià qījiān xué yì mén yuèqì.
여동생은 겨울 방학 기간에 악기를 배우고 싶어 한다.

寒假 hánjià 겨울 방학 | **门** mén 과목(학문 등에 쓰이는 양사) | **乐器** yuèqì 악기　〈유의〉 **时期** shíqī 시기 / **时间** shíjiān 시간

> **유의어 비교**　期间 vs 时间
>
> 期间은 어떤 특정한 기간이나 정해진 기간을 의미하며, [특정한 날+期间]의 패턴을 써서, '(어떤) 기간'이라는 뜻을 나타낸다.
>
> 예 **暑假期间** 방학 기간 / **春节期间** 춘절 기간
> 　 **大学期间** 대학 기간
>
> 时间은 지금까지 이어지는 일정한 시간이나 구체적으로 특징이 있는 시기를 의미하며, [구체적 특징+时间]의 패턴을 써서, '(어떠한) 시간'이라는 뜻을 나타낸다.
>
> 예 **长时间** 긴 시간 / **营业时间** 영업 시간

时刻
shíkè
명 순간, 시각

▶ 늦었다고 생각하는 지금이 바로 중요한 时刻이다.

比赛进行到了关键时刻，观众们都特别紧张。
Bǐsài jìnxíng dàole guānjiàn shíkè, guānzhòngmen dōu tèbié jǐnzhāng.
경기가 매우 중요한 순간에 다다르자, 관객들은 모두 더욱 긴장했다.

比赛 bǐsài 경기 | **进行** jìnxíng 진행하다 | **到** dào ~에 이르다, 도달하다 | **关键** guānjiàn 매우 중요한 | **观众** guānzhòng 관중 | **特别** tèbié 특히, 더욱 | **紧张** jǐnzhāng 긴장해 있다
〈유의〉 **时间** shíjiān 시간　〈유의〉 **时候** shíhou 때, 시각

度过
dùguò
동 (시간을) 보내다, 지내다, 넘기다

▶ 나는 친구와 유럽 여행을 하며 여름방학을 度过했어.

我们一家人在海洋公园度过了愉快的一天。
Wǒmen yìjiārén zài hǎiyáng gōngyuán dùguòle yúkuài de yìtiān.
우리 가족은 해양공원에서 즐거운 하루를 보냈다.

一家人 yìjiārén 한집안 식구, 가족 | **海洋公园** hǎiyáng gōngyuán 해양공원 | **愉快** yúkuài 즐겁다 | **一天** yìtiān 하루

元旦
Yuándàn

고유 양력 1월 1일, 신정

▶ 한국에서는 제야의 종소리를 들으며 元旦을 맞이한다.

元旦期间那家百货商店有打折活动。
Yuándàn qījiān nà jiā bǎihuò shāngdiàn yǒu dǎzhé huódòng.
신정 기간에 그 백화점은 세일 행사를 한다.

期间 qījiān 기간 | **家** jiā 집, 곳(집·상점·회사 등을 세는 양사) | **百货商店** bǎihuò shāngdiàn 백화점 | **打折** dǎzhé 세일 | **活动** huódòng 행사
참고 **春节** Chūnjié 춘절, 설(음력 1월 1일)

> **배경 지식** 중국의 명절 元旦
>
> 元旦은 양력 1월 1일로, 구정인 '春节(음력 1월 1일)'보다는 덜 성대하지만, 이날에도 많은 행사가 진행된다. 보통 전날 밤에는 액운을 물리치기 위해 폭죽(爆竹)을 터뜨리기도 하고, 12시가 넘으면 새해를 축하하며 온 가족이 둘러앉아 만두(饺子)를 먹는데, 여기에는 묵은 해와 새해를 서로 바꾼다는 의미가 담겨 있다. 각종 문화 체험을 하거나 시즌 세일에 관한 대화가 듣기 부분에 출제되므로, 관련 표현을 체크하는 것이 좋다.
>
> 예 **元旦全场半价** 설날 모두 반값
>   **一起过元旦** 같이 신정을 보내다
>   **文化体验活动** 문화 체험 활동

中旬
zhōngxún

명 중순

▶ 이번 달 中旬에 예정되어 있던 워크숍이 이번 달 말로 미뤄졌대.

这次会议将于本月中旬召开。
Zhècì huìyì jiāng yú běn yuè zhōngxún zhàokāi.
이번 회의는 이번 달 중순에 열릴 것이다.

会议 huìyì 회의 | **将** jiāng (장차) ~할 것이다 | **于** yú ~에 | **本月** běn yuè 이번 달 | **召开** zhàokāi (회의를) 열다
참고 **下旬** xiàxún 하순

傍晚
bàngwǎn

명 저녁 무렵

▶ 아침에 시작한 이삿짐 정리는 傍晚이 되어서야 비로소 마무리됐다.

他们在傍晚雨停后才出发。
Tāmen zài bàngwǎn yǔ tíng hòu cái chūfā.
그들은 저녁 무렵 비가 그치고 나서야 출발했다.

雨 yǔ 비 | **停** tíng 멎다, 그치다 | **才** cái 비로소 | **出发** chūfā 출발하다
유의 **黄昏** huánghūn 황혼, 해 질 무렵

迟早
chízǎo
- 부 조만간, 머지않아

▶ 인연이 있다면 迟早 다시 만나게 될 거야.

那个问题迟早会被解决的。
Nàge wèntí chízǎo huì bèi jiějué de.
그 문제는 조만간 해결될 것이다.

问题 wèntí 문제 | 被 bèi (~에게) ~을 당하다 | 解决 jiějué 해결하다
유의 早晚 zǎowǎn 조만간

通常
tōngcháng
- 부 통상적으로, 일반적으로

▶ 한국에서는 通常 8살이 되면 초등학교에 입학한다.

姐姐通常会完成工作后才回家。
Jiějie tōngcháng huì wánchéng gōngzuò hòu cái huíjiā.
누나는 일반적으로 일을 끝내고 나서야 집으로 돌아간다.

完成 wánchéng 끝내다 | 工作 gōngzuò 일

> **출제 포인트**　듣기 빈출 어휘 **通常**
>
> 通常은 一般처럼 일반적이거나 통상적인 상황을 나타내는 부사로, 듣기 대화 유형에 종종 출제된다. 대부분 일반적으로 발생하는 행동과 시간에 많이 등장한다.
>
> 예 感冒通常持续两个礼拜。 감기는 일반적으로 2주 동안 지속된다.
> 　　他们通常开车上班。 그들은 통상적으로 운전하여 출근한다.
> 　　地铁通常都会准点到站。
> 　　지하철은 통상적으로 정시에 역에 도착한다

平常
píngcháng
- 명 평소, 평상시
- 형 평범하다, 일반적이다

▶ 그는 平常 수업 태도가 좋아서 선생님들 사이에서 칭찬이 자자하다.

平常同学们总是一起去图书馆学习。
Píngcháng tóngxuémen zǒngshì yìqǐ qù túshūguǎn xuéxí.
평소에 학우들은 항상 같이 도서관에 가서 공부한다.

最近学习汉语是一件平常的事。
Zuìjìn xuéxí Hànyǔ shì yí jiàn píngcháng de shì.
최근에 중국어를 공부하는 것은 일반적인 일이다.

同学 tóngxué 학우 | 总是 zǒngshì 항상 | 一起 yìqǐ 같이, 함께 | 图书馆 túshūguǎn 도서관 | 学习 xuéxí 공부하다 | 最近 zuìjìn 최근 |
汉语 Hànyǔ 중국어 | 件 jiàn 건(일·사건 등을 세는 양사) | 事 shì 일

始终
shǐzhōng

🔹 시종일관, 한결같이, 줄곧

▶ 나는 경기 내내 상대 팀 주장에게 始终 집중 마크를 당했다.

表弟的学习成绩始终都不错。
Biǎodì de xuéxí chéngjì shǐzhōng dōu búcuò.
사촌 남동생의 공부 성적은 한결같이 좋다.

表弟 biǎodì 사촌(친척) 남동생 | 成绩 chéngjì 성적 | 不错 búcuò 좋다, 괜찮다
(유의) 一直 yìzhí 계속, 줄곧
(유의) 一向 yíxiàng 줄곧

日常
rìcháng

🔹 일상의, 일상적인

▶ 가족과 같이 밥을 먹는 日常 생활이 바로 행복이다.

日常生活用品应定期更换。
Rìcháng shēnghuó yòngpǐn yīng dìngqī gēnghuàn.
일상 생활용품은 정기적으로 교체해야 한다.

生活用品 shēnghuó yòngpǐn 생활용품 | 应 yīng (마땅히) ~해야 한다 | 定期 dìngqī 정기적인 | 更换 gēnghuàn 교체하다, 바꾸다

尽快
jǐnkuài

🔹 되도록 빨리

▶ 내일까지 보고서를 제출해야 하니 尽快 마무리해 주세요.

请您尽快与公司联系。
Qǐng nín jǐnkuài yǔ gōngsī liánxì.
당신은 되도록 빨리 회사와 연락하시기 바랍니다.

与 yǔ ~와/과 | 公司 gōngsī 회사 | 联系 liánxì 연락하다

抓紧
zhuājǐn

🔹 서둘러 하다, 급히 하다

▶ 엄마는 손님이 오시기 전에 抓紧 마지막 음식을 만들었다.

你抓紧时间设计出几个方案来。
Nǐ zhuājǐn shíjiān shèjì chū jǐ ge fāng'àn lái.
당신이 서둘러 몇 가지 방안을 짜 오세요.

时间 shíjiān 시간 | 设计 shèjì 짜다, 계획하다 | 方案 fāng'àn 방안

曾经 céngjīng

부 이전에, 일찍이, 이미

▶ 그는 曾经 HSK 5급 시험 준비를 시작하였다.

这位建筑师曾经获得过很多奖。
Zhè wèi jiànzhùshī céngjīng huòdéguo hěn duō jiǎng.
이 건축가는 이미 많은 상을 받았다.

位 wèi 분, 명(공경의 뜻을 내포함) | 建筑师 jiànzhùshī 건축가 | 获得 huòdé 얻다 | 奖 jiǎng 상

출제 포인트 曾经+동사+过 (일찍이 ~한 적이 있다)

[曾经+동사+过]는 독해 3부분 논설문 유형에 종종 출제된다.
예 我曾经来过这里。 나는 일찍이 이곳에 온 적이 있다.
他曾经想过放弃实验。 그는 일찍이 실험을 포기할 생각을 했었다.

从前 cóngqián

명 이전, 옛날

▶ 지금은 공장들이 들어서 있지만 여기는 从前에 전부 논이었다.

孙子从前经常听爷爷讲故事。
Sūnzi cóngqián jīngcháng tīng yéye jiǎng gùshi.
손자는 예전에 자주 할아버지가 해 주는 이야기를 들었다.

孙子 sūnzi 손자 | 经常 jīngcháng 자주 | 爷爷 yéye 할아버지 | 讲 jiǎng 말하다 | 故事 gùshi 이야기 유의 以前 yǐqián 이전

最初 zuìchū

명 최초, 처음

▶ 미국의 아폴로 11호는 最初로 달 탐사에 성공하였다.

这个电视节目最初很受人们欢迎。
Zhège diànshì jiémù zuìchū hěn shòu rénmen huānyíng.
이 TV 프로그램은 처음에 사람들에게 환영받았다.

电视节目 diànshì jiémù TV 프로그램 | 受欢迎 shòu huānyíng 환영받다

利用 lìyòng

동 이용하다

▶ 학교에서 제공하는 다양한 프로그램을 효과적으로 利用해 보세요.

学生要有效利用业余时间。
Xuésheng yào yǒuxiào lìyòng yèyú shíjiān.
학생은 여가 시간을 유용하게 이용해야 한다.

有效 yǒuxiào 유용하다 | 业余 yèyú 여가
유의 使用 shǐyòng 사용하다

持续
chíxù
동 지속하다

▶ 우리 회사가 5년 동안 판매율 1위를 持续할 수 있었던 원동력은 혁신이다.

大雪已经持续下了好多天了。
Dàxuě yǐjīng chíxù xiàle hǎoduō tiān le.
큰눈이 이미 며칠 동안 지속하여 내렸다.

大雪 dàxuě 큰눈, 대설 | 已经 yǐjīng 이미 | 好多 hǎoduō 많다
유의 继续 jìxù 계속하다
유의 连续 liánxù 계속하다

趁
chèn
개 (시간, 기회 등을) 이용하여, ~을 틈타

▶ 난 중국에서 유학할 때 국경절을 趁해서 여행을 다니곤 했다.

我平时上课没时间，只好趁暑假去旅游了。
Wǒ píngshí shàngkè méi shíjiān, zhǐhǎo chèn shǔjià qù lǚyóu le.
난 평소에 수업 듣느라 시간이 없어서 여름 방학을 이용해 여행을 가는 수밖에 없다.

平时 píngshí 평소 | 上课 shàngkè 수업하다 | 只好 zhǐhǎo ~할 수 밖에 없다 | 暑假 shǔjià 여름 방학 | 旅游 lǚyóu 여행하다

> **출제 포인트**　趁+시점(~을 이용하여)
>
> 趁은 '~을 틈타'라는 의미로, 기회나 시점을 나타내는 어휘와 함께 쓰인다. [趁+시점]의 패턴을 쓰며, 바로 뒤에는 그에 따른 행동이 나온다. 예를 들어, '따뜻할 때 먹어'라는 말은 趁热吃吧라고 한다. 주로 독해 문제에 자주 출제되며, 앞뒤 문장을 연결해서 해석하면 내용을 쉽게 이해할 수 있다.
>
> 예 趁这个机会休息 이 기회를 틈타 휴식하다

延长
yáncháng
동 연장하다

▶ 봄 한정 커피 메뉴가 예상 밖의 인기를 얻어 판매 기간을 延长했다.

论文的提交时间延长到了下周一。
Lùnwén de tíjiāo shíjiān yáncháng dàole xià zhōu yī.
논문의 제출 시간이 다음 주 월요일까지 연장되었다.

论文 lùnwén 논문 | 提交 tíjiāo 제출하다 | 下周一 xià zhōu yī 다음 주 월요일

珍惜
zhēnxī

동 소중히 여기다, 아끼다

▶ 그는 적은 금액의 돈도 항상 珍惜하였기에 부자가 될 수 있었다.

我们必须学会珍惜时间。
Wǒmen bìxū xuéhuì zhēnxī shíjiān.

우리는 반드시 시간을 소중히 여기는 걸 배워야 한다.

必须 bìxū 반드시 ~해야 한다 | 学会 xuéhuì 배워서 알다

유의 爱惜 àixī 소중히 여기다
유의 爱护 àihù 소중히 하다

> **유의어 비교** 爱惜 vs 珍惜
>
> 두 단어 모두 '아끼다'라는 뜻으로, 시간을 목적어로 취할 수 있다. 그러나 爱惜는 [爱惜 + 물질적인 대상]의 패턴을 써서, 주로 소비되는 물건과 함께 쓰고, 珍惜는 [珍惜 + 추상적인 대상]의 패턴을 써서, 주로 추상적인 느낌의 단어와 함께 사용된다.
>
> 예 爱惜地球 지구를 아끼다 / 爱惜东西 물건을 아끼다
> 　　珍惜时间 시간을 소중히 하다 / 珍惜机会 기회를 소중히 하다

爱惜
àixī

동 소중히 여기다, 아끼다

▶ 돌아가신 할머니께서 주신 손수건은 내가 가장 爱惜하는 물건이다.

要想成功，就要爱惜每一分钟。
Yào xiǎng chénggōng, jiù yào àixī měi yì fēnzhōng.

성공하고 싶다면, 모든 1분을 소중히 여겨야 한다.

要 yào 만약 | 想 xiǎng ~하고 싶다 | 成功 chénggōng 성공하다 | 分钟 fēnzhōng 분

유의 爱护 àihù 소중히 하다 / 珍惜 zhēnxī 소중히 여기다

自从
zìcóng

개 ~에서, ~부터

▶ 이 프로그램은 어린아이自从 어른들까지 싫어하는 사람이 없다.

自从去年年底，我就一直在这儿工作。
Zìcóng qùnián niándǐ, wǒ jiù yìzhí zài zhèr gōngzuò.

작년 말부터, 나는 계속 이곳에서 일하고 있다.

年底 niándǐ 연말 | 一直 yìzhí 계속 | 工作 gōngzuò 일하다

从此
cóngcǐ
부 이후로, 이로부터

▶ 오래 기다리셨습니다. 从此 첫 번째 팀을 만나 보도록 하겠습니다.

朋友搬家了，我们从此就再也没见过面。
Péngyou bānjiā le, wǒmen cóngcǐ jiù zài yě méi jiànguo miàn.
친구가 이사를 가서, 우리는 이후로 다시 만난 적이 없다.

朋友 péngyou 친구 | 搬家 bānjiā 이사하다 | 再也没(有)……过 zài yě méi(yǒu) …… guo 더 이상 ~한 적이 없다 | 见面 jiànmiàn 만나다

立刻
lìkè
부 곧, 바로

▶ 밥 먹고 立刻 누우면 소화가 잘 안 된다.

客人到了，我们立刻站起来表示欢迎。
Kèrén dàole, wǒmen lìkè zhàn qǐlai biǎoshì huānyíng.
손님이 오면, 우리는 바로 일어나서 환영을 표한다.

客人 kèrén 손님 | 站 zhàn 서다 | 起来 qǐlai 동사 뒤에 쓰여 위로 향함을 나타냄 | 表示 biǎoshì 표시하다 | 欢迎 huānyíng 환영하다

유의 立即 lìjí 곧, 즉시

立即
lìjí
부 곧, 즉시

▶ 호명되는 학생은 立即 앞으로 나와 주시기 바랍니다.

做完实验以后应该立即洗手。
Zuòwán shíyàn yǐhòu yīnggāi lìjí xǐshǒu.
실험이 끝나고 나면 즉시 손을 씻어야 한다.

实验 shíyàn 실험 | 应该 yīnggāi (마땅히) ~해야 한다 | 洗手 xǐshǒu 손을 씻다

유의 立刻 lìkè 곧, 바로

유의어 비교 立刻 vs 立即

立刻와 立即는 모두 '곧', '즉시'라는 뜻의 부사로, 대부분 바꾸어 쓸 수 있지만 약간의 차이가 있으니 구분하여 익히자. 立刻는 동작이 어떤 상황에서 바로 다음으로 이어질 때 주로 사용되며, 회화와 문어에 모두 쓴다. 立即는 동작이 어떤 상황에서 바로 다음으로 이어지지 않아도 되며, 주로 문어에 많이 쓴다.

예 **我会立刻给您送水。** 제가 당신에게 바로 물을 가져다 드릴게요.
   如果发现不合法的网吧，要立即通知警察。
   만약 불법 PC방을 발견하면, 바로 경찰에 알려야 한다.

赶快
gǎnkuài

부 황급히, 재빨리

▶ 엄마의 노크 소리에 아들은 赶快 게임하던 걸 멈췄다.

放学后老师让学生们赶快回家。
Fàngxué hòu lǎoshī ràng xuéshengmen gǎnkuài huíjiā.
수업을 마친 후 선생님은 학생들에게 빨리 집으로 돌아가게 했다.

放学 fàngxué 수업을 마치다 | 让 ràng ~에게 ~하게 하다 | 回家 huíjiā 집으로 돌아가다

유의 赶紧 gǎnjǐn 서둘러, 재빨리

赶紧
gǎnjǐn

부 서둘러, 재빨리, 황급히

▶ 사이렌 소리가 들리자, 범인은 현장에서 赶紧 자리를 떴다.

我现在得赶紧去一趟宿舍。
Wǒ xiànzài děi gǎnjǐn qù yí tàng sùshè.
나는 지금 서둘러 기숙사에 한 번 다녀와야 해.

得 děi ~해야 한다 | 趟 tàng 차례, 번(왕래한 횟수를 세는 데 쓰는 양사) | 宿舍 sùshè 기숙사

유의 赶快 gǎnkuài 황급히, 재빨리

> **유의어 비교** **赶快 vs 赶紧**
>
> 赶快와 赶紧은 '빨리', '어서'라는 뜻의 부사로, 의미가 비슷하여 서로 바꿔 쓸 수 있다. 보통 赶快는 회화와 문어에 모두 쓰이고, 赶紧은 주로 회화에 쓰인다.
>
> 예 他们赶快往山上走。그들은 급하게 산으로 올라갔다.
> 　　我要赶紧去吃早餐。나는 빨리 아침을 먹으러 가야 해.

匆忙
cōngmáng

형 매우 바쁘다

▶ 그는 아무리 匆忙해도 결혼기념일은 잊지 않고 챙겼다.

你行程这么匆忙，居然还给我带了礼物。
Nǐ xíngchéng zhème cōngmáng, jūrán hái gěi wǒ dàile lǐwù.
너는 일정이 이렇게 바쁜데, 놀랍게도 나를 위해 선물도 가져왔구나.

行程 xíngchéng 여정 | 居然 jūrán 놀랍게도 | 带 dài 가지다 | 礼物 lǐwù 선물

连忙
liánmáng

부 급히, 얼른

▶ 아이의 우는 소리에 엄마는 连忙 방으로 뛰어 들어갔다.

服务员弄洒了饮料，连忙向客人道歉。
Fúwùyuán nòngsǎle yǐnliào, liánmáng xiàng kèrén dàoqiàn.
종업원이 음료수를 쏟아서, 얼른 손님에게 사과했다.

服务员 fúwùyuán 종업원 | 弄 nòng 하다 | 洒 sǎ 엎지르다 | 饮料 yǐnliào 음료 | 向 xiàng ~에게 | 客人 kèrén 손님 | 道歉 dàoqiàn 사과하다　유의　急忙 jímáng 급히, 황급히

| 유의어 비교 | 急忙 vs 连忙 |

急忙　'급히', '바삐'라는 뜻을 가진 부사로, 현재 마음이 조급하여 서두르는 상태에 사용된다.

예　**出了大问题，他急忙出门去了。**
큰 문제가 생겨서 그는 급히 외출했다.

连忙　'얼른', '급히'라는 뜻의 부사로, 주로 과거 사실에 대해 '서둘러 ~했다'라는 의미이며, 이미 일이 생겨 바빠진 상태에 사용된다.

예　**老奶奶一上车，我就连忙给她让座。**
할머님이 차에 오르자마자, 나는 얼른 자리를 양보하였다.

急忙
jímáng

부 급히, 황급히

▶ 엄마가 등장하자 아이들은 急忙 어질러진 장난감을 정리하기 시작했다.

一接到女朋友的电话，他就急忙跑出去了。
Yì jiēdào nǚpéngyou de diànhuà, tā jiù jímáng pǎo chūqu le.
여자친구의 전화를 받자마자, 그는 바로 급히 뛰어나갔다.

接到 jiēdào 받다 | 女朋友 nǚpéngyou 여자친구 | 电话 diànhuà 전화 | 跑出去 pǎo chūqu 뛰어나가다
유의　连忙 liánmáng 급히, 얼른

★ 보충단어　아래 단어들의 예문은 WEB단어장에서 확인할 수 있어요.

日历 rìlì 명 달력
夜 yè 명 밤
尺子 chǐzi 명 자, 잣대
阵 zhèn 양 바탕, 차례

보충단어
WEB 단어장

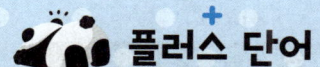 **플러스 단어**

고득점 합격이 목표라면 플러스단어까지 학습해 보세요.

시간

好日子 hǎorìzi
좋은 날, 행복한 생활

从今儿起 cóng jīnr qǐ
오늘부터 시작하여

元年 yuánnián 원년

半夜 bànyè 한밤중

月初 yuèchū 월초

月底 yuèdǐ 월말

整点 zhěngdiǎn 정각

半世纪 bànshìjì 반세기

时间机器 shíjiān jīqì 타임머신

定时器 dìngshíqì 타이머

挂历 guàlì (벽에 거는) 달력

台历 táilì 탁상 달력

费工夫 fèi gōngfu 시간을 들이다

转眼之间 zhuǎnyǎn zhī jiān
눈 깜짝할 사이

似水流年 sì shuǐ liú nián
시간이 물 흐르듯 흘러가다

昙花一现 tánhuā yí xiàn
우담화(優曇花)처럼 덧없이 사라지다

时光荏苒 shíguāng rěnrǎn
세월이 덧없이 흐르다

争分夺秒 zhēngfēn duómiǎo
분초를 다투다

日以继夜 rì yǐ jì yè
밤낮으로 고생하며 일하다

夜以继日 yè yǐ jì rì
밤낮으로 고생하며 일하다

 **데일리 테스트**

고생하셨어요!
QR코드를 스캔하면 DAY01~DAY30
전체 데일리 테스트 PDF가
다운로드됩니다.

DAY 20
나도 예술가
문학, 예술

HSK 5급 30일 합격 프로젝트

★ HSK 시험에 이렇게 나와요.
문학, 예술과 관련된 내용은 HSK 5급 독해 단문 유형에 자주 등장합니다. 관련 내용으로는 문학 작품에 대한 평가, 예술 표현 방식, 작품의 특징, 예술 작품의 가치 등이 출제됩니다. 비교적 추상적인 어휘의 의미와 활용에 주의해야 합니다.

음원 듣기

암기 영상

想象 xiǎngxiàng
⑧ 상상하다

抽象 chōuxiàng
⑲ 추상적이다

作品 zuòpǐn
⑬ 창작품, 작품

幅 fú
⑱ 폭(옷감·종이·그림 등을 세는 양사)

文学
wénxué
명 문학

▶ 루쉰은 중국 현대문학의 대표 작가입니다.

李教授是研究古代文学的专家。
Lǐ jiàoshòu shì yánjiū gǔdài wénxué de zhuānjiā.
리 교수는 고대 문학을 연구하는 전문가이다.

教授 jiàoshòu 교수 | 研究 yánjiū 연구하다 | 古代 gǔdài 고대 |
专家 zhuānjiā 전문가

文字
wénzì
명 문자, 문장

▶ 여러 나라에서 지속적으로 고대 文字에 대한 연구가 이뤄지고 있다.

书中文字的小错误也可能影响读者。
Shū zhōng wénzì de xiǎo cuòwù yě kěnéng yǐngxiǎng dúzhě.
책 속 문자의 작은 실수도 독자에게 영향을 줄 수 있다.

错误 cuòwù 실수, 잘못 | 可能 kěnéng 아마 ~일 수 있다 | 影响 yǐngxiǎng 영향을 주다 | 读者 dúzhě 독자

诗
shī
명 시

▶ 윤동주 시인의 诗 중에 「서시」는 내가 제일 좋아하는 작품이다.

这首诗翻译起来特别难。
Zhè shǒu shī fānyì qǐlai tèbié nán.
이 시는 번역하기에 매우 어렵다.

首 shǒu 수(노래, 시 등을 세는 양사) | 翻译 fānyì 번역하다 | 特别 tèbié 특히, 매우 | 难 nán 어렵다

经典
jīngdiǎn
형 (사물이) 전형적이고 영향력이 비교적 큰

▶ 고등학교 국어 시간에는 비교적 经典한 작품들을 배운다.

这部经典影片很受人们的欢迎。
Zhè bù jīngdiǎn yǐngpiàn hěn shòu rénmen de huānyíng.
이 전형적인 영화는 사람들의 환영을 받았다.

部 bù 부, 편(서적이나 영화 편수 등을 세는 양사) | 影片 yǐngpiàn 영화 |
受欢迎 shòu huānyíng 환영받다

古典
gǔdiǎn
형 고전적

▶ 이 카페는 인테리어 분위기에 딱 맞는 古典 음악 전문 카페이다.

古典文学作品与现代文学作品有所不同。
Gǔdiǎn wénxué zuòpǐn yǔ xiàndài wénxué zuòpǐn yǒu suǒ bùtóng.
고전 문학 작품과 현대 문학 작품은 다소 다르다.

文学 wénxué 문학 | 与 yǔ ~와/과 | 现代 xiàndài 현대 | 有所 yǒusuǒ 다소 ~하다 | 不同 bùtóng 다르다

主题
zhǔtí
명 주제

▶ 글을 쓸 때에는 명확하게 主题를 표현해야 한다.

这次写作的**主题**是保护环境。
Zhècì xiězuò de zhǔtí shì bǎohù huánjìng.
이번 작문의 주제는 환경을 보호하는 것이다.

写作 xiězuò 작문하다 | 保护 bǎohù 보호하다 | 环境 huánjìng 환경

想象
xiǎngxiàng
동 상상하다

▶ 아이들의 想象력은 가끔 어른들을 놀라게 한다.

这幅画使我**想象**到未来的世界。
Zhè fú huà shǐ wǒ xiǎngxiàng dào wèilái de shìjiè.
이 그림은 나에게 미래의 세계를 상상하게 한다.

幅 fú 폭(그림 등을 세는 양사) | 画 huà 그림 | 使 shǐ ~에게 ~하게 하다 | 未来 wèilái 미래 | 世界 shìjiè 세계

感想
gǎnxiǎng
명 감상, 느낌

▶ 다음 작품을 읽고 각자의 感想을 말해 보세요.

对于这部电影，每个人的**感想**都不一样。
Duìyú zhè bù diànyǐng, měi ge rén de gǎnxiǎng dōu bù yíyàng.
이 영화에 대해, 모든 사람의 느낌은 다 다르다.

对于 duìyú ~에 대해 | 部 bù 부, 편(서적이나 영화 편수 등을 세는 양사) | 电影 diànyǐng 영화 | 一样 yíyàng 같다

作品
zuòpǐn

명 창작품, 작품

▶ 이번 달에 예술의 전당에 가면 피카소의 作品을 감상할 수 있다.

这些作品风格独特，深受年轻人的喜爱。
Zhèxiē zuòpǐn fēnggé dútè, shēn shòu niánqīngrén de xǐ'ài.

이 작품들은 스타일이 독특해서, 젊은 사람들의 큰 사랑을 받는다.

风格 fēnggé 스타일 | **独特** dútè 독특하다 | **深受** shēn shòu (매우) 깊이 받다 | **年轻人** niánqīngrén 젊은이 | **喜爱** xǐ'ài 좋아하다, 사랑하다

> **출제 포인트** 기출 작가와 작품
>
> 戴嵩(Dài Sōng)의「斗牛图(Dòuniútú)」
> 齐白石(Qí Báishí)의「虾趣(Xiāqù)」
> 徐悲鸿(Xú Bēihóng)의「奔马图(Bēnmǎtú)」
> 李时珍(Lǐ Shízhēn)의「本草纲目(Běncǎogāngmù)」

价值
jiàzhí

명 가치

▶ 문화유산의 价值는 결코 돈으로 따질 수 없다.

黄金的使用价值比钱更高。
Huángjīn de shǐyòng jiàzhí bǐ qián gèng gāo.

황금의 사용 가치는 돈보다 더 높다.

黄金 huángjīn 황금 | **使用** shǐyòng 사용(하다) | **比** bǐ ~보다 | **钱** qián 돈

突出
tūchū

동 돋보이게 하다, 두드러지게 하다

형 돌출하다, 튀어나오다

▶ 이번 한일전 경기에서 5번 선수의 활약이 突出했다.

选择衣服的时候要突出自己的特点。
Xuǎnzé yīfu de shíhou yào tūchū zìjǐ de tèdiǎn.

옷을 선택할 때는 자신의 특징이 돋보이게 해야 한다.

从旁边看，那个美国人的额头和鼻子都特别突出。
Cóng pángbiān kàn, nàge Měiguórén de étóu hé bízi dōu tèbié tūchū.

옆에서 보면, 그 미국인의 이마와 코가 특히 돌출되어 있다.

选择 xuǎnzé 선택하다 | **衣服** yīfu 옷 | **特点** tèdiǎn 특징 | **旁边** pángbiān 옆 | **美国人** Měiguórén 미국인 | **额头** étóu 이마 | **鼻子** bízi 코 | **特别** tèbié 특히, 더욱

形象
xíngxiàng

형 생동감 넘치다,
생생하다,
구체적이다

명 이미지

▶ 이중섭 작가의 소 그림은 어찌나 形象한지, 정말 진짜 같아.

他描写的人物个个都十分形象。
Tā miáoxiě de rénwù gègè dōu shífēn xíngxiàng.
그가 묘사한 인물은 하나하나 매우 생동감이 넘친다.

对公司来说良好的形象很重要。
Duì gōngsī lái shuō liánghǎo de xíngxiàng hěn zhòngyào.
회사에게 좋은 이미지는 매우 중요하다.

描写 miáoxiě 묘사하다 | 人物 rénwù 인물 | 个个 gègè 하나하나, 각각 | 十分 shífēn 매우 | 对A来说 duì A lái shuō A에게(있어서) | 公司 gōngsī 회사 | 良好 liánghǎo 좋다 | 重要 zhòngyào 중요하다

形状
xíngzhuàng

명 생김새, 형상

▶ 동양인과 서양인은 그 形状이 많이 다르다.

仔细观察，你就会发现这些树叶的形状都不同。
Zǐxì guānchá, nǐ jiù huì fāxiàn zhèxiē shùyè de xíngzhuàng dōu bùtóng.
자세히 관찰하면, 너는 이 나뭇잎들의 생김새가 모두 다르다는 것을 발견할 것이다.

仔细 zǐxì 세심하다, 꼼꼼하다 | 观察 guānchá 관찰하다 | 发现 fāxiàn 발견하다 | 树叶 shùyè 나뭇잎 | 不同 bùtóng 다르다

特征
tèzhēng

명 특징

▶ 친구들은 내 特征을 정확히 그려낸 캐리커쳐를 보고 크게 웃었다.

他的作品中人物的性格特征都很鲜明。
Tā de zuòpǐn zhōng rénwù de xìnggé tèzhēng dōu hěn xiānmíng.
그의 작품 속 인물의 성격 특징은 모두 선명하다.

作品 zuòpǐn 작품 | 人物 rénwù 인물 | 性格 xìnggé 성격 | 鲜明 xiānmíng 선명하다

유의 特色 tèsè 특색, 특징
유의 特点 tèdiǎn 특징, 특색

特色
tèsè
- 명 특색, 특징

▶ 참가자들은 각국의 特色를 나타내는 전통 의상을 입고 등장했다.

这幅画体现出了中国的特色。
Zhè fú huà tǐxiàn chūle Zhōngguó de tèsè.
이 그림은 중국적인 특색을 구현해 내었다.

幅 fú 폭(옷감, 종이, 그림 등을 세는 양사) | 体现 tǐxiàn 구현하다
유의 特点 tèdiǎn 특징, 특색 / 特征 tèzhēng 특징

风格
fēnggé
- 명 스타일, 풍격, 기풍

▶ 우리 언니는 나와 다르게 화려한 风格의 옷을 즐겨 입어.

只有坚持自己的风格,才能有自己的特色。
Zhǐyǒu jiānchí zìjǐ de fēnggé, cái néng yǒu zìjǐ de tèsè.
자신의 스타일을 지켜야만, 비로소 자신의 특색을 가질 수 있다.

只有A,才B zhǐyǒu A cái, B A해야만, 비로소 B하다 | 坚持 jiānchí 고수하다, 단호히 지키다

领域
lǐngyù
- 명 분야, 영역

▶ 조각은 제 전공 领域가 아니어서 잘 모르겠습니다.

这种表现形式被广泛应用于书画、诗歌等领域。
Zhè zhǒng biǎoxiàn xíngshì bèi guǎngfàn yìngyòng yú shūhuà, shīgē děng lǐngyù.
이러한 표현 형식은 서화, 시가 등의 분야에서 광범위하게 응용되고 있다.

表现 biǎoxiàn 표현하다 | 形式 xíngshì 형식 | 被 bèi (~에게) ~을 당하다 | 广泛 guǎngfàn 광범위하다, 넓다 | 应用 yìngyòng 응용하다 | 于 yú ~에서 | 书画 shūhuà 서화 | 诗歌 shīgē 시가 | 等 děng 등

单纯
dānchún
- 형 단순하다

▶ 그의 글은 미사여구 없이 단纯해서 내용을 이해하기 쉽다.

因为性格很单纯,所以她好像没有烦恼。
Yīnwèi xìnggé hěn dānchún, suǒyǐ tā hǎoxiàng méiyǒu fánnǎo.
성격이 단순하기 때문에, 그녀는 고민이 없는 것 같다.

性格 xìnggé 성격 | 好像 hǎoxiàng 마치 ~인 것 같다 | 烦恼 fánnǎo 고민(스럽다)
유의 简单 jiǎndān 간단하다, 단순하다 / 반의 复杂 fùzá 복잡하다

表达
biǎodá

동 (자신의 사상이나 감정을) 표현하다, 나타내다

▶ 갓난아이들은 울음으로 자신의 감정을 表达할 수밖에 없어.

幽默也是一种表达意见的方式。
Yōumò yě shì yì zhǒng biǎodá yìjiàn de fāngshì.
유머 역시 일종의 의견을 표현하는 방식이다.

幽默 yōumò 유머 | 意见 yìjiàn 의견 | 方式 fāngshì 방식
유의 表白 biǎobái (자신의 마음을) 나타내다
유의 表明 biǎomíng 분명하게 밝히다, 표현하다

形式
xíngshì

명 형식

▶ 상상화는 딱히 形式가 없으니 네 마음대로 그려 보렴.

漫画是一种艺术形式。
Mànhuà shì yì zhǒng yìshù xíngshì.
만화는 일종의 예술형식이다.

漫画 mànhuà 만화 | 艺术 yìshù 예술
반의 内容 nèiróng 내용

体现
tǐxiàn

동 구체적으로 드러내다, 구현하다

▶ 이 연극은 1920년대 한국의 모습을 그대로 体现했다.

书中体现了父亲对孩子浓浓的爱。
Shū zhōng tǐxiànle fùqīn duì háizi nóngnóng de ài.
책에서 아이에 대한 아버지의 깊은 사랑을 구체적으로 드러냈다.

父亲 fùqīn 아버지 | 孩子 háizi 아이 | 浓 nóng (정도가) 깊다 | 爱 ài 사랑(하다)

运用
yùnyòng

동 활용하다, 운용하다

▶ 그 작가는 시를 쓸 때 다양한 표현 기법을 运用하는 걸로 유명하다.

他运用了很多艺术手法，完成了这部小说。
Tā yùnyòngle hěn duō yìshù shǒufǎ, wánchéngle zhè bù xiǎoshuō.
그는 매우 많은 예술 기교를 활용하여, 이 소설을 완성했다.

手法 shǒufǎ 기교, 수법 | 完成 wánchéng 완성하다 | 部 bù 부, 편(서적이나 영화 편수 등을 세는 양사) | 小说 xiǎoshuō 소설

标志
biāozhì
- 동 상징하다
- 명 상징, 표지, 로고

▶ 약지에 끼는 반지는 보통 그 사람에게 애인이 있음을 标志한다.

这部作品标志他艺术风格的变化。
Zhè bù zuòpǐn biāozhì tā yìshù fēnggé de biànhuà.
이 작품은 그의 예술 풍격의 변화를 상징한다.

电影获奖是导演成功的标志。
Diànyǐng huò jiǎng shì dǎoyǎn chénggōng de biāozhì.
영화가 상을 받는 것은 감독이 성공했다는 상징이다.

部 bù 부, 편 [서적이나 영화 편수 등을 세는 단위] | 作品 zuòpǐn 작품 | 艺术 yìshù 예술 | 风格 fēnggé 풍격 | 变化 biànhuà 변화 | 电影 diànyǐng 영화 | 获奖 huò jiǎng 상을 타다 | 导演 dǎoyǎn 감독 | 成功 chénggōng 성공하다

抽象
chōuxiàng
- 형 추상적이다

▶ 초등학생이 그렇게 抽象적인 소설을 이해하기는 힘들 것 같아요.

那本杂志虽然内容丰富，但是太抽象了。
Nà běn zázhì suīrán nèiróng fēngfù, dànshì tài chōuxiàng le.
그 잡지는 비록 내용은 풍부하지만, 너무 추상적이다.

本 běn 권(책을 세는 양사) | 杂志 zázhì 잡지 | 虽然A，但是B suīrán A, dànshì B 비록 A하지만, B하다 | 内容 nèiróng 내용 | 丰富 fēngfù 풍부하다

반의 具体 jùtǐ 구체적이다

理论
lǐlùn
- 명 이론

▶ 미술은 실기만큼 理论도 중요하니까 수업에 집중하세요.

老师能把抽象的理论讲得特别生动。
Lǎoshī néng bǎ chōuxiàng de lǐlùn jiǎng de tèbié shēngdòng.
선생님은 추상적인 이론을 특별히 생동감 있게 설명할 수 있다.

把 bǎ ~을 | 抽象 chōuxiàng 추상적이다 | 讲 jiǎng 설명하다 | 特别 tèbié 특별히, 특히 | 生动 shēngdòng 생동감 있다

幅
fú
양 폭(옷감, 종이, 그림 등을 세는 양사)

▶ 중국 구이린(桂林)의 풍경은 정말 한 幅의 그림과 같았어.

这幅画现保存在国家博物馆。
Zhè fú huà xiàn bǎocún zài guójiā bówùguǎn.
이 그림은 현재 국가 박물관에 보존되어 있다.

画 huà 그림 | 现 xiàn 현재 | 保存 bǎocún 보존하다 | 国家 guójiā 국가 | 博物馆 bówùguǎn 박물관

출제 포인트 독해 빈출 양사 幅

幅는 독해 1부분에 자주 등장하는 양사로, 주로 옷감이나 그림에 관련된 내용으로 출제된다. 그 밖에 자주 출제되는 양사로, 알맹이를 세는 양사 颗, 말이나 비단을 세는 양사 匹 등이 있으므로 미리 알아 두자.

예 一幅画儿 한 폭의 그림
    一颗宝石 보석 하나
    两匹马 말 두 마리

形容
xíngróng
동 형용하다

▶ 지금 이 벅찬 감정을 글로 다 形容하기가 쉽지 않다.

"如鱼得水"可以用来形容工作很顺利。
"Rú yú dé shuǐ" kěyǐ yònglái xíngróng gōngzuò hěn shùnlì.
"물고기가 물을 만난 것 같다"는 일이 순조로움을 형용하는 데에 쓸 수 있다.

如鱼得水 rú yú dé shuǐ 물고기가 물을 만난 것 같다 | 用来 yònglái ~에 쓰다 | 工作 gōngzuò 일 | 顺利 shùnlì 순조롭다

模仿
mófǎng
동 모방하다, 흉내 내다

▶ 처음에는 이 그림들을 模仿하여 그리는 걸 연습할 겁니다.

只会模仿别人的人是不可能成功的。
Zhǐ huì mófǎng biéren de rén shì bù kěnéng chénggōng de.
다른 사람을 모방할 줄만 아는 사람은 성공할 리 없다.

只 zhǐ 오직 | 别人 biéren 다른 사람 | 不可能 bù kěnéng 불가능하다, ~할 리 없다 | 成功 chénggōng 성공하다

描写
miáoxiě

동 묘사하다, 그려 내다

▶ 이 추리소설은 상황을 정말 상세하게 描写해서 현장감이 생생해.

他非常善于描写人物的心理变化。
Tā fēicháng shànyú miáoxiě rénwù de xīnlǐ biànhuà.
그는 인물의 심리 변화를 묘사하는 데에 매우 능하다.

善于 shànyú ~에 능하다 | 人物 rénwù 인물 | 心理 xīnlǐ 심리 | 变化 biànhuà 변화

搞
gǎo

동 하다, 처리하다

▶ 그는 이번 주 마감 때문에 원고 작업을 급하게 搞했다.

搞文学的人一般都需要丰富的想象力。
Gǎo wénxué de rén yìbān dōu xūyào fēngfù de xiǎngxiànglì.
문학을 하는 사람은 일반적으로 풍부한 상상력이 필요하다.

文学 wénxué 문학 | 一般 yìbān 일반적이다 | 需要 xūyào 필요하다 | 丰富 fēngfù 풍부하다 | 想象力 xiǎngxiànglì 상상력

유의어 비교 搞 vs 做

두 어휘 모두 '하다, 진행하다'라는 의미로 해석되지만, 무엇을 강조하는지에 따라 약간의 차이가 있다. '搞'는 과정, 활동을 추진하거나 처리하는 것을 강조하며 종종 부정적으로 쓰일 때도 있다. '做'는 구체적인 행위 또는 결과를 강조한다.

예 搞活动 활동을 하다 → 회화에서 자주 사용하며, 광고 문구 등에 쓰임
　　做活动 활동을 하다 → 문서, 보도자료, 공지문 등에 쓰임

意义
yìyì

명 의미, 의의

▶ 이 프로젝트는 설령 실패한다고 해도 意义가 있는 일이야.

通过看书我们能懂得人生的意义。
Tōngguò kàn shū wǒmen néng dǒngde rénshēng de yìyì.
책을 보는 걸 통해 우리는 인생의 의미를 알 수 있다.

通过 tōngguò ~을 통해 | 看书 kàn shū 책을 보다 | 懂得 dǒngde 알다, 이해하다 | 人生 rénshēng 인생

유의어 비교 意义 vs 意思

意义와 意思는 둘 다 '의미, 뜻'으로 해석되지만, 意义는 '의의'나 '가치'를 나타내고, 意思는 말이나 글의 '뜻'이나 '의미'를 나타낸다.

예 重大意义 중대한 의의 / 历史意义 역사적 의의
　　单词的意思 단어의 의미 / 掌握意思 의미를 파악하다

生动
shēngdòng
형 생동하다, 생생하다

▶ 나는 이 사진을 볼 때마다 그때의 추억이 生动하게 떠오른다.

故事内容生动形象，吸引了无数读者。
Gùshi nèiróng shēngdòng xíngxiàng, xīyǐnle wúshù dúzhě.
이야기의 내용이 생생하고 구체적이어서, 수많은 독자를 매료시켰다.

故事 gùshi 이야기 | 内容 nèiróng 내용 | 形象 xíngxiàng 생생하다, 구체적이다 | 吸引 xīyǐn 매료시키다, 끌어당기다 | 无数 wúshù 수많은 | 读者 dúzhě 독자

반의 呆板 dāibǎn (안색·표정 등이) 생기가 없다
반의 死板 sǐbǎn 활발하지 않다, 생동적이지 않다

巧妙
qiǎomiào
형 교묘하다

▶ 우리 미술 선생님은 명암을 아주 巧妙하게 잘 표현하신다.

那个实验很巧妙地证明了他的观点。
Nàge shíyàn hěn qiǎomiào de zhèngmíngle tā de guāndiǎn.
그 실험은 매우 교묘하게 그의 견해를 증명했다.

实验 shíyàn 실험 | 证明 zhèngmíng 증명하다 | 观点 guāndiǎn 관점, 견해

相似
xiāngsì
형 비슷하다, 닮다

▶ 두 그림이 어딘가 모르게 많이 相似하네, 누가 먼저 그린 거지?

动物的很多行为都和人类相似。
Dòngwù de hěn duō xíngwéi dōu hé rénlèi xiāngsì.
동물의 많은 행동은 모두 인류와 비슷하다.

动物 dòngwù 동물 | 行为 xíngwéi 행동 | 人类 rénlèi 인류

神秘
shénmì
형 신비하다

▶ 인체 모형도를 보니 인체의 神秘함을 조금이나마 이해할 것 같아.

大自然总是让人觉得特别神秘。
Dàzìrán zǒngshì ràng rén juéde tèbié shénmì.
대자연은 항상 인간에게 특별히 신비스럽다는 느낌을 갖게 한다.

大自然 dàzìrán 대자연 | 总是 zǒngshì 항상 | 让 ràng ~에게 ~하게 하다 | 觉得 juéde ~라고 느끼다 | 特别 tèbié 특별히, 특히

讽刺
fěngcì
동 풍자하다

▶ 한국의 고전문학에는 양반들을 讽刺하는 내용이 많다.

这部小说讽刺了社会的一些不良现象。
Zhè bù xiǎoshuō fěngcìle shèhuì de yìxiē bùliáng xiànxiàng.
이 소설은 사회의 몇몇 안 좋은 현상을 풍자했다.

部 bù 부, 편(서적이나 영화 편수 등을 세는 양사) | 小说 xiǎoshuō 소설 | 社会 shèhuì 사회 | 不良 bùliáng 좋지 않다 | 现象 xiànxiàng 현상

完美
wánměi
형 완미하다, 매우 훌륭하다, 완전무결하다

▶ 어린 나이지만, 그 아이의 작품은 완성도가 完美합니다.

这位设计师每一件事情都力求做到完美。
Zhè wèi shèjìshī měi yí jiàn shìqing dōu lìqiú zuòdào wánměi.
이 설계사는 모든 일을 모두 노력을 다해 완전무결하게 하려고 한다.

位 wèi 분(공경의 뜻을 내포함) | 设计师 shèjìshī 설계사 | 件 jiàn 건, 개 (일을 세는 양사) | 事情 shìqing 일, 사건 | 力求 lìqiú 온갖 노력을 다하다
유의 完善 wánshàn 완벽하다, 완전하다
반의 残缺 cánquē 불완전하다

完整
wánzhěng
형 완전하다, 완벽하다

▶ 그 박물관에는 고려 시대 역사 유물이 完整하게 보전되어 있다.

请将您的全部信息填写完整。
Qǐng jiāng nín de quánbù xìnxī tiánxiě wánzhěng.
당신은 모든 정보를 완벽하게 기입하십시오.

将 jiāng ~을 | 全部 quánbù 전체, 모두 | 信息 xìnxī 정보 | 填写 tiánxiě 기입하다
유의 完全 wánquán 완전하다, 완벽하다

结合
jiéhé
동 결합하다, 결부하다

▶ 간다라 미술은 헬레니즘과 인도 문화가 结合되어 나타난 것이다.

它是一个结合中西方文化的手工艺品。
Tā shì yí ge jiéhé Zhōngxīfāng wénhuà de shǒugōngyìpǐn.
그것은 일종의 중국과 서양의 문화를 결합한 수공예품이다.

中西方 Zhōngxīfāng 중국과 서양 | 文化 wénhuà 문화 | 手工艺品 shǒugōngyìpǐn 수공예품

包含
bāohán
동 포함하다

▶ 그 소설의 작가는 제2편에서 전혀 새로운 인물을 包含시켰다.

他写的文章中包含着很多深刻的道理。
Tā xiě de wénzhāng zhōng bāohánzhe hěn duō shēnkè de dàolǐ. 그가 쓴 글 속에는 깊은 이치가 많이 포함되어 있다.

文章 wénzhāng 글, 문장 | 深刻 shēnkè (인상이) 깊다 | 道理 dàolǐ 이치, 도리

组合
zǔhé
동 조합하다

▶ 발레와 난타를 组合하면 어떤 공연이 기획될지 기대된다.

艺术家们利用废弃物组合出了艺术品。
Yìshùjiāmen lìyòng fèiqìwù zǔhé chūle yìshùpǐn.
예술가들은 폐기물을 이용하여 예술 작품을 조합해 냈다.

艺术家 yìshùjiā 예술가 | 竟然 jìngrán 놀랍게도 | 利用 lìyòng 이용하다 | 废弃物 fèiqìwù 폐기물 | 完美 wánměi 완전무결하다, 매우 훌륭하다 | 艺术品 yìshùpǐn 예술품

缺乏
quēfá
동 결핍되다, 결여되다

▶ 그녀는 애정 소설을 쓰기에는 연애 경험이 너무 缺乏하다.

缺乏创新意识的话，很难取得成功。
Quēfá chuàngxīn yìshí de huà, hěn nán qǔdé chénggōng.
창의력이 부족하면 성공하기 어렵다.

创新意识 chuàngxīn yìshí 창의력 | 难 nán 어렵다 | 取得 qǔdé 얻다 | 成功 chénggōng 성공하다

유의 缺少 quēshǎo (인원이나 물건의 수량이) 부족하다, 모자라다

★보충단어
아래 단어들의 예문은 WEB단어장에서 확인할 수 있어요.

哲学 zhéxué 명 철학
省略 shěnglüè 동 생략하다, 삭제하다

보충단어 WEB 단어장

플러스 단어

고득점 합격이 목표라면 플러스단어까지 학습해 보세요.

문학

草稿 cǎogǎo 원고, 초고
全唐诗 QuánTángshī 『전당시』
(당대에 지은 모든 시 작품을 수록한 책)
杰作 jiézuò 걸작
章节 zhāngjié 장과 절
暗喻 ànyù 은유
含蓄 hánxù 함축하다
李白 Lǐ Bái 이백
(중국 당대의 저명한 시인)
杜甫 Dù Fǔ 두보
(중국 당대의 저명한 시인)
鲁迅 Lǔ Xùn 루쉰(중국 현대의 저명한 문학가·사상가·혁명가)
诺贝尔文学奖 Nuòbèi'ěr wénxuéjiǎng 노벨 문학상

예술

乐团 yuètuán 악단
音乐剧 yīnyuèjù 뮤지컬
歌剧 gējù 오페라, 가극
芭蕾(舞) bālěi(wǔ) 발레
街头艺术 jiētóu yìshù 거리 공연
演奏会 yǎnzòuhuì 연주회
展示会 zhǎnshìhuì 전시회
变脸 biànliǎn 변검술(쓰촨(四川) 지방의 전통극으로, 배우가 빠르게 얼굴 분장을 바꾸는 예술)
梅兰芳 Méi Lánfāng 메이란팡
(중국의 대표적인 경극 배우)
金面王朝 Jīnmiàn Wángcháo 「금면왕조」(华侨城(huáqiáochéng) 대극장에서 로맨틱한 사랑 이야기로 연출되는 대형 무대극)

데일리 테스트

고생하셨어요!
QR코드를 스캔하면 DAY01~DAY30 전체 데일리 테스트 PDF가 다운로드됩니다.

🔍 단어 FAQ

유의어 비교하기

缺乏 vs 缺少

> 缺乏와 缺少 모두 '부족하다'라는 뜻인데, 둘이 똑같은 거야?

한국어로 뜻은 모두 '부족하다'라는 뜻을 가지고 있지만,
그 뉘앙스와 쓰임에는 약간의 차이점이 있어요.

> 그래? 그럼 缺乏와 缺少의 차이점 알려 줘.

네. 缺乏는 주로 추상적인 것이 부족할 때 쓰이고,
缺少는 구체적인 사물, 사람, 시간 등이 모자랄 때 쓰여요.

> 한마디로 뒤에 목적어에 따라 쓰이는 어휘가 다르다는 거지?

네. 缺乏 뒤에는 경험, 능력, 조건 등 추상적이고 본질적인
것이 쓰이고 缺少는 구체적이고 수량적인 것이 쓰여요.

> HSK 5급 시험 대비용으로 정리해 줘.

물론이죠.
간단히 표로 정리하면,

	缺乏 quēfá	缺少 quēshǎo
기본 뜻	결핍되다, 부족하다	부족하다, 모자라다
목적어	추상적이고 본질적인 것	구체적이고 수량적인 것
포인트	결핍을 강조	단순히 모자란 것을 강조

HSK 5급 빈출 문장으로 예시를 들자면,

这个孩子缺乏自信。
Zhège háizi quēfá zìxìn.
이 아이는 자신감이 부족하다.

我们家缺少一把椅子。
Wǒmen jiā quēshǎo yì bǎ yǐzi.
우리 집에는 의자가 하나 부족하다.

DAY 21

HSK 5급 30일 합격 프로젝트

★ HSK 시험에 이렇게 나와요.
'태도'와 '성격'은 독해 영역 빈출 주제입니다. 종업원의 서비스 태도, 회사에서의 태도, 일상생활 태도, 태도가 사람에게 주는 영향 등이 출제됩니다. 또한 성격이 사고에 주는 영향과 현대인들의 심리적인 문제 등도 출제됩니다.

네 성격은 어때?

#태도 #성격

음원 듣기

天真 티앤젼
调皮 티아오피
淘气 타오치
体贴 티티에
温柔 원로우

天真 tiānzhēn	调皮 tiáopí	淘气 táoqì	体贴 tǐtiē	温柔 wēnróu
형 천진하다, 꾸밈이 없다	형 장난스럽다, 짓궂다	형 장난이 심하다, 말을 듣지 않다	동 자상하다	형 부드럽고 상냥하다, 온유하다

암기 영상

乐观 lèguān
형 낙관적이다, 희망차다

▶ 그는 乐观적인 태도로 힘든 난관을 헤쳐 나갔다.

有乐观的心态对我们来说很重要。
Yǒu lèguān de xīntài duì wǒmen lái shuō hěn zhòngyào.
낙관적인 마음가짐을 가지는 것은 우리에게 중요하다.

心态 xīntài 심리 상태 | 对A来说 duì A lái shuō A에게 (있어서) | 重要 zhòngyào 중요하다 | 반의 悲观 bēiguān 비관적이다, 비관하다

悲观 bēiguān
형 비관적이다, 비관하다

▶ 내 친구는 어려운 일이 생기면 바로 悲观적으로 변해.

他因一次失败而变得悲观。
Tā yīn yí cì shībài ér biàn de bēiguān.
그는 한 번의 실패 때문에 비관적으로 변했다.

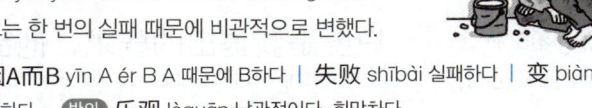

因A而B yīn A ér B A 때문에 B하다 | 失败 shībài 실패하다 | 变 biàn 변하다 | 반의 乐观 lèguān 낙관적이다, 희망차다

诚恳 chéngkěn
형 간절하다, 진실하다

▶ 아이는 诚恳한 눈빛으로 장난감을 사달라며 엄마를 졸랐다.

同事的态度诚恳，小王答应了他的请求。
Tóngshì de tàidu chéngkěn, Xiǎo Wáng dāyingle tā de qǐngqiú.
동료의 태도가 간절한 것을 보고, 샤오왕은 그의 부탁을 들어주었다.

同事 tóngshì 동료 | 态度 tàidu 태도 | 答应 dāying 승낙하다 | 请求 qǐngqiú 부탁
유의 诚挚 chéngzhì 성실하고 진실하다
반의 虚伪 xūwěi 거짓되다, 허위적이다

老实 lǎoshi
형 성실하다, 정직하다

▶ 그는 누가 보든 안 보든 항상 老实한 태도로 업무를 수행한다.

他看起来很老实，其实经常说大话。
Tā kàn qǐlai hěn lǎoshi, qíshí jīngcháng shuō dàhuà.
그는 정직해 보이지만, 사실 자주 허풍을 떤다.

看起来 kàn qǐlai 보기에 | 其实 qíshí 사실 | 经常 jīngcháng 자주, 늘 | 说大话 shuō dàhuà 허풍을 떨다
유의 诚实 chéngshí 성실하다, 진실하다

真实
zhēnshí
- 형 진실하다

▶ 그는 누구에게든 거짓되지 않고 真实하게 대한다.

从他对待伴侣的态度上，可以看到他真实的一面。
Cóng tā duìdài bànlǚ de tàidu shang, kěyǐ kàndào tā zhēnshí de yímiàn.
그가 배우자를 대하는 태도에서, 그의 진실된 일면을 볼 수 있다.

对待 duìdài 대하다 | 伴侣 bànlǚ 배우자 | 态度 tàidu 태도 | 看到 kàndào 보다 | 一面 yímiàn 한 부분, 일면

痛快
tòngkuài
- 형 시원시원하다, 호쾌하다

▶ 이번 재판에서 변호사는 나의 마음을 아주 痛快하게 대변해 주었다.

只要是我提出的要求，他都痛快地答应。
Zhǐyào shì wǒ tíchū de yāoqiú, tā dōu tòngkuài de dāying.
내가 요구한 것이면, 그는 모두 시원하게 승낙한다.

只要 zhǐyào ~하기만 하면 | 提出 tíchū 제기하다 | 要求 yāoqiú 요구(하다) | 答应 dāying 승낙하다

大方
dàfang
- 형 (언행이) 시원시원하다, 대범하다, 통이 크다, 인색하지 않다

▶ 중국인들은 다른 건 몰라도 먹는 것에는 大方하게 돈을 쓴다.

弟弟在观众面前表现得很大方。
Dìdi zài guānzhòng miànqián biǎoxiàn de hěn dàfang.
남동생은 관중 앞에서 대범하게 행동했다.

他十分大方，经常请同事吃饭。
Tā shífēn dàfang, jīngcháng qǐng tóngshì chīfàn.
그는 매우 통이 커서, 자주 동료들에게 밥을 산다.

观众 guānzhòng 관중 | 面前 miànqián 앞, 눈앞 | 表现 biǎoxiàn 행동하다 | 十分 shífēn 매우, 아주 | 经常 jīngcháng 자주, 늘 | 同事 tóngshì 동료

반의 小气 xiǎoqi 인색하다, 쩨쩨하다

小气
xiǎoqi

형 인색하다, 쩨쩨하다

▶ 회사를 운영하는 사람이 저렇게 小气해서는 안 될 것 같다.

邻居为人小气极了。
Línjū wéirén xiǎoqi jí le.
이웃 사람의 됨됨이가 매우 인색하다.

邻居 línjū 이웃집, 이웃 사람 | 为人 wéirén 됨됨이, 인성 | 极了 jí le 매우(형용사 뒤에 쓰여 뜻을 매우 강조함)

반의 大方 dàfang 통이 크다, 인색하지 않다

周到
zhōudào

형 세심하다, 치밀하다

▶ 사장님은 모든 직원의 생일까지 챙기는 매우 周到한 분이시다.

这家餐厅的服务十分周到。
Zhè jiā cāntīng de fúwù shífēn zhōudào.
이 식당의 서비스는 매우 세심하다.

家 jiā 집, 곳(집·상점·회사 등을 세는 양사) | 餐厅 cāntīng 식당 | 服务 fúwù 서비스하다

출제 포인트 ▶ 周到와 짝꿍 어휘

周到는 모든 방면을 세세히 챙기는 치밀함을 뜻한다. 사람의 행동을 평가할 때 쓰는 단어로, 성격을 표현하는 단어가 아님에 주의해야 한다. 독해 3부분 논설문 유형에 다양한 단어와 결합하여 출제되므로, 여러 가지 짝꿍 표현을 함께 알아 두자.

예 服务周到 서비스가 세심하다
   考虑得周到 주도면밀하게 고려하다
   他的性格非常周到 (×)

冷淡
lěngdàn

형 냉담하다, 쌀쌀하다, 냉정하다

▶ 팀장님은 우리에게 冷淡한 척하지만, 엄청 신경 쓰고 계셔.

那家餐馆的服务员对顾客的态度十分冷淡。
Nà jiā cānguǎn de fúwùyuán duì gùkè de tàidu shífēn lěngdàn.
그 식당의 종업원은 손님에 대한 태도가 매우 냉담하다.

家 jiā 집, 곳(집·상점·회사 등을 세는 양사) | 餐馆 cānguǎn 식당 | 服务员 fúwùyuán 종업원 | 顾客 gùkè 손님 | 态度 tàidu 태도

유의 冷漠 lěngmò (사람과 사물에) 냉담하다, 무관심하다
반의 热情 rèqíng 열정적이다, 친절하다
     热心 rèxīn 열성적이다, 친절하다

温柔
wēnróu
형 부드럽고 상냥하다, 온유하다

▶ 부모는 아이에게 항상 温柔해야 합니다.

电话那边传来了温柔的声音。
Diànhuà nàbian chuánláile wēnróu de shēngyīn.
전화 저편에서 부드러운 목소리가 들려왔다.

电话 diànhuà 전화 | 那边 nàbian 저쪽 | 传来 chuánlái (소리가) 들려오다 | 声音 shēngyīn 목소리
유의 温和 wēnhé (성격·태도·말투 등이) 온화하다, 따뜻하다

亲切
qīnqiè
형 친절하다

▶ 자주 가던 옷 가게 직원들은 너무 亲切해서 부담스러워.

那位医生对病人的态度很亲切。
Nà wèi yīshēng duì bìngrén de tàidu hěn qīnqiè.
그 의사는 환자에 대한 태도가 매우 친절하다.

位 wèi 분, 명(공경의 뜻을 내포함) | 医生 yīshēng 의사 | 病人 bìngrén 환자　**반의** 冷漠 lěngmò 냉담하다, 무관심하다

体贴
tǐtiē
동 자상하다

▶ 내 이상형은 아빠같이 体贴하고 다정한 사람이야.

他的女朋友既温柔又体贴。
Tā de nǚpéngyou jì wēnróu yòu tǐtiē.
그의 여자 친구는 상냥할 뿐만 아니라 자상하기까지 하다.

女朋友 nǚpéngyou 여자 친구 | 既A又B jì A yòu B A하고 (또) B하다

善良
shànliáng
형 선량하다, 착하다

▶ 그는 우락부락하게 생겼지만 사실 누구보다 善良한 사람이야.

善良的人更受人们欢迎。
Shànliáng de rén gèng shòu rénmen huānyíng.
착한 사람은 사람들에게 더욱 환영받는다.

受欢迎 shòu huānyíng 환영을 받다, 인기 있다

> **출제 포인트** 듣기 빈출 어휘 善良
> 5급 듣기에서 인물의 성격 묘사하는 문제에서 많이 나오는 어휘로 정도부사와 함께 많이 쓰인다.

敏感
mǐngǎn
- 형 예민하다

▶ 원고 마감 기한이 다가오자 그 작가는 매우 敏感해졌다.

女儿这个年纪的孩子，非常敏感。
Nǚ'ér zhège niánjì de háizi, fēicháng mǐngǎn.
딸아이와 같은 나이의 아이는 매우 예민하다.

女儿 nǚ'ér 딸 | 年纪 niánjì 나이 | 孩子 háizi 아이

糊涂
hútu
- 형 혼란스럽다, 어리석다

▶ 전설 속 인물들은 糊涂한 세상을 바로잡아 영웅이 되곤 했다.

听了他的说明，我反而更糊涂了。
Tīngle tā de shuōmíng, wǒ fǎn'ér gèng hútu le.
그의 설명을 듣고, 나는 오히려 더 혼란스러워졌다.

说明 shuōmíng 설명(하다) | 反而 fǎn'ér 오히려, 도리어

> **출제 포인트** 糊涂를 중첩하면 糊里糊涂
>
> 糊涂와 같이 부정적 의미(혐오, 경시)를 나타내는 2음절 형용사를 중첩할 때는 [A里AB]의 패턴을 쓴다. 중첩 표현은 정도를 강조하는 것으로, 의미가 변화되는 것이 아니라 형용사의 정도만 강조된다.
>
> 예 糊里糊涂 어리둥절하다 / 傻里傻气 어리바리하다
> 慌里慌张 허둥지둥하다 / 土里土气 촌티 나다

狡猾
jiǎohuá
- 형 교활하다, 간교하다

▶ 사기꾼들은 우리가 상상하는 그 이상으로 狡猾합니다.

狐狸被称为狡猾的动物。
Húli bèi chēngwéi jiǎohuá de dòngwù.
여우는 교활한 동물이라고 불린다.

狐狸 húli 여우 | 称为 chēngwéi ~라고 부르다 | 动物 dòngwù 동물

假装
jiǎzhuāng
- 동 (짐짓) ~인 체하다, 가장하다

▶ 나는 소심하지만 고객들 앞에서는 활발한 성격인 것처럼 假装한다.

刚才我看见小白了，可她竟然假装没看见我。
Gāngcái wǒ kànjiàn Xiǎo Bái le, kě tā jìngrán jiǎzhuāng méi kànjiàn wǒ.
방금 나는 샤오바이를 봤는데, 그녀는 놀랍게도 나를 못 본 척했다.

刚才 gāngcái 방금 | 可 kě 그러나, 하지만 | 竟然 jìngrán 놀랍게도

严肃
yánsù

형 엄숙하다, 근엄하다

▶ 임원 회의 시간의 분위기는 항상 严肃하다.

老师对学生们说话时的表情特别严肃。
Lǎoshī duì xuéshengmen shuōhuà shí de biǎoqíng tèbié yánsù.

선생님이 학생들에게 이야기할 때의 표정은 특히 엄숙하다.

说话 shuōhuà 이야기하다 | 表情 biǎoqíng 표정 | 特别 tèbié 특별히

> **유의어 비교** 严肃 vs 严格
>
> 严肃는 사람의 태도나 표정, 분위기 등이 진지하거나 엄격함을 나타내는 형용사로, 어떤 규칙이나 기준 등이 엄하고 철저함을 나타내는 严格와는 달리 사람의 태도와 표정이 주어가 된다. 严肃는 듣기 대화 유형에 선생님이나 동료 등의 태도가 엄격하거나 표정이 진지하다고 말하는 대화로 등장한다. 시험에 자주 나오는 표현을 숙지하고 넘어가자.
>
> 예 他的表情严肃 그의 표정이 진지하다
> 严肃地宣布 엄숙하게 선언하다
> 严肃处理 엄격히 처리하다
> 老师的语气很严肃 선생님의 말투가 근엄하시다

自私
zìsī

형 이기적이다

▶ 내 룸메이트가 너무 自私해서 얄미워 죽겠어.

没想到，你是一个这么自私的人。
Méi xiǎngdào, nǐ shì yí ge zhème zìsī de rén.

네가 이렇게 이기적인 사람인 줄 몰랐어.

没想到 méi xiǎngdào 생각하지 못하다
[반의] 无私 wúsī 사심이 없다
[반의] 忘我 wàngwǒ 사심이 없다, 공평하다

谨慎
jǐnshèn

형 신중하다, 조심스럽다

▶ 결혼을 결정할 때는 매우 谨慎하게 생각해야 한다.

选择专业时，一定要谨慎。
Xuǎnzé zhuānyè shí, yídìng yào jǐnshèn.

전공을 선택할 때는 반드시 신중해야 한다.

选择 xuǎnzé 선택하다 | 专业 zhuānyè 전공 | 一定 yídìng 반드시

虚心
xūxīn

형 겸손하다, 겸허하다

▶ 대통령은 자신을 향한 비판의 화살을 虚心하게 수용하기로 했다.

管理者应虚心地接受员工的意见。
Guǎnlǐzhě yīng xūxīn de jiēshòu yuángōng de yìjiàn.
관리자는 겸허하게 직원의 의견을 받아들여야 한다.

管理者 guǎnlǐzhě 관리자 | **应** yīng (마땅히) ~해야 한다 | **接受** jiēshòu 받아들이다 | **员工** yuángōng 직원 | **意见** yìjiàn 의견

(유의) 谦虚 qiānxū 겸손하다
(반의) 骄傲 jiāo'ào 거만하다

谦虚
qiānxū

형 겸손하다

▶ 그는 많은 상을 받았지만 오히려 상을 받기 전보다 더 谦虚해졌다.

遇到任何人，你都应该谦虚。
Yùdào rènhé rén, nǐ dōu yīnggāi qiānxū.
어떤 사람을 만나든, 너는 겸손해야 한다.

遇到 yùdào 만나다 | **任何** rènhé 어떠한 | **应该** yīnggāi (마땅히) ~해야 한다

(유의) 虚心 xūxīn 겸손하다, 겸허하다
(반의) 骄傲 jiāo'ào 거만하다

> **유의어 비교** 虚心 vs 谦虚
>
> 두 단어 모두 형용사로, '겸손하다'라는 의미이며, 바꿔 쓸 수도 있다. 하지만 虚心은 동사 앞에서 '겸허히', '겸손하게'로 쓸 수 있으나, 谦虚는 동사 앞에 쓰지 않으며, '겸손의 말을 하다'라는 동사의 의미로 쓸 수 있다.
>
> 예 很虚心 겸손하다 / 虚心学习 겸허히 배우다 / 别虚心 (×)
> 　 很谦虚 겸손하다 / 别谦虚了 겸손하지 마라 / 谦虚学习 (×)

主动
zhǔdòng

형 능동적이다, 주동적이다, 자발적이다

▶ 학생들은 재해 지역을 위해 主动적으로 모금 활동을 개시했다.

科长主动向老板提出了建议。
Kēzhǎng zhǔdòng xiàng lǎobǎn tíchūle jiànyì.
과장님은 사장님에게 능동적으로 건의안을 제의했다.

科长 kēzhǎng 과장 | **向** xiàng ~에게 | **老板** lǎobǎn 사장 | **提出** tíchū 제의하다 | **建议** jiànyì 건의안, 제안

(반의) 被动 bèidòng 수동적이다, 피동적이다

表现
biǎoxiàn
- 동 나타내다, 표현하다
- 명 태도, 행동, 표현, 품행

▶ 여러분께 작은 선물로나마 감사의 마음을 表现하고자 합니다.

他的优点表现在许多方面。
Tā de yōudiǎn biǎoxiàn zài xǔduō fāngmiàn.
그의 장점은 많은 방면에서 나타난다.

他在工作中的表现很好。 그는 업무 중의 태도가 좋다.
Tā zài gōngzuò zhōng de biǎoxiàn hěn hǎo.

优点 yōudiǎn 장점 | 许多 xǔduō 매우 많다 | 方面 fāngmiàn 방면, 부분 | 工作 일하다, 업무하다

> **출제 포인트**　독해 빈출 어휘 **表现**
>
> 表现은 명사로 '태도', '행동', '표현' 등을 뜻하며, 동사로 '나타내다', '표현하다'라는 뜻을 나타낸다. 독해 2부분과 3부분에서 작품에서의 표현, 업무상의 태도, 사회 문화와 관련된 개념으로 출제된다.
>
> 예　工作表现出色 업무 태도가 뛰어나다
> 　　表现手法 표현 수법
> 　　表现得很糟糕 엉망으로 표현했다
> 　　表现出情绪 기분을 표현해 내다

坚强
jiānqiáng
- 형 굳세다, 꿋꿋하다, 완강하다

▶ 수많은 실패는 사람을 오히려 더 坚强하게 한다.

哥哥的经历让他变得很坚强。
Gēge de jīnglì ràng tā biàn de hěn jiānqiáng.
형의 경험은 그를 굳세게 변하게 했다.

经历 jīnglì 경험 | 让 ràng ~에게 ~하게 하다 | 变 biàn 변하다, 바뀌다

勤奋
qínfèn
- 형 부지런하다, 꾸준하다

▶ 듣자 하니 넌 5년째 勤奋하게 아침 운동을 하고 있다면서?

他勤奋好学，下了很多功夫研读文学作品。
Tā qínfèn hào xué, xiàle hěn duō gōngfu yándú wénxué zuòpǐn.
그는 부지런하고 배우길 좋아해서, 많은 시간을 들여 문학 작품을 읽고 깊이 연구한다.

好 hào 좋아하다 | 下功夫 xià gōngfu 시간을 들이다 | 研读 yándú 책을 읽으며 깊이 연구하다 | 文学 wénxué 문학 | 作品 zuòpǐn 작품

반의 懒惰 lǎnduò 게으르다, 나태하다

实践
shíjiàn
- 동 실천하다, 실행하다
- 명 실천, 실행

▶ 누구나 말하는 것은 쉽지만 직접 实践하는 것은 어렵다.

我们要在实践中积累经验。
Wǒmen yào zài shíjiàn zhōng jīlěi jīngyàn.
우리는 실천하는 중에 경험을 쌓아야 한다.

理论和实践都很重要。
Lǐlùn hé shíjiàn dōu hěn zhòngyào.
이론과 실천은 모두 중요하다.

积累 jīlěi 쌓다 | 经验 jīngyàn 경험 | 理论 lǐlùn 이론 | 重要 zhòngyào 중요하다

消极
xiāojí
- 형 소극적이다
- 형 부정적이다

▶ 그는 消极적인 성격 때문에 콩쿠르에 나갈 기회를 놓쳤다.

不能总是以消极的态度对待问题。
Bù néng zǒngshì yǐ xiāojí de tàidu duìdài wèntí.
항상 소극적인 태도로 문제를 대하면 안 된다.

抱怨是一种消极的行为。
Bàoyuàn shì yì zhǒng xiāojí de xíngwéi.
원망은 일종의 부정적인 행동이다.

不能 bù néng ~해서는 안 된다 | 总是 zǒngshì 항상, 늘 | 以 yǐ ~으로 | 态度 tàidu 태도 | 对待 duìdài 대하다 | 问题 wèntí 문제 | 抱怨 bàoyuàn 원망하다 | 种 zhǒng 종(종류를 세는 양사) | 行为 xíngwéi 행동
반의 积极 jījí 적극적이다, 긍정적이다

坚决
jiānjué
- 형 (태도, 행동 등이) 단호하다, 결연하다

▶ 일제강점기 때 독립운동가들의 坚决한 의지를 꺾을 순 없었다.

经理坚决反对这个计划。
Jīnglǐ jiānjué fǎnduì zhège jìhuà.
사장님은 이 계획에 단호히 반대한다.

经理 jīnglǐ 사장 | 反对 fǎnduì 반대하다 | 计划 jìhuà 계획

决心
juéxīn
- 명 결심, 결의, 다짐
- 동 결심하다

▶ 나는 드디어 오늘 그녀에게 고백하기로 决心했다.

我下定决心要改正自己的错误。
Wǒ xiàdìng juéxīn yào gǎizhèng zìjǐ de cuòwù.
나는 스스로의 잘못을 고치기로 결심했다.

我决心去中国留学。
Wǒ juéxīn qù Zhōngguó liúxué.
나는 중국으로 유학 가기로 결심했다.

下定 xiàdìng (결심, 단정 따위를) 내리다 | 改正 gǎizhèng (잘못 등을) 시정하다 | 错误 cuòwù 잘못 | 留学 liúxué 유학하다

犹豫
yóuyù
- 형 망설이다, 머뭇거리다, 주저하다

▶ 네가 그렇게 犹豫하는 사이에 기회는 이미 지나갔어.

面对困难的时候，他犹豫了。
Miànduì kùnnan de shíhou, tā yóuyù le.
어려움에 직면했을 때, 그는 망설였다.

面对 miànduì 직면하다 | 困难 kùnnan 어려움

> **출제 포인트** 犹豫가 사용된 기출 표현
>
> 犹豫는 이러지도 저러지도 못해 안절부절하는 상태를 나타내며, 5급 독해 영역의 이야기 및 논설문에 사자성어나 관용어로 자주 출제되므로, 아래의 표현을 꼭 함께 익히고 넘어가자.
>
> 예 犹豫不决 결단을 내리지 못하고 머뭇거리다
>   犹豫不定 우물쭈물 망설이다 / 别犹豫了 망설이지 마
>   毫不(háobù)犹豫 조금도 망설이지 않다
>   毫不犹豫地走 조금의 망설임도 없이 가다

看不起
kànbuqǐ
- 동 업신여기다, 깔보다

▶ 그렇게 남을 看不起하다간 너도 큰코다칠 거야.

我们不应该看不起穷人。
Wǒmen bù yīnggāi kànbuqǐ qióngrén.
우리는 가난한 사람을 업신여겨서는 안 된다.

应该 yīnggāi (마땅히) ~해야 한다 | 穷人 qióngrén 가난한 사람

轻视
qīngshì

동 무시하다, 경시하다

▶ 지금 네 지위가 더 높다고 함부로 남을 轻视해서는 안 돼.

父母从小就教育我不能轻视别人。
Fùmǔ cóngxiǎo jiù jiàoyù wǒ bù néng qīngshì biérén.
부모님은 어릴 때부터 나에게 다른 사람을 무시하면 안 된다고 교육하셨다.

父母 fùmǔ 부모 | 从小 cóngxiǎo 어릴 때부터 | 教育 jiàoyù 교육하다 | 不能 bù néng ~해서는 안 된다 | 别人 biérén 다른 사람

반의 重视 zhòngshì 중시하다 / 看重 kànzhòng 중시하다

瞎
xiā

부 (이유나 근거 없이) 제멋대로, 함부로, (결과 없이) 괜히

▶ 당신이 직접 보지 못한 일에 대해서 瞎하게 말하지 마세요.

演讲时要有根据，千万别瞎说。
Yǎnjiǎng shí yào yǒu gēnjù, qiānwàn bié xiā shuō.
연설할 때는 근거가 있어야 하고, 절대로 제멋대로 말해서는 안 된다.

演讲 yǎnjiǎng 연설하다 | 根据 gēnjù 근거 | 千万 qiānwàn 절대로 | 别 bié ~하지 마라

天真
tiānzhēn

형 천진하다, 꾸밈이 없다

▶ 나는 해맑게 웃는 그녀의 天真한 모습을 좋아한다.

老人有时像小孩儿一样天真。
Lǎorén yǒushí xiàng xiǎoháir yíyàng tiānzhēn.
노인은 어떤 때 마치 어린아이와 같이 천진난만하다.

老人 lǎorén 노인 | 有时 yǒushí 어떤 때 | 像 xiàng ~와 같다 | 小孩儿 xiǎoháir 아이 | 一样 yíyàng 같다

调皮
tiáopí

형 장난스럽다, 짓궂다

▶ 남동생의 调皮한 장난에 온 가족이 모두 혀를 내둘렀다.

我儿子太调皮了，刚买的玩具就被他弄坏了。
Wǒ érzi tài tiáopí le, gāng mǎi de wánjù jiù bèi tā nòng huài le.
나의 아들은 너무 짓궂어서, 방금 산 장난감을 망가뜨렸다.

儿子 érzi 아들 | 刚 gāng 방금, 막 | 玩具 wánjù 장난감 | 被 bèi ~에게 (~을 당하다) | 弄坏 nònghuài 망가뜨리다

유의 淘气 táoqì 장난이 심하다
반의 听话 tīnghuà (어른·윗사람의) 말을 듣다

淘气
táoqì
- 형 장난이 심하다, 말을 듣지 않다

▶ 아이는 공공장소에서 淘气하게 굴어서 엄마에게 혼났다.

大部分孩子小时候都特别淘气。
Dàbùfen háizi xiǎoshíhou dōu tèbié táoqì.
대부분의 아이들은 어렸을 때 특히 말을 듣지 않는다.

大部分 dàbùfen 대부분 | 孩子 háizi 아이 | 小时候 xiǎoshíhou 어렸을 때 | 特别 tèbié 특별히, 특히
유의) 调皮 tiáopí 장난스럽다, 짓궂다

逗
dòu
- 형 재미있다, 우습다
- 동 웃게 만들다

▶ 국어 선생님은 수업을 매우 逗하게 하셔서 학교에서 인기가 좋다.

他说话真逗，我肚子都笑疼了。
Tā shuōhuà zhēn dòu, wǒ dùzi dōu xiàoténg le.
그가 말을 정말 재미있게 해서, 나는 웃다가 배가 다 아프다.

小王讲笑话时总能逗得大家哈哈大笑。
Xiǎo Wáng jiǎng xiàohua shí zǒng néng dòu de dàjiā hāhā dàxiào.
샤오 왕은 재미있는 이야기를 할 때 항상 모두를 크게 웃게 만들 수 있다.

说话 shuōhuà 말하다 | 肚子 dùzi 배 | 笑 xiào 웃다 | 疼 téng 아프다 | 讲 jiǎng 이야기하다 | 笑话 xiàohuà 우스운 이야기 | 总 zǒng 항상 | 哈哈大笑 hāhā dàxiào 하하거리며 크게 웃다

★보충단어
아래 단어들의 예문은 WEB단어장에서 확인할 수 있어요.

坦率 tǎnshuài 형 솔직하다, 정직하다
热心 rèxīn 형 열성적이다, 친절하다
傻 shǎ 형 어리석다, 미련하다, 고지식하다
胆小鬼 dǎnxiǎoguǐ 명 겁쟁이
乖 guāi 형 (어린아이가) 얌전하다, 착하다

보충단어 WEB 단어장

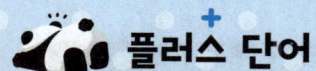 **플러스 단어**

고득점 합격이 목표라면 플러스단어까지 학습해 보세요.

태도, 성격

看眼色 kàn yǎnsè 눈치를 살피다
有偏见 yǒu piānjiàn 편견을 갖다
男子汉 nánzǐhàn 사내대장부
女汉子 nǚhànzi 여장부
胆小 dǎnxiǎo 겁이 많다
善解人意 shàn jiě rényì
사람의 속마음을 잘 이해하다
性急 xìngjí 성격이 급하다
挑剔 tiāotī (결점·잘못 등을)
지나치게 트집 잡다
讥讽(= 嘲讽) jīfěng
(= cháofěng) 비아냥거리다
邪恶 xié'è 사악하다
闹腾 nàoteng 설레발치다,
큰 소리로 떠들다

轻浮 qīngfú 경박하다
泼辣 pōlà 드세다, 괄괄하다
优雅 yōuyǎ 우아하다
高雅 gāoyǎ 고상하다
稳重 wěnzhòng 중후하다
大度 dàdù 너그럽다, 포용력이 있다
勤勉 qínmiǎn 근면하다
王子病 wángzǐbìng 왕자병
公主病 gōngzhǔbìng 공주병

데일리 테스트

고생하셨어요!
QR코드를 스캔하면 DAY01~DAY30
전체 데일리 테스트 PDF가
다운로드됩니다.

DAY 22

마인드 컨트롤
#기분 #감정 #느낌

HSK 5급 30일 합격 프로젝트

★ HSK 시험에 이렇게 나와요.
기분, 감정, 느낌을 나타내는 어휘는 HSK 5급 듣기 영역의 문제와 보기에 자주 등장합니다. 또한 독해에는 감정의 좋고 나쁨, 고단함 등에 대한 설명문과 일상적인 기분, 감정 등을 기술한 이야기 등이 출제됩니다.

음원 듣기

암기 영상

好奇 하오치
怀念 화이니앤
流泪 리우레이
安慰 안웨이

好奇
hàoqí
형 호기심을 갖다, 궁금하게 생각하다

怀念
huáiniàn
동 그리워하다, 회상하다

流泪
liú lèi
눈물을 흘리다

安慰
ānwèi
동 위로하다

情绪
qíngxù

명 기분, 마음

▶ 오늘 엄마의 情绪가 좋지 않으니 괜히 주변에서 얼쩡대지 마.

她的情绪已经稳定下来了。
Tā de qíngxù yǐjīng wěndìng xiàlai le.
그녀의 기분은 이미 안정되었다.

已经 yǐjīng 이미 | 稳定 wěndìng 안정되다 | 下来 xiàlai 어떤 상태가 나타나서 계속 발전되어 감을 나타냄

유의 心清 xīnqíng 기분, 감정

语气
yǔqì

명 말투, 어투

▶ 어떤 사람들은 기분에 따라서 语气가 달라지기도 한다.

听她的语气，好像不高兴。
Tīng tā de yǔqì, hǎoxiàng bù gāoxìng.
그녀의 말투를 들으니, 기분이 언짢은 것 같다.

好像 hǎoxiàng 마치 ~인 것 같다 | 高兴 gāoxìng 기쁘다

过分
guòfèn

형 지나치다

▶ 장난이 너무 과분하면 상대방의 기분이 상할 수밖에 없어.

你的玩笑开得太过分了。
Nǐ de wánxiào kāi de tài guòfèn le.
네가 농담을 너무 심하게 했어.

开玩笑 kāi wánxiào 농담하다
반의 适当 shìdàng 적당하다

不耐烦
bú nàifán

성가시다, 귀찮다, 못 참다

▶ 강아지가 계속 산책 나가자고 不耐烦하게 굴어서 할 수 없이 외출 준비를 했다.

他一直不停地说，朋友们都不耐烦了。
Tā yìzhí bù tíng de shuō, péngyoumen dōu bú nàifán le.
그가 계속 끊임없이 말을 해서, 친구들은 모두 성가셔 했다.

一直 yìzhí 계속 | 不停 bù tíng 끊임없이 | 朋友 péngyou 친구

满足
mǎnzú

동 만족시키다, 만족하다

▶ 처음 시켜 본 요리인데, 생각보다 우리 입맛에 맞아서 满足했다.

这种新产品满足了人们的需要。
Zhè zhǒng xīn chǎnpǐn mǎnzúle rénmen de xūyào.

이러한 신제품은 사람들의 요구를 만족시켰다.

种 zhǒng 종(종류를 세는 양사) | 新产品 xīn chǎnpǐn 신제품 | 需要 xūyào 요구

유의 满意 mǎnyì 만족하다
반의 不足 bùzú 부족하다

유의어 비교 满足 vs 满意

두 단어 모두 만족에 대한 표현이지만, 의미를 나타내는 범위가 다르다.

满意 만족을 느끼는 것을 나타낸다.
[对+대상+满意(~에 대해 만족하다)]

예 **不满意这次考试的成绩**
이번 시험 성적에 불만이다(성적이 좋지 않다고 생각함)

对新房子很满意 새집에 만족하다
满意需要 (×)

满足 满足는 만족을 느끼는 것과 타인의 요구, 바람, 소유 등을 만족시키는 것도 나타낼 수 있어, 의미의 범위가 더 넓다.
[满足+대상(~을 만족시키다)]

예 **不满足这次考试的成绩**
이번 시험 성적에 만족하지 않다(성적을 더 잘 받고 싶음)

满足他的要求 그의 요구를 만족시키다
对他的要求很满足 (×)

感激
gǎnjī

동 감격하다

▶ 엄마는 아이가 학교에서 처음 받은 상장을 보고 매우 感激했다.

灾区的人们很感激政府的帮助。
Zāiqū de rénmen hěn gǎnjī zhèngfǔ de bāngzhù.

재해 지역의 사람들은 정부의 도움에 감격했다.

灾区 zāiqū 재해 지역 | 政府 zhèngfǔ 정부 | 帮助 bāngzhù 도움

佩服
pèifú
동 감탄하다, 감명받다

▶ 나는 상하이의 멋지고 아름다운 야경에 佩服했다.

他的行动真让人佩服！
Tā de xíngdòng zhēn ràng rén pèifú!
그의 행동은 정말 감탄을 자아내게 해!

行动 xíngdòng 행동 | 让 ràng ~에게 ~하게 하다

忍不住
rěn bu zhù
참을 수 없다, 견딜 수 없다

▶ 층간 소음을 더 이상 忍不住해서 윗층으로 따지러 올라갔다.

听到这个消息，大家都忍不住流泪了。
Tīngdào zhège xiāoxi, dàjiā dōu rěn bu zhù liú lèi le.
이 소식을 듣고, 모두 참지 못하고 눈물을 흘렸다.

听到 tīngdào 듣다 | 消息 xiāoxi 소식 | 流泪 liú lèi 눈물을 흘리다

> **출제 포인트** 忍不住+동사
> 忍不住는 '참지 못하다'라는 의미로 주로 동사 앞에 쓰인다. 쓰기 2부분에 자주 출제되므로, '忍不住笑了(참지 못하고 웃었다)', '忍不住流泪了(참지 못하고 울었다)'와 같은 기출 표현을 통째로 익혀 두자.

流泪
liú lèi
눈물을 흘리다

▶ 엄마는 휴먼 다큐멘터리를 보시면서 연신 流泪하셨다.

妹妹摔倒了也没流泪。
Mèimei shuāidǎole yě méi liú lèi.
여동생은 넘어졌는데도 눈물을 흘리지 않았다.

摔倒 shuāidǎo 넘어지다

不得了
bùdéliǎo
형 (정도가) 심하다

▶ 그녀는 애써 준비한 파티가 엉망이 되자 不得了하게 화가 났다.

她收到了很多生日礼物，高兴得不得了。
Tā shōudàole hěn duō shēngrì lǐwù, gāoxìng de bùdéliǎo.
그녀는 많은 생일 선물을 받고, 기뻐서 어쩔 줄 몰랐다.

收到 shōudào 받다 | 生日 shēngrì 생일 | 礼物 lǐwù 선물 | 高兴 gāoxìng 기쁘다

平静
píngjìng

형 (마음, 환경 등이) 평온하다, 차분하다

▶ 그녀는 남자 친구의 진심 어린 위로를 받은 뒤 마음이 平静해졌다.

他深吸了一口气，慢慢地平静了下来。
Tā shēn xīle yì kǒu qì, mànman de píngjìngle xiàlai.
그는 깊이 한 숨을 들이쉬고는, 천천히 차분해졌다.

深 shēn 깊이 ｜ 吸 xī (숨을) 쉬다 ｜ 一口气 yì kǒu qì 한 숨, 한 호흡 ｜ 下来 xiàlai 어떤 상태가 나타나서 계속 발전되어 감을 나타냄

유의어 비교	平静 vs 安静

두 단어 모두 조용하고 차분한 것을 표현하지만, 의미에 차이가 있어 바꾸어 쓸 수 없다.

平静 │ 사람이나 상황 등이 불안하지 않고 평온한 것을 나타낸다.
  예 **心情平静** 마음이 차분하다
  平静的环境 (×) / **请平静一下** (×)
  说话的声音平静 말하는 목소리가 차분하다

安静 │ 장소가 시끄럽지 않고 고요하거나 사람이 조용하고 차분한 것을 나타낸다.
  예 **安静的环境** 조용한 환경
  请安静一下 조용히 좀 해 주세요
  心情安静 (×) / **声音很安静** (×)

平安
píng'ān

형 무사하다, 평안하다

▶ 폭우가 내린대서 걱정했는데, 모두 平安하셔서서 다행입니다.

恭喜你！母子平安。
Gōngxǐ nǐ! Mǔzǐ píng'ān.
축하드립니다! 엄마와 아들 모두 건강합니다.

恭喜 gōngxǐ 축하하다 ｜ 母子 mǔzǐ 엄마와 아들
유의 安全 ānquán 안전하다 반의 危险 wēixiǎn 위험하다

不安
bù'ān

형 불안하다

▶ 강아지는 낯선 길에 접어들자 마음이 不安한지 짖기 시작했다.

孩子太小，一离开妈妈就会感到不安。
Háizi tài xiǎo, yì líkāi māma jiù huì gǎndào bù'ān.
아이는 너무 어려서, 엄마 곁을 떠나면 바로 불안을 느낀다.

孩子 háizi 아이 ｜ 一A就B yī A jiù B A하면 B하다 ｜ 离开 líkāi 떠나다 ｜ 感到 gǎndào 느끼다

操心
cāoxīn

동 걱정하다, 애를 태우다, 마음을 쓰다

▶ 엄마는 가족의 건강을 操心하셔서 유기농 재료로만 요리하신다.

爷爷总是为孙子的学习和生活操心。
Yéye zǒngshì wèi sūnzi de xuéxí hé shēnghuó cāoxīn.

할아버지는 항상 손자의 공부와 생활을 걱정하신다.

爷爷 yéye 할아버지 | 总是 zǒngshì 항상, 늘 | 为 wèi ~ 때문에, ~을 | 孙子 sūnzi 손자 | 学习 xuéxí 공부(하다) | 生活 shēnghuó 생활(하다)

发愁
fāchóu

동 걱정하다, 근심하다

▶ 어머니는 매일 늦게 귀가하는 언니 때문에 늘 发愁하신다.

你在为投资的事情发愁吗？
Nǐ zài wèi tóuzī de shìqing fāchóu ma?

너 투자한 일 때문에 걱정하고 있니?

在 zài ~하고 있다 | 投资 tóuzī 투자 | 事情 shìqing 일

遗憾
yíhàn

형 아쉽다, 유감이다

▶ 모처럼의 휴가인데 너무 짧아서 遗憾하네요.

没时间跟你见面实在太遗憾了。
Méi shíjiān gēn nǐ jiànmiàn shízài tài yíhàn le.

너와 만날 시간이 없으니 정말 너무 아쉽다.

见面 jiànmiàn 만나다 | 实在 shízài 정말

可怕
kěpà

형 무섭다, 두렵다

▶ 칠흑같이 어두운 밤을 홀로 걷자니 너무나도 可怕했다.

老板发脾气的时候有点儿可怕。
Lǎobǎn fā píqi de shíhou yǒudiǎnr kěpà.

사장님이 화를 낼 때는 조금 무섭다.

老板 lǎobǎn 사장 | 发脾气 fā píqi 화내다 | 有点儿 yǒudiǎnr 조금

유의어 비교 可怕 vs 恐怕

可怕는 형용사로, '두렵다', '무섭다'의 뜻이며, 恐怕는 '아마 ~일 것이다'라는 뜻의 부사로, 미래에 일어날 일을 추측할 때 쓰는 단어이다.

예 **令人可怕** 사람을 무섭게 하다 / **可怕的故事** 무서운 이야기
　　恐怕会下雨 아마 비가 내릴 것이다
　　恐怕他会迟到 아마 그는 지각할 것이다

灰心
huīxīn
- 동 낙담하다, 의기소침하다

▶ 내 짝꿍은 반장 선거에서 큰 차이로 떨어져서 매우 灰心했다.

他没取得好成绩，但是他并不灰心。
Tā méi qǔdé hǎo chéngjì, dànshì tā bìng bù huīxīn.
그는 좋은 성적을 얻지는 못했지만, 결코 낙담하지 않는다.

考试 kǎoshì 시험 | 取得 qǔdé 얻다 | 成绩 chéngjì 성적 | 并 bìng 결코

委屈
wěiqu
- 형 억울하다, 답답하다
- 동 억울하게 하다, 불편을 느끼게 하다

▶ 강아지가 어지럽힌 방 때문에 혼이 난 아이는 매우 委屈해 했다.

他虽然很委屈，但什么也没说。
Tā suīrán hěn wěiqu, dàn shénme yě méi shuō.
그는 비록 억울했지만, 아무 말도 하지 않았다.

你何必委屈自己呢？
Nǐ hébì wěiqu zìjǐ ne?
너는 굳이 스스로를 억울하게 할 필요가 있어?

何必 hébì 굳이 ~할 필요가 있는가 | 自己 zìjǐ 자기, 스스로

抱怨
bàoyuàn
- 동 (불만을 품고) 원망하다

▶ 일기예보와 달리 비가 내리자, 사람들은 기상청을 抱怨하였다.

抱怨不能解决任何问题。
Bàoyuàn bùnéng jiějué rènhé wèntí.
원망하는 것은 어떠한 문제도 해결할 수 없다.

解决 jiějué 해결하다 | 任何 rènhé 어떠한 | 问题 wèntí 문제

유의 责备 zébèi 책망하다, 탓하다
반의 称赞 chēngzàn 칭찬하다 / 赞扬 zànyáng 칭찬하다

艰苦
jiānkǔ
- 형 어렵고 고달프다

▶ 많은 위인들은 艰苦한 어린 시절을 견디고 결국 성공하였다.

成功的过程特别艰苦。
Chénggōng de guòchéng tèbié jiānkǔ.
성공의 과정은 특히 어렵고 고달프다.

成功 chénggōng 성공하다 | 过程 guòchéng 과정 | 特别 tèbié 특히

寂寞
jìmò

형 외롭다, 쓸쓸하다

▶ 자녀들이 다 결혼하고 둘만 남게 된 노부부는 매우 寂寞해 한다.

有小狗陪着我，我一点儿也不觉得寂寞。
Yǒu xiǎogǒu péizhe wǒ, wǒ yìdiǎnr yě bù juéde jìmò.
나와 함께 해 주는 강아지가 있어서, 나는 조금도 외롭다고 느끼지 않는다.

小狗 xiǎogǒu 강아지 | 陪 péi 동반하다 | 一点儿 yìdiǎnr 조금 |
觉得 juéde ~라고 느끼다

유의어 비교 寂寞 vs 孤独

두 단어 모두 '외롭다', '쓸쓸하다'라는 뜻이지만, 전달하는 의미와 함께 쓰는 주어에 차이가 있다.

寂寞 사람의 심리적인 외로움을 뜻하며, 공간이 사람에게 주는 쓸쓸함도 나타낼 수 있다.
  예 我很寂寞 나는 외롭다
     寂寞的原野 쓸쓸한 들판

孤独 혼자 있어 외로워 보이는 외적인 것과 내적인 심리 상태 모두를 나타낸다. 사람의 외로움 외에 방이나 나무 등의 사물이 쓸쓸해 보이는 것도 나타낼 수 있다.
  예 我很孤独 나는 외롭다
     老树孤独地生长着 오래된 나무가 쓸쓸하게 자라고 있다

想念
xiǎngniàn

동 그리워하다, 생각하다

▶ 그녀는 유학 가서 몇 년째 보지 못한 아들을 매우 想念한다.

无论你去哪儿，我都会想念你的。
Wúlùn nǐ qù nǎr, wǒ dōu huì xiǎngniàn nǐ de.
네가 어딜 가든, 나는 널 그리워할 거야.

无论A, 都B wúlùn A, dōu B A를 막론하고, (모두) B하다
유의 怀念 huáiniàn 그리워하다

怀念
huáiniàn

동 그리워하다, 회상하다

▶ 친구와 함께 작년 여행 사진을 보면서 그때를 怀念하였다.

我常常怀念童年的美好时光。
Wǒ chángcháng huáiniàn tóngnián de měihǎo shíguāng.
나는 유년의 아름다운 시절을 자주 그리워한다.

常常 chángcháng 자주 | 童年 tóngnián 유년 | 美好 měihǎo 아름답다 |
时光 shíguāng 시절   유의 想念 xiǎngniàn 그리워하다, 생각하다

好奇
hàoqí
- 형 호기심을 갖다, 궁금하게 생각하다

▶ 친구들은 갑자기 30점이나 오른 그 아이의 공부법에 好奇했다.

学生们都露出了好奇的表情。
Xuéshengmen dōu lùchūle hàoqí de biǎoqíng.
학생들은 모두 호기심 어린 표정을 보였다.

露出 lùchū 드러내다 | 表情 biǎoqíng 표정

充满
chōngmǎn
- 동 넘치다, 충만하다

▶ 신혼부부는 서로 주고받는 문자에도 사랑이 充满하다.

每个学生都充满了活力。
Měi ge xuésheng dōu chōngmǎnle huólì.
모든 학생이 활력이 넘쳤다.

活力 huólì 활력

感受
gǎnshòu
- 동 (영향을) 느끼다, 받다
- 명 느낌, 인상

▶ 나도 야구장에 가서 그곳의 열기를 感受하고 싶어!

我想亲自去感受一下志愿活动。
Wǒ xiǎng qīnzì qù gǎnshòu yíxià zhìyuàn huódòng.
나는 직접 가서 자원봉사 활동을 느껴 보고 싶다.

参加了HSK考试你有什么感受?
Cānjiāle HSK kǎoshì nǐ yǒu shénme gǎnshòu?
HSK 시험을 보고 나니 넌 어떤 느낌이 드니?

亲自 qīnzì 직접 | 志愿活动 zhìyuàn huódòng 자원봉사 활동 | 参加 cānjiā 참가하다 | 考试 kǎoshì 시험

承受
chéngshòu
- 동 견뎌 내다, 받아들이다

▶ 엄마는 집에 있는 아이를 생각하며 힘든 치료를 承受하였다.

这家公司的职员承受着巨大的压力。
Zhè jiā gōngsī de zhíyuán chéngshòuzhe jùdà de yālì.
이 회사의 직원은 아주 큰 스트레스를 견뎌 내고 있다.

家 jiā 집, 곳(집·상점·회사 등을 세는 양사) | 公司 gōngsī 회사 | 职员 zhíyuán 직원 | 巨大 jùdà 아주 크다 | 压力 yālì 스트레스

疲劳 píláo
형 피곤하다, 지치다

▶ 수험생들은 계속 疲劳한 나날을 보내고 있다.

那位司机开了一天车了，看起来很疲劳。
Nà wèi sījī kāile yìtiān chē le, kàn qǐlai hěn píláo.
그 운전기사는 하루 종일 운전을 해서, 매우 피곤해 보인다.

位 wèi 분, 명(공경의 뜻을 내포함) | 司机 sījī 기사 | 开车 kāichē 운전하다 | 一天 yìtiān 하루 종일 | 看起来 kàn qǐlai ~해 보이다

痛苦 tòngkǔ
형 고통스럽다
명 고통, 아픔

▶ 응급실에서 많은 환자들이 痛苦를 호소하고 있었다.

这些年，他过得很痛苦。
Zhèxiē nián, tā guò de hěn tòngkǔ.
요 몇 년 동안, 그는 고통스럽게 지냈다.

他不愿意告诉别人自己的痛苦。
Tā bú yuànyì gàosu biéren zìjǐ de tòngkǔ.
그는 다른 사람에게 자신의 고통을 알리고 싶어 하지 않는다.

过 guò 지내다 | 愿意 yuànyì 바라다 | 告诉 gàosu 알리다 | 别人 biéren 다른 사람　반의 幸福 xìngfú 행복하다

安慰 ānwèi
동 위로하다

▶ 그를 혼자 내버려 둬. 지금은 무슨 말로 安慰해도 들리지 않을 거야.

他失恋了，最近很伤心，你多安慰安慰他吧。
Tā shīliàn le, zuìjìn hěn shāngxīn, nǐ duō ānwèi ānwèi tā ba.
그는 실연당해서, 최근에 슬퍼하고 있으니, 네가 위로 좀 많이 해 줘.

失恋 shīliàn 실연하다 | 最近 zuìjìn 최근 | 伤心 shāngxīn 슬프다, 상심하다

呆 dāi
형 멍하다, 어리둥절하다

▶ 항상 늦던 아빠가 오후 3시에 집에 오자 아이들은 呆해하였다.

他呆呆地站在那儿，面色尴尬。
Tā dāidāi de zhàn zài nàr, miànsè gāngà.
그는 멍하니 그곳에 서 있었고, 안색이 난처해 보였다.

站 zhàn 서다 | 面色 miànsè 안색 | 尴尬 gāngà 난처하다, 난감하다

在乎
zàihu
- 동 신경 쓰다, 마음속에 두다

▶ 내가 지나가는 말로 이야기한 것까지 남자 친구가 在乎해 준다.

他很在乎别人的看法。
Tā hěn zàihu biéren de kànfǎ.
그는 다른 사람의 의견을 매우 신경 쓴다.

别人 biéren 다른 사람 | 看法 kànfǎ 의견, 견해

倒霉
dǎoméi
- 형 운이 없다, 재수 없다

▶ 오늘 倒霉하게도 자전거를 타다가 돌에 걸려 넘어졌어.

我最近真是太倒霉了。
Wǒ zuìjìn zhēnshi tài dǎoméi le.
나는 요즘 정말 너무 운이 안 좋다.

最近 zuìjìn 요즘 | 真是 zhēnshi 정말
반의 幸运 xìngyùn 운이 좋다, 행운이다

★ **보충단어** 아래 단어들의 예문은 WEB단어장에서 확인할 수 있어요.

보충단어
WEB 단어장

自豪 zìháo 형 스스로 긍지를 느끼다, 자긍심을 느끼다

慌张 huāngzhāng 형 허둥대다, 당황하다

惭愧 cánkuì 형 창피하다, 부끄럽다

恨 hèn 동 증오하다, 원망하다 명 한, 원한, 원망

自觉 zìjué 동 자각하다

吓 xià 동 놀라다, 무서워하다

哈 hā 의성 (웃는 소리) 하하

唉 āi 감 (탄식하는 소리로) 아이고, 후

哎 āi 감 (놀람, 반가움 등을 나타내며) 어! 야!

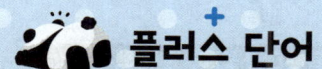 **플러스 단어**

고득점 합격이 목표라면 플러스단어까지 학습해 보세요.

기분, 감정, 느낌

负面情绪 fùmiàn qíngxù
부정적인 감정

正能量 zhèngnéngliàng
긍정 에너지

心理阴影 xīnlǐ yīnyǐng 트라우마

玻璃心 bōlixīn 유리 멘탈 (쉽게 상처받는 여린 마음)

喜爱 xǐ'ài 좋아하다

厌烦 yànfán 싫증 나다

撩妹 liāomèi 여심 저격

喜怒哀乐 xǐ nù āi lè 희로애락
(기쁨과 노여움과 슬픔과 즐거움)

抑郁症 yìyùzhèng 우울증

摆正心态 bǎizhèng xīntài
마음을 바로잡다

大吃一惊 dà chī yì jīng
매우 놀라다

惊慌失措 jīnghuāng shīcuò
놀라고 당황하여 어찌할 바를 모르다

怦怦跳 pēngpēng tiào
두근거리다

慌慌张张地 huānghuāng zhāngzhāng de 허둥지둥

浮夸 fúkuā 우쭐하다

迷住 mízhù 홀리다, 미혹되다

掉魂 diào hún 넋을 잃다

纠结 jiūjié 혼란스럽다

气馁 qìněi 낙담하다, 풀이 죽다

内疚 nèijiù (양심의) 가책을 느끼다

 **데일리 테스트**

고생하셨어요!
QR코드를 스캔하면 DAY01~DAY30
전체 데일리 테스트 PDF가
다운로드됩니다.

DAY 23

HSK 5급 30일 합격 프로젝트

★ HSK 시험에 이렇게 나와요.
의견 및 생각 관련 어휘는 듣기 2부분 단문과 독해 3부분에 특히 자주 등장합니다. 어떤 사건이나 일에 대한 의견과 고찰 등의 논설문 및 설명문, 그리고 의견을 주고받는 내용이 듣기 대화 유형에 출제됩니다.

네 생각을 말해 봐
#의견 #생각

음원 듣기

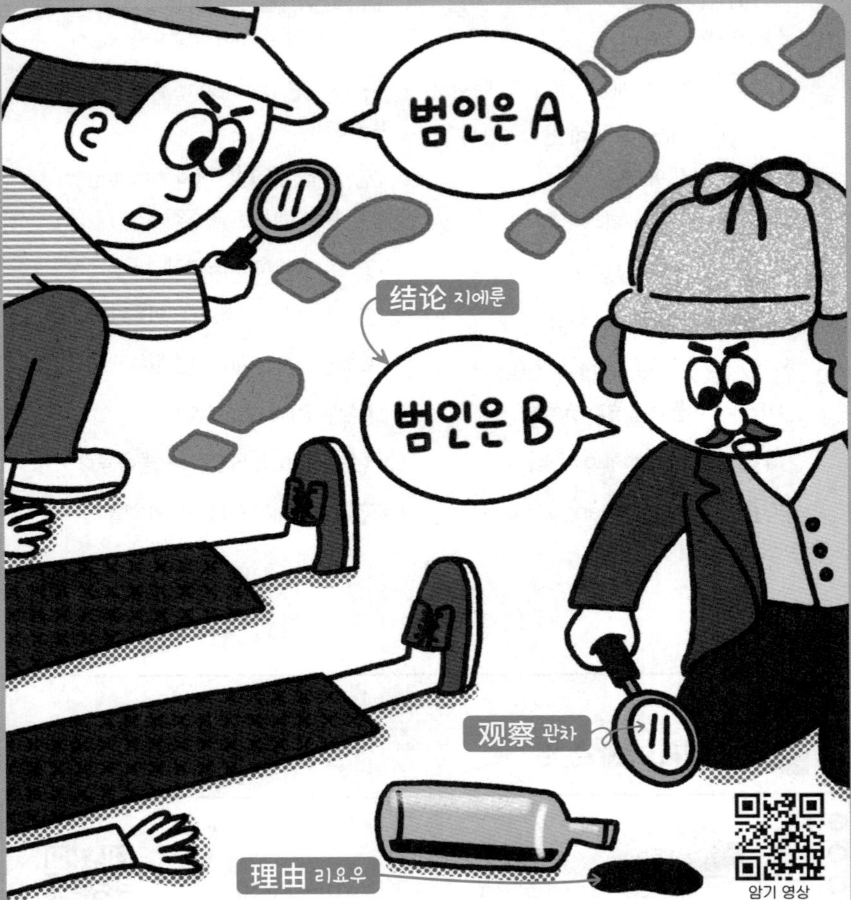

结论 지에룬

观察 관차

理由 리요우

암기 영상

结论
jiélùn
몡 결론

观察
guānchá
통 관찰하다

理由
lǐyóu
몡 이유, 까닭

观点
guāndiǎn
명 관점, 견해

▶ 같은 문제라도 보는 사람마다 观点이 모두 다를 수 있어.

双方的观点始终不一致。
Shuāngfāng de guāndiǎn shǐzhōng bù yízhì.
양쪽의 관점은 시종일관 일치하지 않는다.

双方 shuāngfāng 양쪽, 쌍방 | 始终 shǐzhōng 시종일관, 처음과 끝 | 一致 yízhì 일치하다

观念
guānniàn
명 관념, 생각, 의식

▶ 부모는 아이에게 어른을 공경하는 观念을 가르쳐 줘야 한다.

他认为培养下一代的环保观念很重要。
Tā rènwéi péiyǎng xià yí dài de huánbǎo guānniàn hěn zhòngyào.
그는 다음 세대의 환경 보호 관념을 길러 주는 것이 중요하다고 생각한다.

认为 rènwéi 생각하다 | 培养 péiyǎng 기르다, 양성하다 | 下一代 xià yí dài 후대, 다음 세대 | 环保 huánbǎo 환경 보호 | 重要 zhòngyào 중요하다

概念
gàiniàn
명 개념

▶ 초등학생에게 고등학교 수학 概念을 이해시키다니 정말 대단하다.

我觉得这个概念太抽象了。
Wǒ juéde zhège gàiniàn tài chōuxiàng le.
나는 이 개념이 너무 추상적이라고 생각한다.

觉得 juéde ~라고 생각하다 | 抽象 chōuxiàng 추상적이다

道理
dàolǐ
명 일리, 이치

▶ 그는 어리지만 그의 말에는 道理가 있어.

妈妈告诉了孩子积少成多的道理。
Māma gàosule háizi jīshǎo chéngduō de dàolǐ.
엄마는 아이에게 티끌 모아 태산의 이치를 알려 주었다.

告诉 gàosu 알리다 | 孩子 háizi 아이 | 积少成多 jīshǎo chéngduō 티끌 모아 태산

理由
lǐyóu
명 이유, 까닭

▶ 우리가 이해할 수 있게 조금 더 타당한 理由를 대 봐!

没有人相信他说的理由。
Méiyǒu rén xiāngxìn tā shuō de lǐyóu.
그가 말한 이유를 믿는 사람이 없다.

相信 xiāngxìn 믿다, 신임하다

角度
jiǎodù
명 (문제를 보는) 시각, 각도
명 (수학적) 각도

▶ 한 사건을 다양한 角度로 바라보면 실마리를 찾을 수 있을 거야.

请试着换个角度想问题吧!
Qǐng shìzhe huàn ge jiǎodù xiǎng wèntí ba!
시각을 바꿔서 문제를 생각해 보세요!

这张照片的拍摄角度很好。
Zhè zhāng zhàopiàn de pāishè jiǎodù hěn hǎo.
이 사진은 촬영 각도가 좋다.

试 shì 시험 삼아 해 보다 | 换 huàn 교환하다 | 想 xiǎng 생각하다 | 问题 wèntí 문제 | 张 zhāng 장(종이나 가죽 등을 세는 양사) | 照片 zhàopiàn 사진 | 拍摄 pāishè (사진이나 영상을) 촬영하다

结论
jiélùn
명 결론

▶ 이 실험에서 물질의 양을 변화시킨다면 어떤 结论이 도출될까?

研究人员还没得出最终结论。
Yánjiū rényuán hái méi déchū zuìzhōng jiélùn.
연구원은 아직 최종 결론을 얻지 못했다.

研究人员 yánjiū rényuán 연구원 | 得出 déchū 얻어 내다 | 最终 zuìzhōng 최종, 마지막

多亏
duōkuī
동 은혜를 입다, 덕택이다

▶ 多亏+有你的帮助(너의 도움이 있다)= 너의 도움 덕택이다

多亏有你的帮助，否则我真不知道该怎么办。
Duōkuī yǒu nǐ de bāngzhù, fǒuzé wǒ zhēn bù zhīdào gāi zěnme bàn.
너의 도움 덕택이야, 아니었으면 나는 진짜 어떻게 해야 할지 몰랐을 거야.

帮助 bāngzhù 도움 | 否则 fǒuzé 만약 그렇지 않으면 | 知道 zhīdào 알다 | 该 gāi (마땅히) ~해야 한다 | 办 bàn 하다

观察
guānchá

동 (사물, 현상을) 관찰하다

▶ 오빠는 밤새 별의 움직임을 观察하겠다며 망원경을 들고 나갔다.

艺术家经常仔细地观察周围人的动作和表情。
Yìshùjiā jīngcháng zǐxì de guānchá zhōuwéi rén de dòngzuò hé biǎoqíng.
예술가는 종종 주변 사람의 행동과 표정을 자세히 관찰한다.

艺术家 yìshùjiā 예술가 | 经常 jīngcháng 자주, 종종 | 仔细 zǐxì 자세하다 | 周围 zhōuwéi 주위 | 动作 dòngzuò 동작 | 表情 biǎoqíng 표정

实话
shíhuà

명 사실, 진실, 솔직한 말

▶ 상대방에게 항상 实话를 얘기해야 서로 신뢰할 수 있어.

到底发生了什么事情，你要实话实说。
Dàodǐ fāshēngle shénme shìqing, nǐ yào shíhuà shíshuō.
도대체 무슨 일이 생긴 건지, 너는 사실대로 말해야 돼.

到底 dàodǐ 도대체 | 发生 fāshēng 생기다, 발생하다 | 事情 shìqing 일, 사건 | 实话实说 shíhuà shíshuō 사실대로 말하다
반의 谎话 huǎnghuà 거짓말

据说
jùshuō

동 들리는 말에 의하면 ~라 한다

▶ 据说 올해는 공휴일이 10년 만에 가장 많은 해래.

据说这个系统特别安全。
Jùshuō zhège xìtǒng tèbié ānquán.
들리는 말에 의하면 이 시스템은 특히 안전하다고 한다.

系统 xìtǒng 시스템 | 特别 tèbié 특히 | 安全 ānquán 안전하다

유의어 비교 据说 vs 听说

据说와 听说는 둘 다 자신이 말하는 것이 아니라, 외부의 정보를 인용함을 나타낸다. 据说가 어떠한 근거가 있는 조직 등을 통해 알게 된 정보를 말하는 것에 반해, 听说는 내용의 정확성에 상관없이 누군가에게 들은 정보를 전할 때 사용한다. 그래서 据说는 사람 이름이나 인칭을 주어로 쓰지 않지만, 听说는 사람이나 인칭을 주어로 쓸 수 있다.

예 据说今年国庆节通车。
　　들리는 말에 의하면 올해 국경절에 도로가 개통된다고 한다.

　　听说他是中文系毕业的。
　　듣자 하니 그는 중문과를 졸업했다고 한다.

　　据王老师说 (×) / 听王老师说 (○)
　　据说了 (×) / 听说了 (○)

客观
kèguān
형 객관적이다

▶ 우리 언니는 나의 문제에 대해 아주 客观적으로 조언해 준다.

人们应该客观地看待历史问题。
Rénmen yīnggāi kèguān de kàndài lìshǐ wèntí.
사람들은 역사 문제를 객관적으로 대해야 한다.

看待 kàndài 대하다, 다루다 | 历史 lìshǐ 역사 | 问题 wèntí 문제
반의 主观 zhǔguān 주관적이다

主观
zhǔguān
형 주관적이다

▶ 공적인 사건은 주관적인 생각을 빼고 객관적으로 판단해야 한다.

我觉得你的看法有些主观。
Wǒ juéde nǐ de kànfǎ yǒuxiē zhǔguān.
나는 너의 견해가 약간 주관적이라고 생각한다.

觉得 juéde ~라고 생각하다 | 看法 kànfǎ 생각, 견해 | 有些 yǒuxiē 약간, 조금   반의 客观 kèguān 객관적이다

思考
sīkǎo
동 사고하다, 사색하다

▶ 유대인은 탈무드를 읽으며 思考하는 능력을 기른다고 한다.

应该培养孩子独立思考的能力。
Yīnggāi péiyǎng háizi dúlì sīkǎo de nénglì.
아이가 독립적으로 사고할 수 있는 능력을 길러 줘야 한다.

应该 yīnggāi (마땅히) ~해야 한다 | 培养 péiyǎng 기르다 | 孩子 háizi 아이 | 独立 dúlì 독립하다 | 能力 nénglì 능력

출제 포인트   思考 관련 빈출 표현

思考는 '생각하다', '사고하다'라는 뜻으로, 독서와 습관, 사고 등에 관한 논설문에 종종 등장한다. 내용과 어휘가 비교적 어려우므로, 자주 출제되는 어휘들을 미리 익혀 두는 것이 좋다.

예 思考问题 문제를 사고하다
　　换个角度思考 각도를 바꿔 생각하다
　　不爱思考 사고를 즐겨 하지 않다
　　认真思考一下 열심히 생각을 좀 해 봐
　　思考方式 사고방식
　　独立思考能力 독립적으로 사고하는 능력
　　动脑思考 머리를 써서 생각하다
　　缺乏思考 사고가 부족하다

参考
cānkǎo
동 (다른 사람의 의견 등을) 참고하다, 참조하다

▶ 너는 경험이 많은 선배들의 조언을 参考하는 것이 좋을 거야.

长辈的建议值得参考。
Zhǎngbèi de jiànyì zhídé cānkǎo.
연장자의 의견은 참고할 만한 가치가 있다.

长辈 zhǎngbèi 연장자, 어른 | 建议 jiànyì 제안, 의견 | 值得 zhídé ~할 만한 가치가 있다

征求
zhēngqiú
동 (의견을) 구하다

▶ 나는 대학교 전공 선택을 위해 여러 사람에게 의견을 征求했다.

做重大决定前，最好先征求一下父母的意见。
Zuò zhòngdà juédìng qián, zuìhǎo xiān zhēngqiú yíxià fùmǔ de yìjiàn.
중대한 결정을 하기 전에, 먼저 부모님의 의견을 좀 구하는 것이 가장 좋다.

重大 zhòngdà 중대하다 | 决定 juédìng 결정하다 | 最好 zuìhǎo ~하는 게 가장 좋다 | 先 xiān 먼저, 우선 | 父母 fùmǔ 부모 | 意见 yìjiàn 의견

展开
zhǎnkāi
동 (활동을) 전개하다, 벌이다

▶ 이번 회사 정기총회는 세 시간째 열띤 토론을 展开하고 있어.

学生们在课上展开了激烈的讨论。
Xuéshengmen zài kè shang zhǎnkāile jīliè de tǎolùn.
학생들은 수업 시간에 열띤 토론을 벌였다.

课 kè 수업 | 激烈 jīliè 치열하다 | 讨论 tǎolùn 토론(하다)

至于
zhìyú
개 ~로 말하면, ~에 관해
동 ~의 정도에 이르다

▶ 至于+具体内容(구체적인 내용) = 구체적인 내용에 관해

我只写了提纲，至于具体内容全靠你发挥了。
Wǒ zhǐ xiěle tígāng, zhìyú jùtǐ nèiróng quán kào nǐ fāhuī le.
나는 개요만 썼을 뿐, 구체적인 내용은 모두 네가 발휘하는 것에 달려 있어.

这个问题还不至于无法解决。
Zhège wèntí hái bú zhìyú wúfǎ jiějué.
이 문제는 아직 해결할 방법이 없는 정도는 아니다.

只 zhǐ 오직 | 提纲 tígāng 개요 | 具体 jùtǐ 구체적이다 | 内容 nèiróng 내용 | 全 quán 모두 | 靠 kào 기대다 | 发挥 fāhuī 발휘하다 | 问题 wèntí 문제 | 无法 wúfǎ ~할 방법이 없다 | 解决 jiějué 해결하다

确定
quèdìng
동 확정하다

▶ 다음 동계 올림픽 개최지는 确定되었나요?

出席开幕式的嘉宾名单确定了吗?
Chūxí kāimùshì de jiābīn míngdān quèdìngle ma?
개막식에 참석하는 귀빈 명단은 확정되었나요?

出席 chūxí 참석하다 | 开幕式 kāimùshì 개막식 | 嘉宾 jiābīn 귀빈 | 名单 míngdān 명단

> **유의어 비교** 确定 vs 确认
>
> 두 단어는 내포된 의미가 달라 바꾸어 쓸 수 없다.
>
> 确定   定은 '확정하다', '정하다'라는 의미이므로, 确定은 명확하고 확실하게 정해진 것을 나타낸다. 목적어는 추상적인 것과 구체적인 것 모두 쓸 수 있다.
>
> 예 确定名单 명단을 확정하다
> 工作确定了 업무가 확정되었다
> 得到确定 (×)
>
> 确认   认은 '인정하다'라는 의미이므로, 确认은 사실, 원칙 등을 분명하게 인정하는 것을 나타낸다. 목적어는 추상적인 것만 쓸 수 있다.
>
> 예 得到确认 확인되다
> 确认上述的原则 상기 원칙을 확인하다
> 确认名单 (×)

承担
chéngdān
동 맡다, 책임지다

▶ 당신은 실수에 대해서 마땅히 承担해야 합니다.

无论什么时候,都要敢于承担错误。
Wúlùn shéme shíhou, dōu yào gǎnyú chéngdān cuòwù.
어느 때를 막론하고, 잘못을 책임질 용기가 있어야 한다.

无论A 都 B wúlùn A, dōu B A를 막론하고 모두 B하다 | 敢于 gǎnyú ~할 용기가 있다 | 错误 cuòwù 잘못

假设
jiǎshè
동 가정하다, 꾸며 내다

▶ 이 영화의 줄거리는 전부 작가가 假设한 것이다.

你不知道的话,不要随便假设。
Nǐ bù zhīdào de huà, bú yào suíbiàn jiǎshè.
네가 모른다면, 함부로 가정하지 마.

的话 de huà ~한다면 | 不要 bú yào ~하지 마라 | 随便 suíbiàn 함부로, 제멋대로

显然
xiǎnrán

형 명백하다, 분명하다

▶ 정황으로 보아 범인은 이 창문을 통해서 침입한 것이 显然합니다.

学生显然不会解这道题。
Xuésheng xiǎnrán búhuì jiě zhè dào tí.
학생들은 분명히 이 문제를 풀 줄 모른다.

题 tí 문제

> **출제 포인트** 显然의 용법 특징
>
> 显然은 어휘의 특성상 술어보다는 동사 앞에서 부사어로 쓰이는 경우가 많으며, [显然是 + 명백한 사실] 패턴으로 '명백히 ~이다'라는 뜻의 문장이 자주 출제된다. 显然처럼 형용사이면서 동사 앞에 자주 쓰이는 어휘는 一般, 一样, 突然 등이 있다.
>
> 예 他的结论显然是错误的。 그의 결론은 명백히 틀린 것이다.
>   很显然，他没做错。 그가 잘못하지 않았다는 사실은 매우 명백하다.

果然
guǒrán

부 과연, 아니나 다를까

▶ 목격자가 그를 범인으로 지목했는데, 果然 그가 범행을 자백했다.

这件事果然和他预想的一样。
Zhè jiàn shì guǒrán hé tā yùxiǎng de yíyàng.
이 일은 과연 그가 예상한 것과 같다.

预想 yùxiǎng 예상하다 | 一样 yíyàng 같다

> **출제 포인트** 주어 앞에도 쓸 수 있는 어기부사
>
> 果然은 말하는 이의 어투를 표현하는 어기부사로, 문장에서 미묘한 뉘앙스나 감정 등을 나타낸다. 일반적으로는 [주어+부사+조동사+개사+동사]의 어순으로 부사가 주어 뒤에 위치해야 하지만, 果然은 주어 앞이나 뒤에 위치할 수 있다. 이처럼 주어 앞에 오는 일부 어기부사를 알아 두자.
>
> 예 原来 원래, 알고 보니 / 到底 도대체 / 其实 사실은
>   恐怕 아마 ~일 것이다 / 难道 설마 ~하겠는가?

全面
quánmiàn

형 전면적이다, 전반적이다

▶ 우리 팀이 경기에서 이길 것이라는 의견이 全面으로 우세합니다.

公司要对员工进行全面地培训。
Gōngsī yào duì yuángōng jìnxíng quánmiàn de péixùn.
회사는 직원에게 전면적인 훈련을 진행할 것이다.

公司 gōngsī 회사 | 员工 yuángōng 직원 | 进行 jìnxíng 진행하다 | 培训 péixùn 훈련하다   반의 片面 piànmiàn 단편적이다

相对
xiāngduì
- 형 상대적이다
- 부 비교적, 상대적으로

▶ 누구에게나 행복의 기준은 절대적이지 않고 相对하다.

人们对美的评价是相对的。
Rénmen duì měi de píngjià shì xiāngduì de.
사람들의 아름다움에 대한 평가는 상대적이다.

购车目前价格相对稳定。
Gòu chē mùqián jiàgé xiāngduì wěndìng.
차량 구매는 현재 가격이 상대적으로 안정적이다.

美 měi 아름답다 | 评价 píngjià 평가 | 购 gòu 구매하다 | 目前 mùqián 현재 | 价格 jiàgé 가격 | 稳定 wěndìng 안정적이다
반의 绝对 juéduì 절대적이다

单独
dāndú
- 부 단독으로, 혼자서

▶ 아, 13번 선수가 单独로 공을 몰고 골대로 가고 있습니다.

越来越多的现代人喜欢单独行动。
Yuèláiyuè duō de xiàndàirén xǐhuan dāndú xíngdòng.
갈수록 많은 현대인들은 혼자 행동하는 것을 좋아한다.

越来越 yuèláiyuè 갈수록 | 现代人 xiàndàirén 현대인 | 喜欢 xǐhuan 좋아하다 | 行动 xíngdòng 행동하다

独立
dúlì
- 동 독립하다, 혼자의 힘으로 하다

▶ 나이 서른이 넘었으니 이제는 부모님으로부터 独立해야겠다.

人们要养成独立思考的好习惯。
Rénmen yào yǎngchéng dúlì sīkǎo de hǎo xíguàn.
사람들은 독립적으로 사고하는 좋은 습관을 길러야 한다.

养成 yǎngchéng 기르다 | 思考 sīkǎo 사고하다 | 习惯 xíguàn 습관

> **출제 포인트** 独立의 용법 특징
>
> 独立는 남에게 의지하지 않고 혼자 스스로 하는 것을 나타낸다. 단독으로도 쓰이지만 주로 독립적으로 혼자 어떤 행동을 한다는 의미로, 다른 동사 앞에 쓰인다. 문제뿐만 아니라 회화에도 자주 쓰이므로, 관련 표현들을 함께 익혀 두자.
>
> 예 独立思考 독립적으로 사고하다 / 独立生活 독립하여 생활하다
>   独立做决定 단독으로 결정하다 / 独立意识差 독립심이 약하다

推辞
tuīcí
동 거절하다, 사양하다

▶ 상대방의 권유에 자꾸 推辞하는 것도 예의가 아니랍니다.

晚上我请你吃饭，你千万别推辞。
Wǎnshang wǒ qǐng nǐ chīfàn, nǐ qiānwàn bié tuīcí.
저녁에 내가 밥 살게. 너 절대 거절하지 마.

晚上 wǎnshang 저녁 | 千万 qiānwàn 절대로 | 别 bié ~하지 마라

模糊
móhu
형 모호하다, 분명하지 않다

▶ 비몽사몽간에 범인의 얼굴을 봐서 기억이 模糊하다.

多数人对小时候的记忆都很模糊。
Duōshù rén duì xiǎoshíhou de jìyì dōu hěn móhu.
다수의 사람들은 어렸을 때의 기억에 대해 분명하지 않다.

多数 duōshù 다수 | 小时候 xiǎoshíhou 어렸을 때 | 记忆 jìyì 기억

难怪
nánguài
부 어쩐지, 과연

▶ 매일 운동을 하고 있었구나! 难怪 몰라보게 몸이 좋아졌다 했어.

难怪你认识他，原来你们是邻居啊。
Nánguài nǐ rènshi tā, yuánlái nǐmen shì línjū a.
어쩐지 그를 알고 있다 했더니, 알고 보니 당신들은 이웃이군요.

认识 rènshi 알다 | 原来 yuánlái 알고 보니 | 邻居 línjū 이웃

似乎
sìhū
부 마치 ~인 것 같다

▶ 그녀의 행동은 似乎 그녀가 그를 좋아하는 것 같아.

快乐时光似乎过得很快。
Kuàilè shíguāng sìhū guò de hěn kuài.
즐거운 시간은 빠르게 지나가는 것 같다.

快乐 kuàilè 즐겁다 | 时光 shíguāng 시간, 세월 | 过 guò 지나다, 보내다

仿佛
fǎngfú
부 마치 ~인 것 같다

▶ 내 룸메이트는 새벽에도 책상에 앉아 있던데, 仿佛 밤을 샌 것 같아.

大家仿佛没听懂他说什么。
Dàjiā fǎngfú méi tīngdǒng tā shuō shénme.
모두들 그가 뭐라고 했는지 알아듣지 못한 것 같다.

听懂 tīngdǒng 알아듣다

未必
wèibì

부 반드시 ~한 것은 아니다

▶ 중간고사 때 1등 했다고 기말고사도 未必 1등 하는 건 아니야.

我认为表情未必能准确地反映人的心情。
Wǒ rènwéi biǎoqíng wèibì néng zhǔnquè de fǎnyìng rén de xīnqíng.
나는 표정이 확실하게 사람의 마음을 반영하는 것은 아니라고 생각한다.

认为 rènwéi 생각하다, 여기다 | 表情 biǎoqíng 표정 | 准确 zhǔnquè 확실하다 | 反映 fǎnyìng 반영하다 | 心情 xīnqíng 마음

或许
huòxǔ

부 아마, 어쩌면, 혹시

▶ 팀장님의 밝은 표정을 보니 或许 이번 보고서는 통과할 수도 있을 것 같아.

你说得对，或许我记错了。
Nǐ shuō de duì, huòxǔ wǒ jìcuò le.
네 말이 맞아. 아마 내가 틀리게 기억했을 거야.

对 duì 맞다 | 记 jì 기억하다 | 错 cuò 틀리다

★보충단어
아래 단어들의 예문은 WEB단어장에서 확인할 수 있어요.

逻辑 luójí 명 논리
归纳 guīnà 동 종합하다, 귀납하다
疑问 yíwèn 명 의문, 의혹
片面 piànmiàn 형 일방적이다, 단편적이다
彻底 chèdǐ 형 철저하다
似的 shìde 조 ~과 같다, ~과 비슷하다
说不定 shuōbudìng 부 아마, 대개
不见得 bújiànde 부 반드시 ~한 것은 아니다

보충단어
WEB 단어장

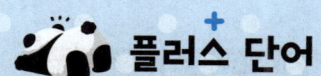 **플러스 단어**

고득점 합격이 목표라면 플러스단어까지 학습해 보세요.

음원 듣기

의견, 생각

忠告 zhōnggào 충고하다

劝告 quàngào 권고하다

打岔 dǎchà (관련 없는 말로) 방해하다, 말을 가로막다

满是疑惑 mǎn shì yíhuò 의혹이 가득하다

倾听 qīngtīng 경청하다

见解 jiànjiě 견해, 소견

错觉 cuòjué 착각

思路 sīlù 사고의 맥락, 생각의 갈피

思维方式 sīwéi fāngshì 사고방식

逻辑思维能力 luójí sīwéi nénglì 논리적인 사고 능력

智囊团 zhìnángtuán 아이디어 뱅크

头头是道 tóutóu shì dào 말이나 일하는 것이 조리가 정연하다

思想开明 sīxiǎng kāimíng 생각이 깨어 있다

语重心长 yǔ zhòng xīn cháng 말이 간곡하고 의미심장하다

畅所欲言 chàng suǒ yù yán 하고 싶은 말을 맘껏 하다

自作主张 zì zuò zhǔzhāng 혼자만의 생각대로 정하다, 제멋대로 결정하다

各持己见 gè chí jǐ jiàn 각자 자기의 견해를 고집하다

固执己见 gùzhí jǐ jiàn 자기의 견해만 고집하다

谈不拢 tán bu lǒng 의견 일치를 보지 못하다

谈得拢 tán de lǒng 의견이 일치하다

데일리 테스트

고생하셨어요!
QR코드를 스캔하면 DAY01~DAY30
전체 데일리 테스트 PDF가
다운로드됩니다.

PDF 다운로드

DAY 24

3분 토론
#토론 #연설

HSK 5급 30일 합격 프로젝트

★ HSK 시험에 이렇게 나와요.
토론, 연설과 관련된 어휘는 듣기 부분에 의견을 주고받는 대화로 등장합니다. 비슷한 어휘를 구분하는 문제는 주로 독해 1부분에 출제되고, 독해 2부분과 3부분에는 전문가가 어떠한 사실을 주장하는 논설문의 내용이 출제됩니다.

음원 듣기

演讲 옌쟝
沉默 천모
说服 슈어푸
承认 청런

암기 영상

演讲	沉默	说服	承认
yǎnjiǎng	chénmò	shuōfú	chéngrèn
동 연설하다	동 침묵하다	동 설득하다	동 인정하다

发言
fāyán
- 동 의견을 발표하다, 발언하다
- 명 발표, 발언

▶ 제 发言 자료는 프린트해서 회의 전에 나눠 드릴게요.

他将会在明天的会议上发言。
Tā jiāng huì zài míngtiān de huìyì shang fāyán.
그는 내일 회의에서 발표를 할 것이다.

他的发言令人深受启发。
Tā de fāyán lìng rén shēn shòu qǐfā.
그의 발표는 사람들에게 깊은 깨달음을 느끼게 한다.

将 jiāng (장차) ~할 것이다 | 会议 huìyì 회의 | 令 lìng ~에게 ~하게 하다 | 深受 shēn shòu 깊이 받다 | 启发 qǐfā 깨달음, 영감

演讲
yǎnjiǎng
- 동 연설하다, 웅변하다
- 명 연설, 웅변

▶ 대통령의 演讲이 끝나자 많은 사람들이 기립 박수를 쳤다.

听说你上午演讲时，表现得很不错。
Tīngshuō nǐ shàngwǔ yǎnjiǎng shí, biǎoxiàn de hěn búcuò.
네가 오전에 연설을 할 때, 괜찮게 했다고 들었어.

今天你的演讲太精彩了！
Jīntiān nǐ de yǎnjiǎng tài jīngcǎi le!
오늘 네 연설은 너무 훌륭했어!

听说 tīngshuō 듣자 하니 | 上午 shàngwǔ 오전 | 表现 biǎoxiàn 표현하다 | 不错 búcuò 좋다, 괜찮다 | 精彩 jīngcǎi 훌륭하다

유의 讲演 jiǎngyǎn 강연하다, 연설하다

争论
zhēnglùn
- 동 논쟁하다

▶ 그들은 벌써 네 시간째 争论하고 있어.

他们在不停地争论。
Tāmen zài bù tíng de zhēnglùn.
그들은 계속해서 논쟁을 하고 있다.

在 zài ~하고 있다 | 不停 bù tíng 계속해서

유의 辩论 biànlùn 논쟁하다, 변론하다

辩论
biànlùn
동 논쟁하다, 변론하다

▶ 이제 당신을 위해 辩论할 기회를 드리겠습니다.

双方辩论了半天，可还是没有结果。
Shuāngfāng biànlùnle bàntiān, kě háishi méiyǒu jiéguǒ.
양측은 반나절을 논쟁했지만, 여전히 결과가 없다.

双方 shuāngfāng 양측, 쌍방 | 半天 bàntiān 반나절 | 可 kě 그러나, 하지만 | 还是 háishi 여전히 | 结果 jiéguǒ 결과
유의 争论 zhēnglùn 논쟁하다

议论
yìlùn
동 의논하다
명 의견

▶ 엄마 아빠는 이사를 앞두고 매일 저녁 여러 가지 문제를 议论하신다.

人们都在议论这件事情。
Rénmen dōu zài yìlùn zhè jiàn shìqing.
사람들 모두 이 일을 의논하고 있다.

不要太在意别人对你的议论。
Bú yào tài zàiyì biéren duì nǐ de yìlùn.
다른 사람의 당신에 대한 의견을 너무 신경 쓰지 마세요.

在 zài ~하고 있다 | 件 jiàn 건(일·사건 등을 세는 양사) | 事情 shìqing 일 | 不要 bú yào ~하지 마라 | 在意 zàiyì 마음에 두다 | 别人 biéren 다른 사람　유의 讨论 tǎolùn 토론하다

主张
zhǔzhāng
동 주장하다
명 주장, 견해

▶ 그는 자신의 판단이 옳았다고 계속 主张하고 있다.

专家们主张高中生打工有很多坏处。
Zhuānjiāmen zhǔzhāng gāozhōngshēng dǎgōng yǒu hěn duō huàichù.
전문가들은 고등학생들이 아르바이트를 하는 것에 많은 단점이 있다고 주장한다.

两个组的主张竟然完全一致。
Liǎng ge zǔ de zhǔzhāng jìngrán wánquán yízhì.
두 팀의 주장은 놀랍게도 완전히 일치한다.

专家 zhuānjiā 전문가 | 高中生 gāozhōngshēng 고등학생 | 打工 dǎgōng 아르바이트 하다 | 坏处 huàichù 단점, 나쁜 점 | 组 zǔ 팀, 조 | 竟然 jìngrán 놀랍게도 | 完全 wánquán 완전히 | 一致 yízhì 일치하다

话题
huàtí
명 이야기의 주제, 화제, 논제

▶ 남학생들에게는 항상 야구 시합 결과가 인기 话题이다.

学生们不喜欢关于数学的话题。
Xuéshengmen bù xǐhuan guānyú shùxué de huàtí.
학생들은 수학에 관한 화제를 좋아하지 않는다.

喜欢 xǐhuan 좋아하다 | 关于 guānyú ~에 관한 | 数学 shùxué 수학

夸张
kuāzhāng
형 과장되다

▶ 그는 항상 자신의 이야기를 夸张해서 말하니까 다 믿지는 마세요.

他说的内容有点儿夸张。
Tā shuō de nèiróng yǒudiǎnr kuāzhāng.
그가 말한 내용은 조금 과장되어 있다.

内容 nèiróng 내용 | 有点儿 yǒudiǎnr 조금, 약간
유의 夸大 kuādà 과장하다

谈判
tánpàn
동 담판하다, 협상하다

▶ 북한의 핵 문제는 지속적으로 주변국과 谈判해야 한다.

两家公司将于明天开始谈判。
Liǎng jiā gōngsī jiāng yú míngtiān kāishǐ tánpàn.
두 회사는 내일 협상을 시작할 것이다.

家 jiā 집, 곳(집·상점·회사 등을 세는 양사) | 公司 gōngsī 회사 | 将 jiāng (장차) ~할 것이다 | 于 yú ~에 | 开始 kāishǐ 시작하다

说服
shuōfú
동 설득하다

▶ 그의 말에는 说服하는 힘이 있어서 나도 모르게 수긍했다.

他的理由没能说服大家。
Tā de lǐyóu méi néng shuōfú dàjiā.
그의 이유는 모두를 설득할 수 없었다.

理由 lǐyóu 이유

赞成
zànchéng

동 찬성하다, 찬동하다

▶ 여름 휴가 때 상하이에 가자는 내 의견에 가족 모두가 赞成했다.

大家都不赞成他的意见。
Dàjiā dōu bú zànchéng tā de yìjiàn.
모두들 그의 의견에 찬성하지 않는다.

意见 yìjiàn 의견
유의 赞同 zàntóng 찬성하다
유의 同意 tóngyì 동의하다
반의 反对 fǎnduì 반대하다

> **유의어 비교 赞成 vs 赞同 vs 同意**
>
> 세 단어 모두 상대방의 의견에 찬성한다는 의미를 나타낸다. 대부분의 상황에서 바꾸어 쓸 수 있지만, 활용에 차이가 있으므로 주의해야 한다. 赞成은 주로 회화와 비공식적인 자리에서 쓰고, 赞同은 회화에서 쓰긴 하지만 활용 빈도가 낮다. 그리고 同意는 주로 문어와 공식적인 자리에서 쓴다.
>
> 예 我赞成你的意见。 나는 너의 의견에 찬성한다.
>   我赞同你的意见。 나는 너의 의견에 찬성한다.
>   我同意你的意见。 나는 너의 의견에 동의(찬성)한다.
>   大会同意秘书长提出的新建议。
>   총회에서 비서실장이 제시한 새로운 건의에 동의하였다.

承认
chéngrèn

동 인정하다, 승인하다

▶ 그는 자신의 패배를 깔끔하게 承认했다.

不少人都不敢承认自己的错误。
Bùshǎo rén dōu bùgǎn chéngrèn zìjǐ de cuòwù.
많은 사람들이 감히 자신의 잘못을 인정하지 못한다.

不少 bùshǎo 많다 ｜ 不敢 bùgǎn 감히 ~하지 못하다 ｜ 错误 cuòwù 잘못
반의 否认 fǒurèn 부인하다, 부정하다

否认
fǒurèn

동 부정하다, 부인하다

▶ 그를 좋아하지는 않지만, 그의 뛰어난 업무 능력은 否认할 수 없어.

不能否认的是，他的成绩很好。
Bù néng fǒurèn de shì, tā de chéngjì hěn hǎo.
부정할 수 없는 것은 그의 성적이 좋다는 점이다.

成绩 chéngjì 성적
반의 承认 chéngrèn 승인하다, 인정하다

否定
fǒudìng

동 부정하다
형 부정적인, 부정의

▶ 그는 매사에 부정적이어서 같이 있으면 우울해진다.

他对我的话既不肯定也不否定。
Tā duì wǒ de huà jì bù kěndìng yě bù fǒudìng.
그는 나의 말에 긍정도 부정도 하지 않았다.

通过这次讨论，大家否定的态度减少了。
Tōngguò zhècì tǎolùn, dàjiā fǒudìng de tàidu jiǎnshǎo le.
이번 토론을 통해, 다들 부정적인 태도가 많이 감소되었다.

既A也B jì A yě B A이기도 하고 B이기도 하다 | 肯定 kěndìng 긍정하다 | 通过 tōngguò ~을 통해 | 讨论 tǎolùn 토론(하다) | 大家 dàjiā 모두, 다들 | 态度 tàidu 태도 | 减少 jiǎnshǎo 감소하다, 줄다

반의 肯定 kěndìng 긍정하다, 긍정적이다

确认
quèrèn

동 확인하다

▶ 여행 가기 전에 비행기 시간을 다시 한 번 确认해 보렴.

你先确认一下研讨会的主题吧!
Nǐ xiān quèrèn yíxià yántǎohuì de zhǔtí ba!
넌 먼저 연구 토론회의 주제를 한번 확인해 봐!

先 xiān 먼저 | 研讨会 yántǎohuì 연구 토론회 | 主题 zhǔtí 주제

交换
jiāohuàn

동 교환하다

▶ 각계각층의 전문가들이 미래의 지도자에 관한 의견을 交换했다.

同事们互相交换了各自的想法。
Tóngshìmen hùxiāng jiāohuànle gèzì de xiǎngfǎ.
동료들은 서로 각자의 생각을 교환했다.

同事 tóngshì 동료 | 互相 hùxiāng 서로, 상호 | 各自 gèzì 각자 | 想法 xiǎngfǎ 생각

轻易
qīngyì

형 함부로 하다

▶ 그 사람에게 轻易하게 남의 이야기를 전달하지 마세요.

她不轻易发表自己的意见。
Tā bù qīngyì fābiǎo zìjǐ de yìjiàn.
그녀는 자신의 의견을 함부로 발표하지 않는다.

发表 fābiǎo 발표하다 | 意见 yìjiàn 의견

毛病
máobìng

명 (개인의) 결점, 단점, 흠
명 (기계의) 고장, 결함

▶ 자녀의 毛病을 찾기보다는 장점을 찾아서 칭찬해 주세요.

如果别人指出了我们的毛病，我们应该马上改正。
Rúguǒ biéren zhǐchūle wǒmen de máobìng, wǒmen yīnggāi mǎshàng gǎizhèng.
만약 다른 사람이 우리의 잘못을 지적했다면, 우리는 반드시 바로 고쳐야 한다.

空调出了毛病，但是还没人修理。
Kōngtiáo chūle máobìng, dànshì hái méi rén xiūlǐ.
에어컨에 문제가 생겼지만, 수리할 사람이 아직 없다.

如果 rúguǒ 만약 | 别人 biéren 다른 사람 | 指出 zhǐchū 지적하다 | 应该 yīnggāi (마땅히) ~해야 한다 | 马上 mǎshàng 바로 | 改正 gǎizhèng (잘못을) 개정하다 | 空调 kōngtiáo 에어컨 | 但是 dànshì 그러나 | 修理 xiūlǐ 수리하다

沉默
chénmò

동 침묵하다, 말을 하지 않다

▶ 불의에 沉默하는 것은 비겁한 행동이다.

她沉默了一会儿，然后继续说话了。
Tā chénmòle yíhuìr, ránhòu jìxù shuōhuà le.
그녀는 잠시 침묵한 후에, 계속 말을 했다.

然后 ránhòu 그런 후에 | 继续 jìxù 계속하다 | 说话 shuōhuà 말하다

一致
yízhì

부 같이, 함께
형 일치하다

▶ 정치인들은 말과 행동이 一致해야 국민들의 신뢰를 받을 수 있다.

大家一致赞成第一组的看法。
Dàjiā yízhì zànchéng dì yī zǔ de kànfǎ.
모두들 함께 첫 번째 팀의 의견에 찬성했다.

做人要言行一致。
Zuòrén yào yánxíng yízhì.
행동할 때는 언행이 일치해야 한다.

赞成 zànchéng 찬성하다 | 第一 dì yī 첫 번째 | 组 zǔ 조 | 看法 kànfǎ 견해 | 做人 zuòrén 행동하다, 처신하다 | 言行 yánxíng 언행

유의 统一 tǒngyī 통일하다
반의 分歧 fēnqí 불일치하다

记录
jìlù
- 동 기록하다
- 명 기록, 서기

▶ 회의 내용을 빠짐없이 记录하는 것이 서기의 임무이다.

请把校长说的信息都记录下来。
Qǐng bǎ xiàozhǎng shuō de xìnxī dōu jìlù xiàlai.
교장 선생님이 말씀하신 정보를 모두 기록해 주세요.

上个月的会议记录是谁写的?
Shàng ge yuè de huìyì jìlù shì shéi xiě de?
지난 달의 회의록은 누가 작성한 것인가요?

把 bǎ ~을 │ 校长 xiàozhǎng 교장 │ 信息 xìnxī 정보 │ 下来 xiàlai ~동작의 완성이나 결과를 나타냄 │ 会议 huìyì 회의

证据
zhèngjù
- 명 증거

▶ 검사는 무죄 주장을 뒷받침할 만한 证据를 제출했다.

你有证据证明你说的是对的吗?
Nǐ yǒu zhèngjù zhèngmíng nǐ shuō de shì duì de ma?
네가 말한 것이 옳다는 것을 증명할 증거가 있니?

证明 zhèngmíng 증명하다 │ 对 duì 맞다, 옳다

如何
rúhé
- 대 어떻게, 왜

▶ 타오바오에서 如何 물건을 구매해야 하는지 좀 알려 주겠니?

人们都需要学会如何控制情绪。
Rénmen dōu xūyào xuéhuì rúhé kòngzhì qíngxù.
사람들은 어떻게 감정을 통제하는지 배울 필요가 있다.

需要 xūyào ~할 필요가 있다 │ 学会 xuéhuì 배워서 알다 │ 控制 kòngzhì 통제하다 │ 情绪 qíngxù 감정

集合
jíhé
- 동 집합하다

▶ 학교에 있는 모든 선생님과 학생들은 강당으로 集合해 주세요.

大家约定了今天下午3点在会议室集合。
Dàjiā yuēdìngle jīntiān xiàwǔ sān diǎn zài huìyìshì jíhé.
모두들 오늘 오후 3시에 회의실에서 모이기로 약속했다.

约定 yuēdìng 약속하다 │ 今天 jīntiān 오늘 │ 下午 xiàwǔ 오후 │ 会议室 huìyìshì 회의실

반의 分散 fēnsàn 분산시키다

强烈
qiángliè

형 강렬하다, 맹렬하다

▶ 이번에 데뷔한 신인 가수의 첫 무대는 매우 强烈한 인상을 남겼다.

听众的反应十分强烈。
Tīngzhòng de fǎnyìng shífēn qiángliè.
청중의 반응이 매우 강렬하다.

听众 tīngzhòng 청중 | 反应 fǎnyìng 반응 | 十分 shífēn 매우
유의 猛烈 měngliè 맹렬하다
반의 微弱 wēiruò 미약하다

各自
gèzì

대 각자, 제각기

▶ 우리 반 친구들은 各自 독특하고 모두 개성이 넘친다.

请各自选择演讲题目。
Qǐng gèzì xuǎnzé yǎnjiǎng tímù.
각자 연설 주제를 선택해 주세요.

选择 xuǎnzé 선택하다 | 演讲 yǎnjiǎng 연설(하다) | 题目 tímù 주제, 제목

双方
shuāngfāng

명 쌍방, 양쪽

▶ 이 교통사고는 명백히 双方 과실이니 서로 합의해야 합니다.

双方交换了对新产品的看法。
Shuāngfāng jiāohuànle duì xīn chǎnpǐn de kànfǎ.
양측은 신상품에 대한 의견을 교환했다.

交换 jiāohuàn 교환하다 | 新产品 xīn chǎnpǐn 신상품 | 看法 kànfǎ 견해, 의견

对方
duìfāng

명 상대방, 상대편

▶ 내 제안을 대방이 어떻게 생각하는지 물어봐야겠어.

你应该学会了解和掌握对方的心理状态。
Nǐ yīnggāi xuéhuì liǎojiě hé zhǎngwò duìfāng de xīnlǐ zhuàngtài.
너는 상대방의 심리 상태를 이해하고 파악하는 법을 배워야 한다.

应该 yīnggāi (마땅히) ~해야 한다 | 学会 xuéhuì 배워서 알다 | 了解 liǎojiě 이해하다 | 掌握 zhǎngwò 파악하다 | 心理 xīnlǐ 심리 | 状态 zhuàngtài 상태

彼此
bǐcǐ
@ 피차, 서로

▶ 잘못한 것은 彼此 일반이니까 서로 탓하지 마세요!

通过交流，我们了解了彼此的想法。
Tōngguò jiāoliú, wǒmen liǎojiěle bǐcǐ de xiǎngfǎ.
교류를 통해, 우리는 서로의 생각을 이해하게 되었다.

通过 tōngguò ~을 통해 | 交流 jiāoliú 교류하다 | 想法 xiǎngfǎ 생각, 의견

劝
quàn
@ 권하다, 타이르다

▶ 담당 의사는 아빠에게 건강을 위해 금연하라고 劝했다.

教授劝我们参加这次的演讲比赛。
Jiàoshòu quàn wǒmen cānjiā zhècì de yǎnjiǎng bǐsài.
교수님은 우리에게 이번 웅변대회에 참가하라고 권하셨다.

教授 jiàoshòu 교수 | 参加 cānjiā 참가하다 | 演讲 yǎnjiǎng 웅변 | 比赛 bǐsài 대회, 시합

毕竟
bìjìng
@ 어쨌든, 결국

▶ 그는 그런 파티에 가고 싶지 않았지만 毕竟 참석하게 되었다.

女儿毕竟年纪还小，别对她那么严格。
Nǚ'ér bìjìng niánjì hái xiǎo, bié duì tā nàme yángé.
딸은 어쨌든 나이가 아직 어려, 그녀한테 그렇게 엄격하게 하지 마.

年纪 niánjì 나이 | 别 bié ~하지 마라 | 严格 yángé 엄격하다

> **출제 포인트** 毕竟의 해석
>
> 毕竟은 어떤 상황이 오더라도 변하지 않는 결과를 나타내어, 문장에 따라 '어쨌든, 역시, 결국, 끝내' 등으로 해석된다. 해석과 의미 파악에 주의하자.
>
> 예 他毕竟是个孩子。그는 어쨌든 어린아이다.
> 他们毕竟赢得了胜利。그들은 결국 승리를 얻었다.

干脆
gāncuì
@ 아예, 그냥, 차라리

▶ 이유 없이 남을 험담하는 저 사람 말은 干脆 무시해 버려.

干脆让他替你去演讲吧。
Gāncuì ràng tā tì nǐ qù yǎnjiǎng ba.
차라리 그에게 너 대신 가서 연설하라고 해.

替 tì 대신하다 | 演讲 yǎnjiǎng 연설하다
(유의) 索性 suǒxìng 차라리, 아예

反复 fǎnfù
부 반복하여, 되풀이하여

▶ 할머니는 자주 잊어버리시니 뭐든지 反复해서 말씀드려야 한다.

那个计划我们已经反复讨论过了。
Nàge jìhuà wǒmen yǐjīng fǎnfù tǎolùnguo le.
그 계획은 우리가 이미 반복하여 토론한 적이 있다.

计划 jìhuà 계획 | 已经 yǐjīng 이미 | 讨论 tǎolùn 토론하다

糟糕 zāogāo
형 못 쓰게 되다, 엉망이 되다

▶ 요즘 인스턴트 식품을 많이 먹었더니, 피부가 완전 糟糕해졌어.

在今天的演讲比赛上，对手表现得很糟糕。
Zài jīntiān de yǎnjiǎng bǐsài shang, duìshǒu biǎoxiàn de hěn zāogāo.
오늘의 연설 대회에서, 상대방이 엉망으로 발표했다.

演讲 yǎnjiǎng 연설(하다) | 比赛 bǐsài 대회, 시합 | 对手 duìshǒu 상대 | 表现 biǎoxiàn 표현하다

★ 보충단어
아래 단어들의 예문은 WEB단어장에서 확인할 수 있어요.

보충단어 WEB 단어장

叙述 xùshù 동 서술하다, 기술하다
等于 děngyú 동 ~과 같다, ~이나 다름없다
个别 gèbié 형 일부의, 극소수의, 개별적인
正 zhèng 부 (긍정을 강조하는) 바로 / 딱, 꼭 / ~하고 있다
答应 dāying 동 동의하다, 승낙하다
其余 qíyú 대 나머지, 남은 것
多余 duōyú 형 쓸데없는, 불필요한
废话 fèihuà 명 쓸데없는 말
胡说 húshuō 동 헛소리하다, 함부로 지껄이다
纷纷 fēnfēn 부 잇달아, 연달아

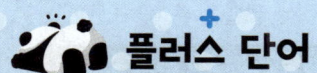 **플러스 단어**

고득점 합격이 목표라면 플러스단어까지 학습해 보세요.

토론, 연설

议题 yìtí 의제, 논의 문제
论点 lùndiǎn 논점
热点 rèdiǎn 화두, 핫 이슈
论争 lùnzhēng 논쟁
异议 yìyì 이의, 반대 의견
赞同 zàntóng 찬성하다
反驳 fǎnbó 반박하다
分歧 fēnqí 불일치하다, 엇갈리다
辩论赛 biànlùnsài 변론 시합, 토론 대회
最佳辩手 zuì jiā biànshǒu 최우수 토론가
口才 kǒucái 말솜씨
主持人 zhǔchírén 사회자, MC
演说家 yǎnshuōjiā 연설가

演讲稿 yǎnjiǎnggǎo 연설문
锵锵三人行 qiāngqiāng sān rén xíng 「장장삼인행」(중국 유명 토론 프로그램)
新年演讲 xīnnián yǎnjiǎng 신년 연설
街头演讲 jiētóu yǎnjiǎng 가두 연설(길거리 연설)
竞聘演讲 jìngpìn yǎnjiǎng 초빙 연설
就职演说 jiùzhí yǎnshuō 취임 연설
听证会 tīngzhènghuì 청문회

 **데일리 테스트**

고생하셨어요!
QR코드를 스캔하면 DAY01~DAY30 전체 데일리 테스트 PDF가 다운로드됩니다.

DAY 25

중국어에 살 붙이기

#접속사 #부사

HSK 5급 30일 합격 프로젝트

★ HSK 시험에 이렇게 나와요.
접속사는 전 영역에 골고루 출제되는 품사이므로 예문과 함께 확실히 익혀야 합니다. 또한 부사는 쓰기 1부분에 단골로 출제되므로, 함께 쓰는 어휘, 문장에서의 위치 등의 특징을 구분하여 익혀야 합니다.

음원 듣기

가정/조건
강조
원인
결과
선택
시간

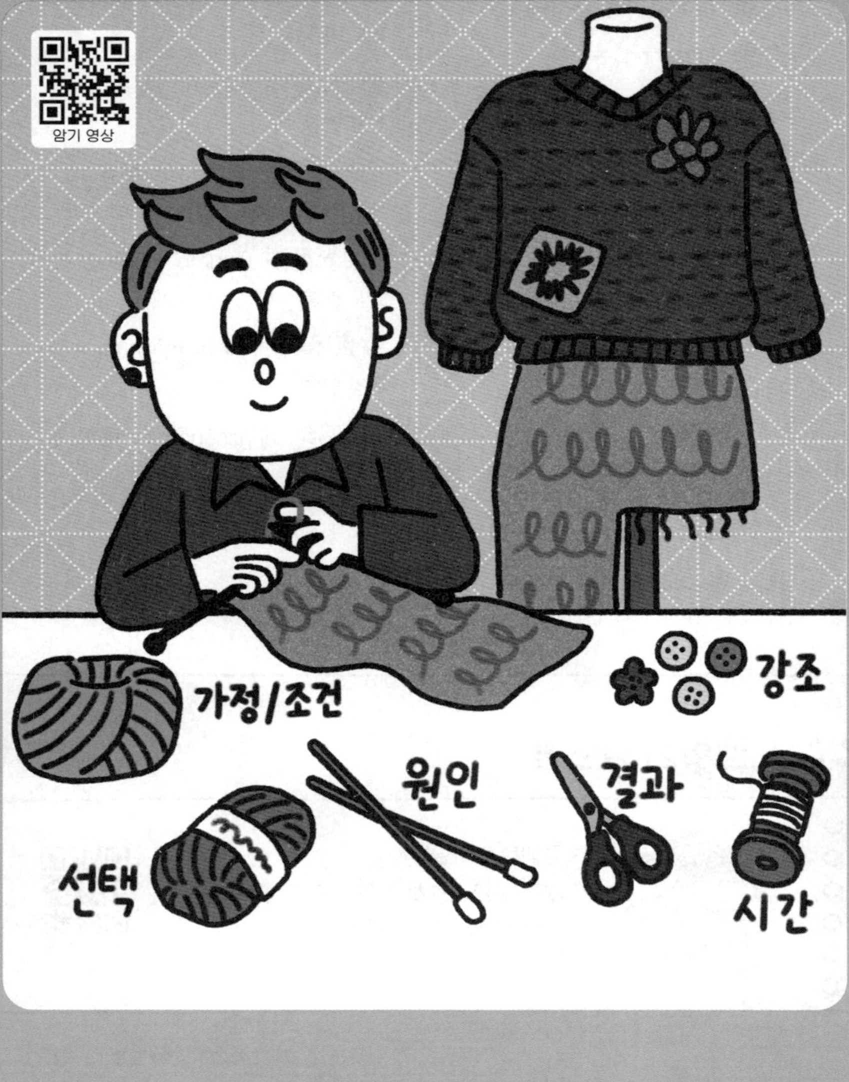

何必
hébì
- 부 구태여 ~할 필요가 있는가, ~할 필요가 없다

▶ 아직 일어나지도 않은 일에 대해 何必 걱정할 필요가 있어?

你何必这样委屈自己呢。
Nǐ hébì zhèyàng wěiqu zìjǐ ne.
너는 구태여 이렇게 스스로를 억울하게 할 필요 없어.

委屈 wěiqu 억울하게 하다

哪怕
nǎpà
- 접 설령(설사) ~라 해도

▶ 哪怕 온 가족이 반대한다 해도, 나는 그녀와 결혼할 것이다.

哪怕我会伤心，你也要告诉我事实。
Nǎpà wǒ huì shāngxīn, nǐ yě yào gàosu wǒ shìshí.
설령 내가 슬퍼질지라도, 너는 나에게 사실을 알려 줘야 해.

哪怕A, 也B nǎpà A, yě B 설령 A하더라도, B하다 | 伤心 shāngxīn 슬퍼하다 | 告诉 gàosu 알리다, 말하다 | 事实 shìshí 사실

除非
chúfēi
- 접 (오직) ~하여야, ~한다면 몰라도

▶ 이 회사는 除非 HSK 6급을 취득해야 지원이 가능합니다.

除非下大雪，否则明天的活动不会取消。
Chúfēi xià dàxuě, fǒuzé míngtiān de huódòng bú huì qǔxiāo.
눈이 많이 온다면 몰라도, 그렇지 않으면 내일 행사는 취소되지 않을 것입니다.

下 xià 내리다 | 大雪 dàxuě 큰 눈, 대설 | 除非A, 否则B chúfēi A, fǒuzé B (오직) A해야지, 그렇지 않으면 B하다 | 活动 huódòng 행사, 활동 | 取消 qǔxiāo 취소하다

유의 只有 zhǐyǒu ~해야만 ~하다

출제 포인트 | 除非 활용 패턴

除非는 只有와 같은 뜻의 접속사로, 결과의 유일한 조건을 나타낸다. 뒷절에는 주로 才, 否则, 不然 등이 와서 호응한다.
[除非/只有 A(조건), 否则/不然 B(결과)]의 패턴은 'A해야지, 그렇지 않으면 B하다'라는 의미이며, B는 원하지 않는 결과를 나타낸다.
[除非/只有 A(조건), 才 B(결과)]의 패턴은 'A해야지, B하다'라는 의미이며, B는 원하는 결과를 나타낸다.

예 **除非他去，否则我不去。**
그가 가야지, 그렇지 않으면 나는 안 갈 것이다.

除非你认真学习，才能取得好成绩。
네가 공부를 열심히 해야, 좋은 성적을 받을 수 있다.

与其
yǔqí
접 ~하기보다는, ~하느니

▶ 与其(~하기보다는)+在家(집에 있다) = 집에 있기보다는

天气真好，与其在家，不如去爬山。
Tiānqì zhēn hǎo, yǔqí zài jiā, bùrú qù páshān.
날씨가 정말 좋아. 집에 있기보다는 등산을 하러 가는 게 좋겠어.

天气 tiānqì 날씨 | 与其 A, 不如 B yǔqí A, bùrú B A하기보다는, B하는 편이 낫다 | 爬山 páshān 등산하다

不如
bùrú
접 ~하는 편이 낫다

▶ 不如(~하는 편이 낫다)+找个搬家公司(이삿짐센터를 찾다) = 이삿짐센터를 찾는 편이 낫다

咱们的家具太多了，不如找个搬家公司吧。
Zánmen de jiājù tài duō le, bùrú zhǎo ge bānjiā gōngsī ba.
우리 가구가 너무 많아. 이삿짐센터를 찾는 편이 낫겠어.

咱们 zánmen 우리 | 家具 jiājù 가구 | 找 zhǎo 찾다 | 搬家公司 bānjiā gōngsī 이삿짐센터

> **출제 포인트**　与其A，不如B(A를 선택하지 않고 B를 선택하다)
>
> [与其A，不如B] 패턴은 듣기와 독해 영역에 자주 출제된다. 'A를 선택하지 않고 B를 선택하다'라는 의미를 강조하는 표현으로, 不如 뒤에 오는 내용이 핵심이므로, 그 내용을 잘 파악하자.
>
> 예　与其跟他聊天儿，不如在家学习。
> 　　그와 수다를 떠느니, 집에서 공부하는 편이 낫다. (在家学习를 선택)

不然
bùrán
접 그렇지 않으면, 아니면

▶ 비행기가 두 시간 연착됐어. 不然 벌써 베이징에 도착했을 거야.

幸好你刚才给我发短信，不然我就白来了。
Xìnghǎo nǐ gāngcái gěi wǒ fā duǎnxìn, bùrán wǒ jiù bái lái le.
네가 방금 나에게 문자를 보내 줘서 다행이지, 그렇지 않으면 괜히 왔을 거야.

幸好 xìnghǎo 다행히 | 刚才 gāngcái 방금 | 发 fā 보내다 | 短信 duǎnxìn 문자 메시지 | 白 bái 헛되이 | 趟 tàng 차례, 번(왕래한 횟수를 세는 양사)

유의　要不 yàobù 그렇지 않으면 / 要不然 yàobùrán 그렇지 않으면

假如
jiǎrú
접 만약

▶ 설명서가 있지만 假如 혼자 설치하지 못하면 서비스 센터에 전화해.

假如你不明白，可以打电话问我。
Jiǎrú nǐ bù míngbai, kěyǐ dǎ diànhuà wèn wǒ.
만약 이해되지 않는다면, 나에게 전화해서 물어봐도 돼.

明白 míngbai 알다, 이해하다 | 打电话 dǎ diànhuà 전화하다 | 问 wèn 묻다

유의 如果 rúguǒ 만약

> **출제 포인트** 假如/如果A，那(么)+주어+就B(A하면 바로 B하다))
>
> 假如는 쓰기 2부분 작문에 종종 출제되는 어휘로, 문장 형태에 주의해야 한다. 일반적으로 如果와 같은 의미의 접속사로, [假如/如果A, 那(么)+주어+就B] 패턴을 쓴다. A에는 '가정'을 제시하고, B에는 가정에 따른 '결과'나 '추론'을 쓴다. 작문할 때 뒷절의 부사 就는 주어 뒤에 써야 함을 주의하자.
>
> **예** 假如需要帮助，那么就告诉我吧。
> 만약 도움이 필요하면, 나에게 알려 줘.

万一
wànyī
접 만약, 만일

▶ 잠깐만 더 기다려 보자. 万一 그 사이에 그가 도착하면 어떡해?

还是提前预订吧，**万一**下个月没座位呢。
Háishi tíqián yùdìng ba, wànyī xià ge yuè méi zuòwèi ne.
미리 예약하는 편이 좋겠어, 만약 다음 달에 자리가 없으면 어떡해.

还是 háishi ~하는 편이 (더) 좋다 | 提前 tíqián 앞당기다 | 预订 yùdìng 예약하다 | 座位 zuòwèi 자리, 좌석

一旦
yídàn
부 일단 ~하면

▶ 요즘 정신없이 바쁘지만, 一旦 네가 온다면 무조건 널 도와줄게.

人**一旦**长期处于紧张状态，就很容易疲劳。
Rén yídàn chángqī chǔyú jǐnzhāng zhuàngtài, jiù hěn róngyì píláo.
사람은 일단 장시간 긴장 상태에 처하면, 피곤해지기 쉽다.

长期 chángqī 장시간, 장기간 | 处于 chǔyú (어떤 상태에) 처하다 | 紧张 jǐnzhāng 긴장(하다) | 状态 zhuàngtài 상태 | 容易 róngyì 쉽다 | 疲劳 píláo 피곤하다

以及
yǐjí

접 및, 그리고

▶ 베이징에는 자금성, 이화원 以及 천단공원 등의 명승고적이 있다.

博物馆里有很多文物，以及历史记录等。
Bówùguǎn li yǒu hěn duō wénwù, yǐjí lìshǐ jìlù děng.
박물관 안에는 많은 문화재, 그리고 역사 기록 등이 있다.

博物馆 bówùguǎn 박물관 | 文物 wénwù 문화재 | 历史 lìshǐ 역사 | 记录 jìlù 기록 | 等 děng 등, 기타

此外
cǐwài

접 이 밖에, 이외에

▶ 캠핑을 가려면 텐트와 버너, 음식 재료 此外 또 뭐가 필요하지?

上海交通便利，此外经济发展也非常快。
Shànghǎi jiāotōng biànlì, cǐwài jīngjì fāzhǎn yě fēicháng kuài.
상하이는 교통이 편리하고, 이 밖에 경제 발전도 매우 빠르다.

上海 Shànghǎi 상하이 | 交通 jiāotōng 교통 | 便利 biànlì 편리하다 | 经济 jīngjì 경제 | 发展 fāzhǎn 발전(하다)

因而
yīn'ér

접 그러므로, 따라서

▶ 국제 유가가 또 상승하였습니다. 因而 교통비를 비롯한 모든 물가도 오르게 되었습니다.

大雪下了三天，因而很多航班都被取消了。
Dàxuě xiàle sāntiān, yīn'ér hěn duō hángbān dōu bèi qǔxiāo le.
큰 눈이 3일 동안 내려서, 많은 항공편이 모두 취소되었다.

大雪 dàxuě 큰 눈, 대설 | 下 xià 내리다 | 航班 hángbān 항공편 | 被 bèi (~에게) ~을 당하다 | 取消 qǔxiāo 취소하다

유의 因此 yīncǐ 그래서, 이 때문에
유의 所以 suǒyǐ 그래서, 그러므로

유의어 비교 因而 vs 因此 vs 所以

세 단어 모두 결과를 나타내는 접속사로 의미는 비슷하지만, 因而과 因此는 因为와 함께 쓸 수 없다. 하지만 由于와 같이 쓸 수 있으므로 [由于A, 因而/因此B] 패턴을 익혀 두자.

예 **由于她身体不好，因而要及时吃药。**
그녀는 몸이 좋지 않아서, 바로 약을 먹어야 한다.

因为她身体不好，因而要及时吃药。(×)

从而
cóng'ér
접 따라서, 그리하여

▶ 그는 이번 달에 승진했다. 从而 다음 달부터 월급이 오를 예정이다.

公司扩大了规模，从而获得了更多的经济利益。
Gōngsī kuòdàle guīmó, cóng'ér huòdéle gèng duō de jīngjì lìyì.
회사는 규모를 확장했고, 그리하여 더 많은 경제적 이윤을 얻었다.

公司 gōngsī 회사 | 扩大 kuòdà 확장하다 | 规模 guīmó 규모 | 获得 huòdé 얻다 | 经济 jīngjì 경제 | 利益 lìyì 이익

反而
fǎn'ér
부 반대로, 도리어

▶ 옆 사람이 내 발을 밟아 놓고, 反而 나한테 화를 내서 당황스러웠다.

过度减肥反而对身体不好。
Guòdù jiǎnféi fǎn'ér duì shēntǐ bù hǎo.
과도한 다이어트는 도리어 몸에 좋지 않다.

过度 guòdù 과도하다 | 减肥 jiǎnféi 다이어트하다, 살을 빼다 | 身体 shēntǐ 몸

可见
kějiàn
접 ~라는 것을 알 수 있다

▶ 저 프로그램을 보면 중국에서는 음식을 남기는 것이 예의라는 것을 可见할 수 있다.

由此可见，换个角度思考，可以解决问题。
Yóu cǐ kějiàn, huàn ge jiǎodù sīkǎo, kěyǐ jiějué wèntí.
이에 따라 입장을 바꿔 생각하면, 문제를 해결할 수 있음을 알 수 있다.

由此 yóu cǐ 이에 근거하여, 이에 따라 | 换 huàn 바꾸다 | 角度 jiǎodù 각도 | 思考 sīkǎo 깊이 생각하다 | 解决 jiějué 해결하다 | 问题 wèntí 문제

格外
géwài
부 유난히, 각별히

▶ 할머니께서는 막내 동생을 格外 예뻐하신다.

这次考试的内容格外难。
Zhècì kǎoshì de nèiróng géwài nán.
이번 시험의 내용은 유난히 어렵다.

考试 kǎoshì 시험 | 内容 nèiróng 내용 | 难 nán 어렵다

相当
xiāngdāng

- 부 상당히
- 동 비슷하다, 상당하다

▶ 한국은 초등학생부터 공부에 대한 스트레스가 相当 심하다.

最近年轻人找工作竞争相当激烈。
Zuìjìn niánqīngrén zhǎo gōngzuò jìngzhēng xiāngdāng jīliè.
요즘 젊은이들은 구직 경쟁이 상당히 치열하다.

两位选手实力相当，难分胜负。
Liǎng wèi xuǎnshǒu shílì xiāngdāng, nán fēn shèngfù.
두 선수는 실력이 비슷해서, 승부를 가르기 어렵다.

最近 zuìjìn 요즘 | 年轻人 niánqīngrén 젊은이 | 找工作 zhǎo gōngzuò 일을 구하다, 구직하다 | 竞争 jìngzhēng 경쟁하다 | 激烈 jīliè 치열하다 | 位 wèi 분, 명(공경의 뜻을 내포함) | 选手 xuǎnshǒu 선수 | 实力 shílì 실력 | 难分 nán fēn 가르기 어렵다 | 胜负 shèngfù 승부

유의 非常 fēicháng 매우, 아주
유의 十分 shífēn 매우, 아주

출제 포인트   작문에 활용하기 좋은 相当

相当은 정도가 상당히 심함을 나타내는 부사로, 작문 문제에서 很好 대신 相当不错를 쓰면 좀 더 높은 점수를 받을 수 있다. 또한, 相当은 '상당하다'라는 뜻으로, 수량, 가치, 조건, 형상 등이 비슷함을 나타낸다. 독해 지문에 'A는 B에 상당하다(A=B)'라는 의미의 [A相当于B] 패턴이 출제되므로 함께 알아 두자.

예 他们公司的条件相当不错。 그들 회사의 조건은 꽤 괜찮다.
他们的实力相当。 그들의 실력은 비슷하다.
西红柿中维生素C的含量相当于西瓜的10倍。
토마토의 비타민 C의 함량은 수박의 10배에 상당하다.

极其
jíqí

- 부 아주, 몹시

▶ 중국 구이린의 풍경은 한 폭의 그림처럼 极其 아름다웠다.

北京烤鸭的味道极其鲜美。
Běijīng kǎoyā de wèidao jíqí xiānměi.
베이징 덕의 맛이 아주 좋다.

北京烤鸭 Běijīng kǎoyā 베이징 덕(북경 오리) | 味道 wèidao 맛 | 鲜美 xiānměi 맛이 좋다

的确
díquè

부 확실히, 분명히

▶ 이렇게 어질러 놓은 건 的确 동생이 한 짓이다.

这里的房租的确便宜，但是离地铁站太远了。
Zhèlǐ de fángzū díquè piányi, dànshì lí dìtiězhàn tài yuǎn le.
이곳의 집세는 확실히 저렴하지만, 지하철역에서 너무 멀다.

房租 fángzū 집세, 방세 | 便宜 piányi 싸다 | 但是 dànshì 그러나 | 离 lí ~에서 | 地铁站 dìtiězhàn 지하철역 | 远 yuǎn 멀다

丝毫
sīháo

부 조금도, 추호도

▶ 우리는 충분히 놀아서, 이곳을 떠나는 것이 丝毫 아쉽지 않아요.

大家丝毫没有要离开的意思。
Dàjiā sīháo méiyǒu yào líkāi de yìsi.
모두들 조금도 헤어질 기색이 없다.

离开 líkāi 떠나다, 헤어지다 | 意思 yìsi 기색, 조짐

> **출제 포인트** 부정형과 함께 오는 **丝毫**
>
> 丝毫는 주로 부정형 '不/没/无'등과 함께 쓰여 '조금도 ~하지 않다'라는 의미를 나타낸다. 즉 '아주 작은 양조차 없다'라는 것을 강조한다.
>
> 예 他丝毫不担心这次考试。
> 　　그는 이번 시험을 조금도 걱정하지 않는다.

陆续
lùxù

부 연이어, 잇따라

▶ 우리 식당은 TV에 방영된 이후, 陆续 예약 전화가 걸려 온다.

演出结束后，观众们陆续离开了。
Yǎnchū jiéshù hòu, guānzhòngmen lùxù líkāi le.
공연이 끝난 후, 관객들은 연이어 떠났다.

演出 yǎnchū 공연 | 结束 jiéshù 끝나다 | 观众 guānzhòng 관객, 관중 | 离开 líkāi 떠나다

> **유의어 비교** **陆续** vs **继续**
>
> 두 단어 모두 어떠한 행동을 계속하는 것을 뜻하지만, 의미에 미묘한 차이가 있다. 부사인 陆续는 행동이 계속해서 진행됨을 강조하지만, 행동이 중간에 멈추었다가 다시 이어질 수도 있는 특징이 있고, 동사인 继续는 어떠한 행동을 끊지 않고 계속함을 강조한다.
>
> 예 飞机落地后，乘客陆续离开了。
> 　　비행기가 착륙한 후, 승객들은 연이어 자리를 떴다.
> 　　我会继续努力的。나는 계속해서 노력할 거야.

不断
búduàn
- 부 끊임없이, 계속해서
- 동 끊임없다

▶ 그렇게 不断하게 노력하더니 결국 원하는 회사에 취직했구나!

留学时，为了积累经验，我不断地打工。
Liúxué shí, wèile jīléi jīngyàn, wǒ búduàn de dǎgōng.
유학할 때, 경험을 쌓기 위해 나는 끊임없이 아르바이트를 했다.

年轻人常常会因选择太多而苦恼不断。
Niánqīngrén chángcháng huì yīn xuǎnzé tài duō ér kǔnǎo búduàn.
젊은 사람들은 항상 선택할 것이 너무 많아 고민이 끊이지 않는다.

留学 liúxué 유학하다 | 积累 jīléi 쌓다 | 经验 jīngyàn 경험 | 打工 dǎgōng 아르바이트하다 | 年轻人 niánqīngrén 젊은 사람 | 常常 chángcháng 늘, 항상 | 因A而B yīn A ér B A로 인해 B하다 | 选择 xuǎnzé 선택하다 | 苦恼 kǔnǎo 고민하다

幸亏
xìngkuī
- 부 다행히, 운 좋게

▶ 어제 야근하고 나서 幸亏 막차를 타고 집에 갔지 뭐야.

原来我的方法错了，幸亏你及时提醒我。
Yuánlái wǒ de fāngfǎ cuò le, xìngkuī nǐ jíshí tíxǐng wǒ.
알고 보니 내 방법이 틀렸는데, 다행히 네가 즉시 나에게 알려 주었어.

原来 yuánlái 알고 보니 | 方法 fāngfǎ 방법 | 错 cuò 틀리다 | 及时 jíshí 즉시, 곧바로 | 提醒 tíxǐng 일깨우다

유의 幸好 xìnghǎo 다행히, 운 좋게
유의 幸而 xìng'ér 다행히, 운 좋게

尽量
jǐnliàng
- 부 가능한 한, 되도록

▶ 주문한 물건이 아직 도착하지 않았어요, 尽量 빨리 보내 주세요!

我们会尽量按时完成任务的。
Wǒmen huì jǐnliàng ànshí wánchéng rènwu de.
우리는 가능한 한 시간에 맞춰 임무를 완수할 것이다.

按时 ànshí 시간에 맞춰 | 完成 wánchéng 완수하다 | 任务 rènwu 임무

居然
jūrán
- 부 뜻밖에, 놀랍게도

▶ 이 음식은 별로 맛없어 보이는데, 먹어 보니 居然 너무 맛있다.

我们都没想到这件事居然会成功。
Wǒmen dōu méi xiǎngdào zhè jiàn shì jūrán huì chénggōng.
우리는 모두 이번 일이 놀랍게도 성공할 줄은 생각지 못했다.

没想到 méi xiǎngdào 생각지 못하다 | 件 jiàn 건(일·사건 등을 세는 양사) | 成功 chénggōng 성공하다

忽然
hūrán
- 부 갑자기, 문득

▶ 비 내리는 창밖을 바라보다가, 忽然 첫사랑과의 추억이 생각났다.

他忽然想起了导游说的话。
Tā hūrán xiǎngqǐle dǎoyóu shuō de huà.
그는 갑자기 가이드가 한 말이 생각났다.

想起 xiǎngqǐ 생각나다 | 导游 dǎoyóu 가이드
유의 突然 tūrán 갑자기
유의 猛然 měngrán 갑자기

> **유의어 비교 忽然 vs 突然**
>
> 忽然과 突然은 어떤 동작이나 상황이 갑자기 발생한 경우에 쓰는 어휘로, 그 뜻은 비슷하나 용법에 차이가 있다. 忽然은 부사로 동사 앞에 쓰이며, 突然은 부사나 형용사로 쓸 수 있어 동사 앞이나 뒤에 올 수 있다.
>
> 예 忽然下起了大雨。 갑자기 큰비가 쏟아졌다.
> 雨下得太忽然了。(×)
> [형용사(정도보어 역할)]
> 爸爸病得很突然。 아버지는 갑자기 병을 얻으셨다.
> [부사(부사어 역할)]
> 窗突然开了。 창이 갑자기 열렸다.

便
biàn
- 부 곧, 바로

▶ 부장님께서 돌아오시면 便 전해 드리겠습니다.

上司同意后，他便开始计划这次活动。
Shàngsi tóngyì hòu, tā biàn kāishǐ jìhuà zhècì huódòng.
상사가 동의한 후, 그는 바로 이번 행사를 계획하기 시작했다.

上司 shàngsi 상사 | 同意 tóngyì 동의하다 | 开始 kāishǐ 시작하다 | 计划 jìhuà 계획하다 | 活动 huódòng 행사, 활동
유의 就 jiù 곧, 바로

总之
zǒngzhī

접 한마디로 말하면, 총괄하면

▶ 그러니까 总之, 내일부터 계속 야근을 해야 한다는 말씀이시죠?

总之，你最好多听听父母的话。
Zǒngzhī, nǐ zuìhǎo duō tīngting fùmǔ de huà.
한마디로 말하면, 너는 부모님 말씀을 많이 듣는 것이 가장 좋을 거야.

最好 zuìhǎo ~하는 게 가장 좋다 | 父母 fùmǔ 부모

★ 보충단어   아래 단어들의 예문은 WEB단어장에서 확인할 수 있어요.

보충단어
WEB 단어장

何况 hékuàng 접 하물며, 더군다나
宁可 nìngkě 부 차라리 ~할지언정, 설령 ~할지라도
要不 yàobù 접 그렇지 않으면
简直 jiǎnzhí 부 그야말로, 정말로
不要紧 búyàojǐn 형 괜찮다, 문제 될 것이 없다
反正 fǎnzhèng 부 아무튼, 어쨌든
总算 zǒngsuàn 부 마침내, 드디어
再三 zàisān 부 두세 번, 몇 번씩
一再 yízài 부 거듭, 반복해서
随手 suíshǒu 부 ~하는 김에
则 zé 접 오히려, 그러나
依然 yīrán 부 여전히

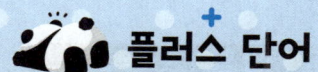 **플러스 단어**

음원 듣기

고득점 합격이 목표라면 플러스단어까지 학습해 보세요.

접속사

既A又B jì A yòu B A이기도 하고 B이기도 하다

因A(원인)而B(결과) yīn A ér B A로 인하여 B하다

之所以A(결과)，因为B(원인) zhīsuǒyǐ A, yīnwèi B
A한 것은, B이기 때문이다

就算A(가정)，也B(결과) jiùsuàn A, yě B 설령 A일지라도, B하다

A(원인)，以致于B(결과) A, yǐzhìyú B
A해서, B에 이르다 (B한 결과를 초래하다)

부사

好不容易(= 好容易) hǎobu róngyì (= hǎoróngyì) 가까스로, 겨우

一连(= 持续) yìlián (= chíxù) 계속해서, 연이어

渐渐(= 逐渐) jiànjiàn (= zhújiàn) 점차, 점점

曾(= 曾经) céng (= céngjīng) 일찍이, 이미

依旧(= 依然) yījiù (= yīrán) 여전히

 **데일리 테스트**

고생하셨어요!
QR코드를 스캔하면 DAY01~DAY30
전체 데일리 테스트 PDF가
다운로드됩니다.

PDF 다운로드

DAY 26

내 꿈은 과학자

#과학 #기술 #기기

HSK 5급 30일 합격 프로젝트

★ HSK 시험에 이렇게 나와요.
과학, 연구, 기기에 관련된 내용은 HSK 5급 독해 3부분에 단골로 등장하는 주제입니다. 과학 실험 내용, 과학의 발전이 끼치는 영향, 각종 연구 결과 등의 내용이 독해 지문으로 출제됩니다. 또한, 기기 수리 내용은 듣기 대화 유형에도 종종 나옵니다.

工程师	分析	数据	机器
gōngchéngshī	fēnxī	shùjù	jīqì
명 엔지니어	명 분석하다	명 데이터	명 기계, 기기

创造
chuàngzào

동 창조하다, 발명하다

▶ 알파고를 만든 기술은 21세기에 새롭게 창조된 것이다.

我们要通过自己的双手创造美好的未来。
Wǒmen yào tōngguò zìjǐ de shuāngshǒu chuàngzào měihǎo de wèilái.

우리는 스스로의 두 손을 통해 아름다운 미래를 창조할 것이다.

通过 tōngguò ~을 통해 | 双手 shuāngshǒu 두 손 | 美好 měihǎo 아름답다 | 未来 wèilái 미래

유의 发明 fāmíng 발명하다

发明
fāmíng

동 발명하다
명 발명

▶ 비행기는 라이트 형제가 최초로 발명하였다.

人类在不断地发明新事物。
Rénlèi zài búduàn de fāmíng xīn shìwù.

인류는 끊임없이 새로운 물건을 발명하고 있다.

智能手机的发明改变了人们交流的方式。
Zhìnéng shǒujī de fāmíng gǎibiànle rénmen jiāoliú de fāngshì.

스마트폰의 발명은 사람들의 교류 방식을 바꿔 놓았다.

人类 rénlèi 인류 | 不断 búduàn 끊임없이 | 新事物 xīn shìwù 새로운 사물, 새로운 물건 | 智能手机 zhìnéng shǒujī 스마트폰 | 改变 gǎibiàn 바꾸다 | 交流 jiāoliú 교류하다 | 方式 fāngshì 방식

유의 创造 chuàngzào 창조하다, 발명하다

进步
jìnbù

동 진보하다

▶ 겸손은 사람을 진보하게 하고, 교만은 사람을 낙후하게 한다.

随着科学技术的进步，电子产品的种类也越来越多。
Suízhe kēxué jìshù de jìnbù, diànzǐ chǎnpǐn de zhǒnglèi yě yuèláiyuè duō.

과학기술이 진보함에 따라, 전자 제품의 종류도 갈수록 많아진다.

随着 suízhe ~에 따라 | 科学 kēxué 과학 | 技术 jìshù 기술 | 电子产品 diànzǐ chǎnpǐn 전자 제품 | 种类 zhǒnglèi 종류 | 越来越 yuèláiyuè 갈수록, 점점

유의 前进 qiánjìn 앞으로 나아가다

DAY 26 · 내 꿈은 과학자

开发
kāifā
동 개발하다

▶ 휴대폰 회사들은 매년 좀 더 업그레이드된 스마트폰을 开发한다.

公司正在开发新的游戏软件。
Gōngsī zhèngzài kāifā xīn de yóuxì ruǎnjiàn.
회사는 새로운 게임 프로그램을 개발하고 있다.

公司 gōngsī 회사 | **正在** zhèngzài ~하고 있다 | **新** xīn 새롭다 | **游戏** yóuxì 게임 | **软件** ruǎnjiàn 프로그램, 소프트웨어

应用
yìngyòng
동 응용하다, 사용하다, 쓰이다

▶ 이 소프트웨어를 应用해서 새로운 프로그램을 만들어 보려고 해.

这种技术被应用到很多方面。
Zhè zhǒng jìshù bèi yìngyòng dào hěn duō fāngmiàn.
이 기술은 다방면에 응용되었다.

种 zhǒng 종(종류를 세는 양사) | **技术** jìshù 기술 | **被** bèi (~에게) ~을 당하다 | **方面** fāngmiàn 방면

> **출제 포인트** ▶ 독해 빈출 어휘 **应用**
>
> 应用은 독해 부분의 기술, 예술 등과 관련된 설명문에 자주 등장하는 어휘로, 어떠한 기술이나 지식 등이 어디에 어떻게 쓰이는지를 설명하는 문장에 주로 쓰인다. 'A가 B에 사용된다'라는 의미로 [A被应用于/到B] 패턴이 자주 쓰이므로, 함께 익혀 두자.
>
> 예 **这种工具被广泛应用于各种领域。**
> 이런 기구는 각종 영역에 광범위하게 사용된다.
>
> **这种保管技术被应用到食品工业。**
> 이런 보관 기술은 식품공업에 응용된다.

享受
xiǎngshòu
동 누리다, 즐기다

▶ 기술의 발달은 우리가 더 편리한 삶을 享受할 수 있게 해 주었다.

科技的发展让人民更好地享受生活。
Kējì de fāzhǎn ràng rénmín gèng hǎo de xiǎngshòu shēnghuó.
과학기술의 발전은 국민에게 더 만족스러운 생활을 누릴 수 있게 해 준다.

科技 kējì 과학기술 | **发展** fāzhǎn 발전(하다) | **让** ràng ~에게 ~하게 하다 | **人民** rénmín 국민 | **好** hǎo 만족하다, 훌륭하다 | **生活** shēnghuó 생활

代替
dàitì
동 대체하다, 대신하다

▶ 곧 청소나 설거지 같은 집안일도 로봇이 代替하는 시대가 올 거야.

部长的职位已被新来的小李代替。
Bùzhǎng de zhíwèi yǐ bèi xīn lái de Xiǎo Lǐ dàitì.
부장의 직위는 이미 새로 온 샤오리로 대체되었다.

部长 bùzhǎng 부장 | 职位 zhíwèi 직위 | 已 yǐ 이미
유의 替代 tìdài 대신하다, 대체하다
유의 取代 qǔdài 대체하다

危害
wēihài
동 해치다, 손상시키다

▶ 대기를 危害시키지 않는 전기 자동차의 개발이 활발해지고 있다.

人们努力设计不危害环境的产品。
Rénmen nǔlì shèjì bù wēihài huánjìng de chǎnpǐn.
사람들은 환경을 해치지 않는 상품을 열심히 기획한다.

人民 rénmín 국민 | 努力 nǔlì 열심히 하다 | 设计 shèjì 기획하다 |
环境 huánjìng 환경 | 产品 chǎnpǐn 상품, 제품
유의 损害 sǔnhài 손상시키다
유의 伤害 shānghài 손상시키다
반의 保护 bǎohù 보호하다

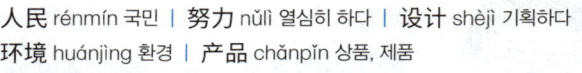
유의어 비교 危害 vs 损害 vs 伤害

세 단어 모두 '해치다', '손상시키다'라는 뜻이지만, 목적어에 차이가 있다. 危害는 '사람의 안전, 생명, 사회적 질서' 등과 관련된 목적어를 쓰고, 损害는 '권익, 명예, 추상적인 사물'과 관련된 목적어를 쓰며, 伤害는 '동물, 사람, 감정, 추상적인 것' 등과 관련된 목적어를 쓴다.

예 **危害健康** 건강을 해치다 / **危害环境** 환경을 해치다

　　损害形象 이미지를 손상시키다 / **主权受到损害** 주권이 침해받다
　　伤害别人 다른 사람을 다치게 하다 / **伤害感情** 감정을 상하게 하다

威胁
wēixié
동 위협하다

▶ 최근 진행되는 무분별한 개발 사업은 환경을 威胁하고 있다.

科学家研究了人受到威胁时的反应。
Kēxuéjiā yánjiūle rén shòudào wēixié shí de fǎnyìng.
과학자는 사람이 위협을 받을 때의 반응을 연구하였다.

科学家 kēxuéjiā 과학자 | 研究 yánjiū 연구하다 | 受到 shòudào 받다
| 反应 fǎnyìng 반응

转变
zhuǎnbiàn

동 바꾸다, 바뀌다, 전변하다

▶ 과학의 발전은 생활뿐 아니라 인간의 사고방식도 转变하게 만든다.

人们通过网络转变了对世界的看法。
Rénmen tōngguò wǎngluò zhuǎnbiànle duì shìjiè de kànfǎ.

사람들은 인터넷을 통해 세상에 대한 생각이 바뀌었다.

通过 tōngguò ~을 통해 | 网络 wǎngluò 인터넷 | 世界 shìjiè 세계, 세상 | 看法 kànfǎ 견해

유의 变化 biànhuà 바꾸다 / 改变 gǎibiàn 바꾸다

实验
shíyàn

명 실험

▶ 수많은 实验 끝에 나온 완성품이니 걱정하지 말고 사용하세요.

研究人员曾经做过很多实验。
Yánjiū rényuán céngjīng zuòguo hěn duō shíyàn.

연구원은 이전에 많은 실험을 해 보았다.

研究人员 yánjiū rényuán 연구원 | 曾经 céngjīng 일찍이, 이전에

출제 포인트 다양한 주제에 등장하는 **实验**

'实验(실험)'은 다양한 주제로 시험에 출제된다. 특히 '心理学家(심리학자)' 또는 '研究人员(연구원)'이 '生活(생활)', '习惯(습관)', '自然(자연)', '社会(사회)', '动物(동물)' 등의 주제로 실험하는 내용이 독해 3부분 설명문 유형에 종종 출제되니, 주제와 관련된 단어들을 익혀 두자.

反应
fǎnyìng

명 반응

▶ 파블로프의 개는 종 소리가 나면 식사 시간이라 생각하여 反应한다.

大家对新商品的反应很不错。
Dàjiā duì xīn shāngpǐn de fǎnyìng hěn búcuò.

다들 새 상품에 대한 반응이 괜찮다.

商品 shāngpǐn 상품 | 不错 búcuò 좋다, 괜찮다

凭
píng

개 ~에 근거하여, ~에 의거하여

▶ 제품의 안정성은 실험에 凭하여 여러 차례 검증되었다.

这个结论是凭实验数据得出的。
Zhège jiélùn shì píng shíyàn shùjù déchū de.

이 결론은 실험 데이터에 근거하여 얻어 낸 것이다.

结论 jiélùn 결론 | 实验 shíyàn 실험 | 数据 shùjù 데이터 | 得出 déchū 얻어 내다

构成
gòuchéng
동 구성하다, 형성하다

▶ 실리콘밸리는 첨단 과학기술을 연구하는 연구 기관들로 构成되어 있다.

我们的团队由一百名技术人员构成。
Wǒmen de tuánduì yóu yībǎi míng jìshù rényuán gòuchéng.
우리 팀은 100명의 기술자로 구성되어 있다.

团队 tuánduì 팀 | 由 yóu ~으로 | 名 míng 명(사람을 세는 양사) |
技术人员 jìshù rényuán 기술자
유의 形成 xíngchéng 형성되다
유의 组成 zǔchéng 구성하다

显示
xiǎnshì
동 현시하다, 분명하게 표현하다

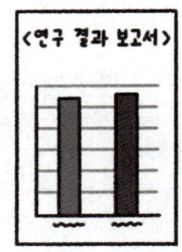

▶ 이 화장품의 성분은 포장 뒷면에 显示되어 있습니다.

调查结果显示，现代人更喜欢使用手机。
Diàochá jiéguǒ xiǎnshì, xiàndàirén gèng xǐhuan shǐyòng shǒujī.
조사 결과에 따르면, 현대인들이 휴대폰 사용을 더 좋아한다고 한다.

调查 diàochá 조사하다 | 结果 jiéguǒ 결과 | 现代人 xiàndàirén 현대인 | 喜欢 xǐhuan 좋아하다 | 使用 shǐyòng 사용하다 | 手机 shǒujī 휴대폰

> **출제 포인트** 　연구/조사+显示
>
> 显示는 시각적으로 '나타내 보이다'라는 의미이지만, 독해 3부분에는 주로 '연구, 조사 등의 내용을 구체적으로 밝히다'라는 뜻으로 설명문 유형에 출제된다. 그러므로 [연구/조사+显示]의 패턴을 기억하고, 독해 문제를 풀도록 하자.
>
> 예　调查结果显示 조사 결과에 따르면
> 　　一份研究报告显示 한 연구 보고서에 따르면

原料
yuánliào
명 원료

▶ 이 실험에서 가장 중요한 것은 原料를 조합하는 비율이다.

许多原料需要从外国进口。
Xǔduō yuánliào xūyào cóng wàiguó jìnkǒu.
많은 원료가 외국에서 수입되어야 한다.

许多 xǔduō 매우 많다 | 需要 xūyào ~할 필요가 있다 | 外国 wàiguó 외국 | 进口 jìnkǒu 수입하다

振动
zhèndòng

동 진동하다

▶ 일본의 대부분 건물들은 지진의 振动에 대비하여 내진 설계를 하였다.

专家想出了防止振动的方法。
Zhuānjiā xiǎngchūle fángzhǐ zhèndòng de fāngfǎ.
전문가는 진동을 막는 방법을 생각해 냈다.

专家 zhuānjiā 전문가 | 想出 xiǎngchū 생각해 내다 | 防止 fángzhǐ 방지하다 | 方法 fāngfǎ 방법

表明
biǎomíng

동 분명하게 밝히다, 표명하다

▶ 그 교수는 이 논문이 연구 결과를 바탕으로 쓰여진 것이라고 表明했다.

研究表明，低温其实是很多植物生长的必经阶段。
Yánjiū biǎomíng, dīwēn qíshí shì hěn duō zhíwù shēngzhǎng de bì jīng jiēduàn.
연구 결과, 저온은 사실 많은 식물이 성장하는 필수 단계인 것으로 밝혀졌다.

研究 yánjiū 연구 | 低温 dīwēn 저온 | 其实 qíshí 사실 | 植物 zhíwù 식물 | 生长 shēngzhǎng 성장하다 | 必 bì 반드시 | 经 jīng 거치다 | 阶段 jiēduàn 단계 유의 表达 biǎodá 나타내다, 표현하다

> **출제 포인트** 表明+태도, 결심, 생각, 연구 결과
>
> 表明은 '분명하게 밝히다, 표명하다'라는 뜻으로, '태도, 결심, 생각' 등을 목적어로 취한다. 또한, 연구에서 나온 결과를 나타낼 때도 자주 쓰이고, 특히 독해 부분의 설명문 또는 논설문에 단골로 출제된다.
>
> 예 **研究表明** 연구에서 밝히다   **表明态度** 태도를 분명히 밝히다
>   **表明决心** 결심을 분명히 보여 주다

事物
shìwù

명 사물

▶ 아주 평범한 事物도 연구의 대상이 될 수 있다.

我们要以发展的眼光看待新事物。
Wǒmen yào yǐ fāzhǎn de yǎnguāng kàndài xīn shìwù.
우리는 발전적인 시선으로 새로운 사물을 대해야 한다.

以 yǐ ~으로 | 发展 fāzhǎn 발전하다 | 眼光 yǎnguāng 시선 | 看待 kàndài 대하다

系统
xìtǒng
명 체계, 시스템

▶ 오래된 系统은 연구 진행에 아무런 도움이 되지 않는다.

信号系统有问题，得找人维修一下。
Xìnhào xìtǒng yǒu wèntí, děi zhǎo rén wéixiū yíxià.
신호 체계에 문제가 있어서, 사람을 찾아 수리해야 한다.

信号 xìnhào 신호 ｜ 问题 wèntí 문제 ｜ 得 děi ~해야 한다 ｜ 找 zhǎo 찾다, 구하다 ｜ 维修 wéixiū 수리하다

分析
fēnxī
동 분석하다

▶ 우리 회사 연구원들은 최근의 경제 동향을 分析하고 있습니다.

实验已经完成，正在分析数据。
Shíyàn yǐjīng wánchéng, zhèngzài fēnxī shùjù.
실험은 이미 끝났고, 데이터를 분석하고 있다.

实验 shíyàn 실험 ｜ 已经 yǐjīng 이미 ｜ 完成 wánchéng 끝내다 ｜ 正在 zhèngzài ~하고 있다 ｜ 数据 shùjù 데이터
반의 综合 zōnghé 종합하다
반의 归纳 guīnà 종합하다

> **출제 포인트**　分析와 짝꿍 표현
>
> 分析는 [分析+원인/내용]의 패턴으로 독해 3부분 설명문 유형에 자주 출제된다. 함께 나오는 짝꿍 표현을 외워 두면 독해 지문을 이해하기 쉽다.
>
> 예　分析原因　원인을 분석하다
> 　　分析报告　보고서를 분석하다
> 　　分析数据　데이터를 분석하다

程序
chéngxù
명 프로그램

▶ 이 程序에 실험 데이터를 입력하면 결론이 바로 도출됩니다.

两家软件公司设计的程序各有优缺点。
Liǎng jiā ruǎnjiàn gōngsī shèjì de chéngxù gè yǒu yōuquēdiǎn.
두 소프트웨어 회사가 설계한 프로그램은 각각 장단점이 있다.

家 jiā 집, 곳(집·상점·회사 등을 세는 양사) ｜ 软件 ruǎnjiàn 소프트웨어 ｜ 公司 gōngsī 회사 ｜ 设计 shèjì 설계하다 ｜ 各 gè 각 ｜ 优缺点 yōuquēdiǎn 장점과 결점

数据
shùjù

명 데이터

▶ 그동안 수집한 수많은 실험 数据를 분석해서 통계를 내려고 합니다.

实验已进入数据分析的阶段。
Shíyàn yǐ jìnrù shùjù fēnxī de jiēduàn.
실험은 이미 데이터 분석 단계에 진입했다.

实验 shíyàn 실험 | 已 yǐ 이미 | 进入 jìnrù 진입하다 | 分析 fēnxī 분석하다 | 阶段 jiēduàn 단계

软件
ruǎnjiàn

명 소프트웨어

▶ 지금 노트북 软件 업데이트 중이라 사용할 수 없어요.

我想安装这款杀毒软件。
Wǒ xiǎng ānzhuāng zhè kuǎn shādú ruǎnjiàn.
나는 이 백신 프로그램을 설치하고 싶다.

安装 ānzhuāng 설치하다 | 杀毒软件 shādú ruǎnjiàn 백신 프로그램

> **출제 포인트** 듣기 빈출 어휘 **软件**
>
> 软件은 '电脑(컴퓨터)'에 관련된 내용으로 듣기 설명문 유형에 많이 출제된다. 软件의 양사로는 款이 자주 쓰인다. 시험에 나오는 표현들을 미리 익혀 두자.
>
> 예 下载软件 소프트웨어를 다운로드하다
> 　 杀毒软件 백신 프로그램 / 应用软件 응용 프로그램

数码
shùmǎ

명 디지털

▶ 이번에 받은 보너스로 가장 최신형의 数码 카메라를 구입했어.

数码产品深受人们的喜爱。
Shùmǎ chǎnpǐn shēnshòu rénmen de xǐ'ài.
디지털 상품은 사람들에게 많은 사랑을 받는다.

数码产品 shùmǎ chǎnpǐn 디지털 상품 | 深受 shēnshòu (매우) 깊이 받다 | 喜爱 xǐ'ài 좋아하다, 사랑하다

硬件
yìngjiàn

명 하드웨어

▶ 소프트웨어라면 내가 손볼 수 있지만, 硬件은 수리점에 맡겨야 해.

电脑硬件好像出问题了。
Diànnǎo yìngjiàn hǎoxiàng chū wèntí le.
컴퓨터 하드웨어에 문제가 생긴 것 같다.

电脑 diànnǎo 컴퓨터 | 好像 hǎoxiàng 마치 ~인 것 같다 | 出问题 chū wèntí 문제가 생기다

光盘
guāngpán
명 CD

▶ 요즘은 光盘플레이어가 있는 경우가 드물다.

请先把光盘插进电脑里。
Qǐng xiān bǎ guāngpán chājìn diànnǎo li.
먼저 CD를 컴퓨터에 넣어 주세요.

先 xiān 먼저, 우선 | 把 bǎ ~을 | 插进 chājìn 끼워 넣다

鼠标
shǔbiāo
명 마우스

▶ 컴퓨터에 USB를 꽂기만 하면 쓸 수 있는 무선 鼠标를 사고 싶다.

用笔记本电脑的时候，我不习惯用鼠标。
Yòng bǐjìběn diànnǎo de shíhou, wǒ bù xíguàn yòng shǔbiāo.
노트북을 사용할 때, 나는 마우스를 사용하는 것이 익숙하지 않다.

用 yòng 사용하다 | 笔记本电脑 bǐjìběn diànnǎo 노트북 | 习惯 xíguàn 익숙해지다

充电器
chōngdiànqì
명 충전기

▶ 이 充电器는 두 배 빠른 속도로 충전할 수 있어.

充电器放在抽屉里了。
Chōngdiànqì fàng zài chōuti li le.
충전기는 서랍 안에 넣어 두었다.

放在 fàng zài ~에 두다 | 抽屉 chōuti 서랍
참고 充电 chōngdiàn 충전하다

电池
diànchí
명 건전지

▶ 리모컨이 왜 작동되지 않나 했더니 电池가 빠져 있었어.

不要等到电池快没电时再充电。
Bú yào děngdào diànchí kuài méi diàn shí zài chōngdiàn.
건전지의 배터리가 거의 다 떨어질 때까지 기다렸다가 충전하지 마세요.

不要 bú yào ~하지 마라 | 等到 děngdào ~까지 기다리다 | 没电 méi diàn 배터리가 없다 | 充电 chōngdiàn 충전하다

机器
jīqì
명 기계, 기기

▶ 우리 공장은 오래된 机器들을 모두 새것으로 교체했다.

机器算出的结果也会出错。
Jīqì suànchū de jiéguǒ yě huì chūcuò.
기계가 계산해 낸 결과도 착오가 발생할 수 있다.

算 suàn 계산하다 | 结果 jiéguǒ 결과 | 出错 chūcuò 착오가 발생하다

零件
língjiàn
명 부속품, 부품

▶ 컴퓨터를 조립하기 전에 모든 零件이 다 있는지 꼼꼼히 확인해 보렴.

那些**零件**太小，一定要好好儿保管。
Nàxiē língjiàn tài xiǎo, yídìng yào hǎohāor bǎoguǎn.
저런 부속품은 너무 작아서, 반드시 잘 보관해야 한다.

一定 yídìng 반드시 | 好好儿 hǎohāor 잘, 제대로 | 保管 bǎoguǎn 보관하다

用途
yòngtú
명 용도

▶ 너 아직 이 기계의 用途를 정확하게 모르고 있구나?

这种材料的**用途**十分广泛。
Zhè zhǒng cáiliào de yòngtú shífēn guǎngfàn.
이러한 재료의 용도는 매우 광범위하다.

种 zhǒng 종(종류를 세는 양사) | 材料 cáiliào 재료 | 十分 shífēn 매우 | 广泛 guǎngfàn 광범위하다

装
zhuāng
동 설치하다, 장착하다

▶ 우리 회사는 모든 사무실에 CCTV가 装되어 있다.

给办公室**装**空调的师傅还没到。
Gěi bàngōngshì zhuāng kōngtiáo de shīfu hái méi dào.
사무실에 에어컨을 설치하는 기사님이 아직 오지 않았다.

办公室 bàngōngshì 사무실 | 空调 kōngtiáo 에어컨 | 师傅 shīfu 기사

> **출제 포인트** 装의 또다른 의미
>
> 装은 기기 등을 '설치하다'라는 의미 외에도 '꾸미다, 포장하다, 싣다, ~인 체하다' 등 여러 가지 의미로 쓰인다. 일반적으로 다른 한자와 결합되어 많이 쓰이므로, 함께 알아 두자.
>
> 예 安装 설치하다 / 组装 조립하다 / 装备 탑재하다
> 包装 포장하다 / 假装 ~인 체하다 / 装修 인테리어하다
> 服装 복장 / 装饰 장식(품) / 化装 화장하다

安装
ānzhuāng

동 (기계, 기자재 등을) 설치하다

▶ 아빠는 더운 여름이 시작되기 전에 에어컨을 安装하셨다.

请按照说明安装这个机器。
Qǐng ànzhào shuōmíng ānzhuāng zhège jīqì.
설명에 따라 이 기계를 설치해 주세요.

按照 ànzhào ~에 따라 | 说明 shuōmíng 설명 | 机器 jīqì 기계

> **출제 포인트** 듣기 빈출 어휘 **安装**
>
> '安装'은 기계, 소프트웨어 등을 설치하거나 창작하는 대화에 많이 출제된다.
>
> 예 安装空调 에어컨을 설치하다
>   安装软件 소프트웨어를 설치하다

设备
shèbèi

명 설비, 시설

▶ 우리 공장의 모든 设备는 가히 최고라고 자부할 수 있습니다.

新开的医院使用了最新设备。
Xīn kāi de yīyuàn shǐyòngle zuìxīn shèbèi.
새로 개업한 병원은 최신 설비를 사용했다.

新开 xīn kāi 새로 개업하다 | 医院 yīyuàn 병원 | 使用 shǐyòng 사용하다 | 最新 zuìxīn 최신의

> **출제 포인트** 듣기 빈출 어휘 **设备**
>
> 设备는 시설을 도입하거나 잘 갖춰진 상태, 또는 시설이 고장 난 상황의 대화에 출제된다. 듣기 대화 유형에 자주 출제되므로, 짝꿍 어휘와 문장 형태를 익혀 고득점을 받도록 하자.
>
> 예 设备出问题了 설비에 문제가 생겼다
>   找人修设备   사람을 불러 설비를 수리하다
>   采用最新设备 최신 설비를 도입하다
>   配备现代化设备 현대식 설비를 배치하다

工程师
gōngchéngshī

명 기사, 엔지니어

▶ 괜히 건드려서 더 고장 내지 말고 빨리 工程师를 부르는 게 어때?

飞机维修工程师正在检查飞机。
Fēijī wéixiū gōngchéngshī zhèngzài jiǎnchá fēijī.
비행기를 수리하는 엔지니어가 비행기를 검사하고 있다.

飞机 fēijī 비행기 | 维修 wéixiū (기계 등을) 수리하다 | 正在 zhèngzài ~하고 있다 | 检查 jiǎnchá 검사하다

维修
wéixiū
동 수리하다, 보수하다

▶ 겨울이 되기 전에 모든 난방 기구를 维修할 예정입니다.

技术人员不仅会为您安装设备，也会为您维修设备。
Jìshù rényuán bùjǐn huì wèi nín ānzhuāng shèbèi, yě huì wèi nín wéixiū shèbèi.
기술자는 당신을 위해 시설을 설치할 뿐만 아니라, 또한 당신을 위해 시설을 수리할 것입니다.

技术人员 jìshù rényuán 기술자 | 不仅A，也B bùjǐn A, yě B A뿐만 아니라, 또한 B하다 | 为 wèi ~을 위해 | 设备 shèbèi 시설, 설비
유의 修理 xiūlǐ 수리하다

随身
suíshēn
동 몸에 지니다, 휴대하다

▶ 많은 이들이 보조 배터리를 随身하고 다닌다.

去国外的时候我一般会随身带着地图。
Qù guówài de shíhou wǒ yìbān huì suíshēn dàizhe dìtú.
해외에 갈 때 나는 보통 지도를 가지고 다닌다.

国外 guówài 해외 | 一般 yìbān 보통이다 | 带 dài 지니다, 가지다 | 地图 dìtú 지도

★보충단어
아래 단어들의 예문은 WEB단어장에서 확인할 수 있어요.

键盘 jiànpán 명 키보드
麦克风 màikèfēng 명 마이크
复制 fùzhì 동 복제하다
超级 chāojí 형 최상급의

보충단어
WEB 단어장

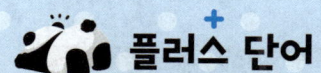 **플러스 단어**

음원 듣기

고득점 합격이 목표라면 플러스단어까지 학습해 보세요.

과학, 기술, 기기

科幻 kēhuàn 공상과학, SF
核实 héshí 실태를 조사하다
误用 wùyòng 잘못 쓰다, 오용하다
融合 rónghé 융합하다
产物 chǎnwù 산물, 결과
核武器 héwǔqì 핵무기
改造 gǎizào 개조하다, 재제조하다
划时代 huàshídài 획기적이다
(주로 관형어로 쓰임)
充电宝 chōngdiànbǎo
(휴대용) 보조 배터리
平板电脑 píngbǎn diànnǎo
태블릿 PC
蓝牙 lányá 블루투스
投影机 tóuyǐngjī 빔 프로젝터

耳机 ěrjī 이어폰
音箱 yīnxiāng 스피커
优盘(= U盘) yōupán (=U pán) USB
遥控器 yáokòngqì 리모컨
数码相机 shùmǎ xiàngjī 디지털 카메라
加湿器 jiāshīqì 가습기
电热毯 diànrètǎn 전기장판
卷发器 juǎnfàqì 고데기

데일리 테스트

고생하셨어요!
QR코드를 스캔하면 DAY01~DAY30
전체 데일리 테스트 PDF가
다운로드됩니다.

PDF 다운로드

DAY 27

면접은 항상 떨려
#취업 #채용

HSK 5급 30일 합격 프로젝트

★ HSK 시험에 이렇게 나와요.
취업, 채용에 관련된 주제가 자주 출제되고 있는 추세입니다. 취업 문제, 기업 경영과 채용 등의 내용이 독해 3부분에 출제되고, 취업 준비와 관련된 내용은 듣기 대화 유형에 출제된 적이 있습니다.

음원 듣기

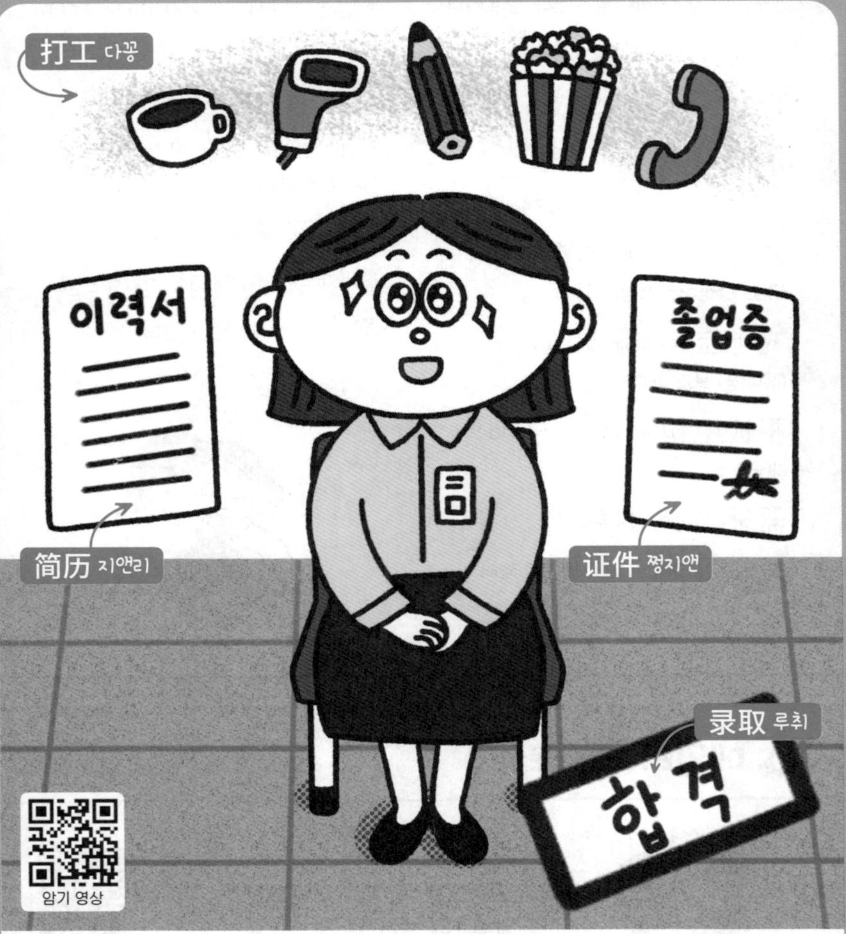

打工 다꽁

简历 지앤리

证件 쩡지앤

录取 루취

암기 영상

打工
dǎgōng
동 아르바이트하다

简历
jiǎnlì
명 이력서

证件
zhèngjiàn
명 증명서

录取
lùqǔ
동 채용·고용하다

简历
jiǎnlì
명 이력서

▶ 나는 인터넷으로 열 군데 회사에 简历를 넣었어.

请把写好的简历发到公司的邮箱里。
Qǐng bǎ xiěhǎo de jiǎnlì fā dào gōngsī de yóuxiāng li.
작성한 이력서를 회사 메일로 보내 주세요.

把 bǎ ~을 | 发 fā 보내다 | 公司 gōngsī 회사 | 邮箱 yóuxiāng 우편함, 메일(함)

证件
zhèngjiàn
명 증명서

▶ 귀하의 자격증을 확인할 수 있는 证件을 첨부해 주세요.

糟糕！我忘记自己的证件号码了。
Zāogāo! Wǒ wàngjì zìjǐ de zhèngjiàn hàomǎ le.
망했다! 나 내 증명서 번호를 잊어버렸어.

糟糕 zāogāo 엉망이 되다, 망치다 | 忘记 wàngjì 잊어버리다 | 号码 hàomǎ 번호

资格
zīgé
명 자격

▶ 이 회사는 HSK 5급 이상의 资格를 갖춘 사람만 지원할 수 있다.

只要是大学毕业就有资格参加这次面试。
Zhǐyào shì dàxué bìyè jiù yǒu zīgé cānjiā zhècì miànshì.
대학교를 졸업하기만 하면 이번 면접에 참가할 자격이 있다.

只要A就B zhǐyào A jiù B A하기만 하면 B하다 | 大学 dàxué 대학교 | 毕业 bìyè 졸업하다 | 参加 cānjiā 참가하다 | 面试 miànshì 면접

推荐
tuījiàn
동 추천하다

▶ 그가 推荐해 준 메뉴니까 틀림없이 맛있을 거야.

这位应聘者是王教授推荐的。
Zhè wèi yìngpìnzhě shì Wáng jiàoshòu tuījiàn de.
이 지원자는 왕 교수님이 추천한 사람이다.

位 wèi 분, 명(공경의 뜻을 내포함) | 应聘者 yìngpìnzhě 지원자 | 教授 jiàoshòu 교수

DAY 27 • 면접은 항상 떨려

追求
zhuīqiú
동 추구하다, 좇다

▶ 나는 내가 잘하는 일보다 좋아하는 일을 더 追求하는 편이야.

所有人都为了追求梦想不断努力。
Suǒyǒu rén dōu wèile zhuīqiú mèngxiǎng búduàn nǔlì.
모든 사람들이 꿈을 좇기 위해 끊임없이 노력한다.

所有 suǒyǒu 모든 | 为了 wèile ~하기 위해 | 梦想 mèngxiǎng 꿈 | 不断 búduàn 끊임없이 | 努力 nǔlì 노력하다
유의 追寻 zhuīxún 추구하다

明确
míngquè
형 명확하다, 확실하다

▶ 그녀는 이력서를 넣을 때 자신만의 明确한 기준이 있다.

这家企业有明确的发展方向。
Zhè jiā qǐyè yǒu míngquè de fāzhǎn fāngxiàng.
이 기업은 명확한 발전 방향이 있다.

家 jiā 집, 곳(집·상점·회사 등을 세는 양사) | 企业 qǐyè 기업 | 发展 fāzhǎn 발전(하다) | 方向 fāngxiàng 방향
유의 明白 míngbai 명확하다 / 确切 quèqiè 확실하다

明显
míngxiǎn
형 뚜렷하다, 분명하다, 확연히 드러나다

▶ 그의 면접 태도가 좋았다는 것은 정말 明显한 사실이다.

每天都和中国人对话，所以口语进步很明显。
Měitiān dōu hé Zhōngguórén duìhuà, suǒyǐ kǒuyǔ jìnbù hěn míngxiǎn.
매일 중국인과 대화해서, 회화가 확연히 늘었다.

每天 měitiān 매일 | 中国人 Zhōngguórén 중국인 | 对话 duìhuà 대화하다 | 所以 suǒyǐ 그래서 | 口语 kǒuyǔ 회화 | 进步 jìnbù 나아가다, 진보하다
유의 显然 xiǎnrán 명백하다, 분명하다

尽力
jìnlì
동 전력을 다하다, 온 힘을 다하다

▶ 나는 최종 면접에 오기까지 尽力하여 준비했다.

她尽力使自己看上去不紧张。
Tā jìnlì shǐ zìjǐ kàn shàngqu bù jǐnzhāng.
그녀는 전력을 다해서 자신이 긴장하지 않은 것처럼 보이게 했다.

使 shǐ (~에게) ~하게 하다 | 看上去 kàn shàngqu ~해 보이다 | 紧张 jǐnzhāng 긴장하다
유의 致力 zhìlì 힘쓰다, 진력하다

达到
dádào
동 달성하다, 도달하다

▶ 그는 마침내 HSK 6급에 합격하여 지원 자격 요건에 达到하였다.

我已经达到了通过HSK6级的目标。
Wǒ yǐjīng dádàole tōngguò HSK liù jí de mùbiāo.
나는 이미 HSK 6급을 통과하는 목표를 달성했다.

已经 yǐjīng 이미 | 通过 tōngguò 통과하다 | 级 jí 등급 | 目标 mùbiāo 목표

> **유의어 비교 达到 vs 到达**
>
> 두 단어 모두 '도달하다'라는 뜻이지만, 도달하고자 하는 대상에 차이가 있다. 达到는 [达到+추상적인 대상]의 패턴을 써서, 보통 추상적인 요구 조건, 목적, 목표 등을 달성하였음을 나타낸다. 그리고 到达는 [到达+장소]의 패턴을 써서, 보통 구체적인 장소에 도착하는 것을 나타낸다.
>
> 예 达到目的 목적에 도달하다
>   达到高的水平 높은 수준에 도달하다
>   到达终点 결승점에 도달하다
>   到达目的地 목적지에 도착하다

目标
mùbiāo
명 목표

▶ 나의 目标는 무역 업종에 종사하는 것이다.

只要有了明确的目标，就更容易成功。
Zhǐyào yǒule míngquè de mùbiāo, jiù gèng róngyì chénggōng.
확실한 목표가 있기만 하면, 더욱 성공하기 쉽다.

只要A, 就B zhǐyào A, jiù B A하기만 하면, B하다 | 明确 míngquè 명확하다, 확실하다 | 容易 róngyì ~하기 쉽다 | 成功 chénggōng 성공하다

精力
jīnglì
명 정신과 체력, 에너지

▶ 그룹 면접 때 그녀는 모든 精力를 집중해서 대답했다.

他把全部的时间和精力都放在找工作上。
Tā bǎ quánbù de shíjiān hé jīnglì dōu fàng zài zhǎo gōngzuò shang.
그는 모든 시간과 에너지를 일을 구하는 데에 쏟는다.

把 bǎ ~을 | 全部 quánbù 모든 | 放在 fàng zài ~에 두다 | 找 zhǎo 찾다 | 工作 gōngzuò 일

奋斗
fèndòu
동 (일정한 목적을 달성하기 위해) 분투하다

▶ 나는 영어와 중국어를 둘 다 잡기 위해 열심히 奋斗하는 중이다.

幸福是通过自己不断地奋斗获得的。
Xìngfú shì tōngguò zìjǐ búduàn de fèndòu huòdé de.
행복은 스스로 끊임없이 분투(노력)해서 얻는 것이다.

幸福 xìngfú 행복 | 通过 tōngguò ~을 통해 | 不断 búduàn 끊임없이 | 获得 huòdé 얻다
유의 斗争 dòuzhēng 분투하다

勇气
yǒngqì
명 용기

▶ 그는 채용 설명회에서 勇气를 내어 궁금한 것들을 질문하였다.

我们得有追求梦想的勇气。
Wǒmen děi yǒu zhuīqiú mèngxiǎng de yǒngqì.
우리는 꿈을 좇는 용기가 있어야 한다.

得 děi ~해야 한다 | 追求 zhuīqiú 좇다, 추구하다 | 梦想 mèngxiǎng 꿈

发挥
fāhuī
동 발휘하다

▶ 이 회사라면 제 모든 능력을 충분히 发挥할 수 있을 것 같습니다!

她觉得在这家单位可以发挥她的本领。
Tā juéde zài zhè jiā dānwèi kěyǐ fāhuī tā de běnlǐng.
그녀는 이 회사에서 그녀의 능력을 발휘할 수 있을 것이라 생각한다.

觉得 juéde ~라고 생각하다 | 家 jiā 집, 곳(집·상점·회사 등을 세는 양사) | 单位 dānwèi 회사 | 本领 běnlǐng 능력
유의 发扬 fāyáng 발휘하다

출제 포인트 독해 빈출 어휘 发挥

发挥는 [发挥 + 내재된 성질/능력]의 패턴으로, 독해 3부분 논설문에 자주 출제되며, 주로 发挥 뒤에 주어의 장점 내용이 나오기 때문에 发挥의 뒷부분을 정확하게 이해하면 문제 풀이가 쉬워진다. 짝꿍 표현을 익혀 두자.

예 发挥作用 효과를 발휘하다 / 发挥优势 장점을 발휘하다
    发挥实力 실력을 발휘하다 / 发挥能力 능력을 발휘하다

刻苦 kèkǔ
형 고생을 참아 내다, 노고를 아끼지 않다

▶ 언니는 자신이 원하는 일을 하고 있기에 몇 년 동안 刻苦하고 있다.

她不仅学习很刻苦，而且很聪明。
Tā bùjǐn xuéxí hěn kèkǔ, érqiě hěn cōngming.
그녀는 고생을 참아 내며 공부할 뿐만 아니라, 똑똑하기까지 하다.

不仅A，而且B bùjǐn A, érqiě B A뿐만 아니라, 게다가 B하다 | 学习 xuéxí 공부하다 | 聪明 cōngming 똑똑하다

愿望 yuànwàng
명 희망, 소원, 소망

▶ 직장인들의 가장 큰 愿望은 당연히 높은 연봉을 받는 것이다.

成为大企业的领导是他的愿望。
Chéngwéi dàqǐyè de lǐngdǎo shì tā de yuànwàng.
대기업의 대표가 되는 것이 그의 소원이다.

成为 chéngwéi ~가 되다 | 大企业 dàqǐyè 대기업 | 领导 lǐngdǎo 대표, 지도자

유의 希望 xīwàng 희망, 소망

命运 mìngyùn
명 운명

▶ 나는 모든 것을 命运에 맡기고, 편안하게 지낼래.

命运掌握在自己手里。
Mìngyùn zhǎngwò zài zìjǐ shǒu li.
운명은 자신의 손에 달려 있다.

掌握 zhǎngwò 장악하다, 달려 있다

幸运 xìngyùn
명 행운

▶ 오늘 면접 시험에서 합격의 幸运이 함께하길 바랄게!

他说幸运是他成功的因素之一。
Tā shuō xìngyùn shì tā chénggōng de yīnsù zhī yī.
그는 행운이 자신이 성공한 요인 중 하나라고 말한다.

成功 chénggōng 성공하다 | 因素 yīnsù 요인 | 之一 zhī yī ~ 중 하나

实现
shíxiàn
동 실현하다, 달성하다

▶ 그녀는 마침내 원하던 목표 점수를 실현하였다.

我为了实现目标付出了很多努力。
Wǒ wèile shíxiàn mùbiāo fùchūle hěn duō nǔlì.
나는 목표를 실현하기 위해 많은 노력을 들였다.

为了 wèile ~하기 위해 | 目标 mùbiāo 목표 | 付出 fùchū (노력, 대가 등을) 들이다, 바치다 | 努力 nǔlì 노력하다   유의 达成 dáchéng 달성하다

梦想
mèngxiǎng
명 꿈

▶ 나는 어렸을 때부터 줄곧 아나운서가 되는 게 梦想이었어.

实现梦想需要不断地实践。
Shíxiàn mèngxiǎng xūyào búduàn de shíjiàn.
꿈을 실현하려면 끊임없이 실천할 필요가 있다.

实现 shíxiàn 실현하다 | 需要 xūyào ~할 필요가 있다 | 不断 búduàn 끊임없다 | 实践 shíjiàn 실천하다

未来
wèilái
명 미래
형 미래에, 머지않아, 조만간

▶ 지금 내가 하는 모든 노력들이 빛나는 未来를 만들어 줄 거야.

我对自己的未来充满信心。
Wǒ duì zìjǐ de wèilái chōngmǎn xìnxīn.
나는 나의 미래에 대해 자신감이 가득하다.

这个职业未来的发展空间很大。
Zhège zhíyè wèilái de fāzhǎn kōngjiān hěn dà.
이 직업은 미래에 발전 여지가 크다.

充满 chōngmǎn 가득하다 | 信心 xìnxīn 자신감 | 职业 zhíyè 직업 | 发展 fāzhǎn 발전(하다) | 空间 kōngjiān 공간, 여지

前途
qiántú
명 전도, 앞길

▶ 앞으로는 로봇과 관련된 직업의 前途가 유망합니다.

有些人认为辞职是为了追求更好的前途。
Yǒuxiē rén rènwéi cízhí shì wèile zhuīqiú gèng hǎo de qiántú.
어떤 사람들은 일을 그만두는 것이 더 좋은 앞날을 추구하기 위함이라고 생각한다.

有些 yǒuxiē 어떤 | 认为 rènwéi 생각하다 | 辞职 cízhí 일을 그만두다 | 为了 wèile ~하기 위해 | 追求 zhuīqiú 추구하다

因素
yīnsù

명 요인, 요건

▶ 그가 면접에 합격한 결정적 因素 중 하나는 바로 긍정적인 마인드라고 생각한다.

我认为自信是取得成功的关键因素。
Wǒ rènwéi zìxìn shì qǔdé chénggōng de guānjiàn yīnsù.
나는 자신감이 성공을 얻는 결정적인 요인이라고 생각한다.

自信 zìxìn 자신감 | 取得 qǔdé 얻다 | 成功 chénggōng 성공하다 | 关键 guānjiàn 결정적인, 매우 중요한

> **출제 포인트** 因素 기출 표현
>
> 因素는 사물을 구성하는 '요소'를 뜻하지만, 독해 지문에서는 어떠한 상황이나 사물이 성립되는 원인 또는 조건의 의미로 자주 쓰인다. 그리고 독해 3부분 설명문 유형에도 다양한 주제로 출제된다.
>
> 예 环境因素 환경 요인 / 关键因素 결정적 요인
> 十大因素 10대 요인 / 不安全因素 불안전 요인

优势
yōushì

명 장점, 우세

▶ 너는 중국어를 잘하니까 중국어 면접에서 优势가 드러날 거야.

不管在哪儿，都要充分发挥自己的优势。
Bùguǎn zài nǎr, dōu yào chōngfèn fāhuī zìjǐ de yōushì.
어디에 있든 상관없이, 모두 자신의 장점을 충분히 발휘해야 한다.

不管A, 都B bùguǎn A, dōu B A를 막론하고, 모두 B하다 | 充分 chōngfèn 충분히 | 发挥 fāhuī 발휘하다 | (반의) 劣势 lièshì 열세

> **출제 포인트** 优势 기출 표현
>
> 优势는 '학업', '품행', '성적'뿐만 아니라 '사람', '사물'과도 함께 쓸 수 있다. 독해 3부분 논설문 유형에 출제되었던 짝꿍 표현을 알아 두자.
>
> 예 地理优势 지리적 우세
> 发挥自己的优势 자신의 장점을 발휘하다

寻找
xúnzhǎo

동 찾다, 구하다

▶ 저는 가만히 앉아서 기다리기보다는 기회를 寻找하는 편입니다.

善于寻找机会的人更容易成功。
Shànyú xúnzhǎo jīhuì de rén gèng róngyì chénggōng.
기회를 찾는 데에 능한 사람은 더욱 쉽게 성공한다.

善于 shànyú ~에 능하다 | 机会 jīhuì 기회 | 容易 róngyì ~하기 쉽다 | 成功 chénggōng 성공하다

掌握
zhǎngwò
- 통 통달하다, 장악하다, 정통하다

▶ 그녀는 베테랑 미용사라서 이미 대부분의 기술을 掌握했다.

掌握更多职业技能有利于找到理想的工作。
Zhǎngwò gèng duō zhíyè jìnéng yǒulì yú zhǎodào lǐxiǎng de gōngzuò.
더 많은 직업 기술 능력을 통달하면 이상적인 직업을 찾는 데 유리하다.

职业 zhíyè 직업 | 技能 jìnéng 기술, 능력 | 有利于 yǒulì yú ~에 이롭다 | 找到 zhǎodào 찾다 | 理想 lǐxiǎng 이상적이다, 만족스럽다 | 工作 gōngzuò 직업, 일
유의 把握 bǎwò 장악하다, 파악하다

把握
bǎwò
- 통 잡다, 장악하다, 파악하다

▶ 나는 상반기 취업 시장의 정세를 이미 다 把握하였다.

无论如何,我都要把握住这次机会。
Wúlùn rúhé, wǒ dōu yào bǎwò zhù zhècì jīhuì.
어찌 되었든 간에, 나는 이번 기회를 잡아야 한다.

无论A, 都B wúlùn A, dōu B A를 막론하고, 모두 B하다 | 如何 rúhé 어찌하면 유의 掌握 zhǎngwò 통달하다, 장악하다

유의어 비교 掌握 vs 把握

掌握는 학습을 통해 어떤 방법이나 지식을 습득하여 통달했음을 나타내며, 주로 구체적이거나 추상적인 단어와 함께 쓴다. 그리고 把握는 학습할 필요가 없는 추상적인 단어와 함께 쓴다. 각 단어의 짝꿍 표현을 미리 외워 두자.

예 掌握技术 기술을 숙달하다 / 掌握知识 지식을 얻다
    把握机会 기회를 잡다 / 没有把握 승산이 없다

具备
jùbèi
- 통 (물품 등을) 갖추다, 구비하다

▶ 면접 대기실에 약간의 물품이 具备했으니, 사용하셔도 괜찮습니다.

这家企业想招聘具备一定管理能力的人才。
Zhè jiā qǐyè xiǎng zhāopìn jùbèi yídìng guǎnlǐ nénglì de réncái.
이 기업은 어느 정도의 관리 능력을 갖춘 인재를 채용하고자 한다.

家 jiā 집, 곳(집·상점·회사 등을 세는 양사) | 企业 qǐyè 기업 | 招聘 zhāopìn 채용하다 | 一定 yídìng 어느 정도의 | 管理 guǎnlǐ 관리하다 | 能力 nénglì 능력 | 人才 réncái 인재
유의 具有 jùyǒu 구비하다, 가지다

挑战
tiǎozhàn
명 도전

▶ 비록 합격 가능성은 낮겠지만, 이 회사에 挑战해 보려고 한다.

他把每次挑战都看做是学习的机会。
Tā bǎ měicì tiǎozhàn dōu kànzuò shì xuéxí de jīhuì.
나는 모든 도전을 배움의 기회라고 본다.

把 bǎ ~을 | 看做 kànzuò ~로 보다, 여기다 | 机会 jīhuì 기회

收获
shōuhuò
명 수확, 소득, 성과
동 수확하다, 거두다

▶ 면접을 통해서 收获하는 경험은 내겐 아주 소중하다.

这次培训对我来说收获很大。
Zhècì péixùn duì wǒ lái shuō shōuhuò hěn dà.
이번 훈련은 나에게 수확이 아주 크다.

这个老实的小伙子收获了幸福的爱情。
Zhège lǎoshi de xiǎohuǒzi shōuhuòle xìngfú de àiqíng.
이 성실한 젊은이는 행복한 사랑을 거두었다.

培训 péixùn 훈련하다 | 对A来说 duì A lái shuō A에게 (있어서) | 老实 lǎoshi 성실하다 | 小伙子 xiǎohuǒzi 젊은이 | 幸福 xìngfú 행복하다 | 爱情 àiqíng 애정, 사랑

打工
dǎgōng
동 아르바이트하다

▶ 대부분의 청년들은 취업 대비 공부를 하면서 打工하고 있어요.

打工可以积累很多社会经验。
Dǎgōng kěyǐ jīlěi hěn duō shèhuì jīngyàn.
아르바이트를 하면 많은 사회 경험을 쌓을 수 있다.

积累 jīlěi 쌓다 | 社会 shèhuì 사회 | 经验 jīngyàn 경험

实习
shíxí
동 실습하다

▶ 지금은 방송국에서 실습하면서 업무를 배우고 있습니다.

我以前在银行实习过，对相关业务比较熟悉。
Wǒ yǐqián zài yínháng shíxíguo, duì xiāngguān yèwù bǐjiào shúxī.
나는 예전에 은행에서 실습한 적이 있어서 관련 업무에 비교적 익숙하다.

以前 yǐqián 예전 | 银行 yínháng 은행 | 相关 xiāngguān 관련되다 | 业务 yèwù 업무 | 比较 bǐjiào 비교적 | 熟悉 shúxī 익숙하다

及格
jígé
동 합격하다

▶ 그는 필기시험에 及格했다는 소식을 듣고 기뻐서 소리를 질렀다.

恭喜你，笔试及格了，下周来参加面试吧。
Gōngxǐ nǐ, bǐshì jígé le, xià zhōu lái cānjiā miànshì ba.
축하합니다. 필기시험에 합격했으니 다음 주에 면접 보러 오십시오.

恭喜 gōngxǐ 축하하다 | 笔试 bǐshì 필기시험 | 下周 xià zhōu 다음 주 | 参加 cānjiā 참가하다 | 面试 miànshì 면접

录取
lùqǔ
동 (시험 등을 통하여) 채용하다, 고용하다

▶ 일반적으로 상반기와 하반기로 나눠서 신입사원을 录取합니다.

录取结果将于本月中旬公布。
Lùqǔ jiéguǒ jiāng yú běn yuè zhōngxún gōngbù.
채용 결과는 이번 달 중순에 발표될 예정입니다.

结果 jiéguǒ 결과 | 将 jiāng (장차) ~일 것이다 | 于 yú ~에 | 本月 běn yuè 이번 달 | 中旬 zhōngxún 중순 | 公布 gōngbù 공표하다, 발표하다

유의 录用 lùyòng 채용하다
유의 选取 xuǎnqǔ 골라 채용하다

★보충단어
아래 단어들의 예문은 WEB단어장에서 확인할 수 있어요.

보충단어 WEB 단어장

学历 xuélì 명 학력
青春 qīngchūn 명 청춘
盼望 pànwàng 동 간절히 바라다
运气 yùnqi 명 운, 운세
幻想 huànxiǎng 명 공상, 환상
本领 běnlǐng 명 능력, 재능
提问 tíwèn 동 질문하다
挣 zhèng 동 (돈이나 재산 등을) 노력하여 얻다

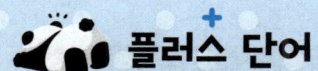 **플러스 단어**

고득점 합격이 목표라면 플러스단어까지 학습해 보세요.

취업, 채용

第一印象 dì yī yìnxiàng 첫인상
立业(= 发迹) lìyè (= fājì) 출세하다
就业前景 jiùyè qiánjǐng 취업 전망
就业率 jiùyèlǜ 취업률, 고용률
失业率 shīyèlǜ 실업률
就业难 jiùyènán 취업난, 고용난
用工荒 yònggōnghuāng 노동력 부족
招工难 zhāogōngnán 구인난
社会青年 shèhuì qīngnián 실업 청년 (대학에 진학하지 않고, 직업도 없는 젊은이)
待业 dàiyè 취직을 기다리다

대기업

三星 Sānxīng 삼성
乐金 Lèjīn LG
乐天 Lètiān 롯데
浦项制铁公司 Pǔxiàng Zhìtiě Gōngsī 포스코
衣恋 Yīliàn 이랜드
苹果公司 Píngguǒ Gōngsī 애플사
小米 Xiǎomǐ 샤오미 (전자회사)
万达集团 Wàndá Jítuán 완다 그룹
中国移动 Zhōngguó Yídòng 차이나 모바일 (통신사)
中国联通 Zhōngguó liántōng 차이나 유니콤 (통신사)

 **데일리 테스트**

고생하셨어요!
QR코드를 스캔하면 DAY01~DAY30
전체 데일리 테스트 PDF가
다운로드됩니다.

DAY 28

변화하는 사회
#사회현상 #사회 문제

HSK 5급 30일 합격 프로젝트

★ HSK 시험에 이렇게 나와요.
사회의 여러 가지 현상, 나쁜 사회 환경 때문에 생기는 사회적 질병 등 사회 문제에 대한 고찰과 해결 방법을 담은 논설문과 설명문이 5급 독해 3부분에 출제됩니다. 각 어휘들이 나타내는 대상과 현상을 정확히 구분해서 익혀야 합니다.

음원 듣기

失业 shīyè	差距 chājù	公平 gōngpíng	平等 píngděng
동 직업을 잃다	명 격차, 차이	형 공평·공정하다	형 평등하다

秩序
zhìxù
명 질서

▶ 공중화장실에서 한 줄 서기는 기본 秩序라 할 수 있습니다.

人们应该自觉遵守公共秩序。
Rénmen yīnggāi zìjué zūnshǒu gōnggòng zhìxù.
사람들은 자발적으로 공공질서를 지켜야 한다.

应该 yīnggāi (마땅히) ~해야 한다 | 自觉 zìjué 자발적이다 | 遵守 zūnshǒu 준수하다, 지키다 | 公共 gōnggòng 공공(의)

公平
gōngpíng
형 공평하다, 공정하다

▶ 모든 사람을 공평하게 대한다는 건 정말 쉽지 않은 일이다.

这种方法不利于企业间的公平竞争。
Zhè zhǒng fāngfǎ bú lì yú qǐyè jiān de gōngpíng jìngzhēng.
이러한 방법은 기업 간의 공정한 경쟁에 도움이 되지 않는다.

种 zhǒng 종(종류를 세는 양사) | 方法 fāngfǎ 방법 | 利于 lì yú ~에 이롭다, ~에 도움이 되다 | 企业 qǐyè 기업 | 间 jiān 사이 | 竞争 jìngzhēng 경쟁하다

유의 公正 gōngzhèng 공평하다, 공정하다
반의 不公 bùgōng 불공평하다

和平
hépíng
명 평화

▶ 비둘기는 和平을 상징하는 새입니다.

世界和平是所有人的愿望。
Shìjiè hépíng shì suǒyǒu rén de yuànwàng.
세계 평화는 모든 사람들의 소망이다.

世界 shìjiè 세계 | 所有 suǒyǒu 모든 | 愿望 yuànwàng 소망

平等
píngděng
형 평등하다

▶ 법 앞에서는 모두가 平等해야 한다고 생각합니다.

总经理一直大力提倡平等理念。
Zǒngjīnglǐ yìzhí dàlì tíchàng píngděng lǐniàn.
CEO는 줄곧 평등의 이념을 강력하게 제창한다.

总经理 zǒngjīnglǐ CEO, 사장 | 一直 yìzhí 줄곧 | 大力 dàlì 강력하게, 힘껏 | 提倡 tíchàng 제창하다 | 理念 lǐniàn 이념

유의 公平 gōngpíng 공평하다, 공정하다

差距
chājù
명 격차, 차이

▶ 선진국과 후진국의 경제 差距는 쉽게 좁혀지지 않는다.

这两座城市的经济发展存在一定差距。
Zhè liǎng zuò chéngshì de jīngjì fāzhǎn cúnzài yídìng chājù.
이 두 도시의 경제 발전에 일정한 차이가 존재한다.

座 zuò 좌(부피가 크거나 고정된 물체를 세는 단위) | 城市 chéngshì 도시 | 经济 jīngjì 경제 | 发展 fāzhǎn 발전(하다) | 存在 cúnzài 존재한다 | 一定 yídìng 일정하다

状况
zhuàngkuàng
명 상황, 형편, 상태

▶ 그 회사는 부채가 점점 많아져서 파산할 状况에 놓였다.

国家的发展状况影响人们的生活水平。
Guójiā de fāzhǎn zhuàngkuàng yǐngxiǎng rénmen de shēnghuó shuǐpíng.
국가의 발전 상황은 사람들의 생활 수준에 영향을 준다.

国家 guójiā 국가 | 发展 fāzhǎn 발전(하다) | 影响 yǐngxiǎng 영향을 주다 | 生活 shēnghuó 생활 | 水平 shuǐpíng 수준
유의 情况 qíngkuàng 상황

> **출제 포인트** 状况과 짝꿍 어휘
>
> 状况은 情况과 거의 같은 의미이지만, 情况이 状况보다 사용 범위가 더 넓다. 状况은 주로 독해 3부분 논설문 유형에 다양한 주제로 출제되므로, 기출되었던 짝꿍 단어를 익혀 두면 문맥 파악이 훨씬 쉽고 빨라질 것이다.
>
> 예 经济状况 경제 상황 / 卫生状况 위생 상태
> 　　健康状况 건강 상태 / 睡眠状况 수면 상태

人口
rénkǒu
명 인구

▶ 노년층 人口가 증가함에 따라 사회적인 대비책을 세워야 한다.

人口增长对经济发展产生了影响。
Rénkǒu zēngzhǎng duì jīngjì fāzhǎn chǎnshēngle yǐngxiǎng.
인구의 증가는 경제 발전에 영향을 미쳤다.

增长 zēngzhǎng 증가하다 | 经济 jīngjì 경제 | 发展 fāzhǎn 발전 | 产生 chǎnshēng 생기다 | 影响 yǐngxiǎng 영향(을 주다)

个人
gèrén
명 개인

▶ 그것들은 个人정보니까 보시고 바로 삭제해 주세요.

西方人非常注重个人隐私。
Xīfāngrén fēicháng zhùzhòng gèrén yǐnsī.
서양인은 프라이버시를 매우 중요시한다.

西方人 xīfāngrén 서양인 | **注重** zhùzhòng 중시하다 | **隐私** yǐnsī 개인의 사생활, 프라이버시

반의 **集体** jítǐ 단체

私人
sīrén
명 개인

▶ 저는 私人 기업을 운영하고 있어요.

那个电影明星竟然有私人飞机。
Nàge diànyǐng míngxīng jìngrán yǒu sīrén fēijī.
저 유명 영화배우는 놀랍게도 개인 전용기가 있다.

电影 diànyǐng 영화 | **明星** míngxīng 스타 | **竟然** jìngrán 놀랍게도 | **私人飞机** sīrén fēijī 개인 전용기

반의 **公家** gōngjia 공공기관

成人
chéngrén
명 성인, 어른

▶ 올해 그는 成人으로 사회에 첫발을 내딛으려 한다.

成人受到的社会压力比想象的大。
Chéngrén shòudào de shèhuì yālì bǐ xiǎngxiàng de dà.
성인이 받게 되는 사회 스트레스는 상상한 것보다 심하다.

受到 shòudào 받다 | **社会** shèhuì 사회 | **压力** yālì 스트레스 | **想象** xiǎngxiàng 상상하다

捐
juān
동 기부하다, 헌납하다

▶ 그는 복권에 당첨된 모든 금액을 고아원에 捐했다.

孩子们为灾区捐了钱。
Háizimen wèi zāiqū juānle qián.
아이들은 재해 지역에 돈을 기부했다.

孩子 háizi 아이 | **为** wèi ~에(게) | **灾区** zāiqū 재해 지역 | **钱** qián 돈

现代
xiàndài
명 현대

▶ 만약 과거의 사람이 타임머신을 타고 현대로 오게 된다면 정말 깜짝 놀랄 거야.

现代社会的生活节奏特别快。
Xiàndài shèhuì de shēnghuó jiézòu tèbié kuài.
현대사회의 생활 리듬은 특히 빠르다.

生活 shēnghuó 생활 | 节奏 jiézòu 리듬 | 特别 tèbié 특히

青少年
qīngshàonián
명 청소년

▶ 잘못된 사회현상에 대해선 청소년들도 민감하게 반응한다.

这是一项专门针对青少年进行的心理测试。
Zhè shì yí xiàng zhuānmén zhēnduì qīngshàonián jìnxíng de xīnlǐ cèshì.
이것은 청소년을 대상으로 전문적으로 진행한 심리 검사이다.

项 xiàng 항목, 조항(항목을 세는 양사) | 专门 zhuānmén 전문적으로 | 针对 zhēnduì 겨누다 | 进行 jìnxíng 진행하다 | 心理测试 xīnlǐ cèshì 심리 검사

行为
xíngwéi
명 행위

▶ 유명인의 의로운 행위는 사회 전반에 큰 영향을 미친다.

乱扔垃圾的行为会对环境造成破坏。
Luàn rēng lājī de xíngwéi huì duì huánjìng zàochéng pòhuài.
쓰레기를 함부로 버리는 행위는 환경에 대한 파괴를 초래할 수 있다.

乱 luàn 함부로 | 扔 rēng 버리다 | 垃圾 lājī 쓰레기 | 环境 huánjìng 환경 | 造成 zàochéng 초래하다 | 破坏 pòhuài 파괴하다

유의 行动 xíngdòng 행동

行动
xíngdòng
명 행동

▶ 나는 말과 행동이 일치하는 삶을 살아야 한다고 생각한다.

每个人都要以实际行动来保护环境。
Měi ge rén dōu yào yǐ shíjì xíngdòng lái bǎohù huánjìng.
모든 사람은 실제적인 행동으로 환경을 보호해야 한다.

以A来B yǐ A lái B A로 B하다 | 实际 shíjì 실제적이다 | 保护 bǎohù 보호하다

유의 行为 xíngwéi 행위

专家
zhuānjiā
몡 전문가

▶ 경제 专家들은 내년에는 경기가 더 나빠질 것이라고 예상하고 있다.

专家建议市民少开车，多乘坐公共交通。
Zhuānjiā jiànyì shìmín shǎo kāichē, duō chéngzuò gōnggòng jiāotōng.
전문가는 시민들이 운전을 적게 하고, 대중교통을 많이 탈 것을 제안했다.

建议 jiànyì 제안하다 | 市民 shìmín 시민 | 开车 kāichē 운전하다 | 乘坐 chéngzuò (자동차·배·비행기 등을) 타다 | 公共交通 gōnggòng jiāotōng 대중교통

출제 포인트　专家 기출 표현

专家는 여러 분야의 전문가를 나타내며, HSK 5급 시험에는 专家를 활용한 여러 가지 표현들이 등장한다. 기출 표현들을 꼭 확인하고 넘어가자.

예　谈判专家 협상 전문가 / 业内专家 업계 전문가
　　教学专家 교육 전문가
　　询问专家 전문가에게 문의하다 / 专家的指导 전문가의 지도
　　专家建议 전문가가 건의하다 / 专家提醒 전문가가 상기시키다
　　专家指出 전문가가 밝히다 / 专家强调 전문가가 강조하다

现实
xiànshí
몡 현실

▶ 그녀는 예전부터 이상과 现实가 다르다는 것을 잘 알고 있다.

要敢于面对**现实**、接受挑战。
Yào gǎnyú miànduì xiànshí, jiēshòu tiǎozhàn.
대담하게 현실을 직면하고, 도전을 받아들여야 한다.

敢于 gǎnyú 대담하게 ~을 하다 | 面对 miànduì 직면하다 | 接受 jiēshòu 받아들이다 | 挑战 tiǎozhàn 도전(하다)

现象
xiànxiàng
몡 현상

▶ 길이 갑자기 좁아져서 생기는 교통 정체를 병목 现象이라고 한다.

研究员发现了一个奇怪的**现象**。
Yánjiūyuán fāxiànle yí ge qíguài de xiànxiàng.
연구원은 기이한 현상을 발견했다.

研究员 yánjiūyuán 연구원 | 发现 fāxiàn 발견하다 | 奇怪 qíguài 기이하다

情景
qíngjǐng
명 장면, 모습

▶ 나는 내 눈 앞에 펼쳐진 이 情景을 도저히 믿을 수 없어!

他被眼前的情景吓坏了。
Tā bèi yǎnqián de qíngjǐng xiàhuài le.
그는 눈앞의 장면에 매우 놀랐다.

被 bèi ~에게 ~을 당하다 | 眼前 yǎnqián 눈앞 | 吓坏 xiàhuài 매우 놀라다

阶段
jiēduàn
명 단계, 계단

▶ 처음부터 어려운 문제를 풀려고 하지 말고 阶段별로 풀어 봐.

处于发育阶段的青少年比较敏感。
Chǔyú fāyù jiēduàn de qīngshàonián bǐjiào mǐngǎn.
성장 단계에 있는 청소년은 비교적 민감하다.

处于 chǔyú 처하다, 놓이다 | 发育 fāyù 성장하다 | 青少年 qīngshàonián 청소년 | 比较 bǐjiào 비교적 | 敏感 mǐngǎn 민감하다

措施
cuòshī
명 조치, 대책

▶ 연이은 주가 하락 때문에 이사회는 긴급 措施 회의를 소집했다.

发生事故时，应迅速采取措施。
Fāshēng shìgù shí, yīng xùnsù cǎiqǔ cuòshī.
사고가 발생했을 때, 신속히 조치를 취해야 한다.

发生 fāshēng 발생하다 | 事故 shìgù 사고 | 应 yīng (마땅히) ~해야 한다 | 迅速 xùnsù 신속하다 | 采取 cǎiqǔ (방침·수단·정책·조치·형식·태도 등을) 취하다

> **출제 포인트** 采取措施(조치를 취하다)
>
> 措施는 독해 부분의 지문과 문제에 자주 등장한다. '조치', '대책'의 뜻을 나타내므로, 술어로는 '취하다', '채택하다'라는 뜻의 采取가 짝꿍으로 함께 쓰일 때가 많으므로, '조치를 취하다'라는 뜻의 采取措施를 외워 두면 고득점을 받을 수 있다. 자주 출제되는 표현들을 함께 익혀 두자.
>
> 예 采取措施 조치를 취하다 / 有效措施 효과적인 조치
> 补救(bǔjiù)措施 보완 조치 / 预防(yùfáng)措施 예방 조치
> 法律措施 법률 조치 / 紧缩(jǐnsuō)措施 긴축 조치

激烈
jīliè

형 (동작, 말이) 격렬하다, 치열하다

▶ 대학을 갓 졸업한 동생은 激烈한 취업 전쟁에 들어선 셈이다.

这几家单位竞争十分激烈。
Zhè jǐ jiā dānwèi jìngzhēng shífēn jīliè.
이 몇 개의 회사들은 경쟁이 매우 치열하다.

单位 dānwèi 회사 | 竞争 jìngzhēng 경쟁하다 | 十分 shífēn 매우

扩大
kuòdà

동 (범위나 규모를) 확대하다, 넓히다

▶ 학생 수가 많아지자 원장님은 사업을 扩大하기로 결정했다.

总裁打算扩大公司规模。
Zǒngcái dǎsuàn kuòdà gōngsī guīmó.
대표는 회사 규모를 확대할 계획이다.

总裁 zǒngcái (기업의) 총수, 대표 | 打算 dǎsuàn 계획하다 | 公司 gōngsī 회사 | 规模 guīmó 규모

> **출제 포인트** 扩大+면적/수량/생산/소비 등등
>
> 扩大는 규모나 범위를 넓히는 것을 의미하여, 목적어로는 '면적', '수량', '생산', '소비', '투자', '영향', '시야' 등이 쓰인다.
>
> 예 扩大生产 생산을 확대하다 / 扩大影响 영향을 넓히다
> 扩大眼界 시야를 넓히다 / 扩大面积 면적을 넓히다

志愿者
zhìyuànzhě

명 자원봉사자, 지원자

▶ 나는 지난 올림픽 때 통역 志愿者로서 특별한 경험을 쌓았어.

这次活动的志愿者非常多。
Zhècì huódòng de zhìyuànzhě fēicháng duō.
이번 행사의 자원봉사자는 매우 많다.

活动 huódòng 활동, 행사

贡献
gòngxiàn

동 공헌하다, 기여하다

▶ 학교의 발전에 크게 贡献하였기에 이에 감사패를 드립니다.

金教授对中国教育事业做出了重大贡献。
Jīn jiàoshòu duì Zhōngguó jiàoyù shìyè zuòchūle zhòngdà gòngxiàn.
김 교수는 중국 교육 사업에 중대한 공헌을 했다.

教授 jiàoshòu 교수 | 教育 jiàoyù 교육 | 事业 shìyè 사업 | 重大 zhòngdà 중대하다

改善
gǎishàn
동 개선하다

▶ 그 국회의원은 낙후된 지역의 주거 환경을 改善시켰다.

在政府的控制下，交通问题改善了很多。
Zài zhèngfǔ de kòngzhì xià, jiāotōng wèntí gǎishànle hěn duō.
정부의 통제 아래, 교통 문제는 많이 개선되었다.

政府 zhèngfǔ 정부 | 控制 kòngzhì 통제하다 | 交通 jiāotōng 교통 | 问题 wèntí 문제 | 改善 gǎishàn 개선하다

重大
zhòngdà
형 중대하다

▶ 그는 일생일대의 重大한 결정을 앞두고 큰 고민에 빠졌다.

电视上正在播放重大新闻。
Diànshì shang zhèngzài bōfàng zhòngdà xīnwén.
텔레비전에서 중대한 뉴스가 방송되고 있다.

电视 diànshì 텔레비전 | 正在 zhèngzài ~하고 있다 | 播放 bōfàng 방송하다 | 新闻 xīnwén 뉴스

逐渐
zhújiàn
부 점점, 점차

▶ 중국에도 모바일 결제를 할 수 있는 곳이 逐渐 많아지고 있다.

近年来，旅游逐渐成为主要的休闲方式之一。
Jìnnián lái, lǚyóu zhújiàn chéngwéi zhǔyào de xiūxián fāngshì zhī yī.
최근 몇 년간, 여행은 점점 주요한 휴식 방식 중의 하나가 되었다.

近年来 jìnnián lái 최근 몇 년간 | 旅游 lǚyóu 여행(하다) | 成为 chéngwéi ~이 되다 | 主要 zhǔyào 주요한, 주된 | 休闲 xiūxián 한가하게 지내다 | 方式 fāngshì 방식 | 之一 zhī yī ~ 중의 하나

유의 逐步 zhúbù 한 걸음 한 걸음, 점차
유의 渐渐 jiànjiàn 점점, 점차

유의어 비교 逐渐 vs 逐步

두 단어 모두 점차적으로 변화하는 것을 의미하여 대부분 바꿔 쓸 수 있지만, 바꿔 쓸 수 없는 경우도 있으므로 주의해야 한다. 逐步는 형용사를 수식할 수 없고, 의식적이고 계획적이거나 순서가 있는 인위적인 변화를 나타낼 때 쓰인다. 반면에 逐渐은 형용사를 수식할 수 있고, 인위적인 행동이 아닌 자연스러운 변화를 나타낸다.

예 他的汉语水平逐渐(= 逐步)提高了。
그의 중국어 수준은 점차 향상되었다.

天逐渐黑了下来。 하늘은 점점 어두워졌다.

要逐步提高汉语水平。 점차 중국어 수준을 높여야 한다.

逐步
zhúbù
부 한 걸음 한 걸음, 점차

▶ 푸르던 산이 逐步 빨갛게 물들면 가을이 온 것이다.

有些国家正逐步进入老龄化社会。
Yǒuxiē guójiā zhèng zhúbù jìnrù lǎolínghuà shèhuì.
일부 국가들은 점차 고령화 사회로 접어들고 있다.

有些 yǒuxiē 일부 | 国家 guójiā 국가 | 正 zhèng ~하고 있다 | 进入 jìnrù (어떤 상태, 범위 등에) 들다, 진입하다 | 老龄化 lǎolínghuà 고령화 | 社会 shèhuì 사회

유의 逐渐 zhújiàn 점점, 점차

具体
jùtǐ
형 구체적이다

▶ 그는 여행을 떠나기 전에 具体적으로 계획을 세우는 편이다.

想要了解这件事的具体情况并不困难。
Xiǎngyào liǎojiě zhè jiàn shì de jùtǐ qíngkuàng bìng bú kùnnan.
이 사건의 구체적인 상황을 이해하고자 하는 것은 결코 어렵지 않다.

了解 liǎojiě 이해하다 | 件 jiàn 건, 개(일·사건 등을 세는 양사) | 情况 qíngkuàng 상황 | 并 bìng 결코 | 困难 kùnnan 어렵다

密切
mìqiè
형 (관계가) 밀접하다, 긴밀하다

▶ 그 두 사람이 갑자기 密切하게 지낸다니, 어떻게 된 일이지?

网站的人气与关注量密切相关。
Wǎngzhàn de rénqì yǔ guānzhùliàng mìqiè xiāngguān.
사이트의 인기와 팔로우 수는 밀접한 관련이 있다.

网站 wǎngzhàn (인터넷) 웹사이트 | 人气 rénqì 인기 | 与 yǔ ~와 | 关注量 guānzhùliàng 팔로우 수 | 相关 xiāngguān 관련이 있다

难免
nánmiǎn
형 면하기 어렵다, 피하기 어렵다

▶ 이번만큼은 범인도 경찰의 수사망을 难免할 것이다.

生活中遇到困难和挫折都是难免的。
Shēnghuó zhōng yùdào kùnnan hé cuòzhé dōu shì nánmiǎn de.
생활에서 고난과 좌절에 부딪히는 것은 피하기 어렵다.

生活 shēnghuó 생활 | 遇到 yùdào 부딪히다 | 困难 kùnnan 고난 | 挫折 cuòzhé 좌절

失业 shīyè
동 실업하다, 직업을 잃다

▶ 회사가 부도나서 한순간에 많은 가장들이 失业하였다.

很多大企业的员工也面临失业风险。
Hěn duō dàqǐyè de yuángōng yě miànlín shīyè fēngxiǎn.
많은 대기업의 직원도 실업 위험에 직면한다.

大企业 dàqǐyè 대기업 | 员工 yuángōng 직원 | 面临 miànlín 직면하다 | 风险 fēngxiǎn 위험

消失 xiāoshī
동 자취를 감추다, 사라지다

▶ 농담 몇 마디 했더니 그의 얼굴에서 웃음기가 消失했다.

随着社会的发展，许多传统文化正逐渐消失。
Suízhe shèhuì de fāzhǎn, xǔduō chuántǒng wénhuà zhèng zhújiàn xiāoshī.
사회의 발전에 따라, 많은 전통문화가 교류 방식은 점차 사라지고 있다.

随着 suízhe ~에 따라서 | 社会 shèhuì 사회 | 发展 fāzhǎn 발전(하다) | 传统 chuántǒng 전통적이다 | 正 zhèng ~하고 있다 | 逐渐 zhújiàn 점차, 점점

★보충단어
아래 단어들의 예문은 WEB단어장에서 확인할 수 있어요.

보충단어 WEB 단어장

道德 dàodé 명 도덕, 윤리
义务 yìwù 명 의무
比例 bǐlì 명 비, 비율
妇女 fùnǚ 명 부녀자, 성인 여성
女士 nǚshì 명 여사, 숙녀
圈 quān 명 범위, 구역
平衡 pínghéng 형 (무게가) 균형이 맞다, 균형 잡히다
提倡 tíchàng 동 제창하다
自愿 zìyuàn 동 자원하다
所 suǒ 조 ~하는 바(이다) / ~되다(피동을 나타냄)
移民 yímín 동 이민하다

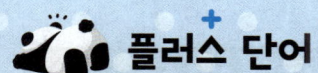 플러스 단어

고득점 합격이 목표라면 플러스단어까지 학습해 보세요.

사회 현상

志愿活动 zhìyuàn huódòng 자원봉사 활동

社会福利 shèhuì fúlì 사회 복지

社会工作者 shèhuì gōngzuòzhě 사회복지사

捐款 juānkuǎn 기부하다, 기부금

种族歧视 zhǒngzú qíshì 인종 차별

贫富差距 pínfù chājù 빈부 격차

空巢(老人) kōngcháo (lǎorén) 독거노인

老龄化社会 lǎolínghuà shèhuì 고령화 사회

独居 dújū 1인 가구, 독거하다

不婚主义 bù hūn zhǔyì 독신주의

难民 nànmín 난민, 이재민

献血 xiàn xiě 헌혈하다

光盘行动 guāngpán xíngdòng 빈그릇 운동 (음식을 남기지 않는 운동, 음식점에서 남은 음식을 포장해서 가져가자는 운동)

未婚妈妈 (= 未婚母亲) wèihūn māma (= wèihūn mǔqīn) 미혼모

丁克 dīngkè 딩크 (자녀 없이 부부만의 생활을 즐기려는 맞벌이 부부의 생활 방식)

留守儿童 liúshǒu értóng 부모가 타지에서 일해서 집에 남아 있는 아이

低头族 dītóuzú 스마트폰 중독

电话诈骗 diànhuà zhàpiàn 보이스 피싱

데일리 테스트

고생하셨어요!
QR코드를 스캔하면 DAY01~DAY30 전체 데일리 테스트 PDF가 다운로드됩니다.

DAY 29

법을 준수하자

#국가 #정부 #법

HSK 5급 30일 합격 프로젝트

★ HSK 시험에 이렇게 나와요.

국가, 정부, 법에 관련된 내용은 독해 부분에 설명문이나 논설문의 형태로 출제됩니다. 특정 인물 또는 과거 사건에 대한 이야기, 정부의 역할, 법률과 원칙 등의 내용을 담고 있습니다. 핵심 어휘의 뜻과 쓰임을 정확하게 익혀야 문제 풀이가 수월해집니다.

勿 wù
분 ~해서는 안 된다

遵守 zūnshǒu
통 준수하다, 지키다

违反 wéifǎn
통 위반하다, 위배

罚款 fákuǎn
통 벌금을 부과하다

身份
shēnfèn

명 신분, 지위

▶ 공항에서 身份이 확인되지 않는 사람은 입국할 수 없다.

他以大使身份向总统提问。
Tā yǐ dàshǐ shēnfèn xiàng zǒngtǒng tíwèn.
그는 대사의 신분으로 대통령에게 질문을 했다.

以 yǐ ~으로 | 大使 dàshǐ 대사 | 向 xiàng ~에게 | 提问 tíwèn 질문하다

> **출제 포인트** 身份 짝꿍 표현 및 주요 패턴
>
> 身份은 '신분'을 뜻하며, '身份证(신분증)'과 '身份证明(신분증명서)' 등으로 자주 쓰인다. 또한 'A의 신분으로 B하다'라는 의미로 [以A的身份B] 패턴이 종종 쓰이는데, 시험에도 자주 출제되므로 함께 익히고 넘어가자.
>
> 예 学生身份 학생 신분
> 查询身份 신분을 검색하다
> 他是什么身份? 그는 신분이 무엇인가?
> 以前辈的身份说话 선배의 신분으로 말하다

老百姓
lǎobǎixìng

명 국민, 백성

▶ 대통령 후보들은 老百姓의 지지를 받기 위해 다양한 공약을 내세웠다.

经济快速发展，使老百姓的生活好了起来。
Jīngjì kuàisù fāzhǎn, shǐ lǎobǎixìng de shēnghuó hǎole qǐlai.
경제가 빠르게 발전하면서, 국민들의 생활도 나아졌다.

经济 jīngjì 경제 | 快速 kuàisù 빠르다 | 发展 fāzhǎn 발전하다 | 使 shǐ ~에게 ~하게 하다 | 生活 shēnghuó 생활 | 好起来 hǎo qǐlai 나아지다

政府
zhèngfǔ

명 정부

▶ 국민들은 政府가 세금을 올바르게 사용하는지 감시해야 한다.

机器人的研究得到了政府的支持。
Jīqìrén de yánjiū dédàole zhèngfǔ de zhīchí.
로봇 연구는 정부의 지지를 받았다.

机器人 jīqìrén 로봇 | 研究 yánjiū 연구(하다) | 得到 dédào 얻다 | 支持 zhīchí 지지하다

军事 jūnshì
명 군사

▶ 모든 나라는 자국의 军事력을 길러 국방의 안전을 도모한다.

这里是历史上的军事要地。
Zhèlǐ shì lìshǐ shang de jūnshì yàodì.
이곳은 역사상 군사 요지이다.

历史 lìshǐ 역사 | 要地 yàodì 요지

政治 zhèngzhì
명 정치

▶ 선거철이 되면 남녀노소 누구나 政治에 관심이 많아진다.

北京是中国的政治文化中心。
Běijīng shì Zhōngguó de zhèngzhì wénhuà zhōngxīn.
베이징은 중국의 정치 문화 중심지이다.

北京 Běijīng 베이징 | 文化 wénhuà 문화 | 中心 zhōngxīn 중심

联合 liánhé
동 연합하다, 결합하다

▶ 긴급 재난 상황을 해결하기 위해 여야가 联合하였다.

两个国家联合举办了这次会议。
Liǎng ge guójiā liánhé jǔbànle zhècì huìyì.
두 국가는 연합하여 이번 회의를 개최했다.

举办 jǔbàn 개최하다 | 会议 huìyì 회의 | 유의 结合 jiéhé 결합하다

临时 línshí
형 임시의, 잠시의, 일시적인

▶ 중국 상하이에 대한민국 临时정부 유적지가 있다.

您需要办理一张临时身份证明。
Nín xūyào bànlǐ yì zhāng línshí shēnfèn zhèngmíng.
당신은 임시 신분증명서를 한 장 발급받아야 합니다.

需要 xūyào ~할 필요가 있다 | 办理 bànlǐ 처리하다 | 张 zhāng 장(종이나 가죽 등을 세는 양사) | 身份 shēnfèn 신분 | 证明 zhèngmíng 증명서
유의 暂时 zànshí 잠깐, 잠시 반의 长期 chángqī 장시간, 장기간

출제 포인트 临时 기출 표현

临时는 정식적이지 않고, 예정에 없던 갑작스런 행동 등을 표현할 때 자주 쓰인다. 시험은 물론 회화에도 많이 쓰이므로, 함께 쓰는 표현을 꼭 알아 두자.

예 临时学习 임시로 공부하다 / 临时停车 임시로 주차하다
    临时决定 임시로 결정하다 / 临时住所 임시 거처

外交
wàijiāo
- 명 외교

▶ 대통령 특사는 외교 사절로 여러 나라를 방문할 예정이다.

近年来中国和韩国进行了很多外交活动。
Jìnnián lái Zhōngguó hé Hánguó jìnxíngle hěn duō wàijiāo huódòng. 최근 몇 년간 중국과 한국은 많은 외교 활동을 진행하였다.

近年来 jìnnián lái 최근 몇 년간 | 进行 jìnxíng 진행하다 | 活动 huódòng 활동

命令
mìnglìng
- 동 명령하다
- 명 명령

▶ 군인은 상부의 명령에 따라 움직입니다.

总统命令部队停止前进。
Zǒngtǒng mìnglìng bùduì tíngzhǐ qiánjìn.
대통령이 군대에 전진을 멈추라고 명령했다.

军人必须听从国家的命令。
Jūnrén bìxū tīngcóng guójiā de mìnglìng.
군인은 국가의 명령에 반드시 복종해야 한다.

总统 zǒngtǒng 대통령 | 部队 bùduì 군대 | 停止 tíngzhǐ 멈추다 | 前进 qiánjìn 전진하다 | 军人 jūnrén 군인 | 必须 bìxū 반드시 ~해야 한다 | 听从 tīngcóng 복종하다 | 国家 guójiā 국가
유의 号令 hàolìng 명령하다

权力
quánlì
- 명 (정치적) 권력

▶ 대한민국 헌법 1조 2항: 모든 권력은 국민으로부터 나온다

国会议员的权力是国民给的。
Guóhuì yìyuán de quánlì shì guómín gěi de.
국회의원의 권력은 국민이 준 것이다.

国会议员 guóhuì yìyuán 국회의원 | 国民 guómín 국민 | 给 gěi 주다

法院
fǎyuàn
- 명 법원

▶ 法院에서 반드시 정의가 구현되길 기대합니다.

记者们都在法院门口等待消息。
Jìzhěmen dōu zài fǎyuàn ménkǒu děngdài xiāoxi.
기자들이 법원 입구에서 소식을 기다린다.

记者 jìzhě 기자 | 门口 ménkǒu 입구 | 等待 děngdài 기다리다 | 消息 xiāoxi 소식

制定
zhìdìng

동 제정하다, 작성하다, 세우다

▶ 법원은 수출입에 관한 새로운 법을 制定하였다.

学习时制定具体的计划有助于提高学习效率。
Xuéxí shí zhìdìng jùtǐ de jìhuà yǒu zhù yú tígāo xuéxí xiàolǜ.
학습할 때 구체적인 계획을 세우면 학습 효율을 높이는 데 도움이 된다.

学习 xuéxí 학습하다 | 具体 jùtǐ 구체적이다 | 计划 jìhuà 계획 |
有助于 yǒu zhù yú ~에 도움이 되다 | 提高 tígāo 높이다 | 效率 xiàolǜ 효율

유의 制订 zhìdìng 제정하다

| 출제 포인트 | 制定+계획/법규 |

制定은 주로 독해 3부분 논설문 유형에 [制定+계획/법규]의 패턴으로 출제된다. 계획이나 법규에 관련된 목적어와 함께 등장하니, 짝꿍 표현을 외워 두자.

예 制定计划 계획을 세우다 / 制定目标 목표를 정하다
　 制定法律 법률을 제정하다 / 制定标准 기준을 세우다

制度
zhìdù

명 제도, 규칙

▶ 낡고 불합리한 制度는 마땅히 수정되어야 한다.

政府将对一些不合理的制度进行改革。
Zhèngfǔ jiāng duì yìxiē bù hélǐ de zhìdù jìnxíng gǎigé.
정부는 몇몇 불합리한 제도에 대해 개혁을 진행할 것이다.

政府 zhèngfǔ 정부 | 将 jiāng (장차) ~일 것이다 | 合理 hélǐ 합리적이다 |
进行 jìnxíng 진행하다 | 改革 gǎigé 개혁(하다)

规则
guīzé

명 규칙, 규정

▶ 회사 내의 规则를 어길 시에는 퇴사 각오를 해야 합니다.

行人和汽车都应该遵守交通规则。
Xíngrén hé qìchē dōu yīnggāi zūnshǒu jiāotōng guīzé.
행인과 자동차 모두 교통 규칙을 준수해야 한다.

行人 xíngrén 행인 | 汽车 qìchē 자동차 | 应该 yīnggāi (마땅히) ~해야 한다 | 遵守 zūnshǒu 준수하다 | 交通 jiāotōng 교통

유의 规矩 guīju 법칙, 표준

规律
guīlǜ
- 명 규율, 법칙, 규칙
- 형 규칙적이다

▶ 规律한 식사를 해야 위암을 예방할 수 있다.

只要我们按照客观规律办事，就会成功。
Zhǐyào wǒmen ànzhào kèguān guīlǜ bànshì, jiù huì chénggōng.
우리가 객관적인 규율대로 일을 처리하기만 하면, 성공할 것이다.

我爸爸的生活很规律。
Wǒ bàba de shēnghuó hěn guīlǜ.
우리 아빠의 생활은 매우 규칙적이다.

只要A，就B zhǐyào A, jiù B A하기만 하면, B하다 | 按照 ànzhào ~에 따라 | 客观 kèguān 객관적이다 | 办事 bànshì 일을 처리하다 | 成功 chénggōng 성공하다 | 生活 shēnghuó 생활

> **유의어 비교 规则 vs 规律**
> 规则와 规律 모두 '규칙, 규율'이라는 뜻이지만, 规则는 법적 효력을 가진 규율을 나타내며, 规律는 법과 관계없는 자연적인 규율을 나타낸다. 각 단어의 짝꿍 표현이 다르므로 구분하여 알아 두자!
> 예　交通规则 교통 규칙 / 游戏规则 게임 규칙
> 　　生活规律 생활 규칙 / 自然规律 자연 규칙

权利
quánlì
- 명 권리

▶ 불친절한 서비스에 불만을 제기하는 것은 소비자의 权利이다.

每个人都有发表自己看法的权利。
Měi ge rén dōu yǒu fābiǎo zìjǐ kànfǎ de quánlì.
모든 사람은 자신의 견해를 발표할 권리가 있다.

发表 fābiǎo 발표하다 | 看法 kànfǎ 견해

原则
yuánzé
- 명 원칙

▶ 그는 모든 原则를 지켰기 때문에 처벌할 수 없습니다.

处理问题既要讲原则，也要有灵活性。
Chǔlǐ wèntí jì yào jiǎng yuánzé, yě yào yǒu línghuóxìng.
문제를 처리할 땐 원칙을 중시할 뿐만 아니라, 융통성도 있어야 한다.

处理 chǔlǐ 처리하다 | 问题 wèntí 문제 | 既A，也B jì A, yě B A할 뿐만 아니라, 또한 B하다 | 讲 jiǎng 중시하다 | 灵活性 línghuóxìng 융통성

改进
gǎijìn
동 개선하다

▶ 그 정책은 현재 상황과 맞지 않으니 改进해야 합니다.

这种方法并不完善，还需要改进。
Zhè zhǒng fāngfǎ bìng bù wánshàn, hái xūyào gǎijìn.
이 방법은 결코 완벽하지 않아서, 개선해야 할 필요가 있다.

种 zhǒng 종(종류를 세는 양사) | 方法 fāngfǎ 방법 | 并 bìng 결코 |
完善 wánshàn 완벽하다 | 需要 xūyào ~할 필요가 있다
유의 改善 gǎishàn 개선하다
유의 改良 gǎiliáng 개선하다

遵守
zūnshǒu
동 준수하다, 지키다

▶ 공공장소에서는 마땅히 질서를 遵守해야 합니다.

人人都要遵守国家的法律。
Rénrén dōu yào zūnshǒu guójiā de fǎlǜ.
모든 사람은 국가의 법을 지켜야 한다.

人人 rénrén 모든 사람 | 国家 guójiā 국가 | 法律 fǎlǜ 법률
반의 违反 wéifǎn 위반하다

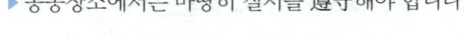

출제 포인트　遵守 짝꿍 표현

遵守의 목적어로는 '규정에 따라 행동하는 내용'이 온다. 짝꿍 목적어를 함께 외워 두면 주제 파악이 더 쉬워지고, 독해 지문도 빠르게 파악할 수 있다.

예 遵守时间 시간을 지키다 / 遵守制度 제도를 지키다
　　遵守规则 규칙을 지키다 / 遵守纪律 기율을 지키다

违反
wéifǎn
동 위반하다, 위배하다

▶ 무역 조항을 违反한 상품은 수입할 수 없습니다.

你这样做违反了博物馆的规定。
Nǐ zhèyàng zuò wéifǎnle bówùguǎn de guīdìng.
당신이 이렇게 하는 것은 박물관의 규정을 위반한 것이다.

博物馆 bówùguǎn 박물관 | 规定 guīdìng 규정, 규칙
반의 遵守 zūnshǒu 준수하다, 지키다

罚款
fákuǎn
동 벌금을 부과하다

▶ 국회의원도 교통 법규를 준수하지 않으면 당연히 罚款해야 합니다.

乱停车将被罚款。
Luàn tíngchē jiāng bèi fákuǎn.
주차를 아무렇게나 하면 벌금을 내게 될 것이다.

乱 luàn 어지럽다, 무질서하다 | 停车 tíngchē 차를 세우다, 주차하다 | 将 jiāng (장차) ~할 것이다 | 被 bèi (~에게) ~을 당하다

合法
héfǎ
형 법에 맞다, 합법적이다

▶ 나는 이 사건을 合法적으로 해결하고 싶다.

不合法的行为会给个人和国家造成影响。
Bù héfǎ de xíngwéi huì gěi gèrén hé guójiā zàochéng yǐngxiǎng.
합법적이지 않은 행동은 개인과 국가에 영향을 야기할 수 있다.

行为 xíngwéi 행동 | 个人 gèrén 개인 | 造成 zàochéng 초래하다, 야기하다 | 影响 yǐngxiǎng 영향　반의 非法 fēifǎ 불법적인

公开
gōngkāi
동 공개하다, 공개되다

▶ 정부가 교체됨에 따라 새로 임명된 장관들의 명단이 公开되었다.

任何网站都不得随便公开用户的个人信息。
Rènhé wǎngzhàn dōu bùdé suíbiàn gōngkāi yònghù de gèrén xìnxī.
어떤 사이트라도 마음대로 사용자의 개인 정보를 공개해서는 안 된다.

任何 rènhé 어떠한 | 网站 wǎngzhàn 사이트 | 不得 bùdé ~해서는 안 된다 | 随便 suíbiàn 마음대로 | 用户 yònghù 사용자 | 个人信息 gèrén xìnxī 개인 정보　반의 隐藏 yǐncáng 숨기다

开放
kāifàng
동 (봉쇄, 제한 등을) 개방하다, 해제하다

▶ 한국은 2015년에 쌀 시장을 전면 开放하였다.

改革开放给中国带来了发展与挑战。
Gǎigé kāifàng gěi Zhōngguó dàiláile fāzhǎn yǔ tiǎozhàn.
개혁 개방은 중국에게 발전과 도전을 가져다주었다.

改革 gǎigé 개혁 | 给A带来 gěi A dàilái A에게 가져다주다 | 发展 fāzhǎn 발전(하다) | 与 yǔ ~와 | 挑战 tiǎozhàn 도전(하다)

限制
xiànzhì
- 동 제한하다, 한정하다
- 명 제한, 한계

▶ 우리나라는 대통령의 임기가 5년으로 限制되어 있다.

韩国限制未成年人购买烟和酒。
Hánguó xiànzhì wèichéngniánrén gòumǎi yān hé jiǔ.
한국에서는 미성년자가 담배와 술을 구입하는 것을 제한한다.

由于环境的限制，导致实验无法进行。
Yóuyú huánjìng de xiànzhì, dǎozhì shíyàn wúfǎ jìnxíng.
환경의 한계 때문에, 실험은 진행할 방법이 없게 되었다.

未成年人 wèichéngniánrén 미성년자 | 购买 gòumǎi 구매하다 | 烟 yān 담배 | 酒 jiǔ 술 | 由于 yóuyú ~때문에 | 环境 huánjìng 환경 | 导致 dǎozhì (어떤 사태를) 초래하다 | 实验 shíyàn 실험 | 无法 wúfǎ ~할 방법이 없다 | 进行 jìnxíng 진행하다

유의 限定 xiàndìng 제한하다, 한정하다

控制
kòngzhì
- 동 통제하다, 제어하다

▶ 정부는 대기업의 독과점적인 행태를 마땅히 控制해야 한다.

政府应该控制鸡蛋价格的持续增长。
Zhèngfǔ yīnggāi kòngzhì jīdàn jiàgé de chíxù zēngzhǎng.
정부는 계란 가격이 계속 오르는 것을 통제해야 한다.

政府 zhèngfǔ 정부 | 应该 yīnggāi (마땅히) ~해야 한다 | 鸡蛋 jīdàn 계란 | 价格 jiàgé 가격 | 持续 chíxù 지속하다 | 增长 zēngzhǎng 증가하다, 높아지다

유의 掌握 zhǎngwò 통제하다, 장악하다

阻止
zǔzhǐ
- 동 저지하다

▶ 신분증 미소지자는 출입을 阻止당할 수 있습니다.

这项法律的实施有效地阻止了不法行为。
Zhè xiàng fǎlǜ de shíshī yǒuxiào de zǔzhǐle bùfǎ xíngwéi.
이 법률의 실행으로 불법 행위를 효과적으로 저지했다.

项 xiàng 항목(항목을 세는 양사) | 法律 fǎlǜ 법률 | 实施 shíshī 실행하다, 실시하다 | 有效 yǒuxiào 효과가 있다 | 不法行为 bùfǎ xíngwéi 불법 행위

유의 阻拦 zǔlán 저지하다

勿
wù
부 ~해서는 안 된다,
~하지 마라

▶ 박물관에서는 사진 촬영을 勿하오니 유의해 주십시오.

请勿在楼内抽烟。
Qǐng wù zài lóu nèi chōuyān.
건물 내에서 담배를 피지 마세요.

楼 lóu 건물 | 抽烟 chōuyān 담배를 피다

悄悄
qiāoqiāo
부 은밀히, 몰래

▶ 도둑이 悄悄하게 내 물건을 훔쳤다.

为了不引起注意，他悄悄走了出去。
Wèile bù yǐnqǐ zhùyì, tā qiāoqiāo zǒule chūqù.
주의를 끌지 않기 위해 그는 몰래 나갔다.

为了 Wèile ~하기 위해 | 引起 yǐnqǐ (주의를) 끌다 | 注意 zhùyì 주의하다

逃避
táobì
동 도피하다, 회피하다, 피하다

▶ 그는 기자회견 때 곤란한 질문들에 대해서는 대답을 逃避했다.

逃避责任的人很难成功。
Táobì zérèn de rén hěn nán chénggōng.
책임을 회피하는 사람은 성공하기 힘들다.

责任 zérèn 책임 | 难 nán ~하기 힘들다 | 成功 chénggōng 성공하다
유의 躲避 duǒbì 회피하다, 숨다

躲藏
duǒcáng
동 숨다, 피하다

▶ 임진왜란 때 선조는 왜군의 눈을 피하기 위해 의주로 躲藏했다.

坏人无论躲藏在哪儿，都会被找到。
Huàirén wúlùn duǒcáng zài nǎr, dōu huì bèi zhǎodào.
나쁜 사람은 어느 곳에 숨어도, 모두 발견되기 마련이다.

坏人 huàirén 나쁜 사람 | 无论A都B wúlùn A dōu B A를 막론하고 모두 B하다 | 被 bèi (~에게) ~을 당하다 | 找到 zhǎodào 찾아내다, 발견하다
유의 躲避 duǒbì 숨다, 회피하다 / 隐藏 yǐncáng 숨다
반의 暴露 bàolù 드러내다

规矩
guīju

명 법칙, 표준

▶ 자연은 정교한 规矩가 질서를 유지하며 변하고 있다.

每个行业都有各自的规矩。
Měi ge hángyè dōu yǒu gèzì de guīju.
모든 업종은 모두 각자의 법칙이 있다.

行业 hángyè 업종 | 各自 gèzì 각자

유의 规则 guīzé 규칙, 규정

보충단어
아래 단어들의 예문은 WEB단어장에서 확인할 수 있어요.

보충단어
WEB 단어장

国王 guówáng 명 국왕

总统 zǒngtǒng 명 대통령

官 guān 명 국가(정부)에 속하는 것, 관료

主席 zhǔxí 명 의장, 주석

总理 zǒnglǐ 명 총리

华裔 huáyì 명 중국계(화교가 거주국에서 낳은 자녀)

纪律 jìlǜ 명 기율, 기강

光明 guāngmíng 형 떳떳하다, 사심이 없다

偷 tōu 동 훔치다

嗯 ng 감 응, 그래

迫切 pòqiè 형 절실하다, 간절하다

县 xiàn 명 현(중국 행정구획 단위의 하나)

플러스 단어

고득점 합격이 목표라면 플러스단어까지 학습해 보세요.

국가, 정부, 법

中华人民共和国 Zhōnghuá Rénmín Gònghéguó 중화인민공화국 (중국 정식 명칭)

毛泽东 Máo Zédōng 마오쩌둥 (중국 초대 국가주석)

习近平 Xí Jìnpíng 시진핑 (중국 7대 국가주석)

第一夫人 dì yī fūrén 영부인

中南海 Zhōngnánhǎi 중난하이 (중국의 청와대)

五星红旗 Wǔxīng Hóngqí 오성홍기 (중국의 국기)

全国人民代表大会 Quánguó Rénmín Dàibiǎo Dàhuì 전국인민대표대회 (중국의 국회)

人大代表 Réndà dàibiǎo 인민대표대회 대표 (중국의 국회의원)

共产党 gòngchǎndǎng 공산당

共产主义 gòngchǎn zhǔyì 공산주의

社会主义 shèhuì zhǔyì 사회주의

民主主义 mínzhǔ zhǔyì 민주주의

联合国 Liánhéguó 유엔(UN), 국제연합

欧盟 Ōuméng 유럽 연합

同盟 tóngméng 동맹하다

峰会 fēnghuì 정상 회담

商讨 shāngtǎo 논의하다, 협의 검토하다

签订 qiāndìng (조약을) 조인하다, 체결하다

选举权 xuǎnjǔquán 선거권

刑法 xíngfǎ 형법

데일리 테스트

고생하셨어요!
QR코드를 스캔하면 DAY01~DAY30
전체 데일리 테스트 PDF가
다운로드됩니다.

DAY 30

역사는 흐른다
#역사

HSK 5급 30일 합격 프로젝트

★ HSK 시험에 이렇게 나와요.
HSK 5급 독해에 역사와 관련된 어휘들이 많이 출제되고 있습니다. 비교적 어려운 어휘들이지만, 고득점을 받기 위해서는 역사 이야기와 함께 나올 수 있는 어휘들을 미리 익혀 두어야 합니다.

음원 듣기

时代 shídài	古代 gǔdài	近代 jìndài	人类 rénlèi	文明 wénmíng
명 시대, 시기	명 고대	명 근대, 근세	명 인류	명 문명

传说
chuánshuō
명 전설

▶ 용은 동·서양의 传说에 등장하는 상상의 동물이다.

小说里的故事很多都只是传说而已。
Xiǎoshuō li de gùshi hěn duō dōu zhǐshì chuánshuō éryǐ.
소설 속의 이야기는 단지 전설일 뿐인 것이 많다.

小说 xiǎoshuō 소설 | 故事 gùshi 이야기 | 只是 zhǐshì 단지 | 而已 éryǐ ~뿐이다

神话
shénhuà
명 신화

▶ 고조선의 건국 神话에는 곰과 호랑이가 등장한다.

那部电影带有一点儿神话色彩。
Nà bù diànyǐng dài yǒu yìdiǎnr shénhuà sècǎi.
그 영화는 약간의 신화 분위기를 가지고 있다.

部 bù 부, 편(서적이나 영화 편수 등을 세는 양사) | 电影 diànyǐng 영화 | 带有 dài yǒu 지니고 있다, 가지고 있다 | 一点儿 yìdiǎnr 약간 | 色彩 sècǎi 색채, 분위기

奇迹
qíjì
명 기적

▶ 이스라엘이 2,000년 만에 나라를 세운 것은 정말 奇迹야.

长城是人类建筑史上的奇迹。
Chángchéng shì rénlèi jiànzhùshǐ shang de qíjì.
만리장성은 인류 건축 역사 상의 기적이다.

长城 Chángchéng 만리장성 | 人类 rénlèi 인류 | 建筑 jiànzhù 건축 | 史 shǐ 역사

风俗
fēngsú
명 풍속

▶ 중국 소수민족의 결혼 风俗는 조금씩 다르다.

各个民族都有它独特的风俗。
Gègè mínzú dōu yǒu tā dútè de fēngsú.
각 민족은 모두 그만의 독특한 풍속을 가지고 있다.

各个 gègè 각각 | 民族 mínzú 민족 | 独特 dútè 독특하다
유의 习俗 xísú 풍속

传统
chuántǒng
형 전통적이다

▶ 쥐불놀이와 씨름은 한국의 대표적인 传统 놀이이다.

京剧是一门传统的艺术形式。
Jīngjù shì yì mén chuántǒng de yìshù xíngshì.
경극은 일종의 전통적인 예술 형식이다.

京剧 jīngjù 경극 | 门 mén 가지, 과목(학문·기술 따위의 항목을 세는 양사) | 艺术 yìshù 예술 | 形式 xíngshì 형식

> **출제 포인트** 독해 영역 빈출 어휘 **传统**
>
> 传统은 주로 중국의 풍습, 예술, 물건 등을 주제로 독해 2부분 설명문에 자주 출제된다. 기출 내용으로는 단오절에 굴원의 시신을 빨리 찾기 위해 배를 세차게 몰았던 것에서 유래된 '赛龙舟(용선 경기)'와 중국 전통 회화인 '国画(중국화)' 등이 있다.

文明
wénmíng
명 문명

▶ 세계 4대 文明의 발원지는 모두 강가였다.

人们的习惯可能与人类文明的进步有关。
Rénmen de xíguàn kěnéng yǔ rénlèi wénmíng de jìnbù yǒuguān.
사람들의 습관은 아마도 인류 문명의 진보와 관련이 있을 것이다.

习惯 xíguàn 습관 | 可能 kěnéng 아마 | A与B有关 A yǔ B yǒuguān A는 B와 관련이 있다 | 人类 rénlèi 인류 | 进步 jìnbù 진보(하다)

人类
rénlèi
명 인류

▶ 역사란 人类 발자취의 흔적이라고 할 수 있다.

人类对很多自然现象还不能做出科学的解释。
Rénlèi duì hěn duō zìrán xiànxiàng hái bù néng zuòchū kēxué de jiěshì.
인류는 많은 자연현상에 대해 아직 과학적인 해석을 하지 못하고 있다.

自然 zìrán 자연 | 现象 xiànxiàng 현상 | 做 zuò 하다 | 科学 kēxué 과학적이다 | 解释 jiěshì 해석(하다)

丝绸
sīchóu

명 비단, 명주

▶ 고대 중국은 丝绸길을 통해 서역의 많은 나라와 무역을 했었다.

丝绸早在5000年前就已出现了。
Sīchóu zǎo zài wǔqiān nián qián jiù yǐ chūxiàn le.

비단은 일찍이 5,000년 전에 이미 출현했다.

早 zǎo 일찍이 | 已 yǐ 이미 | 出现 chūxiàn 출현하다, 나타나다

> **배경 지식** 독해 빈출 주제 **丝绸之路**(실크로드)
>
> 중국 한나라(汉朝) 때 서쪽에 있는 중앙아시아, 서아시아와 활발하게 교역을 하였다. 이때 주로 거래된 물품이 비단이었기 때문에 이 무역 통상로를 '丝绸之路(실크로드)'라고 하였다. 이후 교역 물품이 다양해지면서 丝绸之路는 물건뿐 아니라 문화까지 교류하였고, 동서양 문명을 잇는 가교 역할을 담당하게 되었다. 이러한 내용은 HSK 5급 독해 지문에도 자주 출제되므로, 丝绸之路를 반드시 기억하자.

思想
sīxiǎng

명 생각, 견해, 마음

▶ 역사적으로 思想이 다른 사람들끼리의 대립은 항상 존재했다.

以前人们的思想不如现在开放。
Yǐqián rénmen de sīxiǎng bùrú xiànzài kāifàng.

과거 사람들의 생각은 현재만큼 개방적이지 못했다.

以前 yǐqián 과거 | 不如 bùrú ~만 못하다 | 开放 kāifàng 개방적이다

时代
shídài

명 시대, 시기

▶ 고구려와 고려는 서로 다른 时代에 존재한 국가이다.

唐朝是个以胖为美的时代。
Tángcháo shì ge yǐ pàng wéi měi de shídài.

당나라는 풍만함을 아름다움으로 여긴 시대였다.

唐朝 Tángcháo 당나라 | 以A为B yǐ A wéi B A를 B로 여기다 |
胖 pàng 뚱뚱하다, 풍만하다 | 美 měi 아름답다

유의 年代 niándài 시대, 연대
유의 时期 shíqī 시기

年代
niándài
명 시대, 연대

▶ 이 사료들은 반드시 年代별로 정리해야 합니다.

80**年代**，人民的生活水平还比较落后。
Bāshí niándài, rénmín de shēnghuó shuǐpíng hái bǐjiào luòhòu.
80년대, 국민의 생활수준은 아직 비교적 뒤떨어졌었다.

人民 rénmín 국민 | 生活 shēnghuó 생활 | 水平 shuǐpíng 수준 | 比较 bǐjiào 비교적 | 落后 luòhòu 낙후하다

公元
gōngyuán
명 서기, 기원

▶ 21세기는 公元 2001년부터 시작된다.

心形图案早在**公元**前3000年就已经出现了。
Xīnxíng tú'àn zǎo zài gōngyuán qián sānqiān nián jiù yǐjīng chūxiàn le.
하트 도안은 일찍이 기원전 3000년경에 이미 나타났다.

心形 xīnxíng 하트 | 图案 tú'àn 도안 | 早 zǎo 일찍이 | 已经 yǐjīng 이미 | 出现 chūxiàn 출현하다, 나타나다

古代
gǔdài
명 고대

▶ 벽화를 보아하니 古代 사하라 사막은 녹지대였음을 알 수 있다.

在**古代**，汉语没有标点符号。
Zài gǔdài, Hànyǔ méiyǒu biāodiǎn fúhào.
고대에, 중국어는 문장부호가 없었다.

汉语 Hànyǔ 중국어 | 标点符号 biāodiǎn fúhào 문장부호

近代
jìndài
명 근대, 근세

▶ 많은 서양식 문물은 대부분 近代에 들어온 것이다.

袁世凯是中国**近代**史上著名的政治家。
Yuánshìkǎi shì Zhōngguó jìndài shǐ shang zhùmíng de zhèngzhìjiā.
위안스카이는 중국 근대 역사상 저명한 정치가이다.

袁世凯 Yuánshìkǎi 위안스카이(중화민국 초기의 정치가) | 史 shǐ 역사 | 著名 zhùmíng 저명하다 | 政治家 zhèngzhìjiā 정치가

建筑
jiànzhù

명 건축물

▶ 한국과 중국, 일본의 建筑 양식은 비슷한 부분이 많다.

街道两边的建筑仍保留着明清时期的风格。
Jiēdào liǎngbiān de jiànzhù réng bǎoliúzhe Míng Qīng shíqī de fēnggé.
대로 양쪽의 건물은 아직도 명청 시기의 스타일을 보존하고 있다.

街道 jiēdào 대로 | **两边** liǎngbiān 양쪽 | **仍** réng 아직도 | **保留** bǎoliú 보존하다 | **明** Míng 명나라 | **清** Qīng 청나라 | **时期** shíqī 시기 | **风格** fēnggé 스타일

> 출제 포인트　建筑 짝꿍 표현
>
> 建筑는 독해 3부분 논설문 유형에 자주 등장한다. 주로 유명 건축물의 건설 과정이 출제되므로, 建筑와 관련된 어휘들을 함께 외워 두자.
>
> 예　**建筑师** 건축사 / **建筑业** 건축업
> 　　**建筑领域** 건축 분야 / **建筑材料** 건축 자재
> 　　**建筑公司** 건축 회사

象征
xiàngzhēng

동 상징하다, 표시하다
명 상징, 표상

▶ 중국 오성홍기의 큰 별은 중국 공산당을 象征한다.

龙象征着中国人对自由的追求。
Lóng xiàngzhēngzhe Zhōngguórén duì zìyóu de zhuīqiú.
용은 중국인의 자유에 대한 추구를 상징하고 있다.

文字是人类智慧文明的象征。
Wénzì shì rénlèi zhìhuì wénmíng de xiàngzhēng.
문자는 인류 지혜 문명의 상징이다.

龙 lóng 용 | **中国人** Zhōngguórén 중국인 | **自由** zìyóu 자유 | **追求** zhuīqiú 추구(하다) | **文字** wénzì 문자 | **人类** rénlèi 인류 | **智慧** zhìhuì 지혜 | **文明** wénmíng 문명

背景
bèijǐng

명 (역사적 또는 사회적) 배경

▶ 역사적 사건을 이해하려면 그 당시의 시대적 背景을 알아야 한다.

最近很多电视剧都有一定的历史背景。
Zuìjìn hěn duō diànshìjù dōu yǒu yídìng de lìshǐ bèijǐng.
최근 많은 드라마는 모두 특정한 역사 배경을 가지고 있다.

最近 zuìjìn 최근 | **电视剧** diànshìjù 드라마 | **一定** yídìng 특정한 | **历史** lìshǐ 역사

纪录
jìlù

명 (인물·사건 등의) 기록, 다큐멘터리
명 (일정 시기·범위 내에서의) 최고 기록 (성적)

▶ 안네의 일기는 제2차 세계대전 당시 나치의 만행을 가장 잘 묘사한 역사적 纪录이다.

这是一部关于中国抗日战争的纪录片。
Zhè shì yí bù guānyú Zhōngguó kàngrì zhànzhēng de jìlùpiàn.
이것은 중국 항일전쟁에 관한 다큐멘터리이다.

中国游泳选手孙杨在伦敦奥运会上打破了世界纪录。
Zhōngguó yóuyǒng xuǎnshǒu Sūn Yáng zài Lúndūn Àoyùnhuì shang dǎpòle shìjiè jìlù.
중국 수영 선수 쑨양은 런던올림픽에서 세계 기록을 깼다.

部 bù 부, 편(서적이나 영화 편수 등을 세는 양사) | 关于 guānyú ~에 관한 | 中国抗日战争 Zhōngguó kàngrì zhànzhēng 중국 항일전쟁 | 纪录片 jìlùpiàn 다큐멘터리 | 选手 xuǎnshǒu 선수 | 孙杨 Sūn Yáng 쑨양(중국 수영선수) | 伦敦 Lúndūn 런던 | 奥运会 Àoyùnhuì 올림픽 | 打破 dǎpò 깨다 | 世界 shìjiè 세계

유의 记录 jìlù 기록

唯一
wéiyī

형 유일하다

▶ 안타깝게도 대한민국은 세계에서 唯一한 분단국가이다.

吉林市是中国唯一与省重名的城市。
Jílín Shì shì Zhōngguó wéiyī yǔ shěng chóngmíng de chéngshì.
지린 시는 중국에서 유일하게 성과 이름이 같은 도시이다.

吉林市 Jílín Shì 지린 시 | 与 yǔ ~과 | 省 shěng 성(현대 중국의 최상급 지방 행정 단위) | 重名 chóngmíng 이름이 같다 | 城市 chéngshì 도시

悠久
yōujiǔ

형 유구하다

▶ 동양의 많은 국가들은 悠久한 역사와 전통을 가지고 있다.

中国有着5000年的悠久历史。
Zhōngguó yǒuzhe wǔqiān nián de yōujiǔ lìshǐ.
중국은 5천 년의 유구한 역사가 있다.

历史 lìshǐ 역사

以来
yǐlái

명 이래, 동안

▶ 중국은 중화인민공화국 설립 以来, 한 번도 여성 지도자가 나타나지 않았다.

近代以来，科学技术迅速发展。
Jìndài yǐlái, kēxué jìshù xùnsù fāzhǎn.

근대 이래, 과학기술이 빠르게 발전했다.

近代 jìndài 근대, 근세 | **科学** kēxué 과학 | **技术** jìshù 기술 | **迅速** xùnsù 빠르다 | **发展** fāzhǎn 발전하다

流传
liúchuán

동 대대로 전해 내려 오다

▶ 문자가 없던 시기에는 많은 이야기들이 구전으로 流传해 왔다.

过春节时吃饺子是祖先流传下来的习惯。
Guò Chūnjié shí chī jiǎozi shì zǔxiān liúchuán xiàlai de xíguàn.

설을 지낼 때 만두를 먹는 것은 조상들에게서 대대로 전해 내려온 풍습이다.

过 guò 지내다 | **春节** Chūnjié 설 | **饺子** jiǎozi 만두 | **祖先** zǔxiān 조상 | **下来** xiàlai 내려오다(과거에서 현재까지 동작이 계속됨을 나타냄) | **习惯** xíguàn 풍습, 습관

事实
shìshí

명 사실

▶ 너 설마 그리스 로마 신화를 事实라고 믿는 거야?

这本书上写的内容都是事实。
Zhè běn shū shang xiě de nèiróng dōu shì shìshí.

이 책에 쓰여진 내용은 모두 사실이다.

本 běn 권(책을 세는 양사) | **内容** nèiróng 내용

> **출제 포인트**　**事实** 기출 표현
>
> 事实는 명사로, 단독으로 쓰기도 하지만 여러 단어들과 결합하여 다양한 뜻으로 출제되기도 한다. 독해 영역에 자주 출제되므로, 기출 단어들을 미리 알아 두자.
>
> 예 **事实上** 사실상 / **事实证明** 사실 증명 / **历史事实** 역사적 사실

宝贵
bǎoguì
형 진귀한, 귀중한

▶ 역사적으로 宝贵한 유물은 문화재로 지정되어 있다.

这位科学家记载的内容是后人宝贵的资料。
Zhè wèi kēxuéjiā jìzǎi de nèiróng shì hòurén bǎoguì de zīliào.
이 과학자가 기록한 내용은 후손의 진귀한 자료이다.

位 wèi 분, 명(공경의 뜻을 내포함) | 科学家 kēxuéjiā 과학자 | 记载 jìzǎi 기록하다 | 内容 nèiróng 내용 | 后人 hòurén 후손 | 资料 zīliào 자료
유의 珍贵 zhēnguì 진귀하다

博物馆
bówùguǎn
명 박물관

▶ 삼국 시대의 문물을 조사하기 위해서는 博物馆에 가야 한다.

那个作品现在保存在国家博物馆。
Nàge zuòpǐn xiànzài bǎocún zài guójiā bówùguǎn.
그 작품은 현재 국가 박물관에 보존되어 있다.

作品 zuòpǐn 작품 | 保存 bǎocún 보존하다 | 国家 guójiā 국가

> **출제 포인트**　듣기 영역 빈출 어휘 **博物馆**
>
> 博物馆은 듣기 1, 2부분 대화문에 자주 등장하므로 반드시 숙지해야 한다. 주로 화자가 상황을 설명하며 대화 장소로 博物馆을 유추하게 하는 문제가 출제되므로, 박물관과 함께 쓰이는 표현들을 암기하자.
>
> 예　**参观博物馆** 박물관을 견학하다 / **历史博物馆** 역사 박물관
> 　　**博物馆的规定** 박물관의 규정 / **科学博物馆** 과학 박물관

称呼
chēnghu
동 ~이라고 부르다, 일컫다

▶ 조선 시대에는 왕위 서열 1위 왕자를 왕세자라고 称呼했다.

每个国家称呼对方的方式不同。
Měige guójiā chēnghu duìfāng de fāngshì bùtóng.
국가마다 상대를 부르는 방식이 다르다.

国家 guójiā 국가 | 对方 duìfāng 상대 | 方式 fāngshì 방식 | 不同 bùtóng 다르다

启发
qǐfā
동 일깨우다, 계발하다

▶ 계몽 운동가들은 국민들의 생각을 启发하기 위해 노력했다.

不少历史事件会启发我们。
Bùshǎo lìshǐ shìjiàn huì qǐfā wǒmen.
많은 역사적 사건은 우리를 일깨울 것이다.

不少 bùshǎo 많다 | **历史** lìshǐ 역사 | **事件** shìjiàn 사건

伟大
wěidà
형 위대하다

▶ 장영실은 조선 시대 과학 방면에서 역사적인 伟大한 업적을 남겼다.

这一时期有很多伟大的人物。
Zhè yì shíqī yǒu hěn duō wěidà de rénwù.
이 시기에는 위대한 인물이 많이 있다.

时期 shíqī 시기 | **人物** rénwù 인물 | 반의 **渺小** miǎoxiǎo 보잘것없다

保留
bǎoliú
동 보존하다, 유지하다

▶ 이 마을의 풍습은 대대로 잘 保留되어 있다.

这儿大部分的传统风俗都被保留下来了。
Zhèr dàbùfen de chuántǒng fēngsú dōu bèi bǎoliú xiàlái le.
이곳 대부분의 전통 풍속은 모두 보존되어 왔다.

大部分 dàbùfen 대부분 | **传统** chuántǒng 전통 | **风俗** fēngsú 풍속 | **被** bèi (~에게) ~을 당하다 | **保留** bǎoliú 보존되다

保存
bǎocún
동 보존하다, 간직하다

▶ 우리는 역사적인 유물들을 반드시 잘 保存해야 한다.

在没有冰箱的时候，保存食物的方法也很多。
Zài méiyǒu bīngxiāng de shíhou, bǎocún shíwù de fāngfǎ yě hěn duō.
냉장고가 없었을 때, 음식을 보관하는 방법도 다양했다.

冰箱 bīngxiāng 냉장고 | **食物** shíwù 음식 | **方法** fāngfǎ 방법
유의 **保管** bǎoguǎn 보관하다

> **유의어 비교   保留 vs 保存**
>
> 保留는 [保留+추상적인 사물]의 패턴을 써서 '대상을 유지하고 남겨 두다'라는 의미를 나타내고, 保存은 [保存+구체적인 사물]의 패턴을 써서 '대상을 보존하고 저장하다'라는 의미를 나타낸다.
>
> 예 **保留传统** 전통을 보존하다 / **保留意见** 의견을 보류하다
> **保存文件** 문서를 저장하다 / **保存食物** 음식을 저장하다

爱护
àihù

동 소중히 하다, 잘 보살피다

▶ 할아버지는 집안 대대로 내려오는 도자기를 아주 爱护하십니다.

所有人都应该爱护和保护我们的地球。
Suǒyǒu rén dōu yīnggāi àihù hé bǎohù wǒmen de dìqiú.
모든 사람이 마땅히 우리의 지구를 아끼고 보호해야 한다.

所有 suǒyǒu 모든 | 应该 yīnggāi (마땅히) ~해야 한다 | 保护 bǎohù 보호하다 | 地球 dìqiú 지구
유의 爱惜 àixī 사랑하고 보호하다, 잘 보살피다
반의 破坏 pòhuài 파괴하다

特殊
tèshū

형 특수하다, 특별하다

▶ 고대국가는 저마다 特殊한 장례 문화를 가지고 있었다.

这个村子的结婚方式很特殊。
Zhège cūnzi de jiéhūn fāngshì hěn tèshū.
이 마을의 결혼 방식은 매우 특별하다.

村子 cūnzi 마을 | 结婚 jiéhūn 결혼하다 | 方式 fāngshì 방식
유의 特别 tèbié 특별하다
반의 一般 yìbān 보통이다

敌人
dírén

명 적

▶ 그들은 요새를 만들어서 敌人의 침입에 대항하였다.

在任何情况下，都不要向敌人低头。
Zài rènhé qíngkuàng xià, dōu bú yào xiàng dírén dī tóu.
그들은 어떤 상황에서도, 적에게 굴복하려 하지 않는다.

任何 rènhé 어떠한 | 情况 qíngkuàng 상황 | 向 xiàng ~에게 | 低头 dī tóu 굴복하다

战争
zhànzhēng

명 전쟁

▶ 6.25 战争은 우리 민족에게 엄청난 피해를 안겨 주었다.

战争总是会给人们造成伤害。
Zhànzhēng zǒngshì huì gěi rénmen zàochéng shānghài.
전쟁은 항상 사람들에게 상처를 입힌다.

总是 zǒngshì 항상 | 造成 zàochéng 초래하다, 야기하다 | 伤害 shānghài 해치다, 상처를 주다

枪 qiāng
명 총, 창

▶ 우리나라에는 임진왜란 이후 본격적으로 枪이 보급되기 시작했다.

我们政府不允许个人买枪。
Wǒmen zhèngfǔ bù yǔnxǔ gèrén mǎi qiāng.
우리 정부는 개인이 총기를 구입하는 것을 허용하지 않는다.

政府 zhèngfǔ 정부 | 允许 yǔnxǔ 허락하다 | 个人 gèrén 개인

抢 qiǎng
동 빼앗다, 약탈하다

▶ 고구려는 산악 지대에 위치해 있어서 주변국에서 식량을 抢했다.

战争中村里的很多东西被抢走了。
Zhànzhēng zhōng cūn li de hěn duō dōngxi bèi qiǎngzǒu le.
전쟁 중 마을 안에 있는 물건들을 많이 빼앗겼다.

战争 zhànzhēng 전쟁 | 村 cūn 마을 | 东西 dōngxi 물건 | 被 bèi (~에게) ~을 당하다 | 抢走 qiǎngzǒu 빼앗아 가다

争取 zhēngqǔ
동 쟁취하다, 얻어 내다

▶ 그들은 세 번의 전투 끝에 고지를 다시 争取할 수 있었다.

他们在艰难的条件下，仍努力争取胜利。
Tāmen zài jiānnán de tiáojiàn xià, réng nǔlì zhēngqǔ shènglì.
그들은 어려운 조건에서, 여전히 승리를 쟁취하려고 노력한다.

艰难 jiānnán 어렵다 | 条件 tiáojiàn 조건 | 仍 réng 여전히 | 努力 nǔlì 노력하다 | 胜利 shènglì 승리

반의 放弃 fàngqì 포기하다

克服 kèfú
동 극복하다

▶ 대한민국은 국민들이 다 같이 힘을 합쳐 외환 위기를 克服해 냈다.

只有保持积极的态度，才能克服困难。
Zhǐyǒu bǎochí jījí de tàidu, cái néng kèfú kùnnan.
적극적인 태도를 유지해야만, 비로소 어려움을 극복할 수 있다.

只有A, 才B zhǐyǒu A, cái B A해야만, 비로소 B하다 | 保持 bǎochí 유지하다 | 积极 jījí 적극적이다 | 态度 tàidu 태도 | 困难 kùnnan 곤란, 어려움

유의 战胜 zhànshèng 극복하다

面对
miànduì

동 직면하다, 마주 보다

▶ 그는 어려운 상황에 面对할 때마다 고생하시는 부모님을 생각하여 이겨 냈다.

人们应该正确地面对历史问题。
Rénmen yīnggāi zhèngquè de miànduì lìshǐ wèntí.
사람들은 정확히 역사 문제에 직면해야 한다.

应该 yīnggāi (마땅히) ~해야 한다 | 正确 zhèngquè 정확하다 | 历史 lìshǐ 역사 | 问题 wèntí 문제

유의 面临 miànlín 직면하다
반의 逃避 táobì 도피하다

> **출제 포인트** 面对+안 좋은 상황
>
> 面对는 [面对+안 좋은 상황]의 패턴으로, 독해 3부분 설명문 유형에 출제되며, 안 좋은 상황의 내용이 뒤따른다. 짝꿍 표현을 숙지하여 뒤의 내용을 유추하면 전체적인 흐름도 파악하기 쉽다.
>
> 예 面对问题 문제에 직면하다 / 面对现实 현실에 직면하다
>   面对挑战 도전에 직면하다 / 面对烦恼 걱정에 직면하다

★보충단어
아래 단어들의 예문은 WEB단어장에서 확인할 수 있어요.

公主 gōngzhǔ 명 공주
王子 wángzǐ 명 왕자
英雄 yīngxióng 명 영웅
士兵 shìbīng 명 병사, 사병
偶然 ǒurán 부 우연히, 뜻밖에, 간혹

보충단어
WEB 단어장

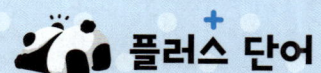 **플러스 단어**

고득점 합격이 목표라면 플러스단어까지 학습해 보세요.

역사

历史纪年表 lìshǐ jìniánbiǎo 연대표

公元前 gōngyuánqián 기원전

春秋战国时期 Chūnqiū Zhànguó shíqī 춘추전국 시대

秦朝 Qín cháo 진나라

三国时代 Sānguó shídài 삼국 시대

唐朝 Táng cháo 당나라

清朝 Qīng cháo 청나라

丝绸之路 sīchóu zhī lù 실크로드

臣子 chénzǐ 신하

宫殿 gōngdiàn 궁궐, 궁전

战败 zhànbài 패전하다

战死 zhànsǐ 전사하다

屠杀 túshā 학살하다

文化遗产 wénhuà yíchǎn 문화유산

甲骨文 jiǎgǔwén 갑골문

兵马俑 bīngmǎyǒng 병마용(고대의 순장에 쓰였던 병사·말 모양의 도기 모형)

司马光 Sīmǎ Guāng 사마광 (송(宋)대의 정치가로 『자치통감』을 씀)

秦始皇 Qínshǐhuáng 진시황

孔子 Kǒngzǐ 공자

孟子 Mèngzǐ 맹자

데일리 테스트

 고생하셨어요!
QR코드를 스캔하면 DAY01~DAY30
전체 데일리 테스트 PDF가
다운로드됩니다.

🔍 단어 FAQ

유의어 비교하기
操心 vs 发愁

操心과 发愁 두 어휘 모두 '걱정하다'
라는 뜻이 있는데, 둘이 같은 거야?

한국어로 뜻은 걱정하다라는 뜻을 가지고
있지만, 관점과 쓰임을 조금 달라요.

그래? 그럼 操心과 发愁의
두 어휘 비교해서 알려 줄래?

操心은 '걱정하다, 마음을 쓰다'라는 뜻으로,
다른 사람의 일에 대해 걱정하고 마음을 쓸 때 쓰이며,
发愁는 자기 문제로 속상하고 고민할 때 쓰여요.

누구에 대해 걱정하냐에 따라 다르다는 거네?

네. 操心은 행동, 책임에 대해 걱정하지만, 주로 남을 위해 쓰이며,
发愁는 감정, 심리에 대해 초점을 맞추지만,
자기에 대한 고민에 쓰인다고 보면 되요.

> HSK 5급 시험 대비용으로 정리해 줘.

물론이죠.
간단히 표로 정리하면,

	操心 cāoxīn	发愁 fāchóu
기본 뜻	신경 쓰다, 마음을 쓰다	속으로 걱정하다, 근심하다
강조 내용	다른 사람/행동, 책임을 동반	자기 문제로 인한 감정, 심리, 자기 고민에 대한 것을 강조

HSK 5급 빈출 문장으로 예시를 들자면,

父母为孩子的学习操心。
Fùmǔ wèi háizi de xuéxí cāoxīn.
부모는 자녀의 공부 때문에 신경을 쓴다.

明天要考试，我在发愁。
Míngtiān yào kǎoshì, wǒ zài fāchóu.
내일 시험이라 나는 걱정하고 있다.

초밀착 순간 암기 코칭
HSK 5급 단어
한권으로 끝내기

부록

◆ 데일리 테스트 정답
◆ HSK 5급 필수 짝꿍 표현

데일리 테스트 정답

DAY 01 p.23
1 (1) ⓔ (2) ⓑ (3) ⓓ
  (4) ⓒ (5) ⓐ
2 (1) ⓐ (2) ⓔ (3) ⓓ
  (4) ⓒ (5) ⓑ

DAY 02 p.33
1 (1) ⓒ (2) ⓓ (3) ⓔ
  (4) ⓑ (5) ⓐ
2 (1) ⓐ (2) ⓒ (3) ⓑ
  (4) ⓓ (5) ⓔ

DAY 03 p.45
1 (1) ⓓ (2) ⓒ (3) ⓑ
  (4) ⓐ (5) ⓔ
2 (1) ⓑ (2) ⓒ (3) ⓓ
  (4) ⓐ (5) ⓔ

DAY 04 p.59
1 (1) ⓓ (2) ⓑ (3) ⓐ
  (4) ⓔ (5) ⓒ
2 (1) ⓑ (2) ⓓ (3) ⓔ
  (4) ⓐ (5) ⓒ

DAY 05 p.67
1 (1) ⓑ (2) ⓐ (3) ⓓ
  (4) ⓒ (5) ⓔ
2 (1) ⓒ (2) ⓐ (3) ⓑ
  (4) ⓔ (5) ⓓ

DAY 06 p.79
1 (1) ⓑ (2) ⓒ (3) ⓓ
  (4) ⓔ (5) ⓐ
2 (1) ⓒ (2) ⓓ (3) ⓔ
  (4) ⓑ (5) ⓐ

DAY 07 p.91
1 (1) ⓔ (2) ⓓ (3) ⓐ
  (4) ⓑ (5) ⓒ
2 (1) ⓑ (2) ⓒ (3) ⓔ
  (4) ⓐ (5) ⓓ

DAY 08 p.103
1 (1) ⓐ (2) ⓒ (3) ⓑ
  (4) ⓔ (5) ⓓ
2 (1) ⓐ (2) ⓒ (3) ⓑ
  (4) ⓓ (5) ⓔ

DAY 09 p.113
1 (1) ⓑ (2) ⓒ (3) ⓓ
  (4) ⓔ (5) ⓐ
2 (1) ⓑ (2) ⓐ (3) ⓒ
  (4) ⓔ (5) ⓓ

DAY 10 p.123
1 (1) ⓑ (2) ⓒ (3) ⓓ
  (4) ⓔ (5) ⓐ
2 (1) ⓑ (2) ⓐ (3) ⓒ
  (4) ⓔ (5) ⓓ

DAY 11   p.135

1 (1) ⓑ (2) ⓐ (3) ⓒ
  (4) ⓔ (5) ⓓ

2 (1) 你不要把咖啡洒在文件上。
  (2) 我一定要抓住这次实习的机会。
  (3) 那个向你挥手的人是谁啊?
  (4) 服务员在用热水为客人们冲茶。
  (5) 那位钢琴家的手指又细又长。

DAY 12   p.143

1 (1) ⓒ (2) ⓑ (3) ⓔ
  (4) ⓓ (5) ⓐ

2 (1) 今年苹果树结了很多果实。
  (2) 这种植物主要生长在亚洲。
  (3) 当地以种葡萄和花生著名。
  (4) 种不同的植物浇水的时间也不同。
  (5) 主人随手从树上摘下了一个桔子尝了尝。

DAY 13   p.155

1 (1) ⓔ (2) ⓐ (3) ⓑ
  (4) ⓒ (5) ⓓ

2 (1) 东北虎多分布于中国东北地区。
  (2) 今天的月亮看起来特别亮。
  (3) 地球上存在着无数生命。
  (4) 今天的月亮看起来特别亮。
  (5) 人类很多的行为都会破坏环境。

DAY 14   p.167

1 (1) ⓑ (2) ⓐ (3) ⓒ
  (4) ⓔ (5) ⓓ

2 (1) 我打算明年重新装修我的房子。
  (2) 她把自己的家装饰得很豪华。
  (3) 最里面的屋子是留给妹妹的。
  (4) 卧室一般比较适合用暖色灯。
  (5) 这个书架安装起来很复杂。

DAY 15   p.181

1 (1) ⓑ (2) ⓒ (3) ⓐ
  (4) ⓔ (5) ⓓ

2 (1) 发达的经济使人们的生活节奏也加快了。
  (2) 这张优惠卡可以兑换礼物。
  (3) 老板从来不做吃亏的生意。
  (4) 这样的网络经营方式利润很高。
  (5) 越来越多的年轻人想贷款购房。

DAY 16   p.193

1 (1) ⓑ (2) ⓒ (3) ⓓ
  (4) ⓔ (5) ⓐ

2 (1) 舅舅从事服装设计行业很多年了。
  (2) 这套方案的可行性很强。
  (3) 总公司派厂长去中国出差。
  (4) 请不要忘记这次难得的教训。
  (5) 她在业务方面比我出色得多。

DAY 17 p.207

1 (1) ⓒ (2) ⓑ (3) ⓔ
  (4) ⓐ (5) ⓓ

2 (1) 大部分企业都需要改革。
  (2) 我们应该迅速采取措施提高销售量。
  (3) 老板已经和出版社签了合同。
  (4) 请到人事部办理入职手续。
  (5) 公司总裁正式宣布公司已经破产了。

DAY 18 p.221

1 (1) ⓑ (2) ⓐ (3) ⓓ
  (4) ⓒ (5) ⓔ

2 (1) 工厂在建设过程中应避免破坏环境。
  (2) 现代工业的发展速度很快。
  (3) 服装设计是最近很受欢迎的行业。
  (4) 下个星期的会议被领导取消了。
  (5) 工人们终于按时完成了任务。

DAY 19 p.235

1 (1) ⓑ (2) ⓒ (3) ⓓ
  (4) ⓔ (5) ⓐ

2 (1) 大学时期应该多参加一些社会活动。
  (2) 这个电视节目最初很受人们欢迎。
  (3) 坐地铁缩短了我的上班时间。
  (4) 大雪已经持续下了好多天了。
  (5) 我们必须学会珍惜时间。

DAY 20 p.249

1 (1) ⓐ (2) ⓒ (3) ⓓ
  (4) ⓑ (5) ⓔ

2 (1) 这首诗翻译起来特别难。
  (2) 黄金的使用价值比钱更高。
  (3) 他描写的人物个个都十分形象。
  (4) 漫画是一种艺术形式。
  (5) 缺乏创新意识的话，很难取得成功。

DAY 21 p.265

1 (1) ⓒ (2) ⓓ (3) ⓑ
  (4) ⓔ (5) ⓐ

2 (1) ⓒ (2) ⓐ (3) ⓑ
  (4) ⓔ (5) ⓓ

DAY 22 p.277

1 (1) ⓒ (2) ⓐ (3) ⓑ
  (4) ⓔ (5) ⓓ

2 (1) ⓐ (2) ⓑ (3) ⓓ
  (4) ⓔ (5) ⓒ

DAY 23 p.289

1 (1) ⓒ (2) ⓐ (3) ⓑ
  (4) ⓔ (5) ⓓ

2 (1) ⓔ (2) ⓒ (3) ⓑ
  (4) ⓐ (5) ⓓ

DAY 24   p.301

1 (1) ⓓ   (2) ⓑ   (3) ⓐ
   (4) ⓔ   (5) ⓒ
2 (1) ⓔ   (2) ⓓ   (3) ⓒ
   (4) ⓑ   (5) ⓐ

DAY 25   p.313

1 (1) ⓔ   (2) ⓐ   (3) ⓑ
   (4) ⓓ   (5) ⓒ
2 (1) ⓐ   (2) ⓑ   (3) ⓓ
   (4) ⓔ   (5) ⓒ

DAY 26   p.327

1 (1) ⓐ   (2) ⓒ   (3) ⓑ
   (4) ⓔ   (5) ⓓ
2 (1) ⓓ   (2) ⓑ   (3) ⓐ
   (4) ⓔ   (5) ⓒ

DAY 27   p.339

1 (1) ⓑ   (2) ⓐ   (3) ⓒ
   (4) ⓔ   (5) ⓓ
2 (1) ⓔ   (2) ⓒ   (3) ⓓ
   (4) ⓑ   (5) ⓐ

DAY 28   p.351

1 (1) ⓔ   (2) ⓓ   (3) ⓒ
   (4) ⓑ   (5) ⓐ
2 (1) ⓐ   (2) ⓔ   (3) ⓓ
   (4) ⓒ   (5) ⓑ

DAY 29   p.363

1 (1) ⓐ   (2) ⓑ   (3) ⓓ
   (4) ⓒ   (5) ⓔ
2 (1) ⓔ   (2) ⓐ   (3) ⓓ
   (4) ⓑ   (5) ⓒ

DAY 30   p.377

1 (1) ⓑ   (2) ⓒ   (3) ⓐ
   (4) ⓓ   (5) ⓔ
2 (1) ⓔ   (2) ⓓ   (3) ⓒ
   (4) ⓑ   (5) ⓐ

HSK 5급 필수 짝꿍 표현

用途广泛	yòngtú guǎngfàn	용도가 광범위하다
色彩鲜艳	sècǎi xiānyàn	색채가 화려하다
赶时髦	gǎn shímáo	유행을 따르다
风景优美	fēngjǐng yōuměi	풍경이 아름답다
欣赏美景	xīnshǎng měijǐng	아름다운 풍경을 감상하다
A被称为B	A bèi chēngwéi B	A가 B로 불리다
A体验B的生活	A tǐyàn B de shēnghuó	A가 B의 생활을 체험하다
A与B相处	A yǔ B xiāngchǔ	A와 B가 함께 지내다
参加婚礼	cānjiā hūnlǐ	결혼식에 참석하다
A合B的口味	A hé B de kǒuwèi	A가 B의 입맛에 맞다
睡眠不足	shuìmián bùzú	수면이 부족하다
预防疾病	yùfáng jíbìng	질병을 예방하다
补充营养	bǔchōng yíngyǎng	영양을 보충하다
吸收营养	xīshōu yíngyǎng	영양을 흡수하다
营养丰富	yíngyǎng fēngfù	영양이 풍부하다
缓解压力	huǎnjiě yālì	스트레스를 완화시키다

浏览网站	liúlǎn wǎngzhàn	사이트를 열람하다
养宠物	yǎng chǒngwù	애완동물을 키우다
培养人才	péiyǎng réncái	인재를 양성하다
培养兴趣	péiyǎng xìngqù	흥미를 기르다
A与B沟通	A yǔ B gōutōng	A와 B가 소통하다
A和B交往	A hé B jiāowǎng	A와 B가 왕래하다
A跟B打交道	A gēn B dǎ jiāodao	A와 B가 왕래하다
找借口	zhǎo jièkǒu	핑계를 찾다
接待客人	jiēdài kèrén	손님을 접대하다
印象深刻	yìnxiàng shēnkè	인상이 강렬하다
数一数二	shǔ yī shǔ èr	손꼽히다
失去机会	shīqù jīhuì	기회를 놓치다
闯红灯	chuǎng hóngdēng	신호를 위반하다
预订机票	yùdìng jīpiào	비행기표를 예매하다
广大顾客	guǎngdà gùkè	많은 고객
获得冠军	huòdé guànjūn	우승을 차지하다

摇尾巴	yáo wěiba	꼬리를 흔들다
摇了摇头	yáole yáo tóu	고개를 저었다
保持联系	bǎochí liánxì	연락을 유지하다
头脑灵活	tóunǎo línghuó	머리가 빠르게 돌아가다
环境恶劣	huánjìng èliè	환경이 열악하다
破坏环境	pòhuài huánjìng	환경을 파괴하다
利用能源	lìyòng néngyuán	에너지를 이용하다
节约能源	jiéyuē néngyuán	에너지를 절약하다
空气湿润	kōngqì shīrùn	공기가 촉촉하다
造成失眠	zàochéng shīmián	불면증을 초래하다
装修房子	zhuāngxiū fángzi	집을 장식하다
活跃气氛	huóyuè qìfēn	분위기를 활기차게 하다
巨大压力	jùdà yālì	아주 큰 스트레스, 큰 부담감
节省费用	jiéshěng fèiyòng	비용을 절약하다
发展趋势	fāzhǎn qūshì	발전 추세
经济发达	jīngjì fādá	경제 발전

承担风险	chéngdān fēngxiǎn	위험을 감당하다
固定收入	gùdìng shōurù	고정 수입
技术熟练	jìshù shúliàn	기술이 숙련되다
处理问题	chǔlǐ wèntí	문제를 처리하다
从事行业	cóngshì hángyè	업종에 종사하다
产生期待	chǎnshēng qīdài	기대감이 생기다
导致失败	dǎozhì shībài	실패를 초래하다
采取方式	cǎiqǔ fāngshì	방식을 취하다
面临困难	miànlín kùnnan	어려움에 직면하다
面临危险	miànlín wēixiǎn	위험에 직면하다
改革方案	gǎigé fāng'àn	개혁 방안
产生矛盾	chǎnshēng máodùn	모순이 발생하다
受到鼓舞	shòudào gǔwǔ	격려를 받다
抓紧时机	zhuājǐn shíjī	기회를 포착하다
表达谢意	biǎodá xièyì	감사의 뜻을 표현하다
成绩突出	chéngjì tūchū	성적이 뛰어나다

对A敏感	duì A mǐngǎn	A에 민감하다
乐观的态度	lèguān de tàidu	낙관적인 태도
性格温柔	xìnggé wēnróu	성격이 온유하다
服务周到	fúwù zhōudào	서비스가 빈틈없다
满足需要	mǎnzú xūyào	요구를 만족시키다
充满活力	chōngmǎn huólì	에너지가 넘치다
充满信心	chōngmǎn xìnxīn	자신감이 넘치다
影响情绪	yǐngxiǎng qíngxù	정서에 영향을 주다
缓解疲劳	huǎnjiě píláo	피로를 풀다
从A角度来看	cóng A jiǎodù lái kàn	A의 각도에서 볼 때
征求意见	zhēngqiú yìjiàn	널리 의견을 구하다
形成观念	xíngchéng guānniàn	관념을 형성하다
承担责任	chéngdān zérèn	책임을 지다
引起反应	yǐnqǐ fǎnyìng	반응을 일으키다
享受生活	xiǎngshòu shēnghuó	생활을 즐기다
掌握技术	zhǎngwò jìshù	기술에 정통하다

把握机会	bǎwò jīhuì	기회를 잡다
取得收获	qǔdé shōuhuò	수확을 얻다
目标明确	mùbiāo míngquè	목표가 정확하다
实现目标	shíxiàn mùbiāo	목표를 달성하다
被 A 录取	bèi A lùqǔ	A에 합격하다/채용되다
发挥作用	fāhuī zuòyòng	역할을 발휘하다
实现梦想	shíxiàn mèngxiǎng	꿈을 실현하다
达到目的	dádào mùdì	목적을 달성하다
具备能力	jùbèi nénglì	능력을 갖추다
竞争激烈	jìngzhēng jīliè	경쟁이 치열하다
采取措施	cǎiqǔ cuòshī	조치를 취하다
遵守规则	zūnshǒu guīzé	규칙을 지키다
制定制度	zhìdìng zhìdù	제도를 제정하다
保留传统	bǎoliú chuántǒng	전통을 보존하다
保存遗产	bǎocún yíchǎn	유산을 보존하다
悠久的历史	yōujiǔ de lìshǐ	유구한 역사

MP3 파일 다운로드 및
실시간 재생 서비스
부가자료 3종
PDF 다운로드

초밀착 순간 암기 코칭
HSK 5급 단어 한권으로 끝내기

지은이 남미숙
펴낸이 정규도
펴낸곳 (주)다락원

초판 1쇄 발행 2025년 11월 4일

편집장 이상윤
편집 박소정
디자인 구수정
조판 최영란
일러스트 서수영
성우 王乐, 朴龙君, 권영지

🏛 **다락원** 경기도 파주시 문발로 211
전화 (02)736-2031 (내선 250~252 / 내선 430, 437)
팩스 (02)732-2037
출판등록 1977년 9월 16일 제406-2008-000007호

Copyright ⓒ 2025, 남미숙

저자 및 출판사의 허락 없이 이 책의 일부 또는 전부를 무단 복제·전재·발췌할 수 없습니다. 구입 후 철회는 회사 내규에 부합하는 경우에 가능하므로 구입처에 문의하시기 바랍니다. 분실·파손 등에 따른 소비자 피해에 대해서는 공정거래위원회에서 고시한 소비자 분쟁 해결 기준에 따라 보상 가능합니다. 잘못된 책은 바꿔 드립니다.

ISBN 978-89-277-2351-6 14720
       978-89-277-2343-1 (set)

http://www.darakwon.co.kr

다락원 홈페이지를 방문하시면 상세한 출판 정보와 함께 동영상 강좌, MP3 자료 등 다양한 어학 정보를 얻으실 수 있습니다.